U0727134

财务管理制度与表格规范大全

为中国企业量身定做的财务规范化管理实务全书

赵　涛　李金水◎主编

台海出版社

图书在版编目（CIP）数据

财务管理制度与表格规范大全 / 赵涛, 李金水主编.
-- 北京 : 台海出版社，2017.9（2019.6重印）
ISBN 978-7-5168-1552-6

Ⅰ. ①财… Ⅱ. ①赵… ②李… Ⅲ. ①企业管理－财务制度 Ⅳ. ①F275

中国版本图书馆CIP数据核字（2017）第212734号

财务管理制度与表格规范大全

主　　编：赵　涛　李金水

责任编辑：高惠娟　　装帧设计：久品轩
版式设计：曹　敏　　责任印制：蔡　旭

出版发行：台海出版社
地　　址：北京市东城区景山东街20号　　邮政编码：100009
电　　话：010－64041652（发行，邮购）
传　　真：010－84045799（总编室）
网　　址：www.taimeng.org.cn/thcbs/default.htm
E － mail：thcbs@126.com

经　　销：全国各地新华书店
印　　刷：北京柯蓝博泰印务有限公司
本书如有破损、缺页、装订错误，请与本社联系调换

开　　本：787×1092　1/16
字　　数：818千字　　印　张：33
版　　次：2018年1月第1版　　印　次：2019年6月第2次印刷
书　　号：ISBN 978-7-5168-1552-6

定　　价：68.00元

前 言

对现代企业来说,科学的财务管理无疑是其持续发展的原动力,而财务部门正掌握着企业的基本命脉。财务管理工作始终贯穿于企业生产经营过程的每个角落,因而它对于企业来说是相当重要的。随着市场全球化进程逐步加快,财务部门的作用日益突出。作为财务部门的主管,处在各种矛盾聚合点,把各种利益调和好对于每个财务主管来说都绝非易事。作为中层管理者的财务主管,都无法逃避这样一个问题:怎样才能成为一名优秀的高级职业经理人?依靠什么把自己的企业经营管理好,使自己的企业持续地发展壮大?

成功的企业源于卓越的管理,卓越的管理源于优异的制度。因此,建立一套科学合理的财务管理制度,提高财务管理者的素质和管理水平,就显得尤为重要。

其实,任何企业的管理都是一个系统工程,要使这个系统工程正常运转,实现高效、优质、高产、低耗,就必须运用科学的方法、手段和原理,按照一定的运营框架,对企业的各项管理要素进行系统的规范化、程序化、标准化设计,然后形成有效的管理运营机制,即实现企业的规范化管理。

基于此,我们精心编写了本书。这是一本关于财务部规范化管理的实务性工具书,其语言轻松活泼、形式简单明了、内容丰富,详细讲述了财务主管在工作中遇到的各种问题,易学易用。

在形式上,本书以"流程+制度+方案+文书"四位一体的形式介绍了财务管理方方面面的工作流程、实用表格及可供执行的制度规范。书中细化了包括财务部门各个岗位的工作事项和职责范围,包括财务部组织机构设置、财务部日常核算工作管理、财务预算与计划管理、财务账款管理、财务分析管理、财务控制管理、财务审计管理、税务筹划、财务风险管理、货币资金管理、财务成本管理、利润中心管理、筹资管理、投资管理等多方面的内容,涉及大量企业制度范例以及"拿来即用"的模板和量表。本书为企业财务管理工作者提供了极具参考价值的管理范本,具有很强的实用性和可操作性。

翻开本书,它将会告诉你如何让自己成为总经理的依靠、如何让复杂的工作变得更有条理,让财务管理变得更有效率。

编　者

目 录

第一部分　走近财务管理

第 5 章 读懂企业运营的仪表盘——财务账款管理 …… 109

第三部分 当家理财
——筹资、投资与资本运营管理

第11章 张弛有度，收放自如——货币资金管理 …… 352

第一部分

走近财务管理

第1章　准确定位
——财务部门的工作职责与范围

第一节　财务部门的工作职责与职能

一、财务部门的工作职能

财务，是企业经营中的一个重要步骤，它需要所有企业的领导人加以格外的重视。其意义在于：

一方面，它包括了对“赚钱”的含义的清楚认识，也包括对资金投向、资金的使用效率、所面临的风险等关键问题的判断与把握，要求做到妥善、高效，跟得上现代企业日新月异的步伐。

理财方式的不断更新与发展变化是一个企业能够生存与发展的必由之路。作为企业的财务经理，自然在企业的经营与管理之中起着举足轻重的作用，具有不可替代的地位。Money（钱）、Capital（资本）、Value（价值），这几个简简单单的英文单词的简单的排列组合，其效果却是如此的引人入胜。它是立业之本，又是发展之路。它们充满诱惑、充满风险，自然也充满挑战。“水能载舟，亦能覆舟”，财务管理自然是水，企业必定是舟。

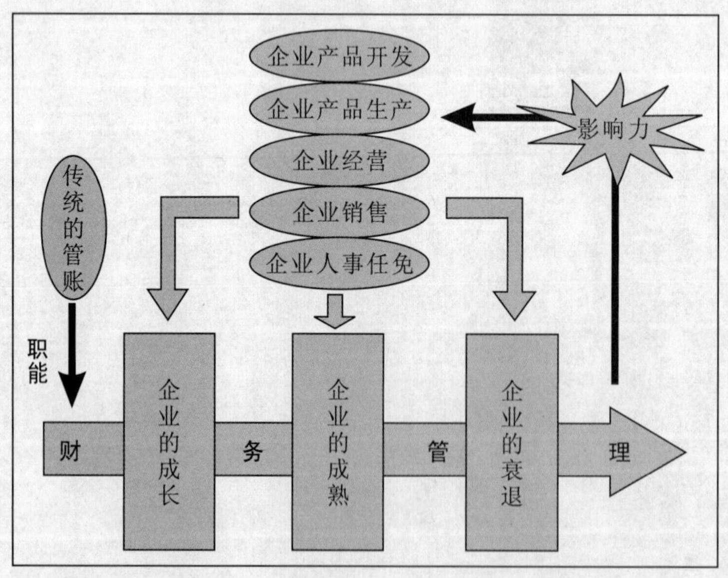

另一方面，财务管理已经不再是传统的“管账”，不再是仅仅具有会计上的含义，其重要意义可以贯穿企业的成长、成熟乃至衰退等每个阶段，影响到企业的产品开发、产品生

产、经营、销售、人事任免等。对于企业来说性命攸关的每个方面，从传统企业中的微观管理发展到现在的兼顾微观与宏观两个方面的管理与调控。企业辛苦所得的任何一笔收入，无论大小，都得记载在财务部门；企业所需的任何一笔资金，同样无论大小，都得从财务部门中支出。财务部门，已经是企业发展的支点，在企业中起着牵一发而动全身的作用。

如果将财务部门的工作职能细化，则可以描述如下：

1. 认真贯彻执行国家有关的财务管理制度。

2 建立健全财务管理的各种规章制度，编制财务计划，加强经营核算管理，反映、分析财务计划的执行情况，检查、监督财务纪律执行情况。

3. 积极为经营管理服务，促进企业取得较好的经济效益。

4. 厉行节约，合理使用资金。

5. 合理分配企业收入，及时完税。

6. 配合有关机构及财政、税务、银行等部门的财务检查工作，主动提供有关资料，如实反映情况。

7. 完成企业领导交办的其他工作。

二、财务部门的工作职责

财务部门工作职责范围描述如下：

1. 严格遵守国家财务工作规定和公司规章制度，认真履行其工作职责。

2. 组织编制公司年、季度成本、利润、资金、费用等有关的财务指标计划。定期检查、监督、考核计划的执行情况，结合经营实际，及时调整和控制计划的实施。

3. 负责制定公司财务、会计核算管理制度。建立健全公司财务管理、会计核算、稽核审计等有关制度，督促各项制度的实施和执行。

4. 负责按规定进行成本核算。定期编制年、季、月度种类财务会计报表，搞好年度会计决算工作。

5. 负责编写财务分析及经济活动分析报告。会同信息部、经营部等有关部门，组织经济行动分析会，总结经验，找出经营活动中产生的问题，提出改进意见和建议。同时，提出经济报警和风险控制措施，预测公司经营发展方向。

6. 有权参加各类经营会议，参与公司生产经营决策。

7. 负责固定资产及专项基金的管理。会同经营、技术、行政、后勤等管理部门，办理固定资产的构建、转移、报废等财务审核手续，正确计提折旧，定期组织盘点，做到账、卡、物相符。

8. 负责流动资金的管理。会同营销、仓库等部门，定期组织清查盘点，做到账、卡、物相符。同时，区别不同部门和经营部门，层层分解资金占用额，合理并有计划地调度占用资金。

9. 负责对公司低值易耗品的盘点核对。会同办公室、信息、行政、后勤、技术等有关部门做好盘点清查工作，并提出日常采购、领用、保管等工作建议和要求，杜绝浪费。

10. 负责公司产品成本的核算工作。制定规范的成本核算方法，正确分摊成本费用。

制定适合公司特点和管理要求的核算方法，逐步推行公司内部二级或三级经济核算方式，指导各核算单位正确进行成本费用及内部经济核算工作，力争做到成本核算标准化、费用控制合理化。

11. 负责公司资金缴、拨，按时上交税款。办理现金收支和银行结算业务。及时登记现金和银行存款日记账，保管库存现金，保管有关印章、空白收据、空白支票。

12. 负责公司财务审计和会计稽核工作。加强会计监督和审计监督，加强会计档案的管理工作，根据有关规定，对公司财务收支进行严格的监督和检查。

13. 负责进销物资货款把关。对进销物资预付款要严格审核，采购货款支付除按计划执行外，还须经分管副总经理或总经理、董事长审核签字同意，方可支付。

14. 认真完成领导交办的其他工作任务。

三、财务部门的工作目标

明确财务管理的目标，是搞好财务工作的前提。企业财务管理是企业管理的一个组成部分，企业财务管理的整体目标应该和企业的总体目标具有一致性。而从现代企业发展的趋势和整体走向来看，我们认为实现企业价值最大化是现代企业财务管理的整体目标。

所谓企业价值最大化是指通过企业财务上的合理经营，采用最优的财务政策，充分考虑资金的时间价值和风险与报酬的关系，在保证企业长期稳定发展的基础上使企业总价值达到最大。这看似简单但实际包含丰富的内涵，其基本思想是将企业长期稳定发展摆在首位，强调在企业价值增长中满足各方的利益关系，具体要求财务经理在企业财务管理活动中做到以下几方面。

强调风险与报酬的均衡，将风险限制在企业可以承受的范围之内；创造与股东之间的利益协调关系，努力培养安定性股东；关心本企业职工利益，创造优美和谐的工作环境；不断加强与债权人的联系；重大财务决策请债权人参与讨论，培养可靠的资金供应者；关心客户的利益，在新产品的研制和开发上有较高投入，不断推出新产品来满足顾客的要求，以便保持销售收入的长期稳定增长；讲求信誉，注意企业形象的宣传；关心政府政策的变化，努力争取参与政府制定政策的有关活动，以便争取出现对自己有利的法规，但一旦立法颁布实施，不管是否对自己有利，都要严格执行。

从上面的分析不难看出，以企业价值最大化作为财务管理的目标不仅考虑了收取报酬的时间，并用时间价值的原理进行了计量，而且企业价值最大化目标科学，同时也要考虑风险与报酬的联系。

最重要的是企业价值最大化能克服企业在追求利润上的短期行为，因为不仅目前的利润会影响企业的价值，预期未来的利润对企业价值的影响所起的作用更大。进行企业财务管理，就是要正确权衡报酬增加与风险增加的得与失，努力实现二者之间的最佳平衡，使企业价值达到最大。因此，企业价值最大化的观点，体现了对经济效益的深层次认识，它是现代财务管理的最优目标。所以，应以企业价值最大化作为财务管理的整体目标，并在此基础上，确立财务管理的理论体系和方法体系。

财务管理的分目标，取决于财务管理的具体内容。一般而言，有哪些财务管理的内容,就会有随之相应的各分部的目标。据此,财务管理的分部目标可以概括为如下几个方面。

1. 企业筹资管理的目标

任何企业,为了保证生产的正常进行或扩大再生产的需要必须具有一定数量的资金。企业的资金可以从多种渠道,用多种方式来筹集。不同来源的资金,其可使用时间的长短,附加条款的限制和资金成本的大小都不相同。这就要求企业在筹资时不仅需要从数量上满足生产经营的需要,而且要考虑到各种筹资方式给企业带来的资金成本的高低,财务风险的大小,以便选择最佳筹资方式,实现财务管理的整体目标。

2. 企业投资管理的目标

企业筹来的资金要尽快用于生产经营,以便取得利润。任何投资决策都带有一定的风险性,因此,在投资时必须认真分析影响投资决策的各种因素,科学地进行可行性研究。对于新增的投资项目,一方面要考虑项目建成后给企业带来的投资报酬;另一方面也要考虑投资项目给企业带来的风险,以便在风险与报酬之间进行权衡,不断提高企业价值,实现企业财务管理的整体目标。

3. 企业营运资金管理的目标

企业的营运资金,是为满足企业日常营业活动的要求而预支的资金,营运资金的周转,与生产经营周期具有一致性。在一定时期内资金周转越快,就越是可以利用相同数量的资金,生产出更多的产品,取得更多的收入,获得更多的报酬。因此,加速资金周转,是提高资金利用效果的重要措施。

4. 企业利润管理的目标

企业进行生产经营活动,要发生一定的生产消耗,并取得一定的生产成果,获得利润。企业财务管理必须努力挖掘企业潜力,使企业合理使用人力和物力,以尽可能少的耗费取得尽可能多的经营成果,增加企业利润,提高企业价值。企业实现的利润,要合理进行分配,使企业的发展获得不断的动力,同时及时减少各种矛盾和利益纠纷。

四、财务工作的核心理念

进入21世纪,社会经济发展的速度越来越快,这种日新月异的变化决定了财务工作要想在新形势下抓住机遇,就必须及时进行知识更新,树立一套与不断变化的财务管理环境相适应的财务管理新观念。主要包括:

1. 竞争的观念

"物竞天择,适者生存",竞争为现代企业财务管理带来了活力,创造了机会,但也形成种种威胁。优胜劣汰的原则使每一位财务经理必须树立强烈的竞争意识,新世纪市场经济必将进一步发展,市场供求关系的变化价格的波动时时会给企业带来冲击。财务经理应当对这种冲击做好充分的准备,强化财务管理在资金的筹集、投放、运营及收益分配中的决策作用,并在竞争中不断增强承受和消化冲击的应变能力,使企业自身的竞争实力一步一步提高,在激烈的市场竞争中站稳脚跟并力求脱颖而出。

2. 经济效益观念

市场经济本质上是一种损益经济,企业作为一个自主经营、自负盈亏、自我发展、自我约束的经济实体，取得并不断提高经济效益是其基本特征之一。所以财务经理在工作过程中必须牢固地确立经济效益观念。在筹资、投资以及资金的运营上都要讲究“投入产出比”，在日常的理财管理工作中，尽可能地降低成本提高资金利用率，“开源”与“节流”同时并举，以此来更好地实现企业财务管理目标。

3. 时间价值观念

资金的时间价值，简单地讲便是今天的1元钱同明天的1元钱是不等值的。1≠1，这是企业财务经理必须树立的观念。货币是有时间价值的，一定量的货币在不同的时间其价值量是不同的，而二者之间的差额便是利息。财务经理必须重视利息的存在，许多看似有利可图的项目在考虑到资金时间价值问题后，可能就变成一个赔本生意了，这种买卖可千万别做。

4. 财务风险观念

市场经济中充满了各种各样的风险，现代企业在组织财务活动的过程中，由于各种不确定性因素以及一些突发性因素的影响，企业的实际财务收益往往与预期财务收益发生较大差异，从而使企业有蒙受经济损失的可能。如何防范这些可能发生的风险是财务经理必须要明确的。财务经理在进行财务决策时，应尽可能回避风险以减少损失、增加收益，但要注意风险与报酬是相伴而生的，低风险往往对应的是低回报，取得高报酬要冒更大的风险。如何在风险与报酬之间进行选择，这是财务经理面临的一大挑战。

5. 财务公关观念

财务人员不要只关门算账。对外，应加强与财政、税务、银行、物价及上级业务主管部门的联系，以便得到他们的指导和支持。对内，应协调财务部门与生产部门、营销部门、公关部门、人力资源管理部门的关系，以便得到他们的理解和配合。由于财会部门处于经费分配的位置，往往与经费使用部门的看法不一致，而引起矛盾。他们可换一种思维方式，设身处地地为其他部门考虑，必要时，请有关领导做沟通协调工作。

五、建立公司理财文化

不同的企业情况不一，其理财文化的具体内容可能是各不相同的。但在塑造理财文化的过程中，其所遵循的基本原则、基本框架应该是统一的。

一般来说，建立良好的企业理财文化必须遵循一些基本原则，如下所示：

1. 目标原则。企业必须拥有一个明确的理财目标，并让每个职工明白其工作与实现这一目标之间的密切联系。

2. 价值观念原则。企业必须拥有一些共同的价值观念，如节约观念、成本观念、效率观念、时间观念等，全体职工要共同信仰、共同遵守。

3. 追求卓越观念。企业在理财活动中必须培养卓越的精神，永不满足、不断创新，激发每个职工在理财中争先创优。

4. 参与原则。企业在财务管理中必须实行民主理财，让每一个职工参与企业财务管理，重视职工个人对财务管理的各项建议，充分发挥职工当家理财献策的积极性。

5. 成效原则。在财务管理中，不但要将利益分配与工作成效挂钩，还要将激励与在财务管理中所发挥的作用成效挂钩，充分调动职工参与财务管理的积极性。

6. 共识原则。企业财务管理的各个环节、各个方面应在全体职工中达成共识，增强全体职工的信心和决心，增强全体职工的合力，减少内部摩擦。

7. 公正正直原则。财务管理机构在企业一系列重大的理财活动中必须是客观、公正的，理财人员必须有正直的品质，这样理财人员可以依其人格力量，引导和强化各部门的理财行为，促进企业理财水平的提高。

8. 一体原则。要创造出一种企业与全体职工是一个完整的经营整体的观念，使职工对理财活动充满荣誉感和使命感，树立起“厂兴我荣，厂衰我耻”的观念，对企业发展有一种“危机感”，能与企业共渡难关。

第二节 财务部门各岗位职责描述

一、财务总监岗位职责描述

财务总监岗位职责描述如下：

1. 正确审核企业的重要财务报表和报告，并上报总经理与董事会。

2. 起草并制定企业的各项财务管理规章制度，并履行监督检查义务。

3. 与总经理共同审批规定限额范围内的企业经营性、融资性、投资性、固定资产资金支用和汇往境外资金及担保贷款事项。

4. 起草并制订企业周期财务预、决算方案。

5. 起草并制订企业的利润分配方案或亏损弥补方案。

6. 起草并制订企业发行股票、债券方案。

7. 起草并制订公司所属部门或二级公司的承包方案。

8. 审查企业各项投资的可行性，并提出报告以供参考。

9. 每个季度向董事会报告企业的资产和经济效益变化情况。

10. 制订并提出年度财务计划，作为企业资金运用的依据。

11. 提出财务、会计及预算等制度，并负责其施行时有关的协调与联系工作，确保发挥各项制度的功能。依据年度财务计划，筹措与动用企业的资金，以确保资金的有效运用。

12. 汇编企业年度预算，送呈管理部门审定，并负责控制企业年度总预算的执行和促使预算在管理上的行之有效。

13. 按企业年度财务计划，办理有关银行借款及往来事项，提供经营所需要的资金。

14. 依据员工储蓄存款管理办法，核办有关员工储蓄存款事宜。

15. 依据会计制度规定，定期进行存货盘点，以确保公司资产的实际存量与账列数字彼此符合。

16. 依据税法规定，处理企业各项税务事宜，力求正确无误，避免遭受无谓的损失与罚款。

17. 依据企业经营计划,并配合企业总目标拟订本单位的目标及工作计划。

18. 根据本单位的工作计划,估计所需的款项支出,编制本单位年度预算,并加以控制。

19. 运用有效的领导方法,激励下属人员的士气,提高工作效率,并督导下属人员,依照工作标准或要求有效地执行其工作,确保本单位目标的达成。

20. 将本单位工作按下属人员的能力进行合理分派,并促进各下属间工作的联系与配合。

二、财务经理岗位职责描述

财务经理岗位职责描述如下:

1. 在财务总监的领导下,负责主持本部门的全面工作,组织并督促部门人员全面完成本部门职责范围内的各项工作任务。

2. 贯彻落实本部门岗位责任制和工作标准,密切与生产、营销、计划等部门的工作联系,加强与有关部门的协作配合工作。

3. 负责组织《会计法》及地方政府有关财务工作法律法规的贯彻落实。

4. 负责组织公司财务管理制度、会计成本核算规程、成本管理会计监督及其有关的财务专项管理制度的拟定、修改、补充和实施。

5. 组织领导编制公司财务计划、审查财务计划。拟订资金筹措和使用方案,全面平衡资金,开辟财源,加速资金周转,提高资金的使用效率。

6. 组织领导本部门按上级规定和要求编制财务决算工作。

7. 负责组织公司的成本管理工作。进行成本预测、控制、核算、分析和考核,降低消耗、节约费用,提高赢利水平,确保公司利润指标的完成。

8. 负责建立和完善公司财务稽核、审计内部控制制度,监督其执行情况。

9. 审查公司经营计划及各项经济合同,并认真监督其执行,参与公司技术、经营以及产品开发、基本建设、技术改造和其他项目的经济效益的审议。

10. 参与并审查产品价格、工资、奖金及其涉及财务收支的各种方案。

11. 组织考核、分析公司经营成果,提出可行的建议和措施。

12. 负责财会人员的业务培训。规划会计机构、会计专业职务的设置和会计人员的配备,组织会计人员培训和考核,坚持会计人员依法行使职权。

13. 负责向公司总经理、财务总监汇报财务状况和经营成果。定期或不定期汇报各项财务收支和盈亏情况,以便领导及时进行决策。

14. 有权向主管领导提议下属人选,并对其工作考核评价。

15. 完成公司领导交办的其他工作任务。

三、预算主管岗位职责描述

预算主管岗位职责描述如下:

1. 起草并建立企业预算管理机制和制度，并履行监督和执行义务。

2. 与企业各部门共同合作，对企业战略发展方案进行可行性分析，并提出报告以确保企业发展战略正确并得以实施。

3. 起草并制定企业中、长期财务规划，以确保企业发展战略得以实施。

4. 编制企业年度预算，建立和维护企业的预算管理系统，以适应企业短期的发展目标。

5. 以企业的销售预算、采购预算和费用预算为基本，汇编企业预算草案。

6. 负责编制企业的财务预算及财务部门的预算费用。

7. 监控并审核控制预算执行情况，形成预算执行报告。

8. 在每个财务周期内汇总、综合分析各部门编制的简要预算执行差异分析报告。

9. 为使企业的预算更准确，定期更新以往预算。

四、预算专员岗位职责描述

预算专员岗位职责描述如下：

1. 在预算主管的领导下进行建立、改进、完善预算管理体系的工作，建立相应的执行、控制机制，起草修改配套的规章制度。

2. 在预算主管的领导下进行编制企业全面经营预算工作，并负责预算的跟踪管理任务。

3. 对预算表格进行整理分析，理清数据关系，改进、完善管理制度及表格。

4. 定期反馈日常支出。

5. 对企业经营状况和预算执行情况进行分析，按时、按质、按需提供内部管理报表。

6. 进行编制年度预算的工作。

7. 根据企业实际情况，及时反映预算基础的变化，根据制度进行预算调整。

五、会计主管岗位职责描述

会计主管岗位职责描述如下：

1. 根据国家财务会计法规和行业会计规定，结合企业特点，负责拟定企业会计核算的有关工作细则和具体规定，报经领导批准后组织实施。

2. 参与拟订财务计划，审核、分析、监督预算和财务计划的执行情况。

3. 在财务经理的领导下，准确、及时地做好账务和结算工作，正确进行会计核算，填制和审核会计凭证，登记明细账和总账，对款项和有价证券的收付，财物的收发、增减和使用，资产基金增减和经费收支进行核算。

4. 正确计算收入、费用、成本，正确计算和处理财务成果，具体负责编制企业月度、年度会计报表、年度会计决算及附注说明和利润分配核算工作。

5. 负责企业固定资产的财务管理，按月正确计提固定资产折旧，定期或不定期地组织清产核资工作。

6. 负责企业税金的计算、申报和解缴工作，协助有关部门开展财务审计和年检。

7. 负责会计监督。根据规定的成本、费用开支范围和标准，审核原始凭证的合法性、合理性和真实性，审核费用发生的审批手续是否符合企业规定。

8. 负责社会集团购买力的审查和报批工作。

9. 及时做好会计凭证、账册、报表等财会资料的收集、汇编、归档等会计档案管理工作。

10. 主动进行财会资讯分析和评价，向领导提供及时、可靠的财务信息和有关工作建议。

11. 协助财务经理做好部门内务工作，完成财务总监临时交办的其他任务。

六、成本会计岗位职责描述

成本会计岗位职责描述如下：

1. 在财务经理的领导下，按照国家财会法规、企业财会制度和成本管理有关规定，负责拟订企业各部门成本核算实施细则，由上级批准后组织执行。

2. 主动会同有关人员对企业重大项目、产品等进行成本预算、编制项目成本计划，提供有关的成本资料。

3. 当企业推行全面成本核算管理和内部银行等制度时，协助有关主管制订总体方案和实施办法，确定各类成本定额、标准，并协助各部门和下属企业的推广培训。

4. 不断监督、调查各部门执行成本计划情况，并就出现的问题及时上报。

5. 学习、掌握先进的成本管理和成本核算方法及计算机操作，提出降低成本的控制措施和建议。

6. 做好相关成本资料的整理、归档和数据库建立、查询、更新工作。

7. 完成财务经理临时交办的其他任务。

七、核算会计岗位职责描述

核算会计岗位职责描述如下：

1. 在财务经理的领导下，按照企业财会制度和核算管理有关规定，负责企业各种核算和其他业务的记账工作。

2. 根据会计制度规定，设置科目明细账和使用对应的账簿，认真、准确地登录各类明细账，要求做到账目清楚、数字正确、登记及时、账证相符，发现问题及时更正。

3. 及时了解、审核企业原材料、设备、产品的进出情况，并建立明细账和明细核算，了解经济合同履约情况，催促经办人员及时办理结算和出入库手续，进行应收、应付款项的清算。

4. 负责依税法规定做好印花税贴花工作及相应的缴纳记录。

5. 负责固定资产的会计明细核算工作，建立固定资产辅助明细账，及时办理记账登记手续。

6. 负责企业的各项债权、债务的清理结算工作。

7. 正确进行会计核算计算机化处理，提高会计核算工作的速度和准确性。

8. 协助主办会计等做好会计原始凭证、账册、报表等会计档案的整理、归档工作，就职责范围内的问题提出工作建议。

9. 完成财务经理临时交办的其他任务。

八、出纳员岗位职责描述

出纳员岗位职责描述如下：

1. 在财务经理的领导下，按照国家财会法规、企业财会制度的有关规定，认真办理提取和保管现金，完成收付手续和银行结算业务。

2. 根据审核无误的手续，办理银行存款、取款和转账结算业务；登记银行存款日记账；及时根据银行存款对收单，在月末做出相应调整，做到银行对账单相符。

3. 登记现金和银行日记账，做到月结日清，保证账证相符、账款相符、账账相符，发现差错及时查清更正。

4. 认真审查临时借支的用途、金额和批准手续，严格执行市（县）内采购领用支票的手续，控制使用限额和报销期限。

5. 正确编制现金、银行的记账凭证，及时传递给财务登账。

6. 配合对应收款的清算工作。

7. 严格审核报销单据、发票等原始凭证，按照费用报销的有关规定，办理现金收付业务，做到合法准确、手续完备、单证齐全。

8. 核算人事部提供的薪金发放名册，按时发放企业员工的工资、奖金。

9. 负责及时、准确解缴各种社会统筹保险、公积金等工作。

10. 负责妥善保管现金、有价证券、有关印章、空白支票和收据，做好有关单据、账册、报表等会计资料的整理、归档工作。

11. 负责掌管企业财务保险柜。

12. 完成财务经理临时交办的其他工作。

九、审计员岗位职责描述

审计员岗位职责描述如下：

1. 在财务经理的领导下，按照国家审计法规、公司财会审计制度的有关规定，负责拟订公司具体审计实施细则，在上级批准后组织执行。

2. 监督公司各部门及下属单位对各项财务规章制度的执行。

3. 控制、考核、纠正下属单位偏离公司整体财务目标计划的行为。

4. 负责或会同其他部门查处公司内滥用职权、有章不循、违反财务制度、贪污挪用财物、泄密、贿赂等行为和经济犯罪的情况。

5. 协助政府审计部门和会计师事务所对公司的独立审计活动。

6. 定期或不定期地进行必要的专项审计、专案审计和财务收支审计。

7. 负责或参与对公司重大经营活动、重大项目、重大经济合同的审计工作。

8. 负责对所有涉及的审计事项,编写内部审计报告,提出处理意见和建议。

9. 负责做好有关审计资料的原始调查的收集、整理、建档工作,按规定保守秘密和保护当事人的合法权益。

十、资金主管岗位职责描述

资金主管岗位职责描述如下:

1. 起草并编制企业月流动资金计划方案,并对月度资金的使用情况进行分析。

2. 起草并编制企业资金的使用效益分析报告。

3. 研究资金项目的投入情况并做出报告。

4. 起草并编制企业融资计划方案,并执行企业融资工作。

5. 起草并编制资金筹集计划方案,并在财务周期内监督筹措资金的使用情况。

6. 起草并编制企业年度资金预算方案,并执行企业年度资金预算控制的工作。

十一、投资主管岗位职责描述

投资主管岗位职责描述如下:

1. 对企业的投资项目进行市场调研、数据收集和可行性分析,并做出经济形势分析。

2. 对企业投资项目进行财务预测、风险分析。

3. 参与投资项目的财务管理,监控和分析投资项目的经营管理,并及时提出业务拓展和管理改进的建议。

4. 在财务经理的领导下进行投资项目谈判,与合作伙伴、主管部门和潜在客户保持良好的业务关系。

5. 在对投资项目进行分析后,做出推介性报告、投资调研报告、可行性研究报告,并拟订项目实施计划和行动方案,供企业领导和潜在客户参考。

十二、投资分析专员岗位职责描述

投资分析专员岗位职责描述如下:

1. 在投资主管的领导下进行具体投资项目的细化工作,包括设计方案、组织实施,定期汇报工作进度,确保投资项目的顺利进行。

2. 在投资主管的领导下对投资项目进行财务调查、财务测算、成本分析。

3. 及时向上级汇报对投资项目进行产生重大影响的事件或变动信息。

4. 在上级的领导下,收缴投资项目收益。

5. 参加部门的有关管理会议,参与重大业务及管理决策。

6. 管理投资项目档案。

十三、融资主管岗位职责描述

融资主管岗位职责描述如下：

1. 收集广泛信息，对企业所处的资本市场和政策变动情况进行全面评估和分析。
2. 分析企业财务状况，并对企业的资本负债结构做出评价。
3. 分析企业的资金流动状况、投资状况和外汇状况等，并做出书面报告。
4. 协助企业其他人员对复杂的资本市场进行分析预测。
5. 对行业内企业的行为及其发展趋势进行分析。

十四、财务分析师岗位职责描述

财务分析师岗位职责描述如下：

1. 对企业财务状况进行分析，研究行业信息，对筹、融资策略进行财务分析和财经政策跟踪。
2. 对企业各项业务和各部门业绩进行分析评估，以提供财务建议和决策支持。
3. 对企业财务收益和风险进行预测，并建立企业财务管理政策和制度。
4. 对投资和融资项目进行财务测算、成本分析和敏感性分析，并配合制订投资和融资方案。
5. 对企业现金流和各项资金使用情况进行预测并监督。
6. 进行撰写财务分析报告、投资财务调研报告和可行性研究报告的工作。

十五、制单员岗位职责描述

制单员岗位职责描述如下：

1. 接收其他业务部门提交的各种原始凭证及相应的附件。
2. 审核原始凭证的真实性、合法性、完整性和正确性。
3. 编制原始凭证及其附件的记账凭证。
4. 在记账凭证上加盖名章和“转讫章”，负责保管和使用“转讫章”。
5. 登记凭证交接登记簿。
6. 对受理的错账冲正等重要会计事项，及时报送审批，经审批后方可制单。

十六、簿记员岗位职责描述

簿记员岗位职责描述如下：

1. 在上级指导下记录组织交易，并做好各种会计凭证的保存工作。

2. 核实、整理、调整各种应收、应付、工资、费用分类明细账目。

3. 准备发票及凭单。

十七、收银员岗位职责描述

收银员岗位职责描述如下：

1. 及时向客户收取现金。

2. 及时登记收银金额。

3. 每天盘点收款。

第2章 定章建制
——财务部组织机构设置

第一节 财务部职位设置与任职条件

一、财务部组织机构设置模板

财务部组织机构的设置形式如图2-1所示。

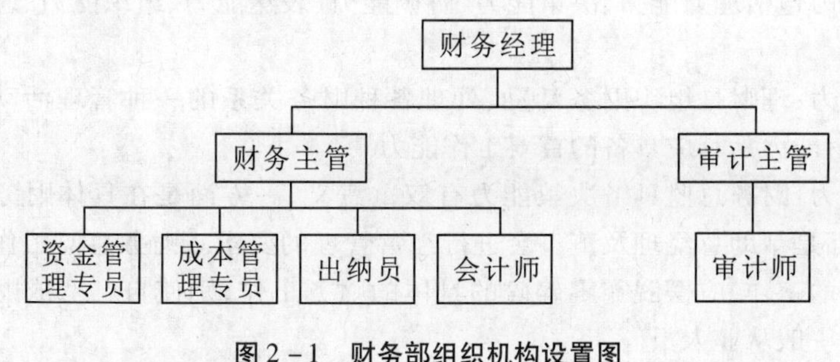

图2-1 财务部组织机构设置图

二、财务总监任职条件

财务总监是一个高起点、高要求、高标准的职业经理群体，他们不仅能计划、预测企业的价值，而且更要能为企业寻找新的价值增长点，因此并不是所有的财务人员都能成为其中的一员，一个称职的财务总监应具有与其职位相称的基本素质，只有这样他们才能做好其工作，承担起应有的责任。财务总监的基本任职条件应包括：良好的职业道德、超强的职业权威、综合的工作能力。

（一）良好的职业道德

职业道德不应只是一个概念，而是财务总监所应遵守的准则。财务总监良好的职业道德主要有以下4点内容。

1. 对社会负有责任。

2. 全面的专业知识体系。

3. 严格的执业注册制度。

4. 赢得社会的信任。

（二）超强的职业技能

1. 知识技能。如开展调查研究、抽象逻辑思维、推理等能力。

2. 交际能力。如与他人协调、处理和解决冲突、领导能力,行政和人事管理能力,特别是要具备在勇于对总经理和业务经理的想法提出质疑的同时,能保持他们的尊严和自信的能力,以及领导和协调重大交易谈判的能力。

3. 表达能力。

4. 运用信息技术的能力。

5. 坚实的技术知识。

6. 运用技术知识分析和解决问题,包括十分复杂的管理难题。

7. 从所掌握的信息中识别相关信息的敏锐的业务判断力和出色的分析能力。

8. 在复杂情况下发现问题,并能恰当安排解决问题的次序。

9. 综合运用多种知识和技能。

10. 以简明扼要的方式向管理层或董事会提出建议和意见。

11. 掌握职业道德知识,遵循职业道德规范。

(三)综合的工作能力

财务总监像其他任何一个管理者一样,必须具备综合的工作能力。财务总监应具备综合的工作能力包括理财能力、决策能力、协调能力、表达能力、组织能力、应变能力和意志能力等。

1. 理财能力:理财是组织财务活动、处理各种财务关系的一种管理活动。对于财务总监而言,理财能力是其应具备的首要工作能力。

2. 决策能力:财务总监具备决策能力有双重意义,一方面是在具体财务管理工作的体现,另一方面是帮助总经理及董事会进行经营管理的要求。财务总监工作总的趋势是战略决策方面的工作,应摆脱零零碎碎的具体的财务工作,别使自己变成财务经理与主管甚至会计等一般从业人员。

3. 协调能力:协调能力主要是指妥善处理与上级、同级和下级之间的人际关系的能力。

4. 表达能力:表达能力是财务总监的一项重要能力,也是一项基本功。尤其是财务总监在反驳总经理的决策时,更需要超强的表达能力去游说董事会成员,以使董事会支持自己的决策。

5. 组织能力:组织能力是财务总监的重要才能之一,作为企业财务部门的最高首脑,为了获得理想的社会效益和经济效益,对被管理者实行有效管理和控制的能力。

6. 应变能力:应变能力是一种根据不断发展变化的主客观条件,随时调整领导行为的一种难能可贵的能力,是复杂的现代领导活动对领导者的素质提出的一条起码的要求,也是确保领导活动获得圆满成功的一个先决条件。

7. 意志能力:财务总监面临竞争日益激烈的外部环境,面临纷繁复杂的财务管理工作,面临说三道四的流言蜚语,要干好自己的本职工作,实现自己的目标,就必须有一种意志力。

三、财务经理任职条件

财务部经理基本任职条件如下:

1. 具有良好的职业道德，能坚持原则，做到廉洁奉公，并具备一定的组织能力。

2. 具有大学本科以上学历，有会计师职称或注册会计师资格，有5年以上公司财务管理工作经验。

3. 熟悉财务管理工作，精通公司会计核算，熟知国家的财经法律、法规、规章制度和方针政策。

4. 掌握本行业业务管理的有关知识。

5. 熟练操作计算机。

6. 有良好的对外交际能力。

四、会计主管任职条件

会计主管基本任职条件如下：

1. 坚持原则、廉洁奉公，具备良好的职业道德。

2. 具有本科以上会计专业学历或会计师以上职称，有3年以上会计工作经验。

3. 熟悉国家的财经法律、法规、规章制度和方针、政策，掌握本行业业务管理的有关知识。

4. 具备一定的组织能力、协调能力、综合分析能力。

5. 熟练操作计算机。

五、会计任职条件

会计基本任职条件如下：

1. 具备大专以上学历，助理会计师以上职称，有两年以上会计工作经验。

2. 具备必要的专业知识和专业技能。

3. 熟悉国家有关法律、法规、规章和国家统一会计制度，遵守职业道德。

4. 熟悉会计核算业务，熟练操作计算机。

六、出纳员任职条件

出纳员基本任职条件如下：

1. 具有良好的职业道德，遵纪守法、认真负责，无工作过失记录。

2. 具有中专以上学历，会计员以上证书，一年以上会计出纳工作经验，熟悉出纳业务。

3. 服从上级工作安排。

第二节　财务部主要岗位描述

一、出纳岗位

按国家及有关部门的相关法规及公司财务制度规定办理现金收付和银行结算业务，登记现金和银行存款日记账，保管库存现金和各种有价证券，保管有关印章、空白收据发票和空白银行单据（支票等）。

二、资金管理岗位

负责编制公司资金计划，会同有关部门核定资金使用定额。根据公司资金需求，确定筹款计划并负责具体实施。做好公司资金的调度和筹措，考核资金的使用效果，确保公司资金的安全使用。编制公司资金报表，提供有关资金的使用情况。熟悉各种融资渠道及方法，为公司融资提供可行方案。

三、固定资产核算岗位

会同有关部门制定固定资产管理与核算的实施办法，参与核定固定资产需用量，参与编制公司固定资产购置、更新改造和修理计划，负责固定资产及其折旧的明细核算。参与固定资产的清查盘点，分析固定资产的使用效果。

四、存货核算岗位

会同有关部门制定存货管理与核算的实施办法，负责存货的明细核算及有关往来结算，参与存货的清查盘点，分析存活的储备情况。

五、工资核算岗位

负责工资、奖金、福利费、保险费等的审核及明细核算，正确提取福利、保险等各项经费，代扣、代缴个人所得税。

六、成本、费用核算岗位

制定成本核算办法，编制成本费用计划，完善成本管理基础工作，会同有关部门制定公司成本、费用开支范围与定额，核算产品成本，编制成本报表，进行成本分析。组织有关部门、车间、班组的成本核算。

七、销售和利润核算岗位

编制公司利润计划。办理销售款项的结算业务，负责销售业务的财务管理，负责销售和利润的预测分析。

八、应收应付款核算岗位

建立应收应付账款的清算手续制度，办理应收应付款项的结算业务，负责应收应付款项的明细核算。及时清理债权、债务。

九、总账报表岗位

登记总账，编制有关财务报表，管理会计凭证和账表。综合分析财务状况及经营成果，编写有关财务情况分析说明书。进行财务预测，提供有关生产经营决策和日常管理所需财务资料。

十、稽核岗位

审查各项财务收支，审查财务成本费用计划，复核会计凭证和账簿、报表。

根据公司的实际情况，上述岗位可以一人一岗、一人多岗或一岗多人。

第三节 财务部组织机构设置基本原则

一、财务与会计机构分置细则

财务与会计机构分设细则如下：

1. 区别对待：各企业性质及内部管理模式等方面的差别，决定了每个企业财务管理机构也不尽相同。财务与会计机构分设以利于互相监督和制约，及时发现和纠正差错，充分发挥财务管理作用。

2. 区分职能：财务与会计机构分设后，财务的主要职能是筹集资金、编制预算、参与投资决策、参与信用政策、分析与评价财务状况、分配利润及定期汇报工作；会计的主要职能是进行日常经济业务核算、控制预算和执行情况、利用账面核算资料保护资产、提供管理所需要的各种会计信息。

3. 适度分离：财务的基本功能是对财务活动进行决策。会计的基本功能是确认、计量和报告会计信息。

4. 保持地位：财务机构是进行分析决策的部门，而会计部门只是单纯地反映和控制。

5. 制度到位：企业日常财务管理和财务工作是通过落实各项财务制度实现的，严密的财务与会计制度不可忽视。

6. 注重实效：在具体设置财务管理机构时，应注重实效，尤其要注意培养、选拔能够胜任这一工作的人员；同时谨防机构臃肿、效率低下。

二、把握集权与分权程度细则

把握集权与分权程度细则如下：

1. 强有力的集权：现金管理和预算管理采用强有力的集权模式。

2. 集权与分权的适当结合：投资管理和利润分配管理应采用集权与分权适当的模式。

3. 广泛彻底的分权：母子企业财务的几种管理并不排斥子企业的独立核算，而母子企业各自平等独立的法人地位，为财务管理的分权化提供了依据，子企业在母企业审定的决策范围内，自主经营、自负盈亏，对自己的生产、销售、投资、分配等享有法定的经营权。子企业对所生产的产品进行从研究、开发、生产、销售到售后服务一条龙经营。在订立合同、业务购销、资产负债和留存受益的核算上，均体现各个子企业应有的独立核算地位；同时，制单、审查、记账和报表均由子企业按财务会计制度和有关规定办理。

第二部分

为企业的赢利保驾护航

——建立财务控制与管理体系

第3章　加强控制,防患于未然
——财务部日常核算工作管理

第一节　财务部日常核算管理工作要点

一、一般会计业务范围

(一)本公司会计业务由各级主办会计人员处理。所谓主办会计人员,是指在总公司为财务管理部主管,在所属机构为会计部门主管。

(二)会计业务包括下列各项:

1. 原始凭证的核签。

2. 记账凭证的编制。

3. 会计簿记的登记。

4. 会计报告的编制、分析与解释。

5. 会计用于企业管理各种事项的办理。

6. 内部的审核。

7. 会计档案的整理保管。

8. 其他依照法令及习惯应办理的会计事项。

9. 各项会计业务应包括预算、决算、成本、出纳及其他各种会计业务。

(三)会计业务的处理程序,应符合本公司的以下规定:

1. 根据合法的原始凭证,造具记账凭证。

2. 根据合法的记账凭证,登记会计簿。

3. 根据符合规定的会计簿记,编制会计报告。

4. 原始凭证的格式及其所记载的事项,具备记账凭证条件的,应代替为记账凭证。

5. 各种特殊会计事项,依本公司规定处理有滞碍难行时,要参酌一般会计的原理、原则方法或习惯,在不违背政府法令范围内处理。

(四)原始凭证关系现金、票据给予证券的出纳者,非经主办会计人员的盖章,不得为出纳执行。

(五)主办会计人员在核对账目时,对于现金、票据、证券及其他各项财务应随时派员盘点。关于财物的核对与盘点事项,每年最少应办理一次。

(六)会计业务的处理发生错误时,应于发现错误时,随时加以更正。

(七)会计人员执行其职务时,必须使用本名,不得用别名或别号。

二、会计凭证处理程序

（一）凡是以证明会计事项发生及其经过的文书单据均为原始凭证，其类别见本制度会计凭证的有关规定。原始凭证经法令规定须具备某种条件者，应依其规定。

（二）原始凭证应先详细审核，如有下列情况者，当视为不合法。

1. 法令明定为不当的支出者。

2. 书据数字计算错误者。

3. 收支数字与规定及事实经过不符者。

4. 与本公司有关规定不合者。

（三）原始凭证的审核

1. 支出凭证的审核

支付款项应取得受款人的统一发票为原则。

（1）对于营利事业购进物品或支付费用的原始凭证，应盖有该营利事业的印章，并记明下列各项：

· 该公司或商号名称、地址。

· 货品名称、规格及数量或费用性质。

· 单价及总价。

· 交易日期。

· 本公司的抬头及地址。

（2）对于个人支付费用的原始凭证，应记明下列各项：

· 该受款人的姓名、住址、身份证统一编号，必要时应检送身份证复印件。

· 支付款项事由。

· 实收金额。

· 收到日期。

· 本公司的抬头及地址。

（3）对于其他机构支出的原始凭证，应记明下列各项，并按法令规定贴足印花：

· 受款机构名称、地址。

· 支付款项事由。

· 实收金额。

· 收到日期。

· 本公司的抬头、地址。

（4）对于本公司内部支出的原始凭证，应依照本公司有关规定办理。

（5）购进材料的原始凭证，应检附材料验收单（收料单及请购单）。

（6）购进物料及其他消耗品的原始凭证，均应检附物料验收单（收料单及请购单）。

（7）购进固定资产的原始凭证，应检附固定资产验收单及请购单。

（8）刊登广告费及印刷费发票或收据均应附具样本或样张。

（9）员工出差旅费应依照本公司员工出差旅费报支办法支给，并填具出差旅费报告表，检附有关单据报销。

(10)支出凭证单据上的实付金额应用大写数字书写,不得涂改或挖补。

(11)非英文的凭证单据应由经办人将其内容摘要译成英文,一并附送。

(12)各部门的费用开支应受部门费用预算的限制者,依各预算的规定办理。

(13)各项支出凭证应由经办部门主管及经办人签章、会计人员审核及会计主管核准视为有效。

2. 收入凭证的审核

(1)各项收入无论属于营业收入或营业外收入均应取得足资证明收入的凭证。

(2)房屋的销售应以本公司有关规定价格为其审核的依据。

(3)凡属出售资产的收入,应以合同、契约或开标议价的记录,或其他有关书据为其审核的依据。交换资产所得的利益收入,应依交换合同、契约或其他有关的书据为其审核的依据。

(4)各项成品销售及其他资产出售,所开的统一发票,应记明下列事项:

· 销售(或出售)日期。

· 客户名称及地址。

· 销售成品或其他资产名称、数量。

· 单据及总价。

· 本公司名称、地址及印章。

· 其他事项。

(5)收入凭证有下列情况之一者,当视为不合:

· 收入计算及条件与规定不合者。

· 收入源与事实经过不符者。

· 书据数字计算错误者。

· 形式未具或手续不全者。

· 其他与法令规章不合者。

3. 不生效力或不合法的原始凭证不得作为造具记账凭证或登账的根据。

4. 记账凭证的编制,除整理结算、结账等事项确无原始凭证者外,应根据原始凭证处理。

5. 应具备原始凭证而事实上无原始凭证或原始凭证无法取得的会计事项,应由经办人员签报,经其各级主管的核转及主办会计的会签,呈财务部经理的批准,始得据此编制记账凭证,事后取得原始凭证时并应检附。

6. 记账凭证内所记载的会计事项及金额,应悉与原始凭证内所表示者相符。原始凭证的金额,其不以分位为止者,应将分位以下的小数四舍五入记入记账凭证。

7. 记账凭证有下列情况者,视为不合法的凭证,应予更正:

(1)记账凭证根据不合法的原始凭证造具者。

(2)未依规定程序编制者。

(3)记载内容与原始凭证不符者。

(4)商业会计法规定应行记载的事项未经记明者。

(5)依照规定,应经各级人员签章,而未经其签名盖章者。但各单位主管,已在原始凭证上签章者,记账凭证上可不签章。

(6)有记载缮写计算错误,而未按照规定更正者。

(7)其他与法令、公司规章不合者。

8. 凡由一科目转入其他一科目时,其借贷双方会计科目虽属相同,而会计事项的内容并不相同者;或总分类账科目虽属相同,而明细分类账科目并不相同者,均应造具记账凭证转正。但属成本计算科目另有规定处理方法者,不在此限。

9. 现金、证券、票据及财物的增减、保管、转移,应随时根据合法的原始凭证,造具记账凭证,但有关生产成本已随时根据合法原始凭证,直接记入明细分类账者,可按期分类汇总造具记账凭证。

三、会计簿记处理程序

1. 会计簿记除本章另有规定的外,均应根据记账凭证登记。

2. 根据记账凭证记入会计簿时,除总分类账应先汇编“日计余额试算表”,然后根据该表记入外,其明细分类账应根据记账凭证记入。销货簿、应收票据明细账及材料账应根据原始凭证直接记入。

3. 记账时其账簿内所记载的会计科目、金额及其他事项,应悉与记账凭证内所载的相同。

4. 日计余额试算表的编制及各种账簿的登记,均应以每日为准。

5. 账簿有下列情况者,视为不合法的账簿,应予更正,如不更正,不得据以编制会计报告:

(1)日计试算表及账簿的登记,未具规定的记账凭证或原始凭证者。

(2)过入总分类账未具规定的日计试算表者。

(3)日计试算表及账簿的内容与记账凭证或原始凭证不符,或总分类账的内容与日计试算表不符者。

(4)记载缮写计算等错误,不依规定更正者。

(5)其他与法令不合者。

6. 总分类账及明细账,原则上均应按日结算借贷的余额,如事实上无此必要时,可斟酌实际情况改为以每周为准,但每月终了时必须办理结总一次,计算各账户“本月合计”及“截至本月累计”,以利月报的编制。

7. 本公司有下列情况之一时,应办理结账:

(1)会计年度终了时。

(2)公司改组合并时。

(3)公司解散时。

8. 结账前应为下列各项的整理分录:

(1)所有预收、预付、应收、应付各科目及其他权责已发生而尚未入账各事项的整理分录。

(2)折旧坏账及其他应属于本结账期内的费用整理记录。

(3)材料、成品等实际存量与账面存量不符的整理记录。

(4)其他应列为本结账期内的损益及截至本结账期止已发生的债权债务而未入账各事的整理分录。

9. 年终结账时，各账目经整理后，其借贷方余额应依照下列规定处理：

（1）收入、支出各科目的余额应结转“本期损益”科目，为损益的计算。

（2）资产负债及净值各科目余额，应转入下年度各该科目。

（3）收支各科目的结转应做成分录，资产负债及净值各科目的结转直接在账簿上处理。

10. 账簿及重要备查簿内记载错误而当时发现的，应由原记账人员画双红线更正，并于更正处盖章证明，不得挖补、擦刮或用药水涂改。如错误于事后发现，而其错误不影响结数，应由察觉人员将情况呈明主办会计加以更正。若其错误影响结数或相对账户的余额，应另制传票加以更正。数字书写错误，无论写错一位或数位，均应将该错误数额全部用双红线划去，另行书写正确数字，并由记账人员盖章证明。

11. 账簿及重要备查簿内有重揭两页有空白时，应将空白页画斜红线注销，如有误空一行或两行，应将误空的行画红线注销，画线注销的账页空行均应由记账人员盖章证明。

12. 各种账簿的首页，应列启用单，标明公司名称或各厂名称、年度、账簿名称、册次页数、启用日期，并由负责人及主办会计盖章。各种账簿的末页，应列经管人员一览表，填明记账人员的姓名、职别、经管日期。凡经管账簿人员遇有职务调整时，须将各项账簿由原经管人员与接管人员于上述账簿《经管人员一览表》内书明交接年月日并盖章证明。

13. 各种账簿账页的编号，除订本式应按账页顺序编号外，活页式的账簿，应按各账户所用的账页顺序编号，年度终了时应予装订成册。总分类账及明细分类账应各在账簿前加一目录。

14. 各种账簿除已经用尽外，在决算期前不得更换新账簿，其可长期持续记载的，在决算期后，可无须更换。

15. 各种账簿在使用前应检查页数编号，并贴足印花税票，其主要账簿并应送当地税务机关验印。

四、会计报告处理程序

1. 会计报告的编制，除决算报告应将属于期间内的会计事项全部列入外，至于日报、月报等就在该期间末日办理完毕时，已入账的会计事项编列。

2. 会计报告内所表现的事实，应与账簿所记载的相符，但预算及其他比较分析数字可不由会计簿记，直接编制会计报告。

3. 会计报告有下列情况之一者，应予更正：

（1）其内容与会计簿记不符者。

（2）编造不依程序或内容明显有错误者。

（3）缮写计算等错误者。

（4）未经应予签署人员签署者。

（5）其他与法令、公司规定不符者。

4. 会计报告应依总公司所定的期限编送。

5. 本公司所属机构所编送的会计报告应为综合报告，必要时并附送所属机构的会计报告。

6. 各种会计报告，均应留存底稿。

7. 会计报告未经总公司核准的，不得随意给予任何机关团体或个人。会计报告表达方式应尽量使非会计人员易于了解，会计报告规格应大小一致，以便装订。

五、会计档案处理程序

1. 原始凭证应分别按会计科目，依记账凭证的顺序，分目装订成册，另加封面，详记起讫日期、会计科目种类、起讫号码等。记账凭证应按月编号，并按日装订成册，另加封面，详记日期、起讫号码、记账凭证张数。

2. 下列原始凭证要分别装订保管，只是应于记账凭证注明其保管处所及档案编号，或其他便于查封事项。

（1）各种合同及重要资产凭证应编号独立专卷。

（2）应留待将来使用的现金、票据、证券等凭证。

（3）将来应转送其他机构或应退还的文件书据。

（4）其他事实不能依会计科目装订成册者。

3. 本公司及所属机构的会计报告及已记载完毕的会计簿记等档案，均应分年编号，妥为保管。

六、出纳岗工作流程

在这里主要讲述出纳岗的两个最主要的工作流程：现金收付流程和银行存款收付流程。

（一）现金收付流程。

1. 收现

根据会计岗开具的（收据）收款→检查收据开具的金额正确、大小写一致、有经手人签名→在收据（发票）上签字并加盖财务结算章→将收据第二联（或发票联）给交款人→凭记账联登记现金流水账→登记票据传递登记本→将记账联连同票据登记本传相应岗位签收制证。

2. 付现

（1）费用报销。

审核各会计岗传来的现金付款凭证金额与原始凭证一致→检查并督促领款人签名→据记账凭证金额付款→在原始凭证上加盖“现金付讫”图章→登记现金流水账→将记账凭证及时传主管岗复核。

（2）人工费、福利费发放。

凭人力资源部开具的支出证明单付款（包括车间工资差额、需以现金形式发放的兑现、奖金等款项）→在支出证明单上加盖“现金付讫”图章→登记现金流水账→登记票据传递登记本→将支出证明单连同票据传递登记本传工资福利岗签收制证。

3. 现金存取及保管

每天上午按用款计划开具现金支票（或凭银行存折）提取现金→安全妥善保管现金、准确支付现金→及时盘点现金→下午3：30视库存现金余额送存银行。

4. 管理现金日记账，做到日清月结，并及时与计算机账核对余额。

（二）银行存款收付流程

1. 银收

（1）收货款整理销售会计传来支票、汇票→核查和补填《进账单》→上午上班时交主管岗背书→送交司机《进账单》及《取回单》→整理从银行拿回的回款单据→将第一联与回执粘贴在一起→在计算机中编制《回款登记表》并共享→打印→将《回款登记表》连同《回款单》传销售会计。

（2）其他项目收款。

收到除货款以外项目的支票、汇票→填写《进账单》→进账→回单→登记票据传递登记本→相关岗位。

（3）贷款。

收到银行贷款上账回单→登记票据传递登记本→传管理费用岗位。

2. 银付

（1）日常性业务款项。

根据付款审批单（计划内费用经相关岗位审核，计划内10万元以上或计划外费用经财务部长或财务总监审核）审核调节表中无该部门前期未报账款项→开具支票（汇票、电汇）→登记支票使用登记簿→将支票、汇票存根粘贴到付款审批单上（无存根的注明支票号及银行名称）→加盖"转账"图章→登记单据传递登记本→传相关岗位制证。

（2）打卡工资。

根据工资岗位开具的《付款审批单》（经财务部长签字）开具支票→填写《进账单》→连同工资盘交司机送开户行→登记支票使用登记本→将支票存根粘贴到付款审批单上→加盖"转账"图章→登记单据传递登记本→工资福利岗。

（3）业务员兑现。

凭销售会计传来的《付款审批单》（经财务部长签字）开具支票→填写《进账单》→交司机送银行进账→登记支票使用登记本→将支票存根粘贴到付款审批单上→加盖"转账"图章→登记单据传递登记本→工资福利岗。

（4）还贷及银行结算。

收到《银行贷款还款凭证》及《手续费结算凭证》→登记单据传递登记本→传管理费用岗。

（5）交税。

完税。收到税务岗位传来的税票（附《付款审批单》）→填写划款行银行账号及进单→交司机送银行进账→凭回单及支票存根登记支票使用登记本→传税务岗位编制凭证。

进税卡。凭税务岗填写的付款审批→开具支票→填写《进账单》→交司机送银行进账→凭回单及支票存根登记支票使用登记本→传税务岗位编制凭证。

税卡交税。收到税务岗传来的完税票和税卡划款凭条→登记支票使用登记本→传税务岗位编制凭证。

（6）及时将各银行对账单交内审岗编制银行调节表，对调节表上挂账及时进行清理和查询,责成相关岗位进行下账处理。

3. 根据银行收付情况统计各银行资金余额,随时掌握各银行存款余额,避免空头。

4. 熟练掌握公司各银行户头(单位名称、开户银行名称、银行账号)。

七、销售费用核算工作流程

销售费用核算的工作流程如下:

(一)部门日常费用

审核原始凭证完整、合法、金额正确→审核并更正原始凭证按规范粘贴和折叠→审核审批手续是否完备→审核部门费用支出进度(如超计划额度,可拒绝报销)→编制《记账凭证》→涉及现金的凭证传出纳岗,不涉及现金的凭证传主管岗复核。

(二)办事处费用

1. 日常费用

审核原始凭证完整、合法、金额正确→审核原始凭证粘贴规范→审核审批手续是否完备→编制《记账凭证》→涉及现金的凭证传出纳岗,不涉及现金的凭证传主管岗复核。

2. 购置固定资产

审核是否附申请报告→审核发票合法→审核是否有行政事务部开具的固定资产调拨单→审核审批手续是否完备→编制《记账凭证》→传出纳岗。

3. 房租、仓租

审核是否附租赁合同→审核是否附合法收据→审核签字手续是否完备→编制《记账凭证》→传出纳岗。

4. 运费

审核运输发票合法,金额正确→审核无抵扣联,且运费金额超出 100 元以上运输发票附在同一张支出证明单上(以别针或回形针夹住,无须粘贴和复印)→审核审批手续是否完备→编制《记账凭证》→传出纳岗。

5. 途损

审核途损合法依据、途损报告→审核签字手续完整→编制《记账凭证》。

6. 高开冲红

审核是否附高开冲红表→审核是否附合法收据→审核是否有销售会计审核签名→审核审批手续是否完备→编制《记账付款凭证》→传出纳岗。

7. 返利

审核是否附协议→审核是否附合法收据→审核是否有销售会计审核签名→审核审批手续是否完备→编制记账凭证→传出纳岗。

8. 赞助费

审核是否附申请报告→审核是否附合法收据→审核审批手续是否完备→编制记账凭证→传出纳岗。

(三)广告费用

1. 审核月度资金计划

每月 28 日根据预付账款、策划部广告投入付款计划及广告合同的执行情况→审核策划部下月资金使用计划→汇总资金计划→报财务部长审批。

2. 审核付款

(1)根据月度资金计划核查付款项目→审核广告合同、发票、照片等→审核《付款审批单》审批手续是否完备→登记资金计划→出纳岗付款。

(2)签收出纳岗传来的《付款审批单》及银行付款凭证等→编制《记账凭证》→在相应的广告合同上登记付款金额、日期及凭证编号→传主管岗复核。

3. 费用报账

(1)媒体及宣传品。

审核策划部相关岗位传来的发票(媒体广告)→审核策划部相关岗位传来的《发票附收料单》(宣传单)→审核审批手续是否完备→对照合同进行编制《记账凭证》→在合同上登记发票金额、收受日期及凭证编号→分品种登记手工账→传主管岗审核。

(2)宣传品发出。

审核宣传品仓库明细账→审核仓库传来的当月宣传品领用汇总表和领料单→编制《记账凭证》→传主管岗复核。

(3)推广会。

审核推广会申请报告及照片等相关材料→审核原始凭证完整、合法性→审核审批手续是否完备→编制《记账凭证》→分品种登记手工账→涉及现金的凭证传出纳岗,不涉及现金的凭证传主管岗复核。

八、管理费用核算工作流程

管理费用核算工作流程如下:

(一)部门日常费用。

审核原始凭证完整、合法、金额正确→审核并更正原始凭证按规范粘贴和折叠→审核审批手续是否完备→审核部门费用支出进度(如超季度计划除分管领导审批后,还须报总经理审批;如超年度计划额度,可拒绝报销)→编制《记账凭证》→涉及现金的凭证传出纳岗,不涉及现金的凭证传主管岗复核。

(二)资金付出。

1. 审核月度资金计划

每月 28 日根据年度费用计划、相关往来账及合同→审核管理部门下月资金使用计划→汇总资金计划→报财务部长审批。

2. 审核付款及报账

(1)根据月度资金计划核查付款项目→审核《付款审批单》审批手续是否完备→登记资金计划→出纳岗付款。

(2)签收出纳岗传来的《付款审批单》及银行付款凭证(或附发票)→收受管理部门相关人员交来的发票→审核发票上的审批手续是否完备→审核银行票据存根上是否有领用或收款人签字→编制《记账凭证》→传主管岗复核。

（三）特殊费用核算

1. 办公用品入库与领用

（1）入库：审核支票存根与发票对应→审核发票金额、数量是否与入库单一致→编制《记账凭证》→涉及现金的凭证传出纳岗，不涉及现金的凭证传主管岗复核。

（2）领用：月末审核办公用品明细账→审核办公用品库传来的《领用汇总表》→编制《办公用品领用凭证》→传主管岗复核。

2. 修理费

（1）汽车维修。

审核车队核算员传来的车辆运行费用→审核车队核算员辅助账并签章→编制《记账凭证》→涉及现金的凭证传出纳岗，不涉及现金的凭证传主管岗复核。

（2）零星维修

根据行政事务部传来的修理发票→审核发票是否注明修理项目及承担部门（如有承担部门，须部门负责人签字认可）→编制《记账凭证》→涉及现金的凭证传出纳岗，不涉及现金的凭证传主管岗复核。

（3）维修物资

入库：审核支票存根与发票对应→审核发票金额、数量是否与入库单一致→编制记账凭证→涉及现金的凭证传出纳岗，不涉及现金的凭证传主管岗复核。

领用：每季度末审核维修物资明细账→审核仓库传来的领用汇总表→编制《维修物资领用凭证》→传主管岗复核。

3. 研究开发费

审核产品开发中心传来的发票→编制《记账凭证》→涉及现金的凭证传出纳岗，不涉及现金的凭证传主管岗复核。

4. 无形资产摊销

月末摊销无形资产→编制《记账凭证》→传主管岗复核。

（四）财务费用

签收出纳岗传递来的利息收入、利息支出、手续费结算单→登记资金计划→编制《记账凭证》→传主管岗复核。

（五）贷款、还款

签收出纳传来的银行贷款上账凭证或还款凭证→登记贷款期限、还款日期、利率→编制记账凭证。

（六）其他应收款核算及管理

1. 借款：审核是否还清前欠款→审核借款额度→登记还款时间→编制《记账凭证》。

2. 还款：开具还款收据→传出纳岗收款→根据出纳岗收款签字后的收据第三联编制《记账凭证》→出纳岗。

3. 清理、催收

（1）直接从借款人报销费用中扣还，并及时将欠款人名单通知其他岗位。

（2）月末倒数第二天清理各部门人员借款情况→编制《部门借款情况明细表》（列明借款人、借款金额、是否逾期）→下发各部门提醒借款人归还→截至 5 日到期仍有未还款者→编制《扣款明细表》（列明应扣款人、本月扣款金额）→通知工资福利岗从借款人工资中扣除（如涉及销售人员扣款，传递给销售会计予以扣款）。

九、固定资产核算工作流程

固定资产核算工作流程如下：

（一）固定资产。

1. 购进

审核付款→督促报账→审核发票和固定资产调拨单→查询已付款情况→编制《凭证》→传主管岗核。

2. 提取折旧

根据固定资产明细账查询上月新增或减少固定资产→对应固定资产原值及公司使用的折旧政策计算增减变动的累计折旧→编制《折旧计算表》→编制《记账凭证》→传主管岗复核。

3. 固定资产清理

（1）盘点。

年中、年末组织行政事务部、生产部相关人员进行固定资产盘点→整理固定资产明细表→出具盘点报告。

（2）清理报废。

定期组织行政事务部及生产部对固定资产进行核查→督促处置已报废及长期闲置的固定资产→核实报废或长期闲置的固定资产原值、已使用年限及折旧提取情况→审核固定资产清理转出报告→编制《记账凭证》→传主管岗复核。

（二）在建工程。

1. GMP 部门日常费用

审核原始凭证完整、合法、金额正确→审核并更正原始凭证按规范粘贴和折叠→审核审批手续是否完备→审核部门费用支出进度（如超计划额度，可拒绝报销）→编制《记账凭证》→涉及现金的凭证传出纳岗，不涉及现金的凭证传主管岗复核。

2. 在建工程核算

（1）工程立项。

凡工程项目确定→向相关部门索取核准后的立项报告及工程预算→设立明细科目。

（2）工程招标。

阅读招标文件→开具投标保证金收据并制证→参与议标、评标、定标→参与合同条款的订立→保留合同复印件。

（3）支付工程款。

· 审核月度资金计划。

每月 28 日核查工程合同及在建工程款项付出情况→审核 GMP 等部门报出的工程项目资金月度计划→汇总资金计划→报财务部长审批。

· 款项付出及报账。

根据月度资金计划核查付款项目→审核工程合同、进度款收据或发票等→审核《付款审批单》审批手续是否完备→登记资金计划→出纳岗付款。

签收出纳岗传来的《付款审批单》及银行付款凭证等→编制记账凭证→传主管岗

复核。

收到工程项目中购置单个设备的全额发票→编制《记账凭证》→传主管岗复核。

(4)转入固定资产

清查完工工程的各项支出→组织完工工程审计→编制《工程明细表》→分摊待摊基建费用支出→向相关部门提供竣工决算表→审查固定资产调拨单→编制《记账凭证》→传主管岗复核。

十、材料审核工作流程

材料审核工作流程如下：

(一)材料采购报账。

根据应付账款余额及收料单第二联督促采购员报账→审核签收采购员传来的采购发票、运费发票及收料单→编制《记账凭证》并取下第四联副联留做配单用→将可以抵扣的发票抵扣联注明凭证号后抽出→传主管岗复核。

(二)采购付款。

1. 审核月度资金计划

根据下月生产计划、采购计划、客户单位应付账款余额、原材料入库、发票所到时间等相关情况审核生产部下月资金使用计划→汇总资金计划→报财务部长审批。

2. 审核付款

(1)根据月度资金计划审查付款项目→审核《付款审批单》审批手续是否完备→登记资金计划并签字→传出纳岗付款→月末统计本月资金计划使用情况→同下月资金计划一同报财务部长。

(2)签收出纳岗传来的《付款审批单》及《银行付款凭证》→编制《记账凭证》→传主管岗复核。

3. 应付账款

不定期督促采购员报账→月末打印应付账款科目余额表传生产部采购员对账→保证应付账款的真实与正确。

(三)审核仓库明细账。

1. 收料

(1)入库。

定期审核仓库原辅材料明细账→核查所登记入库材料数量、单价、金额→抽出收料单第二联(材料稽核联)→录入计算机收入模块→按账本分类以备与采购员传来的第四报账联副联配单。

(2)配单。

月末将收料单第二联与第四联副联一一配对→清查货已到但发票未到情况→凭未配上的第二联编制记账凭证→传主管岗复核并督促采购员报账→下月初用红字冲回此凭证→当月末凭未配上的第二联收料单重新挂账。

(3)暂估入库。

材料验收合格达到可发放状态，采购员需开具收料单，数量金额须填写完整，经仓库保管员签字后,材料方可发放。在发票未到、价格暂时无法确定时,先由采购员按合同价、最近历史价或市价等估价填写在收料单上,待收到发票后,如估价与实际价不一致,采购员按发票金额补填蓝字或红字收料单调整原收料单,经仓库保管员签字,将第二联留仓库记账,第三、四联与估价收料单第三、四联一并附在发票后报账,保证发票和所附收料单金额之和一致。

2. 计算加权平均价格

材料加权平均单价 = 本期收货金额 + 期初结余金额本期收货数量 + 期初结余数量,为本期材料发出单价。

3. 发料

审核领料单填写规范,签字手续完备→审核仓库管理员登记发出数量准确→抽出领料单→录入计算机发出模块→编制《打印分车间部门分品种领料单明细表》(附后)→做成本计算得到领料单金额(发出数量 × 材料加权平均单价)→在《仓库明细账》中登记发料金额→分类汇总各车间部门费用→打印《车间领料单明细表》传车间核算员→核对领料数量,传递发出成本数据→核对无误后,按各车间部门、各发料仓库编制材料发出月汇总表→编制《记账凭证》→传成本岗审核。

4. 结材料仓库明细账

材料仓库明细账审核登记完毕,结出各材料余额,督促仓库管理员与实物核对,并将账本余额分类汇总与财务账核对。

5. 盘点

每季度组织对原料、包装、低耗仓库实物盘点一次→督促仓库管理员编制实物盘点表→编制《存货盘存明细表》和《汇总表》→及时提供盘点结果→协助仓库管理员报告有关问题事项→根据公司处理决定编制《记账凭证》。

十一、销售核算工作流程

销售核算工作流程如下:

(一)库存商品核算

每月月底审核成本岗传来的《送货单汇总表》的数量及成本→分出调库品种的数量及成本,登记库存商品账借方→计算库存商品账加权平均单价→凭据从业务系统导出的《B 类销售单汇总表》,登记库存商品账贷方→结库存商品账→月末与销售会计核对库存商品账。

(二)发出商品的核算

每月月底审核成本岗传来的《送货单汇总表》的数量及成本→分出销售品种的数量及成本,登记发出商品账借方→同时,凭据从业务系统导出的《A 类销售单汇总表》,登记发出商品账借方→计算发出商品账加权平均单价→凭《主营业务收入明细表》登记发出商品账贷方→发出商品账→月末与销售会计核对发出商品账。

(三)退货的核算

每月月底审核成本岗传来的退货销售单→根据销售单备注及单号,分出办事处退货数量和业务单位退货数量→根据库存商品账和发出商品账上月结存单价,算出退货成本,形成退货一览表→凭据退货一览表分品种冲转库存商品账和发出商品账→将退货一览表交于成本岗记账。

(四)主营业务收入核算。

1. 正常销售

根据本月销售会计销售核算岗传来的《销售发票记账联》→将发票分品种、分办事处进行数量、金额汇总→与销售会计销售结算岗核对→编制《主营业务收入明细表》→编制《记账凭证》。

2. 退货

发生退货时,要求客户单位退回原发票,或向公司开具销售发票。开票岗凭退回发票或客户单位开出的发票开具红字发票(当月开出的发票可做作废处理)。核算收入时以负数做正常核算。

(五)主营业务成本核算。

根据《主营业务收入明细表》及中转库加权平均单价计算当月主营业务成本→编制《主营业务成本明细表》→编制《记账凭证》→传主管岗复核。

(六)回款的核算。

1. 开收据

根据业务员提供的交款明细客户和金额开具收款收据→将收据传给出纳岗据此收款→收回出纳收款盖章后的收据存根。

2. 编制回款凭证

收受销售会计核算岗传来的《分办事处回款单》(现金收据、银行回单)→传主管岗复核。

(七)编制产品销售利润表。

各品种销售数量、销售收入、销售成本根据当月《主营业务收入及成本明细表》相关数量、金额进行填列,有加工收入应纳入"其他"中;销售税金、销售费用根据当月《利润及利润分配表》的税金及附加、营业费用本月发生额进行填列。

十二、工资福利岗位工作流程

工资福利岗位工作流程如下:

(一)工资发放。

1. 现金工资性支出

(1)日常零星工资性支出。

收到人力资源部开具的《支出证明单》→编制《记账凭证》→传出纳岗付款。

(2)差额工资、兑现、奖金等工资性支出。

签收出纳岗传来的《已付款支出证明单》→分类→编制《记账凭证》→传出纳岗登记核对。

2. 在职员工工资发放

(1)整理异动信息。

签收人力资源部、行政事务部、车间核算员及其他会计岗传来的相关异动信息→将异动信息分类→登记备忘录。

(2)根据备忘录编制工资表。

打开数据库→清零上月异动信息字段→根据本月异动情况编制《工资表》→计算应发工资→输入所得税计算公式计算应扣所得税→重新计算应发工资→汇总各部门工资。

(3)验算工资表。

工资计算完毕→验算:上期实发工资±上期异动项+上期所得税±本期异动项-本期所得税=本期实发数。

(4)打印、拷盘。

打印《工资明细表》→送人力资源部审核→审核无误后拷盘。

(5)银行代发工资款付出。

每月9日前填写《付款审批单》→财务部长审批→连同工资盘交出纳岗划款,保证10日到账。

(6)编制《正式工资表》。

从数据库中拷出《月度工资表》→按人力资源部相关要求编制《正式工资表》→打印《工资明细表》→传人力资源部做档案保存。

(7)编制《记账凭证》。

根据《正式工资明细表》开具扣款收据→凭《正式工资表汇总表》、出纳传来的银行付款支票存根编制记账凭证→传给主管岗复核。

(8)装订工资信息资料。

工资发放完毕,将各种信息资料分类装订成册,妥善保管。

3. 劳保/内退人员工资及代付款发放

(1)编制工资表程序与在职员工相同。

(2)每月4日前划款,保证5日到账。

(3)编制凭证。

4. 退休人员补贴发放

根据人力资源部退休人员补贴变动通知调整补贴明细表→打印《补贴明细表》送人力资源部复核→复核无误,拷盘→填写《付款审批单》→经财务部长签字→将《委托银行转账申请表》、《代扣水电费委托书》传出纳岗办理划账手续→收到出纳传来的划款支票存根编制记账凭证→传主管岗复核。

5. 销售兑现

凭销售会计传递的《销售兑现汇总表》→编制《计算表》→开具代扣款项收据→根据《销售兑现汇总表》及收据、银行回执编制凭证→传主管岗复核。

(二)工资分配。

1. 分配当月工资

月末打印当月《应付工资明细汇总表》→编制《工资分配明细表》,同时按工资总额的14%计提福利费、2%计提工会经费→编制《记账凭证》→传主管岗复核。

2. 提取产量工资

根据人力资源部提供的车间产量工资并计算福利费→编制《记账凭证》。

(三)福利性费用支出。

审核行政事务部签批的托幼费、学杂费、医药费及党群部签批困难补助等支出→编制《记账凭证》→传出纳岗。

十三、税务岗工作流程

税务岗工作流程如下：

(一)抄税。

按《发票使用明细表》格式录入当月已开具的发票→与销售核算岗核对收入金额→整理并装订发票存根→打印《发票使用明细表》并按月装订成册→6日前去税务局抄税。

(二)抵扣。

收受主管岗传来的抵扣联→按发票抵扣联30日前将当月收到的增值税票抵扣联送税务局验证→按《发票抵扣联清单格式》录入当月增值税抵扣联→与财务系统核对当月进项税额→装订抵扣联→打印抵扣联清单并装订成册。

(三)申报税款。

每月10日前填写各类税款申报表→传主管岗审核→财务部长签章→申报→登记税票→申报表归类保存。

(四)代办出口退税相关手续。

复印开给出口贸易单位发票记账联→填写《出口缴税申报表》→传主管岗审核→财务部长盖章→申报→登记税票。

(五)税款缴纳。

1.申报月度资金计划

月末根据当月开票及抵扣情况、税款缴纳计划等预计下月税款所需资金→填写《月度资金计划表》→财务部长审核。

2.税款缴纳

填写《付款审批单》→财务部长审批→填写《进账单》,连同税票和付款审批单交出纳办理银行结算手续→登记资金计划表→签收出纳传来的银行进账回执→在税票登记本中注销相应的税票→编制《记账凭证》。

(六)发票的领购及使用。

根据发票和收据需求量及时填写《票据领购凭证》→财务部长盖章→去税务局购买→登记所购票据→存保险柜→登记发放情况→领用人签名→编制当月票据领用情况表。

十四、主管岗工作流程

主管岗工作流程如下：

(一)月末结转及提取相关税金。

1.结转当月地方小税

查询当月应缴税金中各地方小税的明细账→将当月地方小税中存在借方发生额做记录→编制相应的会计分录将其转平。

2. 结转当月增值税

(1)结转当月增值税

查询《当月应缴税金中应缴增值税的明细账》→将当月应缴增值税的各子科目发生额做记录→编制相应的会计分录将其转出。

(2)转出当月未缴或多缴的增值税

根据《当月应缴税金应缴增值税各明细账》计算出其贷方余额同借方余额的差额→编制相应的会计分录将差额转出。

3. 计提当月主营业务税金及附加

查询以及计算出当月主营业务收入→根据国家以及地方税收政策计算出各税费金额→根据计算出的金额编制相应的会计分录。

4. 计提当月所得税

按《应付税款法》根据本月的利润总额扣除不需要纳税项目计提当月的所得税。

(二)复核会计凭证。

将出纳岗传来的涉及现金的凭证以及所有核算岗传来的不涉及现金的凭证统一进行逐个复核→发现有编制《会计凭证》出现差错的情况→提请各核算岗改正(其中出现的异常差错应先征求副部长意见后才能予以改正)→将凭证中含有需要抵扣的增值税进项税额抵扣联或运输发票抽出并在发票右上角写上该税票的月份及凭证号→传税务岗验票以及编制《抵扣联清单》→将已复核的会计凭证按凭证号顺序清理整齐。

(三)编制以及出具会计报表。

将所有已经过人工复核的《会计凭证》在计算机的账务系统中进行逐个复核→将所有账务系统中已经复核的凭证进行计算机记账→通过计算机中的账务系统进行所有结转凭证的生成→复核所有已生成的结转凭证看其是否正确→对已核准无误的结转凭证进行计算机记账→出具会计报表→交由副部长审定→审定无误后将其复印若干份→填写用章审批单到档案室请示后盖公司章→再盖上"法定代表人、财务总监、财务部门负责人"三章→将要上传到国资公司财务部和宝安集团财务处的会计报表先予以传真后再寄出→再将会计报表下发给其他各相关部门和单位并要求在发文签收本上签下接收人的姓名和日期。

(四)编制以及出具会计报表附注。

将各核算岗提供的相关资料收齐→编制《会计报表附注》→复印→在财务系统内部下发。

(五)编制快报。

按照国资公司财务部下发的快报要求先编制表样→再逐个查询账务系统中当月的各所需科目余额填制报表→交副部长审查→将审定无误的快报打印→再传真到国资公司财务部。

(六)编制财务分析报告。

每季度末待财务报表出具之后向相关核算岗收集财务分析报告所需的资料和信息→编制财务分析报告→交部长审查→将审定后的财务分析报告打印→复印若干份→向部长请示后下发相关人员。

(七)编制现金流量预测表。

每季度过后应将上季度编制的现金流量预测表与资金实际发生数予以核对→从计

算机的账务系统中逐个查询经营活动、投资活动、筹资活动各自的现金流入和现金流出明细→并编制上季度预测数与实际发生数对比分析表→再根据下一季度的资金使用计划和经营规划编制下一季度的现金流量预测表→交部长审查→将审定后的现金流量预测表打印→复印若干份→向部长请示后下发相关人员。

（八）收集员工考核资料。

当月月初将员工月度考核表下发给财务部（除部长外）各员工→督促其填写当月的工作计划→当填写完后督促其填写当月的工作小结→将小结收齐→交主管考核。

十五、会计核算主要方法

会计核算主要方法如表3－1所示。

表3－1　会计核算主要方法

核算方法	内　容
设置会计科目及账户	根据会计对象具体内容的不同特点和经济管理的不同要求，选择一定的标准进行分类，并按分类核算的要求，逐步开设相应的账户
复式记账	复式记账是对每一项经济业务，都以相等的金额同时在两个或两个以上的相关账户中进行记录的方法
填制和审核凭证	已经发生的经济业务，必须由经办人或单位填制原始凭证，并签名盖章。所有原始凭证都要经过会计部门和其他有关部门的审核，并据此编制记账凭证，作为登记账簿的依据
设置与登记账簿	根据填制和审核无误的记账凭证，在账簿上进行全面、连续、系统的记录
成本计算	对应记入一定对象的费用进行归集、计算，并确定各对象的总成本和单位成本
财产清查	通过实物盘点、往来款项的核对来检查财产和资金的实有数额
编制会计报表	根据账簿记录的数据资料，采用一定的表格形式，综合地反映单位一定时期内的经济活动过程和结果

第二节　财务部日常核算工作规范制度

一、股份有限公司会计管理制度模板

□ 总则

第一条　为了适应我国社会主义市场经济发展的需要，加强股份有限公司会计工作，维护投资者和债权人的合法权益，根据《中华人民共和国会计法》《中华人民共和国公司法》《企业会计准则》《股份有限公司会计制度》以及国家其他有关法律、法规，制定本制度。

第二条　本制度适用于按照规定程序，经批准设立的股份有限公司（以下简称公司）。

第三条　本制度由会计科目和会计报表以及相关附件组成。会计科目和会计报表规范基本业务的会计核算以及财务报告的编制和披露；附件主要包括特殊行业和特殊业务的会计处理规定。

第四条　公司应当按照《企业会计准则》规定的一般原则和本制度的要求进行会计核算，在不违背《企业会计准则》《股份有限公司会计制度》和本制度规定的原则下，可结合本公司的具体情况，制定本公司的会计制度。

第五条　公司应按以下规定运用会计科目。

1. 本公司统一规定会计科目的编号，以便于编制会计凭证，登记账簿，查阅账目，实行会计电算化。公司不应随便打乱重编。在某些会计科目之间留有空号，供增设会计科目之用。

2. 公司应按本制度的规定，设置和使用会计科目。在不影响会计核算要求和会计报表指标汇总，以及对外提供统一会计报表的前提下，可以根据实际情况自行增设、减少或合并某些会计科目。

明细科目的设置，除本制度已有规定外，在不违反会计核算要求的前提下，公司可以根据需要，自行规定。

3. 公司在填制会计凭证、登记账簿时，应填制会计科目的名称，或者同时填列会计科目的名称编号，不应只填编号，不填科目名称。

第六条　公司应按以下规定编制和提供财务报告。

1. 公司应按照《企业会计准则》和本制度的规定，编制和提供合法、真实和公允的财务报告。

2. 公司的财务报告由会计报表和会计报表附注组成。公司对外提供的财务报告的内容、会计报表种类和格式等，由本制度规定；公司内部管理需要的会计报表由公司自行规定。

3. 公司向外提供的会计报表包括：

（1）资产负债表；

（2）利润表；

（3）现金流量表；

（4）有关附表。

4. 会计报表附注主要包括以下内容：

（1）不符合基本会计假设的说明；

（2）会计政策的说明，包括合并政策、外币折算（包括汇兑损益的处理）、资产计价政策、租赁、收入的确认、折旧和摊销、坏账损失和处理、所得税会计处理方法等；

（3）会计政策和会计估计变更的说明；

（4）关联方关系及其交易的披露（关联方关系及其交易，按《企业会计准则——关联方系及其交易的披露》规定的原则和方法披露）；

（5）或有和承诺事项的说明；

（6）资产负债表日后事项的说明；

（7）资产负债表上应收、应付、存货、固定资产、在建工程、借款、应缴税金、递延税款等重要项目的说明；

（8）盈亏情况及利润分配情况；

（9）资金周转情况；

（10）其他重大事项的说明。

5. 公司对外提供月度财务报告、中期财务报告和年度财务报告。月度财务报告是指月份终了提供的财务报告；中期财务报告是指在每个会计年度的前 6 个月结束后对外提供的财务报告；年度财务报告是指年度终了对外提供的财务报告。

6. 中期财务报告应按以下原则编报。

（1）中期财务报告包括会计报表和会计报表附注。会计报表至少应包括资产负债表和利润表；会计报表附注应当披露所有特别重大的事项，如转让子公司等。

（2）中期财务报告采用的会计政策和会计处理方法一般应与年度财务报告一致，但年度会计报表附注中披露的除特别重大事项外，在中期财务报告中可不予披露。

（3）中期财务报告报出前发生的资产负债表日后事项、或有事项等，除特别重大事项外，可不做调整和披露。

7. 月度财务报告除特别重大事项外，可不提供会计报表附注。

8. 公司的财务报告送当地财政机关、开户银行、税务部门、证券监管部门。年度财务报告应当在召开股东大会的 20 日以前置备于本公司，供股东查阅。

月度财务报告于月份终了后 6 天内报出；中期财务报告于年度中期结束后 60 天内（相当于两个连续的月份）内报出；年度财务报告于年度终了后 4 个月内报出。

9. 会计报表的填列以人民币“元”为金额单位，“元”以下填至“分”。

10. 公司对其他单位投资如占该单位资本总额 50% 以上（不含 50%）或虽然该单位资本总额不足 50% 但具有实质控制权的，应当编制合并会计报表。合并会计报表的合并范围、合并原则、编制程序和编制方法，按照《合并会计报表暂行规定》执行。

公司在编制合并会计报表时，应当将合营企业合并在内，并按照比例合并方法对合营企业的资产、负债、收入、费用、利润等予以合并。

11. 向外提供的会计报表应依次编定页数，加具封面，装订成册，加盖公章。封面上应注明：公司名称、地址、开业年份、报表所属年度、月份、送出日期等，并由公司法定代表人、总会计师（或会计师职权的人员）和会计机构负责人签名或盖章。

第七条　本制度由公司财务部负责解释。

□ 会计科目名称编号

一、资产类

1. 1001　现金
2. 1002　银行存款
3. 1009　其他货币资金
4. 1101　短期投资
5. 1102　短期投资跌价准备
6. 1111　应收票据
7. 1121　应收股利
8. 1122　应收利息
9. 1131　应收账款
10. 1133　其他应收款
11. 1141　坏账准备
12. 1151　预付账款
13. 1161　应收补贴款
14. 1201　物资采购
15. 1211　原材料
16. 1221　包装物
17. 1231　低值易耗品
18. 1232　材料成本差异
19. 1241　自制半成品
20. 1243　库存商品
21. 1244　商品进销差价
22. 1251　委托加工物资
23. 1261　委托代销商品
24. 1271　受托代销商品
25. 1281　存货跌价准备
26. 1291　分期收款发出商品
27. 1301　待摊费用
28. 1401　长期股权投资
29. 1402　长期债权投资
30. 1421　长期投资减值准备
31. 1431　委托贷款
32. 1501　固定资产
33. 1502　累计折旧
34. 1505　固定资产减值准备
35. 1601　工程物资

36.1603 在建工程
37.1605 在建工程减值准备
38.1701 固定资产清理
39.1801 无形资产
40.1805 无形资产减值准备
41.1815 未确认融资费用
42.1901 长期待摊费用
43.1911 待处理财产损溢

二、负债类

44.2101 短期借款
45.2111 应付票据
46.2121 应付账款
47.2131 预付账款
48.2141 代销商品款
49.2151 应付工资
50.2153 应付福利费
51.2161 应付股利
52.2171 应交税金
53.2176 其他应交款
54.2181 其他应付款
55.2191 预提费用
56.2201 待转资产价值
57.2211 预计负债
58.2301 长期借款
59.2311 应付债券
60.2321 长期应付款
61.2331 专项应付款
62.2341 递延税款

三、所有者权益

63.3101 实收资本
64.3103 已归还投资
65.3111 资本公积
66.3121 盈余公积
67.3131 本年利润
68.3141 利润分配

四、成本类

69.4101 生产成本
70.4105 制造费用
71.4107 劳务成本

五、损益类

72.5101　主营业务收入
73.5102　其他业务收入
74.5201　投资收益
75.5203　补贴收入
76.5301　营业外收入
77.5401　主营业务成本
78.5402　主营业务税金及附加
79.5405　其他业务支出
80.5501　营业费用
81.5502　管理费用
82.5503　财务费用
83.5601　营业外支出
84.5701　所得税
85.5801　以前年度损益调整

□ 会计科目使用说明（参考《股份有限公司会计制度——会计科目和会计报表》）

□ 会计报表

资产负债表（会股01 表、月报、中期报告、年报）、利润表（会股02 表、月报、中期报告、年报）、现金流量表（会股03 表、年报）、股东权益增减变动表（会股01 表附表1、年报）、应交增值税明细表（会股01 表附表2、月报、年报）、利润分配表（会股02 表、附表1、年报）、分部营业利润和资产表（会股02 表附表2、年报）。

具体格式参考《股份有限公司会计制度——会计科目和会计报告表》。

□ 会计报表编制说明（略）

二、财务部日常工作管理规则

第一条　财务人员在填制会计账簿、会计凭证、会计报表和其他会计资料时必须做到真实、准确、完整，并且符合会计制度的相关规定。

第二条　财务人员在办理会计事项时必须填制或取得原始凭证，并根据审核的原始凭证编制记账凭证。

第三条　财务人员应当会同专人定期进行财务清查，保证账物、账款相符。

第四条　财务人员应根据账簿记录编制会计报表报总经理，并送相关部门。

第五条　会计报表每月由会计编制并上报一次。会计报表需会计签名或盖章。

第六条　财务人员在日常工作中对不真实、不合法的原始凭证，坚决不予受理。

第七条　财务人员在日常工作中对记载不准确、不完整的原始凭证不应受理并予以退回，要求更正或补充。

第八条　财务人员在日常工作当中如发现账簿记录与实物或款项不能达成一致时，应及时向上级主管提出书面报告。

第九条　出纳人员不得兼管稽核、会计档案保管和收入、费用、债权、债务账目的登记工作。

第十条　每季度进行一次财务审计。审计人员根据审计事项实行审计，并做出审计报告，报送总经理。

第十一条　财务工作人员调动工作或者离职，必须与接管人员办清交接手续。财务工作人员办理交接手续，由总经理办公室主任、主管副总经理监督。

三、会计核算基础工作规定模板

第一条　企业为适应现代化竞争与发展，体现会计信息的可检验性，特制定本制度。

第二条　会计科目的运用及账户的设置，严格按照《会计管理制度》执行，不得任意更改或自行设置。如果因业务需要新增科目时，必须报总公司财务部批准。

第三条　凭证一般采用记账凭证或收、付、转账凭证。

第四条　会计核算组织程序：采用记账凭证汇总表核算程序，记账作证汇总表核算组织程序图式。

1. 根据记账凭证及所附的原始凭证登记各明细分类账。

2. 根据原始收、付款凭证登记现金日记账和银行日记账。

3. 根据记账凭证汇总编制记账凭证汇总表。

4. 根据审核后的原始凭证填制记账凭证。

5. 月终，根据总分类账和各明细分类账编制会计报表。

6. 根据记账凭证汇总表登记总分类账。

《记账凭证汇总表》根据以下方法编写：根据一定时期的全部《记账凭证》，按照相同科目归类，定期（5 天或 10 天）汇总每一会计科目的借方本期发生额和贷方本期发生额，填写在《记账凭证汇总表》的相关栏内，以反映全部会计科目的借方本期发生额和贷方本期发生额。

第五条　记账规则。

1. 登记账簿时用钢笔（复写除外），不得使用铅笔和圆珠笔。

2.《记账凭证》和账簿上的会计科目以及子、细目不得随意简化或使用代号，在任何时候保持用全称。

3. 记账必须根据审核过的会计凭证进行登记：《记账凭证》都必须以合法的原始凭证为依据（除按照会计核算要求进行转账时，用记账员写的转账说明作为记账依据外）。没有合法的凭证，不能登记账簿，且每张《记账凭证》必须由制单、复核、记账、会计主管分别签名，不得省略。

4. 会计分录的科目对应关系，原则上一种经济事项分别或汇总编一套分录，不得将不同内容的多种经济事项合并编制一套分录。

5. 每一笔账必须保证第三者能看清楚，记明日期、凭证号码和摘要，经济事项的摘要不能过分简略。每笔账记完后，在《记账凭证》上画“√”号。

6. 明细账应随时登记，总账定期登记，一般不超过10天。

7. 记账的文字和数字应端正、清楚，严禁刮擦、挖补或涂改，不得跳行隔页，应将空行或空页用斜红线注销。

8. 红字冲账用于下列事项：

(1)更正记账错误；

(2)经济业务完成后，发生退回或退出；

(3)经济业务计算错误而发生多付或多收；

(4)账户的借方或贷方发生额需要保持一个方向；

(5)其他必须冲销原记数字的事项。

9. 如在记账时发生错误，用以下方法更正。

(1)记账前发现《记账凭证》有错误，应先更正或重制记账凭证。《记账凭证》或账簿上的数字差错，应先行注销，标记方法是将错误的全部数字正中画红线，并由经办人员加盖印章后，将正确的数字写在应记的栏或行内后方即可。

(2)报出会计报表后发现记账差错时，如不需要变更原来报表的，可以填制正确的《记账凭证》，一并登记入账。如果会计科目和借贷方向正确，只是金额错误，也可另行填制《记账凭证》，增加或冲减相差的金额。更正后应在摘要中注明原《记账凭证》的日期和号码，以及更正的理由和依据。

(3)记账后发现记账凭证中会计科目、借贷方式或金额错误时，先用红字填制一套与原用科目、借贷方向和金额相同的记账凭证，以冲销原来的记录，然后重新填制正确的记账凭证，一并登记入账。如果会计科目和借贷方向正确，只是金额错误，也可另行填制记账凭证，增加或冲减相差的金额。更正后应在摘要中注明原记账凭证的日期和号码，以及更正的理由和依据。

10. 各账户在一张账页记满后接记次页时，需要加计发生额的账户，应将加计的借贷发生总额和结出的余额记在次页的第一行内，并在摘要栏注明“承前页”。

11. 编制会计报表前，必须把总账和明细账记载齐全，试算平衡，使每个科目的明细账各账户的数额总和同该科目的总账数额相符。不允许先出报表，后补记账簿。

12. 月、季、年度末，记完账后必须办理结账。为了便于结转成本和编制《会计报表》，应分别结出月份、季度或年度发生额，在摘要栏注明“本月合计/本季合计/本年合计”的字样，并在月结、季结数字上端和下端均画单红线，在年结数字下端画双红线。总结的数字本身均不得用红字书写。发生笔数不多的账户可不总结。不需要加计发生额的账户，应随时结出余额，并在月份、季度余额下端画单红线，在年度余额下端画双红线。

13. 年度更换新账时，需要结转新年度的余额，可直接过剩新账各该账户的第一行，并在摘要栏内注明“上年结转”字样。必要时，应详细注明余额的组成内容；同时在旧账的最后一行数字下面注明“结转下年”字样。结转以后的空白行格包括不结转余额的账户，画一条线注销或盖戳注销。

第六条 结账、对账。

1. 结账是结算各种账簿记录。它是在一定时期内所发生的经济业务全部登记入账的基础上进行的，具体内容如下。

(1)在结账时,首先应将本期内所发生的经济业务记入有关账簿。

(2)应将本期内所有的转账业务编成记账凭证记入有关账簿,以调整账簿记录。如待摊、预提费用应按规定标准予以摊销、提取。

(3)在全部业务登记入账的基础上,应结算所有的账簿,具体方法参见第五条第12款。

2. 对账是为了保证账证相符、账账相符、账实相符,具体内容如下。

(1)账证核对。是指各种账簿的记录与会计凭证的核对,这种核对主要在日常编制凭证和记账过程中进行。月终如果发现账证不符,就应回过头来对账簿记录与会计凭证进行核对,以保证账证相符。

(2)账账核对。账账核对每月一次,主要是总分类账各账户期末余额与各明细分类账账面余额相核对,《现金/银行存款二级账》与出纳的《现金/银行存款日记账》相核对,会计部门各种"财产物资明细类账"期末余额与财产物资管理部门和使用部门的保管账相核对等。

(3)账实核对。账实核对分两类:第一类,《现金日记账》账面余额与现金实际库存数额相核对,《银行存款日记账》账面余额与开户银行对账单相核对,要求每月核对一次;第二类,各种《财产投资明细分类账》账面余额与财产物资实有数额相核对,各种《往来账款明细账》账面余额与有关债权债务单位的账目核对等,要求每季度核对一次。

四、财务会计管理制度模板

□ 总则

第一条　本公司所有会计财务处理规范除政府另有法令规定外,均依照本制度办理。

第二条　本公司所有会计财务的处理以按权责基础制为前提。

□ 资产

第三条　本公司的现金包括库存现金及国内外各银行的存款。

第四条　各固定资产以取得时的成本作为入账的基础。

第五条　应收款项是指应收的账款,包含账款及票据,押汇时因汇率变动,其差价应转入兑换收益或损失项下。

第六条　一次取得数种资产,而其成本全部或一部分为一总数,且无法明确划分各资产的个别成本时,应依据性质、用途、效能或其市价,求得各资产之分摊基准,分摊其取得成本。

第七条　本公司的零用金由出纳保管,以支付小额或临时性的支出或借支之用。

第八条　各类资产依税法规定的折旧摊提年限,摊转入当期费用内。

□ 负债

第九条　各项负债的入账,以清偿数额为准,如果以资产的取得为资产入账的成本,则为费用的发生,若费用应支付的数额为借款时,为借款的金额。

第十条 负债中,应付账款为向工厂订货的成本,如果因为质量问题或有代垫各项费用的情况发生时,应于付款时扣除。

□ 净值

第十一条 股本以投资人所投入资产的价值表示。

第十二条 股本额的增减数,依公司章程及公司法的规定办理。

第十三条 年度有盈余或亏损时,应以本期损益表示,并于下年度转入积盈亏项下。

第十四条 结算有盈余时,先依法缴纳营利事业所得税后,再依公司章程发放红利及盈余分配,但有累积亏损时,应先为弥补,再为盈余分配。

□ 收入

第十五条 本公司的销货收入为出售货品的收入,为国内者,是指货品送至客户处经其签收为限;为国外者是指已经结关者。

第十六条 本公司的佣金收入是指代理客户采购所获得的报酬,以及担任媒介取得的收入。

□ 成本及费用

第十七条 销货成本系销货之货品与进货净成本而言,若为出口产品,则包括各项出口费用及佣金支出。

第十八条 为提供经营管理之用,出口货品应依批次分别由会计人员依《批次成本计算表》计算各批次的销货成本。

第十九条 凡与公司经营有关所发生的一切支出,皆属公司的费用,均应列账记入。

第二十条 费用有递延性的,应先以预付科目列账,后于归属期间转正。

第二十一条 资本支出与费用支出,应依其性质,严格划分。但为顾及账务处理上的方便并配合税法上的规定,下列各项应在当期费用中支出。

1. 使用效能在两年以内的。

2. 取得金额在5000元以下的小额资产。

□ 决算

第二十二条 会计人员应于每月10日前将公司经营的结算状况呈总经理核阅。

1. 批次成本计算法。

2. 比较损益表。

3. 资产负债表。

□ 付款

第二十三条 货品出口结关后,船务科应该审报海关送来的发票,无误后并将发货单一份转国内科人员核对出口数量,另一份交财务核对厂商请款发票金额是否正确,无误时,则开立请款传票,连同发票经送财务主管签核后,呈权限主管核阅请款。

厂商的发票若迟未寄达,财务科人员除督促外,应于约定之付款票期前办完内部的请款作业手续。

第二十四条　会计人员就请款传票的内容及凭证加以审核无误后，盖上会计科目呈总经理批付款。

第二十五条　出纳人员依据权限主管核准的请款传票开立禁止背书转让的票据，连同该请款传票呈总经理盖章后办理付款。若有厂商要求免除禁止背书转让或变更约定的付款条件（如缩短票期或支付现金等）时，应由财务科报呈总经理核准更改。

第二十六条　各部门因公需要暂借10000元以上金额者。必须于两日前经权限主管并通知财务科方得支付。

第二十七条　小额及临时性支出或借支由出纳人员以零用金支付。

除零用金支付外，其他各类付款应每日记入《收支日报表》内。

第二十八条　其他各项费用请款时，应注意事项详如“请款暨传票填写之要点”说明。

□ 押汇

第二十九条　货品出口结关后，对报关行所送的各项押汇文件，交由船务人员办理押汇事宜。

第三十条　押汇后由押汇人员将《结汇证产书》交由会计人员入账。

第三十一条　有内销者则由有关人员依客户请款日期请款。

第三十二条　上项的应收款项变动均应记入《收支日报表》内。

五、企业会计核算处理办法模板

□ 总则

第一条　除政府相关法令或本公司章程另有规定外，本公司会计事务处理悉依本规定办理。

第二条　公司营业决算的会计年度由每年的1月1日起至12月31日。

第三条　会计事项的计算及记录与会计结果的表达必须予以重视。

第四条　会计原则与会计方法的采用应以能充分反映公司财务状况为标准，其处理原则必须前后一致，不得随意进行变更。基于重大原因必须变更的，应依法令规定程序办理，并在财务报表内注明变更原因、变更期限及累计影响金额。

第五条　会计科目排列次序依照科目性质分别按其流动性、重要性、清偿期及其他有关规定为基准。

第六条　会计资料所示金额以人民币为记账本位币，特殊情况下须以外币表达者，仍应在各该会计资料中，按国家外汇牌价将外币折合成人民币。

□ 资产

第七条　资产核算以取得所有权为原则。

第八条 资产的入账价值，以取得时的实际成本为准，核算时以下列项目为准：

1. 资产取得时的净值或自制的成本。

2. 资产取得时的佣金、税费、法律登记及其他因获得使用权及所有权的一切费用。

3. 自行建造资产所必需的材料、人工及依成本原则所应负担的间接费用。

4. 资产依原定使用目的前的验收、检查费用。

5. 使资产合乎原定目的的整理、安装及调试费用。

6. 资产运达原定使用地点的运输、保险、储存及装卸等费用。

7. 资产在运输中的损耗，除应由承揽人赔偿非常损失外，其正常损耗应由该项资产完好部分负担。

8. 增加原有资产价值或效能所支付的费用。

9. 资产因使用目的或地点发生变动而引起上述各项费用的重复支出，不得列为该资产的成本。

第九条 如取得资产时支付现金，那么该项资产的成本即为所支出的现金数额；非支付现金而以其他有形资产或劳务交换的，依所交付资产或劳务的成本为该项资产的成本。

第十条 延期或分期付款所得资产价款及其利息与现购价格间的差额，如属装置期间的固定资产者列为该项资产的成本，属流动资产的应按期作为该期的财务费用列账。

第十一条 以债权交换而取得的资产，应依所取得资产的市价计算列账。无市价的，以客观合理的方法予以估计；有约定的，以约定金额列账。

第十二条 如资产是由赠予或捐献而获得的，依其市价计价列账。无市价的，以客观合理的方法估计。

第十三条 资产价值或使用权的存续为有限期的，应于限期内将其价值依合理而有系统的方法分期摊销，转作费用或其他资产的成本。

1. 固定资产折旧的计算，以年限为基础的，应依照所得税法固定资产耐用年数表的规定办理；不能适用年限为基础的，可采用工作数量或其他类似基础，以符合资产效能的实际耗减程度。

2. 发行债券费用应于债券存续期中摊销。

3. 土地的使用权力，在其可预见效能的期间内分期摊销。

4. 无形资产的摊销，依其效能存续期间为准。

5. 开办费用应于组织或建厂后正式营业起 5 年内摊销。

6. 预付费用应于其归属时将其转销。

7. 租赁固定资产改良的成本应按租赁期间摊销，其使用年限少于租赁期间的，按使用年限摊销。

8. 应收票据及应收账款备抵呆账的提列，应以应收账款、应收票据的余额为准。

9. 前项资产的价值或使用权，倘其限期尚未期满前，已丧失产生效益的能力，则尚未摊销的余额，应在扣除可预计的残值后，悉数记作损失。

第十四条 当资产在本公司内部转移或改变形态时，除基于成本会计的规定而另计其金额外，应不改变其原有账面价格，但有内部计算盈亏的，应以内部往来相互补贴。

第十五条 如果固定资产的账面价值由于时价的长期剧烈涨落，或国内外经济情况的变化，确实无法表现其真实情况时，应以适当的资料补充说明，或依法定程序，报请有关机关核准变更其账面价值。

第十六条　存货(包括商品及材料)领用的计价方式,应采用移动加权平均法;前项计价方法经择用后,不得任意变更,但因特殊原因,需要报请有关机关核准后变更。

第十七条　资本的支出及费用的支出的划分,凡因支出而取得的效益仅属于本期的为费用支出,其效益属于本期以后的为资本支出。

第十八条　存货于每年结账时,其盘点与账面发生的盈亏应报请总经理核准后列为当期的收入或损失。

□ 负债

第十九条　各项负债的入账依其应清偿的数额为标准。

第二十条　清偿的数额,应为已经获得债权人同意的数额;无法或尚未取得债权人同意的债务,其数额要依据事实估计,或有负债或支付承诺性质的债务者,应于财务报表内注明。

第二十一条　长期负债的到期日在一年或超一年的一个营业周期以内的,应于年终或期终转列流动负债。

第二十二条　公司债的溢价或折价,属于该项债务的调整项目,并应于债务存续期间以系统的方法,调整其利息。

第二十三条　清理外币的债权债务,如因汇率变更而发生账面差额时,其差额应列为清偿时期的收益或费用。

□ 股东权益

第二十四条　股东权益包括实收资本、资本公积、盈余公积和未分配利润,为投资者所持有的权益。

第二十五条　实收资本以核准登记的数额为准,本公司资本额的增减应依公司章程及公司法的规定办理。

第二十六条　投资人以现金以外的资产投资的,其作价不得高于交付时的公平市价。

第二十七条　公司有盈余时,除依法缴纳公司所得税及提取法定公积外,必须依照公司章程进行盈余的分配;但有累积亏损时,应先弥补。

□ 收入

第二十八条　收入主要是指下列各项。

1. 产品销售与劳务服务的供应所获得的收入。

2. 其他业务收入。

3. 其他与业务无关的收益,应列入本期的损益。

第二十九条　所获得的收入为现金以外的资产的,依照该项资产公平市价、所供给产品或劳务的售价,作为收入数额。

第三十条　收入的认定,须于债权发生的同时有资产的获得,或债权的成立,或债务的抵消。

□ 费用

第三十一条　与当期收入相配合的支出就是费用;但与当期收入相配合,而无潜在收益能力的支出为损失。

第三十二条 费用是指下列各项。

1. 凡为获得收入所必须供给的产品或劳务的成本。

2. 凡为促进获得收入而消耗的各项费用。

3. 凡为维持效益能力的继续存在所消耗的各项费用。

4. 其他与业务无关,由本期负担的费用及损失。

第三十三条 费用依所支付的现金数额、耗费资产的成本或所负担的债务予以估算费用额时,依合理方法予以估计。

第三十四条 当期收入应与当期支出配合,如所获得的收入已经列账而有关的费用尚未发生,该项费用依照合理方法估计列账;已开支但未收实效的费用应先以预付费用列账。

□ 会计报告

第三十五条 会计报告的编制,除另有规定的外,应先了解使用报表方的需要,再决定报告的内容及格式。

第三十六条 会计报告对于下列事项应予以注意,或另以附表补充说明。

1. 流动资产账面价值与市价有重大差异的。

2. 短期及长期投资中有价证券的市价。

3. 存货的计价方法。

4. 固定资产折旧及最近重新估价日期与方法。

5. 因借款而提供担保资产及其相关债务。

6. 公司债务偿还时间、利率及有关事项。

7. 无形资产摊销方法。

8. 资本、公积及盈余的变动情况。

9. 影响当期损益的重大原因。

10. 呆账及闲置资产处理情况。

11. 资本支出执行的情况。

12. 其他应加说明的特殊事项。

第三十七条 由于物价或其他经济状况的变动,导致会计报告不能正确表示财务状况及经营结果时,对其差异应附适当的说明或补充资料。

第三十八条 会计报告编制的原则。

1. 应显示要点。凡重要的科目、项目或金额,应予分别列示或单独说明,不重要的项目,可择其性质相似者并列。

2. 计价基础应加以说明。资产类项目的价值如以其市价重置成本计价的,均予以说明。

3. 一致性。会计报告的格式及编制方法应各期一致。所应用的会计原则如有变更并足以影响其计算结果时,应将变更情况附注说明。

4. 充分表达。会计报告应能满足阅读者的需要,并不使其产生误解;凡报表未能充分说明的,应另以文字补充说明。

第三十九条 对生产成本预算数与实际数的差异做适当的分析及说明。

第三节　财务部日常核算工作实用表单

一、财务日报表

财务日报表如表3－2所示。

表3－2　财务日报表

年　　月　　日

	类　别						
	现　金						
	活期存款						
现金、存款	甲种存款	银行					
		银行					
		银行					
		银行					
		银行					
		银行					
	小　计						
借款	借款处						
应收票据	银行名称						
	计						
	银行名称						
	计						

续表

	区分						
赊购	前日余额						
	采购金额						
	偿付款						
	本日余额						
赊销	前日余额						
	销售金额						
	收款						
	本日余额						

二、进账日报表

进账日报表如表3－3所示。

表3－3　进账日报表

年　　月　　日

地区	进账人	进账明细						款项回收款	销售过于不足		进账不足金额		
		现金	礼券	费用	银行汇入	转账	进账总额		超过	不足	日	日	日
	小计												
	总计												

三、票据及存款日报表

票据及存款日报表如表 3 -4 所示。

表 3 -4 票据及存款日报表

年 月 日

票据支票	收入						支出				
	进账处	类别	进账额	受理日期	受理银行	处理	汇出处	类别	支付金额	支付日期	支付银行

存款	银行名称	前日余额	本日存入款	催收进账额	本日提款额	本日支票开出额	票据支付额	本日余额	摘要

明细			特殊事项
	本日收入		
	催收进账		
	本日提款		
	支票开出		
	票据支付		

四、出纳管理日报表

出纳管理日报表如表3－5所示。

表3－5 出纳管理日报表

年 月 日

摘要		本日收支额			本月合计	本月预计	备注
		现金	存款	合计			
前日余额							
收入	销售进账						
	分店汇款						
	票据竞现						
	抵押借款						
	私人借款						
	预收保险费						
	进账合计						
支出	偿还借款						
	材料						
	采购品						
	费用						
	设备						
	其他						
	材料购入						
	采购品支付						
	费用支付						
	人事费						
	广告费						
	各项费用						
	支付利息						
	购买固定资产						
	分店小额款项						
	工厂小额款项						
	支出合计						
现金存款							
存款提款							
本日余额							

五、资金运用日报表

资金运用日报表如表 3 －6 所示。

表 3 －6　资金运用日报表

年　月　日

<table>
<tr><th colspan="3" rowspan="2">摘　要</th><th colspan="2">前月累计</th><th colspan="3">本月份</th><th colspan="3">累　计</th><th rowspan="2">备　注</th></tr>
<tr><th>预算</th><th>实绩</th><th>预算</th><th>实绩</th><th>差额</th><th>预算</th><th>实绩</th><th>差额</th></tr>
<tr><td colspan="3">上月转入</td><td></td><td></td><td></td><td></td><td></td><td></td><td></td><td></td><td></td></tr>
<tr><td rowspan="7">收入</td><td colspan="2">销货收入</td><td></td><td></td><td></td><td></td><td></td><td></td><td></td><td></td><td></td></tr>
<tr><td colspan="2">应收账款回收</td><td></td><td></td><td></td><td></td><td></td><td></td><td></td><td></td><td></td></tr>
<tr><td colspan="2">票据兑现</td><td></td><td></td><td></td><td></td><td></td><td></td><td></td><td></td><td></td></tr>
<tr><td colspan="2">抵押借款</td><td></td><td></td><td></td><td></td><td></td><td></td><td></td><td></td><td></td></tr>
<tr><td colspan="2">票据催收</td><td></td><td></td><td></td><td></td><td></td><td></td><td></td><td></td><td></td></tr>
<tr><td colspan="2"></td><td></td><td></td><td></td><td></td><td></td><td></td><td></td><td></td><td></td></tr>
<tr><td colspan="2">合　计</td><td></td><td></td><td></td><td></td><td></td><td></td><td></td><td></td><td></td></tr>
<tr><td rowspan="17">支出</td><td rowspan="4">借款偿还</td><td>长期借款</td><td></td><td></td><td></td><td></td><td></td><td></td><td></td><td></td><td></td></tr>
<tr><td>短期借款</td><td></td><td></td><td></td><td></td><td></td><td></td><td></td><td></td><td></td></tr>
<tr><td></td><td></td><td></td><td></td><td></td><td></td><td></td><td></td><td></td><td></td></tr>
<tr><td>小　计</td><td></td><td></td><td></td><td></td><td></td><td></td><td></td><td></td><td></td></tr>
<tr><td rowspan="6">滞销偿还</td><td>材　料</td><td></td><td></td><td></td><td></td><td></td><td></td><td></td><td></td><td></td></tr>
<tr><td>采购品</td><td></td><td></td><td></td><td></td><td></td><td></td><td></td><td></td><td></td></tr>
<tr><td>费　用</td><td></td><td></td><td></td><td></td><td></td><td></td><td></td><td></td><td></td></tr>
<tr><td>设　备</td><td></td><td></td><td></td><td></td><td></td><td></td><td></td><td></td><td></td></tr>
<tr><td></td><td></td><td></td><td></td><td></td><td></td><td></td><td></td><td></td><td></td></tr>
<tr><td>小　计</td><td></td><td></td><td></td><td></td><td></td><td></td><td></td><td></td><td></td></tr>
<tr><td colspan="2">购买材料</td><td></td><td></td><td></td><td></td><td></td><td></td><td></td><td></td><td></td></tr>
<tr><td colspan="2">支付采购品</td><td></td><td></td><td></td><td></td><td></td><td></td><td></td><td></td><td></td></tr>
<tr><td rowspan="5">费用</td><td></td><td></td><td></td><td></td><td></td><td></td><td></td><td></td><td></td><td></td></tr>
<tr><td></td><td></td><td></td><td></td><td></td><td></td><td></td><td></td><td></td><td></td></tr>
<tr><td></td><td></td><td></td><td></td><td></td><td></td><td></td><td></td><td></td><td></td></tr>
<tr><td></td><td></td><td></td><td></td><td></td><td></td><td></td><td></td><td></td><td></td></tr>
<tr><td>小　计</td><td></td><td></td><td></td><td></td><td></td><td></td><td></td><td></td><td></td></tr>
<tr><td colspan="3">支付利息</td><td></td><td></td><td></td><td></td><td></td><td></td><td></td><td></td><td></td></tr>
<tr><td colspan="3">固定资产购入</td><td></td><td></td><td></td><td></td><td></td><td></td><td></td><td></td><td></td></tr>
<tr><td colspan="3">下月转入</td><td></td><td></td><td></td><td></td><td></td><td></td><td></td><td></td><td></td></tr>
</table>

六、会计账册登记表

会计账册登记表如表 3 - 7 所示。

表 3 - 7　会计账册登记表

年　月　日

账册名称		使用年度		年度	起用日期	编号	保管人	备注
		单一	跨年					
1								
2								
3								
4								
5								
6								
7								
8								
9								
10								
11								
12								
13								
14								
15								
16								
17								
18								
19								
20								
21								
22								
23								
24								

七、资产负债表

资产负债表如表 3－8 所示。

表 3－8　资产负债表

编制单位：　　　　　　　　　　＿＿年＿＿月＿＿日　　　　　　　　　　单位：元

资　　产	行次	年初数	期末数	负债和所有者权益（或股东权益）	行次	年初期	期末数
流动资产				流动负债			
货币资金	1			短期借款	68		
短期投资	2			应付票据	69		
应收票据	3			应付账款	70		
应收股息	4			应付工资	72		
应收账款	6			应付福利费	73		
其他应收款	7			应付利润	74		
存货	10			应交税金	76		
待摊费用	11			其他应交款	80		
一年内到期的长期债权投资	21			其他应付款	81		
其他流动资产	24			预提费用	82		
流动资产合计	31			一年内到期的长期负债	86		
长期投资				其他流动负债	90		
长期股权投资	32			流动负债合计	100		
长期债权投资	34			长期负债			
长期投资合计	38			长期借款	101		
固定资产				长期应付款	103		
固定资产原价	39			其他长期负债	106		
减：累计折旧	40						
固定资产净值	41			长期负债合计	110		
工程物资	44						
在建工程	45			负债合计	114		
固定资产清理	46			所有者权益（或股东权益）			
固定资产合计	50			实收资本	115		
无形资产及其他资产				资本公积	120		
无形资产	51			盈余公积	121		
长期待摊费用	52			其中：法定公益金	122		
其他长期资产	53			未分配利润	123		
无形资产及其他资产合计	60			所有者权益（或股东权益）合计	124		
资产合计				负债和所有者权益（或股东权益）总计	135		

八、现金流量表

现金流量表如表3－9所示。

表3－9 现金流量表

年 月 日 单位:元

项 目	行次	本期金额	上期金额
1. 经营活动产生的资金流量	1		
销售商品、提供劳务收到的现金	2		
收到的税费返还	3		
收到内部费用性拨款(拨出以"－"号填列)	4		
收到的其他与经营活动有关的现金	5		
现金流入小计	6		
购买商品或接受劳务支付的现金	7		
支付给职工以及为职工支付的现金	8		
交纳的各项税费	9		
上交折旧、利润等资金(收到以"－"号填列)	10		
支付的其他与经营活动有关的现金	11		
现金流出小计	12		
经营活动产生的现金流量净额	13		
2. 投资活动产生的现金流量	14		
收回投资所收到的现金	15		
取得投资收益所收到的现金	16		
处置固定资产、无形资产、其他长期资产收回的现金净额	17		
处置子公司及其他营业单位收到的现金净额	18		
收到的其他与投资活动有关的现金	19		
现金流入小计	20		
购置固定资产、无形资产、其他长期资产所支付的现金	21		

续表

项　目	行次	本期金额	上期金额
取得子公司及其他营业单位支付的现金净额	22		
支付的其他与投资活动有关的现金	23		
现金流出小计	24		
投资活动产生的现金流量净额	25		
3. 筹资活动产生的现金流量	26		
吸收投资所收到的现金	27		
其中:吸收少数股东权益性投资收到的现金	28		
借款所收到的现金	29		
获得内部资本收到的现金(支出以“-”号填列)	30		
收到的其他与筹资活动有关的现金	31		
现金流入小计	32		
偿还债务所支付的现金	33		
分配股利或利润或偿付利息所支付的现金	34		
其中:支付少数股东的股利	35		
减少内部资本支付的现金(收回内部投资以“-”号填列)	36		
支付的其他与筹资活动有关的现金	37		
现金流出小计	38		
投资活动产生的现金流量净额	39		
4. 汇率变动对现金及现金等价物的影响	40		
5. 现金及现金等价物净增加额 加:期初现金及现金等价物余额	41		
6. 期末现金及现金等价物余额	42		

附表

1. 将净利润调节为经营活动的现金流量	43		
净利润	44		
计提的资产减值准备	45		
固定资产折旧	46		
长期待摊费用摊销	47		

续表

项　目	行次	本期金额	上期金额
无形资产摊销	48		
待摊费用减少(减:增加)	49		
预提费用增加(减:减少)	50		
处置固定资产、无形资产和其他长期资产的损失(减:收益)	51		
固定资产报废损失	52		
财务费用	53		
勘探费用	54		
投资损失(减:收益)	55		
递延税款贷项(减:借项)	56		
存货的减少(减:增加)	57		
经营性应收项目的减少(减:增加)	58		
经营性应付项目的增加(减:减少)	59		
其他	60		
经营活动产生的现金流量净额	61		
2. 不涉及现金收支的投资和筹资活动	62		
债务转为资本	63		
一年内到期的可转换企业债券	64		
融资租赁固定资产	65		
3. 现金及现金等价物净增加情况	66		
现金的期末余额	67		
减:现金的期初余额	68		
现金等价物的期末余额	69		
减:现金等价物的期初余额	70		
现金及现金等价物净增加额	71		

九、利润表

利润表如表 3 – 10 所示。

表 3 – 10 利润表

年 月 日 单位:元

项 目	行次	本月数	本期累计数	上年同期数
1. 主营业务收入(不含增值税的税后收入额)	1			
减:主营业务成本	2			
税金及附加	3			
2. 主营业务利润(亏损以“ – ”号填列)	4			
加:其他业务利润(亏损以“ – ”号填列)	5			
其中:其他业务收入	6			
其他业务支出	7			
减:销售费用	8			
管理费用	9			
财务费用	10			
资产减值损失	11			
3. 营业利润(亏损以“ – ”号填列)	12			
加:投资收益(损失以“ – ”号填列)	13			
补贴收入	14			
营业外收入	15			
减:营业外支出	16			
4. 利润总额(亏损以“ – ”号填列)	17			
减:所得税	18			
少数股东权益	19			
加:未确认的投资损失	20			
5. 净利润(亏损以“ – ”号填列)	21			
加:年初未分配利润	22			

续表

项　　目	行次	本月数	本期累计数	上年同期数
其他收入	23			
其他调整因素	24			
6. 可供分配的利润	25			
减:提取法定盈余公积	26			
提取法定公益金	27			
提取职工奖励及福利基金	28			
提取储备基金	29			
提取企业发展基金	30			
利润归还投资	31			
利润归还借款	32			
单项留用利润	33			
7. 可供股东分配的利润	34			
减:应付优先股股利	35			
提取任意盈余公积	36			
应付普通股股利	37			
转为股本的普通股股利	38			
8. 未分配利润	39			
其中:应由以后年度税前利润弥补的亏损	40			

补充资料

项　　目	行次	本月数	本期累计数	上年同期数
1. 出售、处置部门或被投资单位所得收益	41			
2. 自然灾害发生的损失	42			
3. 会计政策变更增加(或减少)利润总额	43			
4. 会计估计变更增加(或减少)利润总额	44			
5. 债务重组损失	45			
6. 其他	46			

第四节　财务部日常核算工作规范化细节执行标准

一、会计核算操作规定

第一条　记账规则

采取借贷记账法记账，采用权责发生制，即凡是收益已经实现，费用已经发生，不论款项是否收付，都应作为本期的收益或费用入账，凡是不属于本期的收益或费用，即使款项已在本期收付，也不应作为本期的收益或费用处理；一个时期内的各项收入与其相关联的成本、费用都必须在同一时期入账，凡是用于增加固定资产而发生的各项支出都应记资本支出，不得计入费用作为收益支出，凡是为了取得收益而发生的各项支出，都应记收益支出，同时计入成本费用。

第二条　会计年度

采用历年制，自公历每年 1 月 1 日起至 12 月 31 日止为一个会计年度。

第三条　记账货币单位。

为本位币，凭证、账簿、报表均用法定文字书写。

第四条　会计科目

执行根据国家行业管理部门及行业协会制定的《企业会计制度》，结合公司具体情况而制定的会计制度中所定的会计科目。

第五条　人员交接

财会人员调动或离职时，必须办清交接手续，并注明交接日期，由主管人员监交，并由交接双方签章，未按规定办清交接手续的财会人员，不得调动或离职。

第六条　会计报表

根据国家制定的《企业会计制度》并根据董事会有关规定的会计报表格式和填报时间、份数执行。

第七条　会计凭证

（一）使用自制原始凭证和外来原始凭证两种。

1. 自制原始凭证是指进货验收单、领料单、出库单、差旅费报销单、费用开支证明单、调拨单、收款收据、借款条等。

2. 外来原始凭证是指我单位与其他单位或个人发生业务、劳务关系时，由对方开给本单位的凭证、发票、收据等。

（二）公司统一使用借贷复式记账法。

第八条　本规定由财务部制定，经总经理办公会议审核，总经理审批后执行，修改亦同。

二、出纳工作规定细则

第一条　本处理程序包括现金及银行存款收入与支出等作业。

第二条　为便于零星支付起见，可设零用金，采用定额制，其额度由总经理核定，其零用金由出纳经管。

第三条　零用款项的支付由零用金保管员凭支付证明单付款，此项支付证明单是否符合规定，零用金保管员应负责审核。

第四条　零用金的拨补应由零用金保管员填《零用金补充申请单》两份，一份自存，一份检同所有支出凭证并呈会计部门请款。

第五条　除零用金外，本公司一切支付，由会计部门根据原始凭证编制支出传票，办理审核后呈主管及总经理核定后支付。

第六条　本公司出纳根据会计部门编制经总经理核准的支出传票，办理现金、票据的支付、登记及移转。

第七条　除零用金外，所有支出凭证应由会计部门严格审核其内容与金额是否与实际相符，领款人的印鉴是否相符，如有疑问应先查询后始能支付。

第八条　凡一次支付未超过 1000 元者由零用金支付外，其余一律开抬头画线支票支付。

第九条　出纳人员对各项货款及费用的支付，应将本支票或现金交付受款人或厂商，本公司人员不得代领，如因特殊原因必须由本公司人员代领的，需经总经理核准。

第十条　本公司一切支付，应以处理妥善的传票或凭证为依据，任何要求先行支付后补手续的均应予拒绝。

第十一条　支付款项应在传票上加盖领款人印鉴，付讫后加盖付讫日期及经手人戳记。

第十二条　本公司支付款项的付款程序，悉依照下列步骤办理。

1. 原始凭证的审核

(1)内购、工程发包款：应根据统一发票、普通凭证，以及收到货物、器材的验收单并附请购单经有关单位签章证明及核准，送交会计部门开具传票。

(2)预付、暂付款项：应根据合同或核准文件，由总办单位填具请款单，注明合同文件字号，呈报核准后送交会计部门开具传票。

(3)一般费用：应根据发票、收据或内部凭证，经有关主管签章证明及核准，送交会计部门开具传票。

2. 会计凭证的核准

(1)会计部门应根据原始凭证开具传票。

(2)会计部门开具传票时，应先审核原始凭证是否符合税务法令及公司规定的手续。

(3)传票经主管及总经理核准后，送交会计部门转出纳办理支付工作。

第十三条　有关船务运费及外汇结汇款、栈租及各项费用等支出款，应填具《请款单》，检附输入许可证影本，送交会计部门以“预付”或“暂付”方式制票转出纳办理支付。前款项可由经办人员直接向出纳签收，必须于支付后 7 日内向会计部门办理冲转手续。

第十四条　本公司各项支出的付款日期如下：

1. 国内采购货品的付款，每月 25 日付款一次（星期日及例假日顺延），但以原始凭证经核准后于付款日前 5 日送达会计部门为限。

2. 一般费用的付款：经常发生的费用，仍以前项期限办理，内部员工费用，每天支付的，以原始凭证齐全并经核准者为限。

3. 薪工资的付款。

（1）职员每月 10 日。

（2）作业员：分 10 日、25 日两次。

因特殊情况需提前支付的，应由经办部门另行签呈主管转呈总经理批准后，再予支付。

第十五条　会计部门支付款项倘有扣缴事项时，应将代扣款项于次月 10 日前填具政府规定的报缴书向公库缴纳，并以影本一份并附于传票后，凡有扣缴税款及免扣缴应申报情事者，会计部门应于次年元月底前填具政府规定的凭单向稽征机关申报，并将正、副本交各纳税义务人。

第十六条　工资的支付，应由人事单位根据考勤表编制《薪资表》，于付款期限前一日送交会计部门。

第十七条　业务部门于收到货款后，应将其中所收货款解缴出纳，出纳应将解缴凭证送交会计部门，并据以编制传票。

第十八条　凡依法应扣缴的所得税款及依法应贴用印花税票，若因主办人员的疏忽发生漏扣、漏报、漏贴或短扣、短报、短贴等情事导致遭受处罚者，以及劳工保险费的滞缴情事，其滞纳金及罚金应由主办人员及其直属主管负责赔偿。

第十九条　本规定由财务部制定，经总经理办公会议审核，总经理审批后执行，修改亦同。

三、会计工作规定细则

第一条　为加强会计管理工作，规范财务行为，是保证资金安全和会计核算真实准确的基础。根据管理工作要求，现对有关会计工作做如下规定。

第二条　会计人员和会计岗位

1. 应当指定会计主管人员并配备必要的会计人员。应按效率和相互制约、相互监督的控制原则，科学合理地设置会计岗位，即总账会计不得同时记载分户账或明细账，保管空白银行支票的只允许固定保管 1 枚财务印章。

2. 会计人员应当具备必要的专业知识和业务素质，认真执行财经纪律和有关制度，有权对资金使用、财产管理、财务收支等实行会计监督，有权拒绝办理违规业务，并向上级报告。

第三条　会计核算基本要求

1. 会计科目、会计凭证、会计账簿的设置和使用，必须按统一规定执行。

2. 计算机账务核算系统应具有不同级别的保密设置、监督功能和故障应急处理及数据恢复措施。计算机系统账务信息备份每月不得少于 2 次；未经领导批准，操作人员不得更改账务数据和信息。

3. 月度终了,所有账务都要进行核对。银行日记账、明细账要与总账进行核对。银行存款日记账与银行对账单逐笔核对,并编制未达账项调节表。往来账要及时清理,做到账账相符、账证相符、账表相符、账实相符。会计核算制度要求的总账、明细账与会计报表各项目之间的勾稽关系必须平衡;经办人员和会计主管在账务核对全部相符后,应在有关账簿上签章。

4. 错账冲正应经会计主管或其授权人审批后办理。

第四条　财务印章管理

财务印章应指定专人分别保管和使用,不得由 1 人保管,不得轮流交叉保管。必须严格执行管理制度,设立保管登记簿,严密领用交接手续。严禁超范围使用会计印章,严禁在空白支票、空白凭证、账表上预先留盖印章。

第五条　收入、支出管理

各项收入、支出应当及时、准确、完整入账,不得截留、挪用或设立小金库,不得经营账外账。

第六条　有价单证、空白支票和收据

实行"专人管理,入柜保管"办法,即国债券、定期存单、汇票等有固定面值的有价单证、未使用的银行支票、收据必须指定专人管理,工作结束后应当存入保险柜。有条件的可以将有价单证存入银行的保管箱。

第七条　会计档案管理

1. 会计档案包括会计凭证、会计账簿、会计报告和其他应当保存的会计资料。会计档案可采用纸介质、磁介质、光盘等介质保存。档案保管地应具备防盗、防潮、防尘、防有害生物、防电磁干扰等条件,保证完整无缺。条件具备时应当存放异地保管。

2. 会计人员在工作中应当严守纪律,保守财会秘密,对外提供的会计信息,必须经财务部经理审核批准。

第八条　会计报告管理

1. 会计报告是会计核算工作的数字总结,是考核计划、分析业务活动的重要依据。会计报告必须认真复核、按时编报,做到真实、完整、及时、准确。部门负责人应在会计报告上签章,对会计报告的真实性、完整性负责。

2. 根据工作需要增加的其他报表按规定填报。

第九条　会计工作交接

1. 会计人员调动或者因故离职,必须将本人所经管的会计工作全部移交接替人员。没有办清交接手续的,不得办理调动或离职。

2. 办理移交时,移交人必须将未完成的账务处理完毕,整理应该移交的各项资料,对未了事项写出书面材料,并登记会计工作交接登记簿。登记簿由会计主管保管。

3. 一般会计人员工作交接,由会计主管监交。会计主管工作交接,由财务部经理监交。

4. 会计人员临时离职或者因故不能工作,会计主管必须指定有关人员接替或者代理,并办理书面交接手续。

第十条　固定资产管理

1. 固定资产应当按规定进行管理。

2. 购置的固定资产，必须建立固定资产明细账和固定资产卡片。卡片正本作为管理实物的依据，副本交由使用部门保管。应当定期对固定资产进行盘点，做到账账相符、账卡相符、卡实相符。

第十一条　本规定由财务部制定，经总经理办公会议审核，总经理审批后执行，修改亦同。

四、原始凭证的填制标准

原始凭证是进行会计核算的重要原始依据，具有法律效力的证明文件。原始凭证的填制必须符合下列基本要求。

（一）记录必须真实可靠。

在进行原始凭证的填制时，必须实事求是地填写该经济业务，原始凭证上填制的日期、业务内容、数量、金额等必须与实际情况完全相符，确保凭证内容真实可靠。

（二）填制必须完整，不可遗漏。

在填制原始凭证时，必须按规定的格式和内容逐项填写齐全，同时必须由经办业务的部门和人员签字盖章，并对凭证的真实性和正确性负完全的责任。

（三）明确经济责任

原始凭证上要有经办人员或部门的签章。外来的原始凭证，从外单位取得的，必须盖有填制单位的财务公章，从个人取得的，必须有填制人员的签名或盖章；自制原始凭证，必须有经办单位负责人的签名或盖章；对外开出的原始凭证，必须加盖本单位的财务公章。

（四）填制及时。

按照规定程序传递、审核，以便据以编制记账凭证。

（五）书写清晰，字迹工整

原始凭证要用蓝黑墨水书写，支票要用碳素墨水填写。两联或两联以上套写的凭证，必须全部写透。大小写金额数字要符合规定，正确填写。原始凭证上的文字和数字都要认真填好，要求字迹清楚、易于辨认，不得任意涂改、刮擦或挖补。一般凭证如果发现错误，应当按规定方法更正。而有关现金、银行存款收支业务的凭证，如果填写错误，不能在凭证上更正，应加盖“作废”戳记，重新填写，以免错收错付。

（六）各种原始凭证要延续编号。

如果凭证已预先印定编号，如发票、支票、收据等，在需要作废时，应当加盖“作废”戳记，并连同存根和其他各联全部保存，不得随意撕毁。

五、原始凭证审核标准

对会计凭证的审核是会计监督的一个重要手段。原始凭证填制以后，为了保证其真实可靠，会计部门在据此填制记账凭证入账前，必须对其进行严格的审核。审核主要包括两方面。

1. 审核原始凭证所记录的经济业务的合理性、合法性。

主要是审查记录的经济业务是否符合有关法律、法令、制度和政策;是否执行了预算、合同和计划,是否符合经济核算的原则。若发现有违法违纪行为,要拒绝执行,并向有关部门与领导汇报。

2. 对原始凭证的合理性进行技术性审核。

主要是审核原始凭证的内容和填制手续是否符合规定的要求,即凭证所载的内容是否与实际情况一致,该填的项目是否遗漏,数字是否清楚准确,书写是否规范,有关部门与人员是否都已签名或盖章。对有技术性问题的原始凭证要退回,补齐手续或更正错误。

六、记账凭证填制标准

填制记账凭证,就是要由会计人员将各项记账凭证要素按规定方法填写齐全,便于账簿登记。

记账凭证虽有不同格式,但就记账凭证确定会计分录、便于保管和查阅会计资料来看,各种记账凭证除严格按原始凭证的填制要求填制外,还应注意以下几点。

1. 要将经济业务的内容以简练概括的文字填入"摘要"栏内。这样做对于日后查阅凭证的登记账簿都十分必要,也是做好做账工作的一个重要方面。

2. 要根据经济业务的性质,按照会计制度所规定的会计科目和每一会计科目所核算的内容,正确编制会计分录,从而确保核算口径一致,以便于指标的综合汇总和分析对比。同时,也有助于根据正确的账户对应关系,了解有关经济业务的完成情况。

3. 每张记账凭证只能反映一项经济业务,除少数特殊业务必须将几个会计科目填在一张记账凭证上外,不得将不同类型经济业务的原始凭证合并填制记账凭证,对同一笔经济业务不得填制对应关系不清的多借多贷的记账凭证。

4. 附件数量完整。除结账与更正差错的记账凭证可以不附原始凭证,其他记账凭证必须附有原始凭证,以便于复核会计分录是否正确,也便于日后查阅原始凭证。如果一张原始凭证要涉及几张记账凭证,可把原始凭证附在一张主要的记账凭证后面,在其他记账凭证上注明附有原始凭证的记账凭证的编号。

5. 填写内容齐全。记账凭证中的各项内容必须填写齐全,并按规定程序办理签章手续,不得简化。

6. 凭证连续编号,记账凭证应按业务发生顺序按不同种类的记账凭证连续编号,若一笔经济业务,需填制多张记账凭证的,可以采用按该项经济业务的记账凭证数量编列分数顺序号的方法,如前面的整数为总顺序号,后面的分数为该项经济业务的分号,分母表示该项经济业务的记账凭证总张数,分子表示该项经济业务的顺序号。

7. 若做账之前发现记账凭证有错误,应予重新编制正确的记账凭证,并将错误凭证作废或撕毁。已经登记入账的记账凭证,在当年内发生书写错误时,应用红字填写一张与原内容相同的记账凭证,在摘要栏注明"注销×月×日×号凭证"。如果会计科目没有错误,只是金额错误,也可以将正确数字与错误数字之间的差额,另编调整的记账凭证,注明"订正×月×日×号凭证"。调增金额用蓝字,调减金额用红字。发现以前年度的错误，应用蓝字填制一张更正的记账凭证。

七、记账凭证审查标准

记账凭证是登记账簿的直接根据，需要严格审核，确保其正确无误。

记账凭证的审核，主要包括以下方面：

1. 所附原始凭证是否齐全，是否经过审核，原始凭证所记录的经济业务内容和数额与记账凭证是否一致。

2. 会计科目和核算内容是否与财务会计制度的规定相符，会计分录和账户对应关系是否正确，金额正确与否。

3. 需要填制的内容是否有遗漏。

审核发现了错误，要查清原因，按规定更正。

八、收款凭证和填制标准

收款凭证是根据现金、银行存款增加经济业务填制的。填制收款凭证的要求是：

1. 由出纳人员根据审核无误的原始凭证填制，必须是先收款，后填凭证。
2. 在凭证左上方的"借方科目"处填写"现金"或"银行存款"。
3. 填写日期（实际收款的日期）和凭证编号。
4. 在凭证内填写经济业务的摘要。
5. 在凭证内"贷方科目"栏填写与"现金"或"银行存款"对应的贷方科目。
6. 在"金额"栏填写金额。
7. 在凭证的右侧填写所附原始凭证的张数。
8. 在凭证的下方由相关责任人签字、盖章。

九、付款凭证的填制标准

付款凭证是根据现金、银行存款减少的经济业务填制的。填制付款凭证的要求是：

1. 由出纳人员根据审核无误的原始凭证填制，程序是先付款，后填凭证。
2. 在凭证左上方的"贷方科目"处填写"现金"或"银行存款"。
3. 填写日期和凭证编号。
4. 在凭证内填写经济业务的摘要。
5. 在凭证内"借方科目"栏填写与"现金"或"银行存款"对应的借方科目。
6. 在"金额"栏填写金额。
7. 在凭证的右侧填写所附原始凭证的张数。
8. 在凭证的下方由相关责任人签字、盖章。

十、记账凭证数字的书写标准

根据财政部《会计基础工作规范》第51条的规定，填制《记账凭证》时，数字在书写时必须符合下列要求。

1. 阿拉伯数字在书写时，不得连笔写，必须一个一个地写。阿拉伯数字金额前必须书写货币币种符号或者货币名称的简写和币种符号（如￥、$）。币种符号与阿拉伯数字之间不得留有空白。如果在金额数字前书写了币种符号，数字后面不再写货币单位。

2. 所有以元为单位的阿拉伯数字，除表示单价等情况外，一律填写到角、分；无角、分的，角位和分位可以填写"00"，或者填写符号"－"；有角无分的，分位应当填写"0"，不得用符号"－"代替。

3. 汉字大写的金额，一律用正楷或者行书体书写，写为"零、壹、贰、叁、肆、伍、陆、柒、捌、玖、拾、佰、仟、万、亿"，不得写为"O、一、二、三、四、五、六、七、八、九、十"。大写金额数字到元为止的，在"元"或者"角"字之后填写"整"字或者"正"字；如果有分的，"分"字后面不写"整"字或者"正"字。

4. 大写金额的数字前未印有货币名称的，要加填货币名称，币种名称与金额数字之间不得留有空白。

5. 阿拉伯数字书写的金额，中间只有一个"0"的，用汉字大写时，只写一个"零"字；如果阿拉伯数字金额中间连续有几个"0"的，用汉字大写时，也可以只写一个"零"字；如果阿拉伯数字金额元位是"0"的，用汉字大写时，可以不写"零"字；如果阿拉伯数字中间连续有几个"0"，元位也是"0"，但角位不是"0"，用汉字大写时，可以只写一个"零"字，也可以不写"零"字。

十一、账簿登记标准

1. 账簿必须根据审核无误的会计凭证及时登记，做账时必须严格根据经过审核的会计凭证填列会计科目的名称，或者同时填列会计科目的名称和编号，不得只填列会计科目的编号，不填列会计科目的名称。为了防止重记、漏记和便于查阅，登记时应将记账凭证号记入账簿，同时在记账凭证上注明"√"记号，表示已经登记入账。

2. 为了使记账簿记录清晰整洁，防止篡改，做账时必须用蓝黑色墨水笔书写，不能使用铅笔和圆珠笔书写。红墨水只能在结账画线、改错、冲账等规定范围内使用。

3. 各类账簿必须按编好的页码顺序登记，不得隔页、跳行。如不慎发生隔页、跳行现象，应在空页或空行处用红墨水笔画对角线或注明"此页空白""作废"等字样。不得任意撕毁订本式账簿的账页。不得随意抽掉活页式或卡片式账簿的账页。

4. 订本账簿若出现预留账页不够需跳页登记时，应在末行摘要栏内注明"过入第××页"，并在新账页第一行摘要栏内注明"承××页"。

5. 每登满一页账页，应在该账页的最后一行加计本页发生额及余额，并在"摘要"栏内注明"过次页"；同时在下一页的首行记入上页加计的发生额及余额，并在"摘要"栏内注明“承前页”。

6.“摘要”栏的文字记述要简洁、清楚，并逐步规范化，书写工整，不得乱用简化字，数字应用阿拉伯字书写。

7. 不得对账簿进行刮擦、挖补、涂改或用其他化学方式更改字迹，以防篡改舞弊。

十二、银行存款账户的设置条件和开立程序

1. 基本存款账户的设置条件和开立程序

(1)设置条件。

根据《银行账户管理办法》第 13 条的规定，下列存款人可以申请开立基本存款账户。

· 企业法人。

· 企业法人内部单独核算的单位。

· 管理财政预算资金和预算外资金的财政部门。

· 实行财政预算管理的行政机关、事业单位。

· 县级(含)以上军队、武警单位。

· 外国驻华机构。

· 社会团体。

· 单位附设的食堂、招待所、幼儿园。

· 外地常设机构。

· 私营企业、个体经济户、承包户和个人。

(2)开立程序。

存款人申请开立基本存款账户的，应填制开户申请书，提供规定的证件，送交盖有存款人印章的印鉴卡片，经银行审核同意，并凭中国人民银行当地分支机构核发的开户许可证，即可开立该账户。

2. 一般存款账户的设置条件和开立程序

(1)设置条件。

根据《银行账户管理办法》第 14 条和第 18 条的规定，下列情况的存款人可以申请开立一般存款账户：

· 在基本存款账户以外的银行取得借款的单位和个人可以申请开立该账户。

· 与基本存款账户的存款人不在同一地点的附属非独立核算单位可以申请开立该账户。

(2)开立程序。

存款人申请开立一般存款账户的，应填制开户申请书，提供相应的证明文件，送交盖有存款人印章的印鉴卡片，经银行审核同意后，即可开立该账户。

3. 临时存款账户的设置条件和开立程序

(1)设置条件。

根据《银行账户管理办法》第 15 条和第 19 条的规定，下列存款人可以申请开立临时存款账户：

· 外地临时机构可以申请开立该账户。

·临时经营活动需要的单位和个人可以申请开立该账户。

(2)开立程序。

存款人申请开立临时存款账户,应填制开户申请书,提供相应的证明文件,送交盖有存款人印章的印鉴卡片,经银行审核同意后,即可开立该账户。

4. 专用存款账户的设置条件和开立程序

(1)专用存款账户设置的条件。

根据《银行账户管理办法》第 16 条和第 20 条的规定,存款人对特定用途的资金,由存款人向开户银行出具相应证明即可开立该账户。

特定用途的资金范围包括:

·基本建设的资金。

·更新改造的资金。

·特定用途需要专户管理的资金。

(2)专用存款账户开立的程序。

存款人申请开立专用存款账户,应填制开户申请书,提供相应的证明文件,送交盖有存款人印章的印鉴卡片,经银行审核同意后开立账户。

第4章 强化绩效提升的助推器
——财务预算与计划管理

第一节 财务预算与计划管理工作要点

一、财务预算与计划工作内容

财务预算是指分析企业所面临的投资和筹资方案，预测目前决策所可能产生的影响，做出方案的选择和对照财务计划所设定的目标衡量实施情况的一个有机规划过程。因此，企业财务计划是一种系统地规划未来和预测可能出现的问题并提供相应对策的方法。

财务预算可分为短期财务计划和长期财务计划。短期计划的计划期限在1年以内，而长期计划则有超过1年的较长计划期限。

二、财务预算与计划的实施作用

财务计划的作用有以下5点：

1. 揭示决策方案的内在联系，有利于建立企业的总体发展思路。
2. 判断目标的可行性和内部协调性。
3. 有利于预测可能出现的问题并制定相应的对策。
4. 完善对实施状况的考核标准。
5. 凝聚力的增强等作用。

三、财务计划的编制方式

财务计划能通过自下而上和自上而下两种方式来编制。

自下而上方式是指从基层的生产和销售班组开始形成计划的设想，然后通过车间或分企业层层不断地增加；修改或删除，最终在企业总部得以完成计划。

自上而下方式是指计划从企业最高管理层的战略计划出发逐级向下传达和落实。

财务计划的产生往往经历自下而上和自上而下的双向和交叉的过程。

四、财务计划的编制流程

财务计划的编制流程如下：

第一步　对企业的外部环境进行综合分析研究，并以此为基础编制计划纲要，建立财务计划系统。

第二步　各业务职能部门根据外部经济情况的预测和计划纲要做好各自的经营计划。通常是按照每种产品分别做销售、生产计划。

第三步　财务人员根据经营计划，帮助各部门制订有关的价值计划。然后再汇集各部门的价值计划，按内在联系综合成各种财务计划，确定满足企业增长所需的资金。

第四步　预测在计划期限内的各种资金来源。

第五步　确保财务计划的真正落实。

第六步　制定针对财务计划所依据的假定条件与现实不符时做出调整的措施。

第七步　建立绩效评价系统。

五、财务预算与计划管理应注意的事项

财务预算应注意的问题有以下几点：

（一）预算制定主体的定位

1. 参与制定预算人员确定

企业预算管理有两项职能，即管理决策和管理控制，不同职能对预算管理体系的设计有不同的要求。为解决职能之间及部门之间的矛盾，在预算管理实践中，一方面，应当让各部门参与到预算的制定中，增加预算的科学性和可操作性；另一方面，要让企业最高领导参与制定预算并拥有最后决策权，唯此才能从整个企业的大局出发，制订出切实可行的预算方案。

2. 设置预算委员会

预算的制定应当是各参与方之间反复博弈的过程，在这个过程中，信息流动是多向的，也是反复的，直至达到最后的一致。应对预算制定流程进行如下设计。

（1）首先由预算委员会提出关键性指标，如销售量、销售价格、生产成本、目标利润等，但不必确定具体数值。

（2）将这些指标交由各职能部门充分讨论，直至形成一致意见。预算委员会需对讨论过程进行指导和监督。

（3）预算委员会据此确定预算总量指标，并初步分解到各职能部门。

（4）各职能部门根据分解的预算指标制定本部门的预算，并交预算委员会审核和汇总。

（5）预算委员会据此编制全面预算，并分发各职能部门。

（二）预算编制基础的选择

现行预算一般以年度为基础进行编制，这种编制方法即历年制。这种方法易于理

解、便于用于业绩评价，但并没有充分的理论依据，因为企业的经营活动并不是以年度为周期，企业的经营活动或成果在年度与年度之间并不存在明显的规律性。

历年制不适合于长期预算，因此应用企业周期（包括企业生命周期和产品生命周期）为预算编制基础的周期制来替代历年制。

周期制并不否定历年制，而是对历年制的完善，使之在发挥原有功能的基础上更加切实可行。

（三）预算管理实施的思考

1. 避免目标置换

预算目标从属于企业目标，但在企业活动中常会出现严格按预算规定，始终围绕预算目标，而忽视企业目标的状况。为了防止预算控制中出现目标置换，一方面应当使预算更好地体现计划的要求；另一方面应适当掌握预算控制力度，使预算具有一定的灵活性。

2. 避免过繁过细

预算会对企业未来经营的每一个细节都做出具体的规定。这样实际上会导致各职能部门缺乏应有的余地，不可避免地影响企业运营效率。所以预算并非越细越好。预算应细化到什么程度，必须联系对职能部门授权的程度进行认真酌定。过繁过细的预算等于让授权名存实亡。

3. 避免因循守旧

预算制定通常采用基数法，即以历史的情况作为评判现在和未来的依据。这样职能部门就有可能故意增大日常支出，以便在以后年度中获得较高的预算支出标准。因此，必须采取有效的预算控制措施来避免这一现象，如通过详尽报表内容、健全报表体系等方法减少人为因素，提高预算的精确性和科学性。

4. 避免一成不变

预算制定出来以后，预算执行者应当对预算进行管理，促进预算的实施，必要时可根据实际情况进行修订和调整。预算管理不能一成不变，要对预算进行定期检查，如果情况已经发生重大的变化，就应当调整预算或重新制定预算，以达到预期目标。

第二节　财务预算与计划管理规范化制度

一、企业部门预算编制制度模板

第一条　为了适应公司现代化发展需要，加强各部门预算编制的科学管理，特编制本制度。

第二条　生产计划编制的内容包括对产量及生产能力运用计划、质量计划、新产品或新技术的研究开发计划、机械修护计划、机械淘汰以及扩建计划、人员合理化计划、成本控制计划等加以说明。

第三条　生产部门应该按各生产部门正常编制下，主要生产设备的设计生产能力及生产效率所设定的标准生产能力，作为生产管理中心编制产销配合计划的参考，并作为考核实际生产效率的依据。

第四条　各生产部门应该以产成品每单位主要原料的标准耗用量为基准设定标准生产用料，作为生产管理中心编制生产计划及供应部编制采购计划的参考，以此为考核原料耗用的依据。

第五条　各生产部门应该以在标准生产能力下的人员编制和费用设定标准人工费用。依性质分为直接人工及间接人工两项，待确定生产计划后，作为编制人工费用预算及考核人工效率的依据。

第六条　各生产部门应该以在标准生产能力下耗用的电力、重油、材料、维修等费用指标为基准，设定标准制造费用。可分为变动及固定两项，作为生产计划确定后编制制造费用预算及考核费用支出的依据。

第七条　生产计划是生产管理中心依据经核定实施的产销计划所列各项产品生产数量，而排定的各中间及最后生产部门产品的计划生产数量，作为预算年度考核各生产部门生产进度完成情况的依据。

第八条　主要材料耗用量预算由生产部门依据生产计划及标准用料设定加以汇编而成。

第九条　主要材料采购预算由供应部依据主要材料耗用量预算估计材料的合理库存、经济采购量及材料价格趋势等予以汇编，作为编制主要材料耗用成本的依据。

第十条　生产成本预算是会计部依据所编制的各产品直接材料、直接人工及制造费用的总成本及单位成本预算。

第十一条　销售部门制订产品类别销售计划，该计划以产品分类为主，分内外销拟订。

第十二条　客户促销计划是由贸易部及内销部根据市场情况、客户往来情况预计各客户的销售量，以拟定的售价予以编制。

第十三条　销货成本预算是会计部根据产销配合及计划生产成本预算加以汇编而成。

第十四条　销售管理财务费用预算是会计部参考前年度实际开支，并依据年度营业管理计划所编制的销售管理财务费用年度预算。

第十五条　营业计划说明是贸易部与内销部在预算年度中营业计划的书面报告，内容包括：市场的开发、新产品的开发、旧产品的淘汰、新客户的开发或原有客户的淘汰、广告或其他销售推广政策、价格策略及账款回收政策、业务人员的增减异动、销售费用限制、本年度营业方面可能遭遇的困难及克服对策等的说明。

第十六条　营业收入预算是会计部根据产销配合计划及预估的其他收入，加以汇编而成。

第十七条　损益预算是会计部依据销售成本预算、营业收入预算及销售管理财务费用预算编制的年度损益预算。

第十八条　由总经理办公室及生产管理中心根据营业部门及生产部门提供的资料、综合市场环境、生产状况、产成品存货水平及成本利润等因素，加以协调而编制。产销配合计划是本公司预算产销活动的基本报表。

第十九条　服务部门分摊费用是按费用性质，依服务部门提供服务的比重，将服务部门费用分摊给生产部门的设定标准。

第二十条　固定资产扩建改良及专项费用预算是供应部根据营业计划说明生产计划、产销配合计划及公司预算委员会决议事项所编制的年度资本支出及专案支出预算与完工进度表。

第二十一条　资金来源运用是会计部根据年度产销库存计划、资本支出计划及债务偿还计划等资料编制而成。

第二十二条　管理计划说明，由公司总务部及人事室就组织编制合理化计划、人员变动计划、人力发展培训计划、管理规章办法的推行计划等加以说明，以供总经理室编写经营计划及会计部编制管理费用预算的参考。

第二十三条　经营计划说明，由总经理办公室根据有关资料，就营业、生产、原材料管理等计划加以综合及摘要的说明。

二、企业预算组织与实施制度模板

第一条　本公司为了使各部门编制的预算顺利实现，同时更好地推行预算管理制度，特以此制度为预算组织与实施的基础制度。

第二条　公司预算委员会任职人员如下：

主任委员：总裁。

副主任委员：副总裁。

委员：营销部经理、内销部经理、供应部经理、行政部经理、财务部经理、办公室主任、工厂厂长。

执行秘书：会计部副经理。

第三条　工厂预算委员会人员编制如下：

主任委员：厂长。

委员：副厂长、主任。

执行秘书：专员。

第四条　预算委员会的职责如下：

1. 决定公司或各厂的经营目标及方针。

2. 审查公司总部及工厂的初步预算并讨论修正事项。

3. 协调各部门间的矛盾或分歧事项。

4. 预算的核准。

5. 环境变更时，预算的修改及经营方针的变更。

6. 接受并分析预算执行报告。

第五条　预算执行秘书的职责。

1. 提供各部门编制预算所需的表单格式等。

2. 提供各部门所需的生产成本与收入等资料以供编制预算参考。

3. 汇总各部门的初步预算，提出建议事项，交预算委员会讨论。

4. 督促预算编制的进度。

5. 比较与分析实际执行结果与预算的差异情况。

6. 监督各部门切实执行预算的有关事宜。

7. 其他有关预算推行的策划与联络事项。

三、预算编审程序制度模板

第一条　公司预算委员会拟定预算年度初步设定的经营目标,筹备预算编制事项,并编制会议资料。

第二条　召开公司预算委员会会议,说明预算编制程序,颁布公司年度经营目标。

第三条　召开工厂预算委员会,根据公司年度经营目标,颁发工厂年度经营目标,责成各部门主管着手拟订各项管理计划大纲及完成进度表,并设定产能、用料、人工费用预算标准。

第四条　营销部及工厂各级主管开始编制预算,行政部、人事部开始拟订各项管理计划大纲及完成进度表。

第五条　总经理室及生产管理中心开始编制预算。

第六条　公司预算委员会执行秘书汇总各单位的初步预算及计划大纲,做成修正案提交公司预算委员会讨论。

第七条　召开第二次公司预算委员会,协调修正总经理室及生产管理中心提报的年度产销计划。核定工厂提报的产能、用料、人工费用预算标准,及各部门提报的管理计划大纲及完成进度表。

第八条　总经理室、生产管理中心、贸易部、内销部根据公司预算委员会决议事项修正预算,工厂根据核定的生产计划及用料标准、编制材料耗用量预算及人工制造费用预算。各部门根据核定的管理计划大纲及进度表着手草拟计划草案。

第九条　采购部开始编制预算。

第十条　工厂开始编制生产成本预算。

第十一条　财务部开始编制预算。

第十二条　总经理室开始编制经营计划说明书。

第十三条　召开第三次公司预算委员会,讨论通过年度经营计划及年度预算案。

第十四条　颁布年度经营计划及年度预算。

第十五条　各单位开始编制下年度元月份预算。

第十六条　预算资料编制单位及编送期限。

本公司有关预算资料编制提供单位、编制时期、分送单位的事宜规定如表 4 - 1 所示。

表4-1　预算编制表

	资料名称	提供部门	编制时间	分送单位	说明
1.	营业计划说明书初稿	贸易部、内销部	10.13～10.25	总经理室及生产管理中心、会计部	
2.	客户类别销售计划表	〃〃	〃	〃	
3.	产品类别销售计划表	〃	〃	〃	
4.	生产计划说明书初稿	工厂		总经理室及生产管理中心、会计部	
5.	标准生产能力设定表初稿	〃〃			
6.	标准用料设定表初稿	〃〃	10.13～10.25	〃	
7.	标准人工费用设定表初稿	〃〃	〃	〃	
8.	服务部门费用分摊设定表初稿	〃	〃	〃	
9.	产销配合计划表初稿	总经理室及生产管理中心、会计部	〃	贸易部、内销部、会计部	
10.	生产计划表初稿		〃		
11.	主要材料耗用量预算表	工厂	11.2～11.5	管理中心、会计部	
12.	资材计划说明书	供　应　部	〃	工厂、会计部	
13.	主要材料采购预算表	〃	11.6～11.8	供应部、会计部	
14.	固定资产扩建改良及专案费用预算表	〃 〃	11.9～11.12 〃	总经理室、会计部、工厂	
15.	生产成本预算表	会　计　部	〃	〃	
16.	销货成本预算表	〃	〃	〃	
17.	营业收入预算表	〃	〃	总经理室	
18.	损益预算表		11.1～11.13	〃	
19.	奖金来源运用表	〃	12.1～12.4	〃	
20.	管理计划说明书	总　务　部		总经理室、会计部	
21.	经营计划说明书	总经理室		会计部	

四、企业财务资金预算管理制度

□ 目的及依据

第一条　为提高本公司经营绩效及配合财务部统筹及灵活运用资金，以充分发挥其经济效用，各单位除应按年编制年度资金预算外，并应逐月编列资金预算表，以便达成资金运用的最高效益，特制定本制度。

□ 资金范围

第二条　本办法所称资金，系指库存现金、银行存款及随时可变现的有价证券而言。为定期编表计算及收支运用方便起见，预计资金仅指现金及银行存款，随时可变现的有价证券则归属于资金调度的行列。

□ 作业期间

第三条　资料提供部门，除应于年度经营计划书编订时，提送年度资金预算外，应于每月24日前逐月预计次3个月份资金收支资料送会计部，以利汇编。

第四条　会计部应于每月28日前编妥次3个月份资金来源运用预计表按月配合修订。并于次月15日前，编妥上月份实际与预计比较的资金来源运用比较表一式三份，呈总经理核阅后，一份自存，一份留存总经理室，一份送财务部。

□ 内销收入

第五条　营业部门依据各种销售条件及收款期限，预计可收（兑）现数编列。

□ 劳务收入

第六条　营业部门收受同业产品代为加工，依公司收款条件及合同规定预计可收（兑）现数编列。

□ 退税收入

第七条　退税部门依据申请退税进度，预计可退现数编列。

第八条　预计核退的税虽非实际退现，但因能抵缴现金支出，即视同退现。

□ 其他收入

第九条　凡无法直接归属于上项收入皆属之。包括财务收入、增资收入、下脚收入等。其数额在10万元以上者，均应加说明。

□ 资本支出

第十条　土地:依据购地支付计划提供的支付预算数编列。

第十一条　房屋:依据兴建工程进度,预计所需支付资金编列。

第十二条　设备分期付款、分期缴纳关税等:会计部依据分期付款偿付日期予以编列。

第十三条　机构设备、预付工程定金等:工务部依据工程合同及进度,预定支付预算及资材部依据外购 L/C 开立计划,预计支付资金编列。

□ 材料支出

第十四条　资材部依请购、采购、结汇作业,分别预计内外购原物料支付资金编列。

□ 薪资

第十五条　会计部依据产销计划等资料及最近实际发生数,斟酌预计支付数编列。

□ 经常费用

第十六条　外协工缴:外协经办部门应参照外协厂商约定付款条件等资料,斟酌预计支付数编列。

第十七条　制造费用:会计部依据生产计划,参考制造费用有关资料及最近实际发生数,斟酌预计支付数编列。

第十八条　推销费用:营业部依据营业计划,参照以往月份推销费用占营业额的比例推算编列。

第十九条　管理费用:会计部参照以往实际数及管理工作计划编列。

第二十条　财务费用:会计部依据财务部资金调度情况,核算利息支付编列。

□ 其他支出

第二十一条　凡不属于上列各项的支出都属于“其他支出”,包括偿还长期(分期)借款、股息、红利等的支付。其数额在 10 万元以上者,均应加以说明。

□ 异常说明

第二十二条　各单位应按月编制“资金来源运用比较表”,以了解资金实际运用情况,其因实际数与预计比较每项差异在 10% 以上者,应由资料提供部门填列《资金差异报告表》列明差异原因,于每月 10 日前送会计部汇编。

□ 资金调度

第二十三条　各单位经营资金由公司最高主管负责筹划,并由财务部协助筹措调度。

第二十四条　资材部应按月根据国内外购料借款数额编列《购料借款月报表》,于当月送财务部汇总呈核总经理。

第二十五条 财务部应于次月5日前按月将有关银行贷款额度，可动用资金，定期存款余额等资料编列银行短期借款明细表呈总经理核阅，作为经营决策的参考。

第二十六条 本制度由财务部制定，经总经理核准后实施，修改时亦同。

五、企业各部门月绩分析制度

第一条 为避免同类工作重复，及时有效控制，节省人力，特制定本办法。

第二条 各部门原已有立账或类似统计表的记载较具功能及时效者，统由各部门自行控制设账，管理部不再另设明细账，而以总账统管。

第三条 上述明细账暂以应收账款（营建部门含预收定金）周转金等项试行，试行后，再行检讨或增减。

第四条 各部门明细账至少每月与管理部核对一次，如不相符，部门当会同管理部追查原因并更正。

第五条 有关的账册原则上一律使用统一格式，由管理部提供，仅划分工程部门与营业部门，但不增加人力、物力及从业人员的困扰，也可用原有而习惯的账册代用。

第六条 每届月底各部门应提供管理部，应收账款及周转金余额明细表以资核对及备查。

第七条 应收账款（营业部门含预收定金）除必须写明统一发票号码外，如超过3个月、半年、1年以上者其明细分别以◎、*、※红色符号表示。

第八条 周转金明细表除写明经手人支款性质外，尚需写明何时还款或冲转日期（如无把握亦必须预估），管理部负责催办。周转金的使用，应尽量避免或减少，否则徒增利息负担（如某部支用10万元按月息1.5%计算一年即需负担18000元的利息），但长期性的周转金如工地及各部门的备用金除外。

第九条 有关客户查询或对账由各部门各自处理，但如有官方或会计师查账时，管理部当会同部门经办人员就有关资料备询并提示。

第十条 本办法经经理级会议通过并呈总经理核准后实施，修改时亦同。

第三节　财务预算与计划管理实用表单

一、支出预计明细汇总表

支出预计明细汇总表如表4－2所示。

表4－2　支出预计明细汇总表

年　　月　　日　　　　　单位:元

项目＼日期	1	2	3	4	5	6	7	8	9	10	11	12	13	14	15	16	17	18	19	20	21	22	23	24	25	26	27	28	29	30	31	合计
内购材料																																
外购材料																																
薪资																																
水电费																																
各项税捐																																
外协工缴																																
利息支出																																
租金支出																																
经常费用																																
其他支出																																
工程款																																
偿还借款																																
设备款																																
合　计																																

主管:　　　　　　　　　　经办:

本表一式两联:①会计,②财务科。

适用范围:供财务部了解每月所需支付金额作为调度参考。

填表说明:汇总支出预计表逐日填列。

二、资金差异报告表

资金差异报告表如表4－3所示。

表4－3　资金差异报告表

年　　月　　日　　　　　　　　　　单位：元

项目	实际数		预计数		比较增减		差异原因说明	备注
	金　额	%	金　额	%	金　额	%		

主管：　　　　　　　　　　　　　　　　经办人：

三、资金调度计划表

资金调度计划表如表4－4所示。

表4－4　资金调度计划表

年　　月　　日　　　　　　　　单位:元

摘　要	合计	现金	银行存款							
本月(　周)结存										
预计现销收入										
预计其他收入										
减:预计票据到期										
预计薪金支出										
预计水电										
预计税金支出										
预计利息支出										
预计购料还款										
预计其他支出										
下月(　周)余缺										
经调度后结存										
资金调度方式										

主管:　　　　　　　　　　经办人:

四、银行短期借款明细表

银行短期借款明细表如表4－5所示。

表4－5 银行短期借款明细表

截至　　年　　月　　日

序号	贷款银行	贷款种类	贷款额度	年率（利息）	期限	已动用额　度	尚可动用额　度	备注

主管：　　　　　　　　　　　　　经办人：

五、收支预计表

收支预计表如表4－6所示。

表4－6 收支预计表

年　　月　　日　　　　　　　　　　单位：元

资　金		收付内容	月（次月）		月（次一月）	月（次二月）
项目	代号		收付日期	金额		

主管：　　　　　　　　　　　　　经办人：

六、材料借款月报表

材料借款月报表如表4－7所示。

表4－7　材料借款月报表

贷款银行：　　　　　　　　　　年　　月　　日　　　　　　　　　　第　　页

供应商	请购单号码	品名	起讫日期		利率（年息）	每月摊还金额				
			年月日	年月日			月	月	月	月
						本金				
						利息				
						本金				
						利息				
						本金				
						利息				
						本金				
						利息				
						本金				
						利息				
						本金				
						利息				
						本金				
						利息				
						本金				
						利息				
						本金				
						利息				
						本金				
						利息				
						本金				
						利息				
						本金				
						利息				
						本金				
						利息				

主管：　　　　　　　　　　　　　　　　经办人：

七、材料采购预计表

材料采购预计表如表 4 -8 所示。

表 4 -8 材料采购预计表

年 月 日 单位:元

项 目	金 额			备 注
	月份	月份	月份	
原料内购				
原 料				
配 件				
货物税				
原材料内购				
原材料外购				
D/A				
L/C				
关 税				
各项费用				
合 计				

主管: 经办人:

八、内外销收入预计表

内外销收入预计表如表4－9所示。

表4－9　内外销收入预计表

年　　月　　日　　　　　　　　　　单位:元

项　目	金　额			备　注
	月份	月份	月份	
外销收入				
D/A				
L/A				
内销收入				
现　销				
票据兑现				
劳务收入				
退税收入				
其他收入				
财务收入				
其　他				
合　计				

主管:　　　　　　　　　　经办人:

九、预算表

预算表如表4－10所示。

表4－10 预算表

年 月 日 单位:元

借方科目	借方金额	备注调整	贷方科目	贷方金额	备注调整
现 金			股 本		
应收账款			公积金		
应收票据			制造费用		
坏账准备			制成品		
原 料			机器设备		
辅 料			折旧准备		
在制原料			管理费用		
在制品辅料			销 货		
在制人工			销货成本		
在制造费用			销货退回		
应付票据			销货退回		
应付票据			销货折扣		
应付凭单			财务费用		
已分摊制造费			财务收入		
已分摊管理费			本期利润		

主管： 经办人：

十、预算申请表

预算申请表如表 4 – 11 所示。

表 4 – 11　预算申请表

年　　月　　日　　　　　　　　　　　　单位:元

预算编号	预算名称	用　　途	说　　明	单　　价	数　　量	申请金额
合　　计						
批示	审核__________填写__________					

十一、预算概率计算表

预算概率计算表如表 4－12 所示。

表 4－12　预算概率计算表

年　　月　　日　　　　单位:元

预算编号	科　　目	支付项目	计　　算　　式	预算金额

审核________拟定________

十二、预算核算办法表

预算核算办法表如表 4 – 13 所示。

表 4 – 13　预算核算办法表

年　　月　　日　　　　　　　　　　　单位:元

预算编号	预算项目	预　算　方　法	另行考虑因素
	员工薪金		
	奖　　金		
	出 差 费		
	职工福利		
使用单位		第　　副本	

十三、预算编列表

预算编列表如表 4 - 14 所示。

表 4 - 14　预算编列表

月份：　　　　　　　　　　　　　　　　　　　　　　　　　　　类别：

页次：

预算编号	预算科目	核算办法	核算金额	专案申报预算			预算金额	核准预算	备　注
				用途	文号	金额			

批示：　　　　审核：　　　　拟订：

十四、预算统计表

预算统计表如表 4 - 15 所示。

表 4 - 15　预算统计表

月份：　　　　　　　　　　　　　　　　　　　　　　部门：

预算编号	预算科目	预算金额	实际支出	差　额	追加预算	说　明

总经理：　　　　　　审核：　　　　　　填表：

十五、预算控制表

预算控制表如表 4 - 16 所示。

表 4 - 16　预算控制表

预算编号：________　　　　月　　份：________

预算科目：________　　　　预算金额：________

日期		凭证号码	摘　要	支付金额	累计金额	超支金额	备　注
月	日						

说明：备注中应填写“变更”或“追加”并注明理由。

十六、预算控测表

预算控测表如表4－17所示。

表4－17　预算控测表

预算编号：__________　　　　　　　　　　　　　　　　　月　　份：__________

预算科目：__________　　　　　　　　　　　　　　　　　预算金额：__________

日期		凭证号码	摘要	支付金额	累计金额	超支金额	备注
月	日						

十七、预算变更申请表

预算变更申请表如表 4 - 18 所示。

表 4 - 18 预算变更申请表

□追加 □变更

年 月 日 单位:元

预算编号	预算科目	原核定预算	札记追加金额	申请理由	批 示
批示	审核________申请人________				

十八、收入及支出金额预计表

收入及支出金额预计表如表4－19所示。

表4－19　收入及支出金额预计表

年　　月　　日　　　　　　　　　　　　单位:元

项目＼付款期			月　日	月　日	月　日	月　日	月　日	月　日
收入金额	应收票据	已　收						
	应收票据	预　计						
	押汇收入	预　计						
	押汇收入	预　计						
	贴现贷款	预　计						
	其他借款	预　计						
支付金额	资本支出	已开票						
	资本支出	预　计						
	材料支出	已开票						
	材料支出	预　计						
	薪资支出	预　计						
	制造费用	已开票						
	制造费用	预　计						
	销管费用	已开票						
	销管费用	预　计						
	财务支出	预　计						
收入金额		预　计						
支付金额		预　计						
差　　额								
现金银行存款								

总经理:　　　　　　经理:　　　　　　会计:　　　　　　填表:

第四节 财务预算与计划管理规范化细节执行标准

一、年度会计决算说明书书写标准

年度会计决算说明书书写标准如下例。

2005年度,我公司生产经营和财务计划的完成情况好于上年。随着产值、产量的回升,产品销售收入和利润增长幅度较大,成本有所降低,企业经济效益已呈现由低转高的势头。现将本年度财务决算情况和有关内容说明如下。

1. 生产经营和主要财务指标的完成情况。

2. 利润指标完成情况。

3. 成本指标完成情况。

4. 固定资产与流动资产的增减情况。

5. 其他需要说明的问题。

本年企业经济效益虽好于上年,但过去遗留的滞销积压产品过多的问题,并未彻底解决,经过清仓查库以后,必将形成一定数额的亏损。由于这部分亏损不能结算,故本年决算中,不包括这笔数字。

二、预算资金调度管理标准

1. 公司(事业部)最高主管负责筹划各分公司营运资金,并由总管理处财务部门协助筹措调度。

2. 各分公司资材部门应按月根据国内外购料借款数额编列《购料借款月报表》,于当月26日由各公司总经理室分送财务部及总管理处总经理室汇总审核。

3. 财务部应于次月10日前按月将有关银行贷款额度、可动用资金、定期存款余额等资料编列能源企业国内银行短期借款明细表呈总管理处总经理核阅,作为经营决策的参考。

三、预算方案编制标准

为了加强各部门预算编制的科学管理,本企业现就预算编制的具体内容规定为:

1. 产品类别销售计划。该计划以产品分类为主,分内外销拟订。

2. 生产计划的说明。对产量及生产能力运用计划、质量计划、新产品或新技术的研究开发计划、机械修护计划、机械淘汰以及扩建计划、人员合理化计划、成本控制计划等加以说明。

3. 设定标准生产能力。是按各生产部门正常编制下，主要生产设备的设计生产能力及生产效率所设定的标准生产能力，作为生产管理中心编制产销配合计划的参考，并作为考核实际生产效率的依据。

4. 设定标准用料。系各生产部门产成品每单位主要原料的标准耗用量，作为生产管理中心编制生产计划及供应部编制采购计划的参考，以此为考核原料耗用的依据。

5. 营业计划说明。营业计划说明是贸易部与内销部在预算年度中营业计划的书面报告，内容包括：市场的开发、新产品的开发、旧产品的淘汰、新客户的开发或原有客户的淘汰、广告或其他销售推广政策、价格策略及账款回收政策、业务人员的增减变动、销售费用限制、本年度营业方面可能遭遇的困难及克服对策等的说明。

6. 客户促销计划。客户促销计划是由贸易部及内销部根据市场情况、客户往来情况预计各客户的销售量，以拟定的售价予以编制。

7. 设定标准人工费用。系各部门标准生产能力下，配置的人员编制及用人费用标准。依性质分为直接人工及间接人工两项，待确定生产计划后，作为编制人工费用预算及考核人工效率的依据。

8. 设定标准制造费用。系各部门在标准生产能力下，耗用的电力、材料、维修费用等费用指标，分为变动及固定两项，作为生产计划确定后编制制造费用预算及考核费用支出的依据。

9. 设定服务部门分摊费用。服务部门分摊费用是按费用性质，依服务部门提供服务的比重，将服务部门费用分摊给生产部门的设定标准。

10. 产销配合计划。由总经理办公室及生产管理中心根据营业部门及生产部门提供的资料、综合市场环境、生产状况、产成品存货水平及成本利润等因素，加以协调而编制。产销配合计划是本企业预算产销活动的基本报表。

11. 生产计划。生产计划是生产管理中心依据经核定实施的产销计划所列各项产品的生产数量，而排定的各中间及最后生产部门产品的计划生产数量，作为预算年度考核各生产部门生产进度完成情况的依据。

12. 主要材料耗用量预算。主要材料耗用量预算由生产部门依据生产计划及标准用料设定加以汇编而成。

13. 主要材料采购预算。主要材料采购预算由供应部依据主要材料耗用量预算估计材料的合理库存、经济采购量及材料价格趋势等予以汇编，作为编制主要材料耗用成本的依据。

14. 固定资产扩建改良及专项费用预算。固定资产扩建改良及专项费用预算是供应部根据营业计划说明生产计划、产销配合计划及企业预算委员会决议事项所编制的年度资本支出及专案支出预算与完工进度表。

15. 生产成本预算。生产成本预算是会计部依据所编制的各产品直接材料、直接人工及制造费用的总成本及单位成本预算。

16. 销货成本预算。销货成本预算是会计部根据产销配合及计划生产成本预算加以汇编而成。

17. 营业收入预算。营业收入预算是会计部根据产销配合计划及预估的其他收入，加以汇编而成。

18. 销售管理财务费用预算。销售管理财务费用预算是会计部参考以前年度实际开支，并依据年度营业管理计划所编制的销售管理财务费用年度预算。

19. 损益预算。损益预算是会计部依据销售成本预算、营业收入预算及销售管理财务费用预算编制的年度损益预算。

20. 资金来源运用。资金来源运用是会计部根据年度产销库存计划、资本支出计划及债务偿还计划等资料编制而成。

21. 管理计划说明。管理计划说明，由企业总务部及人事室就组织编制合理化计划、人员变动计划、人力发展培训计划、管理规章办法的推行计划等加以说明，以供总经理室编写经营计划及会计部编制管理费用预算作为参考。

22. 经营计划说明。经营计划说明，由总经理办公室根据有关资料，就营业、生产、原材料管理等计划加以综合及摘要的说明。

四、财务计划管理标准

（一）结合总经理室对企业经济活动的安排，计划期内客户、货源、内务价格等变化情况，做出详细分析和充分估计，以审定、编制财务计划。

（二）依据总经理审定的企业财务计划，按各部门的不同经营范围、计划期等多方面因素和历史资料，参考部门年初的上报计划，分摊企业计划指标，下达给各业务部门实施。

（三）财务计划分为年度、季度计划。

1. 每年第三季度进行企业财务内审，每年第四季度各部门向财务部提交用款计划，经综合平衡后，提出第二年的财务收支计划，报企业总经理室和财务部。

2. 企业财务部按标准的收支计划，合理安排比例，下达定额指标给各部门。

3. 各业务部门根据上报企业总经理审批后的季度计划指标，结合本部门的具体情况，按月分摊季度任务指标作为本部门季度内各月指标检查尺度。

4. 企业对各业务部门的计划检查按季度进行，全年清算。

（四）财务计划内容。

1. 财务部应编制：

流动资金计划、营业计划、费用计划、外汇收支计划和利润计划、偿还债务计划及基建计划、利润分配计划等。

2. 各部门应编制：

（1）销售部：客户计划（包括外联部分）、费用计划、营业计划和利润计划等。

（2）客房部：备品使用计划（含耗用品）、费用计划、设备维修更新及购置计划等。

（3）餐饮部：营业计划、利润计划、费用计划、食品原材料及物品采购计划、设备维修更新及购置计划等。

（4）企业部：销售计划（分批发与零售）、商品进货计划（分进口商品和出口产品）、利润计划、费用计划、外汇使用计划、流动资金计划、企业装修计划、设备维修及购置计划、印刷品付印计划和费用计划等。

(5)西餐歌舞厅:营业计划、利润计划、费用计划、食品原材料及商品采购计划、耗用品购进计划和设备养护计划等。

(6)采购部:物料进货计划、工衣工鞋定做计划和加工订货计划等。

(7)旅游部:客源计划、营业计划、利润计划和费用计划等。

(8)后勤部:费用计划、用品使用计划、花瓶盆栽及用品、用具购置计划、清洁机具养护及更新计划、花店经营计划等。

(9)事务部:职工餐厅收支计划和费用计划等。

(10)工程部:燃料进货和耗用计划、水电耗用计划、设备维修计划、零配件及工具购置计划和费用开支计划等。

3. 总经理室、人事部、财务部、保安部和事务部要编制费用开支计划。

4. 各部所需编报的计划,送财务部汇总呈报。

五、弹性预算编制标准

企业发生的各种生产费用按形态划分为变动费用和固定费用,变动费用随业务量的变动而增减,固定费用不随业务量的变动而变动。因此,应该随预算期预计业务量水平的变动而相应确定不同的预算数,如此编制的预算被称为弹性预算或变动预算。

固定预算是按某一固定的业务量水平编制的,其预算数即使未来的业务量发生了增减变动也不做调整,这样一旦预算期实际的业务量水平与原先估计的业务量水平不一致且相差比较大时,预算数就不能成为规划、控制和客观评价企业经营活动的依据。弹性预算恰好弥补了固定预算的缺陷,因为它反映的是不同业务量水平上应有的费用水平或收入水平,使预算数与实际数尽可能保持一致,并使二者建立在可比的基础上,从而能够更好地发挥预算规划,控制和客观评价企业经营活动的作用。同时,弹性预算是按某一相关范围的不同业务量水平编制的,具有较广泛的适用性,便于预算指标的调整。

六、滚动预算编制标准

(一)滚动预算的特点。

滚动预算又称永续预算或连续预算。这种预算的特点是随着时间的往后推移,预算期自动向下延续或滚动,也就是说预算期始终保持12个月或4个季度。这样当时间每过去一个月或一个季度,就要根据企业经营活动的变化情况,调整修正剩余时期的预算,并及时补充一个月或一个季度的预算,使年度预算始终包括12个月的预算或4个季度的预算。

编制滚动预算时,前几个月的预算要尽可能详细,后几个月的预算可以粗略一些。随着时间的推移,将原先粗略、简单的预算调整修正为详细、复杂的预算,并随之补充新的预算。

滚动预算与定期预算相比具有以下优点。

1. 可保持预算的连续性，以动态的观点规划企业的未来。

2. 有利于企业管理决策人员以长远的眼光来统筹企业的各项经营活动，将企业的长期预算与短期预算很好地联系和衔接起来。

3. 可根据预算执行结果和企业经营环境的变化情况，对以后执行期的预算不断加以调整和修正，使预算更接近和适应实际情况，从而更有效地发挥预算的控制和指导作用，也有利于预算的顺利执行和实施。

（二）滚动预算的编制方法采用滚动预算法，编制预算的工作量要增加。因此，滚动预算可按季度来编制，而在执行预算的那个季度可按月度编制预算，这样可简化预算的编制工作。当然，预算的编制是按季度滚动还是按月滚动最终应取决于企业的实际需要。

（三）概率预算由于预算是在对企业未来各项经济活动预测和估计的基础上编制的，而影响预算对象的某些因素有可能是事先无法确定和肯定的。这就要求根据有关因素的预计值和变动的可能性（概率），计算确定预算对象在某种状态下的期望值，然后根据期望值确定预算对象的概率预算数，这种利用概率分析方法所编制的预算就称为概率预算。

七、固定预算编制标准

固定预算是传统的预算编制方法，它是根据预算期固定的业务量水平来确定相应的预算数。

1. 销售预算编制标准

销售预算是全面预算编制的起点，是红利预算和财务预算编制的基础。编制销售预算的主要依据是预计的销售量、销售价格和回收货款的情况。销售预算通常还包括预计的现金收入，以便作为现金预算的编制依据。

2. 生产预算编制标准

生产预算是在销售预算基础上分品种编制的，用来安排企业在预算期的产品生产。生产预算编制的主要依据是预计销售量、期末预计产品库存量和期初预计产品库存量。计算预算期预计生产量的公式是：

预计生产量 = 期末预计产品库存量 + 预计销售量 − 期初预计产品库存量

3. 直接材料预算编制标准

直接材料预算是用来确定预算期材料的采购数量和采购成本。直接材料预算编制的主要依据是产品的预计生产量、单位产品材料耗用量、期末与期初预计的材料库存量、单位材料采购成本和承付材料货款的情况等。预计材料采购量的计算公式如下：

预计材料采购量 = 预计材料耗用量 + 期末预计材料库存量 − 期初预计材料库存量

4. 直接人工预算编制标准

直接人工预算是用来确定预算期直接生产人工成本水平和人工工时消耗水平的。其编制的依据是预计生产量、单位产品标准或定额工时和小时工资率。如产品生产需耗用不同工种的人工，则同工种各自的小时工资率分别计算，汇总编制直接人工预算。

5. 制造费用预算编制标准

制造费用预算包括固定性制造费用预算和变动性制造费用预算两部分。编制制造费用预算的主要依据是预计生产量或直接人工总工时(在多品种生产条件下一般采用直接人工总工时)、固定性制造费用和变动性制造费用的划分及各自具体的组成项目等。制造费用项目大部分是需要用现金支付的,但有的项目如固定资产折旧是不需要现金支付的。为便于编制现金预算,制造费用预算也应包括预计的现金支出部分。

6. 单位产品成本预算编制标准

单位产品成本预算是根据直接材料预算、直接人工预算和制造费用预算编制的。它是编制预计损益表和预计资产负债表的依据之一。单位产品成本预算通常还包括期末存货成本预算,期末产品库存量根据生产预算确定,为方便编制预计损益表还可以预算产品销售成本。

7. 销售与管理费用预算编制标准

销售与管理费用预算是产品销售过程发生的费用和企业行政管理开支的预算。它的编制方法与制造费用预算编制方法相类似,也包括固定性销售与管理费用和变动性销售与管理费用两部分。其预算中如果包括非付现项目,如折旧和无形资产摊销,将它们扣除计算确定现金支出。

八、现金预算编制标准

1. 直接编制法

直接编制法是指以预算期内,各项经济业务所实际发生的现金收付为依据来编制现金预算的方法。此方法简单明了,在具体运用此法时首先要根据销售预算等资料,确定本期营业现金收入和其他现金收入。其他现金收入主要是指企业投资活动和理财活动的现金收入,如银行借款、出售固定资产收入等。然后再根据本期各项费用预算资料,确定本期营业现金流出和其他现金流出,其他现金流出主要是指企业投资活动和理财活动的现金流出,如购买固定资产、支付利息费用等现金流出。然后确定本期现金结余的最低量,以此推算出本期现金的不足或多余数,不足现金应设法筹资来弥补,多余现金可用于归还借款或进行投资业务等。

2. 间接编制法

间接编制法是以预算损益表中按权责发生制原则编制而确定的税前利润为现金预算编制的出发点,通过逐笔调整处理各项影响损益和现金余额的会计事项,把本期的净收益数调整为本期的现金净收入的方法。

用间接编制法编制现金预算时,首先要将权责发生制下的预计损益数,加上不减少现金的费用支出,减去不增加现金的各种收入,将其调整为现金收付制基础上的净损益额,然后再加减与本期损益无关的现金收支数,调整为预算期内的现金净收入数。再加上期初结余现金,减去期末最低存量现金,最后得出预算期现金的溢缺数。

3. 估计资产负债表法

估计资产负债表法是运用资产负债表基本会计方程式(资产 = 负债 + 所有者权益)之间的相互关系,推算出企业一定时期现金余额的方法。首先要编制一张估计的资产负

债表,然后根据会计方程列出下列算式:

现金余额 = 负债 + 所有者权益 - 非现金资产

如算出来为正数则表明现金溢余,如是负数则说明是现金不足。

九、零基预算编制标准

1. 零基预算的含义

零基预算是指在编制预算时,完全不考虑以往费用支出的实际水平(即假定以前的费用支出为零),一切从零开始,根据预算期的实际需要和可能,逐项审定各预算项目开支的必要性及其数额。

零基预算与普通的预算有着明显的不同,它不是在现有的费用支出水平上来规划预算期各项开支数额,而是以“零”为起点,对每一个费用项目进行“成本—效益分析”,并按重要程度对费用项目排序,以便对企业有限的经营资源进行优化配置和分配。

2. 零基预算的编制程序

零基预算的编制程序大致分为以下 3 个步骤:

一是企业各部门根据预算总目标和本部门分管的具体预算目标,确定费用开支项目,并对每一费用项目详细说明开支的性质、用途和必要性,以及开支的具体数额。

二是对每一费用项目进行成本—效益分析。即将每一费用项目的所费和所得进行比较,将对比的结果用来衡量和评价费用项目的经济效益,并据此确定各费用项目的重要性程度和开支的先后顺序。

三是将预算期实际可运用的资金按照各费用项目的先后顺序,在各项目之间进行择优分配。在分配资金时要做到保证重点、兼顾一般。

第 5 章　读懂企业运营的仪表盘
——财务账款管理

第一节　账款管理工作要点

一、客户信用调查工作要点

为了对企业应收账款进行有效的管理，对客户信用状况做到正确的评估，通过收集和整理反映客户信用状况的有关资料的工作，称为信用调查。

信用调查工作方法主要有以下两种：

1. 直接调查法

直接调查法是指企业调查人员与被调查客户接触，通过当面采访、询问、观看、记录等方式获取信用资料的一种方法。这种方法能保证搜集资料的准确性和及时性。

2. 间接调查法

间接调查法是指通过对被调查客户或其他有关单位的相关原始记录和核算资料，进行加工整理以获取信用资料的一种方法。这些资料主要来源于财务报表。通过对客户的财务报表进行分析，基本上可掌握其财务状况和赢利状况。目前，了解客户信用状况的渠道主要通过信用评估机构、银行以及其他部门。

信用评估机构：目前我国的信用评估机构有 3 种形式：一是独立的社会评估机构，他们只根据自身的业务吸收有关专家参加，不受行政干预和集团利益的牵制，独立地开展信用评估业务；二是中国人民银行负责组织的评估机构，一般吸收专业银行和各部门的专家进行评估；三是由商业银行组织的评估机构，由专业银行组织专家对其客户进行评估。在评估等级方面，目前有两种方法：第一种是采用三类九级制，即把评估对象的信用情况分为 AAA、AA、A、BBB、BB、B、CCC、CC、C 共九等；第二种是采用三级制，即分为 AAA、AA、A。这些专门的信用评估结构，由于其评估方法先进、调查细致、程序合理、可信度较高，因而其评估结论值得有关企业信赖并采纳。

银行：每个银行都设有信用部，都愿意为自己的客户提供与其存在信用往来关系的企业的商业信用资料。

其他部门：如财税部门、消费者协会、工商管理部门、证券交易部门等，都可作为了解客户信用状况的渠道。

二、5C客户信用评估方法工作要点

财务人员对客户进行信用评估的方法有很多，最常用的是“5C系统”，即信誉、能力、资本、抵押品、条件。

客户的信誉是指债务到期前客户愿意履行其偿债义务的可能性，信誉是评估客户的最主要因素。

客户的偿债能力主要对客户的财务状况进行了解，分析其流动比率、速动比率、资产负债产等偿债能力指标，以判断客户有无偿债能力。

客户的资本总额、赢利能力主要掌握客户的财务实力和财务状况，可用于偿债的资产价值多少。

客户的抵押品是指客户为获得商业信用优惠提供的担保财产。企业对一些不是很了解的客户，只要他们能够提供足够的抵押品，是可以向他们提供与之相适应的信用。

条件是指企业所不能控制的各种影响客户偿债能力的社会经济形势及其他情况。如经济衰退、市场收缩及自然灾害等。

上述中的信誉、能力、资本、抵押品、条件的英文第一个字母都为C，简称“5C”评估法。

企业只有将客户的以上情况了解清楚后再决定是否赊销。

三、信用评分法工作要点

信用评分法是先对一系列财务比率和信用情况指标进行评分，然后进行加权平均，得出客户的综合信用分数，在量化的基础上进行对比和排序。

1. 确定信用销售额度

信用销售额度又称信用限额，也是企业信用销售政策的一个组成部分。信用销售额度包括企业总体上的信用销售额度和对某一具体客户的信用销售额度两方面的内容。

2. 确定总体信用额度

就企业总体来说，信用销售额度是指企业基于自身的情况和外部环境而确定的可对外提供赊销的规模。具体来说，确定总体信用销售额度需要考虑以下因素：

（1）企业的剩余生产能力。如果企业有较大的剩余生产能力，那么，它因信用销售不足而放弃的潜在收益就很大，这时因适当增加信用销售额度。

（2）企业可变成本的高低。信用销售扩大的收益与企业可变成本的大小有关。如果生产产品中的可变成本较低，那么，增加信用销售所带来的现金流量的现值就较大，从而收益也就较高；反之，收益则较低。

（3）企业增加信用销售对客户的吸引力。如果企业扩大信用销售能够增加新的客户，或者使现有客户增加购买量，那么由此增加的收益就较高；如果扩大信用销售增加的销售量有限，由此增加的收益也有限。

3. 确定各个客户信用额度

信用销售额度代表着企业对客户承担的可容忍的赊销和坏账风险。额度过低将影响到企业的销售收入，额度过高将会加大企业的风险。常用的方法有以下几种：

（1）根据收益与风险对等的原则确定。即根据某一客户预计的全年购买量测算全年在该客户处可获收益额，以该收益额作为每次该客户赊销的额度。

（2）根据客户营运资金净额的一定比例确定。由于营运资金可以看作是新兴债务的偿付资源，因此，企业可以根据客户的营运资金规模的一定比例作为本企业为其设定的信用额度。

（3）确定客户额度。根据客户以前的信誉、偿债情况具体确定一个额度。

4. 信用销售风险防范与控制

信用销售可以扩大销售额、增加利润，但也会增加信用成本，产生以下信用销售风险：一是由于客户的付款迟于规定的时间，企业可能会发生比预期更高的机会成本和收账成本，其结果使销售利润降低；二是由于有些客户赖账或至少不付清全部货款而导致现金流入数额的不确定性。

四、账款回收监督工作方法

企业已发生的应收账款时间有长有短，有的尚未超过信用期间，有的已超过信用期间，其中超过信用期间的时间长短也不一样。一般来说，拖欠的时间越长，账款收回的可能性越小，形成坏账的可能性越大。因此，财务人员必须采取一些科学的管理方法，对应收账款的回收情况进行监督，加速应收账款的回收。常用的方法有账龄分析法和ABC分析法。

1. 账龄分析法

账龄分析法是根据应收账款账龄的长短来估计坏账的方法。所谓账龄是指客户所欠账款时间的长短。账款被拖欠的时间越长，其账龄越长，发生坏账的可能性也就越大。这就是账龄分析法的理论依据。

运用账龄估计坏账，一般的做法是：将应收账款拖欠时间（即账龄）的长短分为若干区间，计列各个区间上应收账款的金额，并为每一个区间估计一个坏账损失百分比；然后，用各区间上的应收账款金额乘以各该区间的坏账损失百分比，估计各个区间上的坏账损失；最后，将各区间上的坏账损失估计数求和，即为坏账损失的估计总额。

在估计坏账损失之前，可将应收账款按其账龄编制一张《应收账款账龄分析表》，借以了解应收账款在各个顾客之间的金额分布情况及其拖欠时间的长短。

2. ABC分析法

ABC分析法又称重点管理法，是现代经济管理中广泛应用的一种“抓住重点，照顾一般”的管理方法。它是将企业的所有欠款户按其欠款额多少进行分类排队，分别采用不同的收账策略的一种方法，这种方法既能保证重点，加快货款回收，又能使收账费用与预期收益相联系。

五、信用标准评估工作要点

（一）信用标准

信用标准是指客户获得企业的商业信用所应具备的基本要求。如果顾客达不到企业的信用标准，便不能享受企业提供的商业信用。

财务主管在设定某一客户的信用标准时，应先评估客户的信用品质，通常利用“5C系统”来评价客户的信用品质。

1. 品行

品行是指客户的信誉，即履行其偿债义务的可能性。该因素在信用评估中最重要，被认为是评价客户信用品质的首要因素，因为每一笔信用交易中都隐含着客户对企业的付款承诺。

2. 能力

能力是指客户的偿债能力。对客户偿债能力的判断的主要依据是客户以往的偿债记录、经营手段以及对客户经营企业所做的实地考察。

3. 资本

资本是指客户的一般财务状况。通常是通过对客户的负债比率、流动比率、速动比率等财务比率的分析指标来判断的。

4. 抵押品

抵押品是指客户为了获得企业的商业信用而提供给企业作为担保用的资产。企业在不了解客户底细或信用品质的情况下，只要客户提供了足够的抵押品，就可以向他们提供商业信用。因为企业一旦收不到这些客户的款项，就可以变卖其抵押品加以弥补。

5. 条件

条件是指一般经济发展趋势或某些经济地区的特殊发展对企业偿债能力可能产生的影响。

信用标准通常用预期的坏账损失率来表示，允许的坏账损失率越低，表明企业的信用标准越严格。

（二）信用条件

1. 信用期限

信用期限是指企业给予客户的最长付款时间。一般来说，企业给予客户的信用期限越长，所能增加的销售额也越多，但同时企业在应收账款上的投资也越大，出现坏账损失的可能性也越大。

2. 折扣期限

折扣期限是指为客户规定的可享受现金折扣的付款时间。

3. 现金折扣

现金折扣是指当客户提前付款时企业给予客户的优惠。企业为了鼓励客户尽快付款，往往提供现金折扣给客户，而不同的现金折扣带来的利益和成本也不一样，因此，企业在决定提供多少现金折扣给客户时，必须首先分析加速收款所得收益是否能足以补偿现金折扣的成本。

六、收账政策制定工作要点

收账政策，是指信用条件被违反时，财务部门所采取的收账策略。若采用较积极的收账政策，可以减少企业的应收账款投资，减少坏账损失，降低应收账款的机会成本，但同时会增加收账费用；反之，若采取较消极的收账政策，则会减少收账费用，但同时会增加应收账款的投资，加大坏账损失，提高应收账款的机会成本。

企业的收账政策还包括收款方式，即一般对过期较短的顾客，不予过多打扰，以免将来失去这一市场；对过期较长的顾客，可措辞婉转地写信催收；对过期较长的顾客，频繁写信催款并电话催询；对过期很长的顾客，催款时可措辞严厉，必要时可提起诉讼。但无论采用哪种方法，其原则是在尽量不引起顾客反感的前提下及时有效地收回款项。

第二节　账款管理规范化制度

一、应收账款及应收票据管理制度

第一条　为确保公司权益，减少坏账损失，特制定本准则。

第二条　各营业部门应翔实办妥客户征信调查，并随时侦查客户信用的变化（可利用机会通过 A 客户调查 B 客户的信用情况），并签注于征信调查表相关栏内。但政府机关、公营事业、信用良好的民营大企业及风险低的小金额或现金交易客户应不受此限。

第三条　营业部门至迟应于出货日起 60 日内收款。如超过上列期限者，财务科就其未收款项详细列表，通知各营业部门主管，转为呆账，并自奖金中扣除。嗣后收回票据时，再行冲回。但政府机关、公营事业及民营大企业等订有其内部付款程序者，应依其规定。

第四条　营业部门所收票据，自销售日起算至票据兑现日止，以 120 天为限。如超过上列期限者，财务科即依查得的资料，就其超限部分的票据编列明细表，通知营业部门加收利息费用，利息概以月息 2 分计算。

第五条　赊售货品收受支票时，应注意下列事项：

（一）注意发票人有无权限签发支票。

（二）非该商号或本人签发的支票，应要求交付支票人背书。

（三）注意查明支票有效的绝对必要记载事项，如文字、金额、到期日、发票人盖章等是否齐全。

（四）注意所收支票账号号码愈少表示与该银行往来期愈长，信用较为可靠（可直接向银行查明或请财务科协办）。

(五)注意所收支票账户与银行往来的期间、金额、退票记录情况(可直接向付款银行查明或请财务科协办)。

(六)支票上文字有无涂改、涂销或更改。

(七)注意支票记载何处不能修改(如大写金额),可更改者是否于更改处加盖原印鉴。

(八)注意支票上的文字记载(如禁止背书转让字样)。

(九)注意支票是否已逾到期日1年(逾期1年失效)。如有背书人,应注意支票提示日期,是否超过第六条的规定。

(十)尽量利用机会通过A客户注意B客户支票(或客票)信用。

第六条　本公司收受的支票提示付款期限,至迟应于到期日后6日内予以处理。

第七条　所收支票已上交者,如退票或因客户存款不足或其他因素,要求退回兑现或换票时,营业单位应填具票据撤回申请书,经部门主管签准后,送财务科办理,营业部门取回原支票后,必须先向客户取得相当于原支票金额的现金或担保品或新开支票,将原支票交付,但仍必须依上列规定办理。

第八条　应收账款发生折让时,应填具《折让证明单》,其折让部分应设销货折让科目表示,不得直接由销货收入项下减除。

第九条　财务科接到银行通知客户退票时,应即转告营业部门,营业部门对于退票,无法换回现金或新票时,应寄发存证信函,通知发票人及背书人,并迅速拟订方案处理。

第十条　营业部门对退票申诉案件送请财务科办理时,应提供下列资料:

(一)发票人及背书人户籍所在地(先以电话告知财务科)。

(二)发票人及背书人财产(土地应注明所有权人、地段、地号、面积、抵押)。建筑物(土地改良物)应注明所有权人、建号、设定抵押。其他财产应注明名称、存放地点、现值等。

(三)其他投资事项。

第十一条　上列债权确定无法收回时,应专案送递财务科,并附税捐机关认可的合法凭证(如法院裁定书或当地派出所证明文件或邮政信函等)呈总经理核准后,才能冲销应收账款。

第十二条　依法申诉而无法收回债权部分,应取得法院债权凭证,交财务科保管,如事后发现债务人(利益偿还请求权时效为15年)有偿债能力时,应依上列有关规定申请法院执行。

第十三条　本公司营业人员不依本准则的各项规定办理或有勾结行为,致使本公司权益蒙受损失者,依人事管理规则议处,情节重大移送法办。

第十四条　本办法经呈准后公布实施,修订时亦同。

二、业务员收款规定细则

□ 账单分发

第一条　财务部门账款组依业务员类别整理账单，定期汇集编制账单清表一式三份，将账单及明细表两份连同账单寄交业务人员签收。

第二条　业务人员收到账单和明细表时，一份自行留存，另一份应在第一时间签还财务部门账款组，如发现有不属本身的账单，应立即以挂号寄回。

第三条　客户要求寄存账单时，应填写《寄存账单证明单》一份，详列笔数、金额等交由客户签认，收款时交还客户。如因寄存账单未取得客户签认致使不能收款时，由业务人员负责赔偿。

第四条　收到公司寄来的账单后，如未能立即收款，则应取得客户于账单上的签认。若未能取得客户的签认，则应尽速于发货日起 3 个月内，向总务部申请取得邮局包裹追踪执据，执凭收款。逾期不办致使无法收取货款时，由业务人员负责赔偿。

□ 收款处理程序

第五条　业务人员每日收到货款后，应于当日填写收款日报表一式四份（一份自留，三份寄交公司财务部门出纳组）。

第六条　属于本市的业务员直接将现金或支票连同收款日报表第一、二、三联亲交出纳并取得签认。

第七条　外埠地区的业务员应将现金部分填写××银行送款单或邮政划拨储金通知单，存入附近××银行分行或邮局。次日上午将支票、××银行送款单存根或邮政划拨单存根，用回形针别于收款日报表第一、二、三联，以挂号寄交财务部门出纳组。业务人员应将挂号收执贴于自存的收款日报表左下角备查。

□ 收款票期规定

第八条　依客户的区别规定如下：

（一）直接客户：以货到收款为条件者，由送货员收取现金；签收的客户，为销货日起一个月内的支票或现金。

（二）一般商店：自销货日期起 3 个月内的票期。

第九条　收款票期超过公司的规定时，依下列方式计算收款金额：

（一）超过 1～30 天时，扣该票 20% 的金额。

（二）超过 31～60 天时，扣该票 40% 的金额。

（三）超过 61～90 天时，扣该票 60% 的金额。

（四）超过 91～120 天时，扣该票 80% 的金额。

（五）超过 121 天以上时，扣该票 100% 的金额。

□ 收取票据须知

第十条　法定支票记载的金额、发票人图章、发票年月日、付款地，均应齐全，大写金额绝对不可更改，否则盖章仍属无效，其他有更改之处，务必加盖负责人印章。

第十一条　支票的抬头请写上“××股份有限公司”全称。

第十二条　跨年度时，日期易生笔误，应特别注意。

第十三条　字迹模糊不清时，应予退回重新开立。

第十四条　收取客票时，应请客户背书，并且写上“背书人××股份有限公司”，千万不可代客户签名背书。

第十五条　“禁止背书转让”字样的客票，一律不予收取。

第十六条　收取客户客票大于应收账款时，不应以现金或其他客户的款项抵交，应依下列方式处理。

（一）支票到期后，由公司以现金抵交。

（二）另行订购抵账，或抵交未付账款中的一部分。

第十七条　本公司无销货折让的办法，如因发票金额开错，必须将原开统一发票收回，寄交公司更改或重新开立发票。如无法收回而不得已需要做抵扣处理时，则于下次向公司订货时以备忘录说明，经业务经理核准后扣除，不得于收款时，扣除货款或以销货折让方式处理，否则尾数由业务人员负责。

三、问题账款管理办法

第一条　为维护本企业与营业人员的权益，妥善处理问题账款，特制定本办法。

第二条　本办法所称“问题账款”，系指本企业营业人员于销货过程中所发生被骗、被倒账、收回票据无法如期兑现，或部分货款未能如期收回等情况的案件。

第三条　因销货而发生的应收账款，自发票开立之日起，逾期2个月尚未收回，也未按企业规定办理销货退回者，视同“问题账款”。但特殊情况经呈报总经理特准者，不在此限。

第四条　“问题账款”发生后，该单位应于2日内，据实填妥《问题账款报告书》（如后附表），并附有关证据、资料等，依序呈请单位主管查证并签注意见后，转请法务室协助处理。

第五条　前条报告书上的基本资料栏由单位会计员填写；经过情况、处理意见及附件等栏由营业人员填写。

第六条　法务室应于收到报告书后2日内，与经办人及单位主管会商，了解实际情况后拟订处理办法，呈请总经理指示，并协助经办人处理。

第七条　经指示后的报告书，法务室应即复印一份通知财务部门备案。如为尚未开立发票的“问题账款”，则应另复印一份通知财务部门备案。

第八条　经办人在填写报告书时应注意下列问题：

1. 务必亲自据实填写，不得遗漏。

2. 发生原因栏如勾填“其他”时，应在括弧内简略注明原因。

3. 经过情况栏应从与客户接洽时，依时间的先后，逐一载明至填报日期止的所有经过情况。本栏空白若不敷填写，可另加白纸填写。

4. 处理意见栏乃供经办人自己拟具赔偿意见之用，如需要企业协助者，亦请在本栏内填明。

第九条　未依前条规定填写报告书者，法务室应退回给经办人，请其于收到原报告书后两天内重新填写。

第十条　“问题账款”发生后，经办人未依规定期限提出报告书，请求协助处理者，法务室不予受理。逾期10天仍未提出者，应由经办人负该“问题账款”的全部赔偿责任。

第十一条　处理“问题账款”期间，经办人及其单位主管应与法务室充分合作。必要时，法务室应借阅有关单位之账册、资料，并请求有关单位主管或人员配合查证，该单位主管或人员不得拒绝或借故推迟办理。

第十二条　法务室协助营业单位处理的“问题账款”，自该“问题账款”发生之日起40天内，尚未能处理完毕时，除情况特殊经报请总经理核准延期赔偿外，财务部门应依本办法第十四条规定，签拟经办人应赔偿之金额及偿付方式，呈请总经理核定。

第十三条　本办法各条文中所称“问题账款发生之日”，是指如为票据未能兑现，则为第一次收回票据之到期日；如为被骗，则为被骗之当日；除此之外，则为该笔交易发票开立之日起算第60天。

第十四条　销售人员销售时，应负责收回全部货款，遇到账款或收回票据未能如期兑现时，经办人应负责赔偿售价或损失之50%（所售对象为私人时，经办人员应负赔偿售价或损失之100%）。虽收回票据，但非统一发票抬头和客户正式背书，因而未能如期兑现或交货尚未收回贷款，这种不按企业规定作业、手续不全者，经办人应负责赔偿售价或损失之80%。产品遗失时，经办人应负责赔偿底价之100%（以上所称售价如果高于底价，以底价计算）。上述赔偿应于发生后即行签报，若经办人于事后追回产品或货款悉数交回企业，那么企业就其原先赔偿之金额依比例发还。

第十五条　经核定由经办人先行赔偿的“问题账款”，法务室仍应寻求一切可能的途径继续处理。若事后追回产品或货款时，应通知财务部门于追回之日起5天内，依比率一次退还给原经办人的赔偿款。

法务室对“问题账款”之受理，以报告书的收受为依据，如情况紧急时，需要由经办人先以口头提请法务室处理，但经办人应于次日补具报告书。

第十六条　经办人未据实填写报告书，以至妨碍“问题账款”的处理，除应负全额赔偿责任外，法务室视情节轻重签请企业惩处。

四、问题账款处理办法

第一条　为妥善处理“问题账款”，争取时效，以维护本公司与销货经办人的权益，特制定本办法。

第二条　本办法所称的“问题账款”是指本公司营业人员于销货过程中所发生被骗、被倒账、收回票据无法如期兑现或部分货款未能如期收回等情形的案件。

第三条　因销货而发生的应收账款自发票开立之日起逾期两个月尚未收回，也未按公司规定办理销货退回者，视同“问题账款”。但情形特殊经呈报副总经理特准者不在此限。

第四条　“问题账款”发生后，该单位应于 2 日内据实填妥“问题账款报告书”（以下简称报告书），并检附有关证据、资料等依序呈请单位主管查证并签注意见后，转请人事部门协助处理。

第五条　前条报告书上的基本资料栏由单位会计员填写；经过情形、处理意见及附件明细等栏由销货经办人填写。

第六条　人事部门应于收到报告书后 2 日内与经办人及单位主管会商、了解情况后拟订处理办法，呈请直属副总经理批示，并协助经办人处理。

第七条　经批示后的报告书，人事部门应即复印一份通知财务部门备案，如为尚未开立发票的“问题账款”，则应另复印一份通知财务部门备案。

第八条　仓库部门接到人事部门转来的报告书后，应将“问题账款”的商品，专案列账，免受试用日数的限制。

第九条　经办人填写报告书后，应注意：

（一）务必亲自据实填写，不得遗漏。

（二）发生原因栏如勾填“其他”时，应在括弧内注明简略原因。

（三）经过情形栏应从与客户接洽时起，依时间的先后，逐一载明至填报日期止的所有经过情形。本栏空白若不敷填写，可另加粘白纸填写。

（四）处理意见栏乃供经办人自己拟具赔偿意见之用，如有需公司协助者，亦请在本栏内填明。

第十条　报告书未依前条规定填写者，人事部门要退回经办人，请其于收到原报告书 2 日内重新填写提出。

第十一条　“问题账款”发生后，经办人未依规定期限提出报告书，请求协助处理者，人事部门应不予受理。逾期 15 天仍未提出者，该“问题账款”应由经办人负全额赔偿责任。

第十二条　会计员未主动填写报告书的基本资料或单位主管疏于督促经办人于规定期限内填妥并提出报告书，致使经办人应负全额赔偿责任的，该单位主管或会计员应连带受行政处分。

第十三条　“问题账款”处理期间，经办人及其单位主管应与人事部门充分合作，必要时，人事部门需借阅有关单位的账册、资料，并请求有关单位主管或人员配合查证，该单位主管或人员不得拒绝或借故推脱。

第十四条　人事部门协助直线单位处理的“问题账款”自该“问题账款”发生之日起 40 天内，尚未能处理完毕，除情形特殊经报请副总经理核准延期赔偿的外，财务部门应依外务人员、营业主任待遇办法中有关倒账赔偿的规定，签拟经办人应赔偿的金额及其偿付方式，呈请执行副总经理核定。

第十五条　本办法各条文中所称“问题账款发生之日”，如为票据未能兑现，则是指第一次收回票据的到期日；如为被骗，则为被骗的当日；除此之外，则为该笔交易发票开立之日起算第 60 天。

第十六条　经核定由经办人先行赔偿的“问题账款”，人事部门仍应寻求一切可能的途径继续处理。若事后追回商品或货款时，应通知财务部门于追回之日起 5 日内依比率一次退还原经办人。

第十七条　人事部门对“问题账款”的受理，以报告书的收受为依据，如情况紧急时，需由经办人先以口头提请人事部门处理，但经办人应于次日补具报告书。

第十八条　经办人未据实填写报告书，以至妨碍“问题账款”的处理的，除应负全额赔偿责任外，人事部门并得视情节轻重签请惩处。

第十九条　本办法经总经理核准后公布实施，修正时亦同。

五、呆账管理办法

第一条　本公司为处理呆账，确保公司在法律上的各项权益，特制定本办法。

第二条　各分公司应对所有客户建立“客户信用卡”，并由业务代表依照过去半年内的销售实绩及信用的判断，拟定其信用限额（若有设立抵押的客户，以其抵押标的担保值为信用限额），经主管核准后，应转交会计人员善加保管，并填记于该客户的应收账款明细账中。

第三条　信用限额是指公司可赊销某客户的最高限额，即指客户的未到期票据及应收账款总和的最高极限。任何客户的未到期票款不得超过信用限额，否则应由业务代表及业务主管、会计人员负责，并负所发生倒账的赔偿责任。

第四条　为适应市场，并配合客户的营业消长，每年分两次，可由业务代表呈请调整客户的信用限额，第一次为6月30日，第二次为12月31日，核定方式如第二条。分公司主管视客户的临时变化，应要求业务代表随时调整各客户的信用限额，但若因主管要求业务代表提高某客户信用限额所遭受的倒账，其较原来核定为高的部分全数由主管负责赔偿。

第五条　业务代表所收受支票的发票人非客户本人时，应交客户以店章及签名背书，经分公司主管核阅后交出纳，若因疏忽所遭受的损失，则应由业务代表及分公司主管各负1/2的赔偿责任。

第六条　各种票据应按记载日期提示，不得因客户的要求不为或迟延提示，但经分公司主管核准者不在此限。催讨换延票时，原票尽可能留待新票兑现后返还票主。

第七条　业务代表不得以其本人的支票或代换其他支票充缴货款，如经发现，除应负责该支票兑现的责任外，以侵占货款依法追究其责任。

第八条　分公司收到退票资料后，若退票支票属于客户本人即发票人时，分公司主管应即督促业务代表于一周内收回票款。若退票支票有背书人，应即填写支票退票通知单，一联送背书人，一联存查，并进行催讨工作，若因违误所造成的损失，概由分公司主管及业务代表共同负责。

第九条　各分公司对催收票款的处理，在一个月内经催告仍无法达到催收目的，其金额在2万元以上者，应即将该案移送法务室依法追诉。

第十条　催收或经诉讼案件，有部分或全部票款未能收回者，应取得警察机关证明、邮局存证信函及债权凭证、法院和解笔录、申请调解的裁决凭证、破产宣告裁定等。其中的任何一种证件，送财务部门做冲账准备。

第十一条　没有核定信用限额或超过信用限额的销售而遭受倒账，其无信用限额的交易金额由业务代表负全数赔偿责任。超过信用限额部分，若经会计或主管阻止者，全数由业务代表负责赔偿；若会计或主管未加阻止者，则业务代表赔偿80%，会计及主管各赔偿10%。若超过信用限额达20%以上的倒账，除由业务代表负责赔偿外，对分公司主管则视情节轻重予以惩处。

第十二条　业务代表应防止而未防止或有勾结行为者，以及没有合法营业场所或虚设行号的客户，不论信用限额如何，全数由业务代表负赔偿责任。送货签单因归罪于业务代表的疏忽而遗失，以至货款无法回收者亦同。

第十三条　设立未满半年的客户，其信用限额不得超过人民币 2 万元。如违反规定而发生呆账，由业务代表负责赔偿全额。

第十四条　各分公司业务主管，业务代表于其所负责的销售区域内，允许呆账率（即实际发生呆账金额除以全年销售净额的比率）设定为全年的 5‰。

第十五条　各分公司业务主管、业务代表其每年发生的呆账率超过允许呆账率的惩处如下：

（一）超过 5‰，未满 6‰，警告一次，减发年终奖金 10%。

（二）超过 6‰，未满 8‰，申诫一次，减发年终奖金 20%。

（三）超过 8‰，未满 10‰，小过一次，减发年终奖金 30%。

（四）超过 10‰，未满 12‰，小过两次，减发年终奖金 40%。

（五）超过 12‰，未满 15‰，大过一次，减发年终奖金 50%。

（六）超过 15‰以上，即行调职，不发年终奖金。

若中途离职，其任期中的呆账率达到上列的各项程度时，减发奖金的比例，以离职金计算。

第十六条　各分公司业务主管、业务代表其每年发生的呆账率低于 5‰时的奖励如下：

（一）低于 5‰（不包括 5‰），高于 4‰（包括 4‰），嘉奖一次，加发年终奖金 10%。

（二）低于 4‰，高于 3‰，嘉奖两次，加发年终奖金 20%。

（三）低于 3‰，高于 2‰，小功一次，加发年终奖金 30%。

（四）低于 2‰，高于 1‰，小功两次，加发年终奖金 40%。

（五）低于 1‰，大功一次，加发年终奖金 50%。

若中途离职，不予计算奖金。

第十七条　各分公司业务主管、业务代表以外人员的奖励，以该分公司每年所发生的呆账率低于容许呆账率时实行。内容如下：

（一）低于 5‰（不包括 5‰），高于 4‰（包括 4‰），每人加发年终奖金 5%。

（二）低于 4‰，高于 3‰，每人加发年终奖金 10%。

（三）低于 3‰，高于 2‰，每人加发年终奖金 15%。

（四）低于 2‰，高于 1‰，每人加发年终奖金 20%。

（五）低于 1‰，每人加发年终奖金 25%。

第十八条　分公司因倒账催讨回收的票款，可作为其发生呆账金额的减项。

第十九条　法务室依第九条接受办理的呆账，依法催讨收回的票款减除诉讼过程的一切费用的余额，其承办人员可获得如下的奖金。

（一）在受理后 6 个月内催讨收回者，可获得 20% 的奖金。

（二）在受理后 1 年内催讨收回者，可获得 10% 的奖金。

第二十条　依第十一条已提列坏账损失或已从呆账准备冲转的呆账，业务人员及稽核人员仍应视其必要性继续催收，其收回的票款由催收回者获得 30% 奖金。

第二十一条　本办法的呆账赔偿款项，均在该负责人员的薪资中，自确定月份开始，逐月扣赔，每月的扣赔金额，由其主管签呈核准的金额为准。

第三节　账款管理实用表单

一、应收账款分户明细表

应收账款分户明细表如表 5－1 所示。

表 5－1　应收账款分户明细表

保证人：

编号：　　　账号：　　　负责人：　　　信用限额：　　　指定：　　　背书人：

客户：　　　地址：　　　电话：　　　No：

销货		销货单号	摘要	冲转	应收账款	收票		摘要	应收票据	到期日	兑现	冲转	总计
月	日					月	日						

二、问题账款报告书

问题账款报告书如表5－2所示。

表5－2　问题账款报告书

年　月　日

<table>
<tr><td rowspan="7">基本资料栏</td><td>客户名称</td><td colspan="3"></td></tr>
<tr><td>公司地址</td><td></td><td>电　话</td><td></td></tr>
<tr><td>工厂地址</td><td></td><td>电　话</td><td></td></tr>
<tr><td>负 责 人</td><td></td><td>经 办 人</td><td></td></tr>
<tr><td>开始往来日期</td><td></td><td>交易项目</td><td></td></tr>
<tr><td>平均每月交易额</td><td></td><td>授信额度</td><td></td></tr>
<tr><td>问题账金额</td><td></td><td></td><td></td></tr>
<tr><td>经过情况</td><td colspan="4">(1)发生原因:□客户倒闭　□拖延付款　□质量不良　□数量不符　□客户要求延后付款　□其他
(2)经过情况:</td></tr>
<tr><td>处理意见</td><td colspan="4"></td></tr>
<tr><td>附件明细</td><td colspan="4"></td></tr>
</table>

核准:　　　　复核:　　　　制表:

三、应收应付票据记录表

应收应付票据记录表如表 5 – 3 所示。

表 5 – 3　应收应付票据记录表

兑现日期　　　　　　　　年　　月　　日　　　　星期

收票日期	发票人	银行名称	支票号码	金额	累计金额	转出记录	日期	收款人	银行账户				支票号码	金额	累计金额	备注
合计						合计										

四、缴款单

缴款单如表5－4所示。

表5－4 缴款单

单 位 代 号:____________

业务员代号:____________ 填单日期:______年____月____日

客户代号	客户名称	摘要	订单编号	金额	票据明细		
					NO.	开票银行	开票日
总计金额(大写):							
收款代码说明:□A 现金 □B 支票 □C 汇票 □D 汇入款							

销管签收: 财务签收: 审核: 缴款人:

五、缴款明细表

缴款明细表如表 5 – 5 所示。

表 5 – 5　缴款明细表

营业年：　　　　　　　　NO.　　　　　　　　　　　　　制表日期：　　　年　　月　　日

序号	客户编号	客户名称	缴款金额	票据种类	票据号码	业务签字	出纳签字

主管：　　　　　　　　　　　　账务签收：　　　　　　　　　　　　制表：

注：本表一式二联，第一联：账务留存，第二联：出纳留存。

六、收款通知单

收款通知单如表 5－6 所示。

表 5－6 收款通知单

收款单位:__________ 年 月 日 编号:________字____号

客户名称	销货单号码	摘 要	金 额	备 注

收款记录	出票人	银行名称	账号	票据号码	到期日	金额	附件
							折说明 张
	出纳科点收						
	折 让						
	合 计						

副经理: 科长: 经手人:

七、收款通知书

收款通知书如表5－7所示。

表5－7 收款通知书

至　　年　　月　　日止

＿＿＿＿＿号

承蒙　　　　　　贵行赐顾，深为感谢。

兹送上　　　　　　贵行本份应收账款明细账一份　　　　　　编号＿＿＿＿字＿＿＿

敬请查收核对为荷

销货		品　名	等级	数量	单价	单价	金　　额										备注
月	日						千	百	十	万	千	百	十	元	角	分	

本公司于　　月　　日起至　　日之间派员到　　　　结算收款

敬请届时多予指导与协助，至为感谢。

八、收款状况报告书

收款状况报告书如表 5－8 所示。

表 5－8　收款状况报告书

单位：　　　　　　　　　　经办人：　　　　　　　　　　年　月　日

<table>
<tr><th colspan="3" rowspan="2">区分</th><th colspan="3">件　数</th><th colspan="3">收　款</th><th rowspan="2">备　注</th></tr>
<tr><th>本月</th><th>比前月增　加</th><th>比前月减　少</th><th>本月</th><th>比前月增　加</th><th>比前月减　少</th></tr>
<tr><td rowspan="2">现金</td><td colspan="2">现　金</td><td></td><td></td><td></td><td></td><td></td><td></td><td></td></tr>
<tr><td colspan="2">投　入</td><td></td><td></td><td></td><td></td><td></td><td></td><td></td></tr>
<tr><td rowspan="4">支票</td><td colspan="2">5 万元以　上</td><td></td><td></td><td></td><td></td><td></td><td></td><td></td></tr>
<tr><td colspan="2">5 万元以　下</td><td></td><td></td><td></td><td></td><td></td><td></td><td></td></tr>
<tr><td rowspan="2">客票</td><td>5 万元以　上</td><td></td><td></td><td></td><td></td><td></td><td></td><td></td></tr>
<tr><td>5 万元以　下</td><td></td><td></td><td></td><td></td><td></td><td></td><td></td></tr>
<tr><td colspan="3">冲销</td><td></td><td></td><td></td><td></td><td></td><td></td><td></td></tr>
<tr><td colspan="3">计</td><td></td><td></td><td></td><td></td><td></td><td></td><td></td></tr>
<tr><td colspan="3">公司名</td><td colspan="3">变更内容</td><td colspan="4">理由及状况</td></tr>
<tr><td colspan="3"></td><td colspan="7"></td></tr>
</table>

九、收款日报表

收款日报表如表 5－9 所示。

表 5－9　收款日报表

年　　月　　日

项次	客户名称	销货单号码	支票日期	付款银行名	票号	发票人或账号	收回金额								收款分析			备注
							十	万	千	百	十	元	角	分	发贷天数	支票票期	利息	
合　计																		

说明	1. 收款有折让应填写《折让证明单》并呈请主管批准后与本表并交会计单位。 2. 本表应连同货款先送会计单位办妥手续后再交有关单位人员。 3. 私户支票及客票应付给人盖章（店章或私章）背书。	今日收款核计	应收款 票据 现金 折让 其他 实收

经理：　　　　科长：　　　　会计：　　　　出纳：　　　　经办人：

十、月份收款状况表

月份收款状况表如表5－10所示。

表5－10　月份收款状况表

年　　月　　日

客户名称	上期未收	本期应收	合计	收款记录			折让	退货待查	本期未收	备　注	已清
合　计											

十一、收货款自动报告表

收货款自动报告表如表 5 – 11 所示。

表 5 – 11　收货款自动报告表

姓名：　　　　　　　　　　　　　　　　　　　　　　　　编号：

商号名称	销售日期	订单号码	金额	收款日期	收款记录	未收理由及预定入款日期
备注						

十二、收款凭证

收款凭证如表 5－12 所示。

表 5－12　收款凭证

借方科目	现金

出纳编号：

年　　月　　日　　　　凭证编号：

摘　　要	贷方科目		金　　额											记账符号
	总账科目	明细科目	万	千	百	十	万	千	百	十	元	角	分	
合计金额														

会计主管：（盖章）　　　　记账：（盖章）　　　　稽核：（盖章）

制单：（盖章）　　　　出纳：（盖章）

附单据　　张

十三、收款差异调节表

收款差异调节表如表 5－13 所示。

表 5－13　收款差异调节表

营业所：　　　　　　　　　　　　　　　　　　　　　　　　年　　月　　日

序号	客户编号	客户名称	营业所收款额	财会部门收款额	差异	差异原因	调节结果

财会部门经理：　　　　　　　　　　主管：　　　　　　　　　　制表：

第四节　账款管理规范化细节执行标准

一、销售与收款循环的内部控制标准

（一）接受客户订单的人员不能同时是负责最后核准付款条件的人员。

（二）付款条件必须同时获得销售部门、专门追踪和分析客户信用情况的信贷部门（或会计部门下的信贷小组）的批准。

（三）发货通知单的编制人员不能同时负责货款的收取、产品的包装和托运工作。

（四）填制发票人员不能同时负责发票的复核工作。

（五）办理退货实物验收工作的人员必须同负责退货账务记录的人员分离。

（六）应收账款的记账人员不能同时成为应收账款的核实人员。

二、应收账款回收标准

应收账款通常在一定的期间内收回。

应收账款的回收，通常可分为现金（如月底结算，第二个月的10日支付，或以即期支票支付）或票据（如每月15日结算，月底再签发60天的期票）的方式，而比较特殊的例子是与客户的债务（应付账款、预收款、押标金、贷款、销货退回、费用等）相互抵扣的方式。

发生应收账款后，客户的状况可能有所变化，对于该笔账款的回收可能会产生质疑。例如，票据拒付或遭受重大事故或灾害。如果确定无法收回该笔应收账款时，就必须以呆账损失处理。在每一会计期间的期末，估计各期所应负担的呆账损失，并提列呆账。待确定应收账款无法收回时，再做如下会计分录：

借：备抵呆账

贷：应收账款

三、催款书书写标准

催款书

（××）××字第××号

××公司财务科：

你单位于　　　年　　　月　　　日购买的货款金额为　　　元（发票编号　　　）。该货款至今未解入我厂，影响了我厂资金的周转。请接到本通知后一日内进行结算，逾期按银行规定加收________的罚金。

如果有特殊情况，则请及时与我厂财务科××联系。

我厂地址：　　　　　　　　　　　　　　　电话：

开户银行：　　　　　　　　　　　　　　　账号：

特此专函

××厂财务科

××××年×月×日

四、往来账款日常控制报告书写标准

总公司：

根据总公司年初《关于加强往来账款日常控制的通知》的精神，我公司加强了对往来账款的日常控制工作，现将一年来对往来账款的日常控制情况报告如下。

（一）基本情况

公司年末往来账款金额 140 万元，较年初减少 40 万元，其中应收账款余额 75 万元，较年初减少 30 万元；应付账款余额 65 万元，较年初减少 10 万元。应收账款周转率 14.60%，比上年提高 20%；应收账款周转天数 40 天，比上年减少 10 天。

（二）加强日常控制措施

1. 制定信用政策。在往来账款的日常控制中，我们注意掌握顾客的信用资料，根据客户的品质、还债能力、资本实力和客户在市场上的竞争能力等，对客户的信用状况做出综合评定，评定了客户的信用等级。在此基础上，我们结合本公司产销能力和风险承担能力，制定了本公司的信用政策，作为对往来账款进行规划和控制的原则。

2. 加强了应收账款的催收工作。除制定信用政策和管理制度作为往来账款的控制原则外，我们还加强了对应收账款的催收工作。为此我公司建立了一个能够及时提供应收账款最新情况的管理信息系统，财会部门还定期编制《往来账款分期明细表》，全面提供往来账款增减变化及构成信息；同时，我公司还制定了合理的收账政策并对发生的应收账款进行及时催收。在收账程序上，一般采取信函通知、电话催收、派员催收和通过法律等手段。

3. 建立健全往来款项的结算管理制度。一是建立定期的往来款项审核制度，定期对往来款项进行会审检查；二是建立定期的对账制度，定期发函与各往来单位逐笔核对账款；三是建立往来账款的审批制度，对购销活动实行合同管理，有明确的标的、价格、数量、结算方式、结算时间以及违约责任，并经有关部门及领导批准；四是及时准确地做好往来账款的财务处理，避免造成呆账、坏账损失。

总之，一年来对往来账款的日常控制工作取得了较好的成绩，没有发生大的呆账、坏账损失，往来账款余额中没有长期不清的往来款项，往来账款余额控制在合理的范围之内。

××分公司

××××年×月×日

五、现金收支情况报告书写标准

遵照××市审计局××××年度审计计划安排，我们审计组于××××年××月××日至××日，对××公司财务处本年度现金收支情况进行了审计。现将结果报告如下：

（一）发现的主要问题

1. 动用现金3300元购买专控商品。其中××月××日购买沙发5套，支付1500元；××月××日购买照相机两架，支付1800元。上述做法违反了《现金管理暂行条例》第8条关于"购置国家规定的专项控制商品，必须采取转账结算方式，不得使用现金"的规定。

2. 坐支现金8350元。今年××月××日坐支销货款8350元，以支付计划外临时工工资。该行为违反了《现金管理暂行条例》第11条第2款关于"开户单位支付现金……不得从本单位的现金收入中直接支付"的规定。

3. 公款私存。今年××月至××月，先后六次将出售废旧物品的收入8643.20元擅自截留，并经财务处长同意，以出纳员×××的户名存入××储蓄所。上述行为违反了《现金管理暂行条例》第21条第9款关于"不准将单位的现金收入按个人储蓄方式存入银行"的规定。

（二）处理意见

1. 财务处对上述违纪问题应写出书面检查，并应对有关责任人员进行批评教育。

2. 公款私存的8643.20元，连同利息应由财务处列入其他销售处理，并建议纪检、监察室进一步检查处理。

（三）审计建议

××公司财务处在现金收支中违纪情况是比较严重的，今后应该吸取教训，建立健全现金管理制度，加强现金管理，认真贯彻执行《现金管理暂行条例》，杜绝违纪现象的发生。

××市审计局审计小组

××××年××月××日

第6章 “悬丝把脉”企业健康
——财务分析管理

第一节 财务分析管理工作要点

一、财务分析主要工作内容

财务分析工作主要包括以下4方面工作内容：

1. 对财务报表的分析

财务报表分析的主要工作内容是通过对企业定期编制的资产负债表、损益表、现金流量表及其附表和财务状况说明书的阅读整理以及计算，进行企业赢利能力分析、偿债能力分析、财务状况分析、筹资和投资状况分析、成本费用开支情况分析。

2. 对偿债能力的分析

顾名思义，偿债能力即指企业以自有资产偿还所欠债务的能力。偿债能力主要能够反映两方面信息：一方面，反映企业对债权人债务的保障程度；另一方面，企业偿债能力也体现企业持续经营的能力与经营风险的大小。偿债能力越强，则持续经营能力越强，经营风险越小；反之亦然。

3. 对获利能力的分析

获利能力是企业经营能力的核心，通常是指企业获取利润的能力。企业投资者和潜在投资者投资的主要目的在于获取最大的收益，企业管理者的工作业绩主要体现在所管理企业的获利能力。因此，获利能力分析是企业投资者和经营管理者最为关注的财务报表分析内容之一。

4. 对资金营运能力的分析

资金营运能力是指企业充分利用所有资金创造财富的能力。企业资金营运能力是其获利能力和偿债能力的基础，体现企业在市场竞争中的经营绩效。在其他条件不变的情况下，加速企业资金的周转，使单位资产在单位时间内发挥更大作用，便能不断降低产品的生产成本和费用，获取更多利润。

二、财务分析的主要方法

在日常工作中，财务分析的主要方法有以下3种：

1. 比率分析法

比率分析法是指运用财务报表中相互关联的项目之间的百分比或比例关系，来揭示和评价企业财务状况和经营成果。运用比率分析法，可以定量分析企业的财务状况、获利能力、偿债能力和营运能力等。

比率分析法简便、实用、准确可靠，适合于绝大多数企业，是财务报表分析中最常用的一种分析方法。

2. 趋势分析法

趋势分析法是将连续几期财务报表上有关项目的绝对数或相对数进行比较，用以揭示当期财务状况和经营成果的好坏及其发展趋势。采用趋势分析法，至少要比较两期以上的财务报表资料。通过比较，可以揭示出其变化情况。

趋势分析法可以采用两种分析形式，即统计图表方式和比较报表方式。统计图表方式是将有关项目各期数据制作成各种统计图表，以反映各项目不同期间数据的相互关系和变化趋势。比较报表方式是在一般财务报表中设置历史数据栏目，将相同项目的连续数期数据并列在一起，从中可以分析出这些项目数据的变化趋势。这些数据可以是绝对数据，也可以是百分数。

3. 结构分析法

结构分析法是指通过对总额内每一项目的相对大小的对比，来分析企业各项资产和收益状况。通过对企业的财务状况进行结构分析，可以从总体上了解和评价企业的财务结构合理与否、企业偿债能力的大小、获利能力的强弱等。

结构分析的财务数据资料，主要来自于企业的资产负债表，重点应分析企业的资产结构、负债结构和所有者权益结构。

第二节　财务分析规范化制度

一、财务报表编制制度模板

□ 总则

第一条　由于以日常核算资料为主要依据编制的财务报表是总括反映公司在一定时期内的经济活动情况和经营成果的书面报告，所以财务报表的编制和分析对于加强企业经营管理具有重要作用。基于此，特制定本制度。

□ 报表编制原则

第二条　财务报表在填制（或编制）时要保证内容完整、数字准确、情况真实。

第三条　财务报表在编制过程中必须保证资产负债表能够全面反映某一特定日期财务状况，损益表能够反映经营成果的实现过程。

第四条　财务报表在编制过程中必须保证利润分配报表能够反映企业利润分配情况和年末未分配利润情况。

第五条　财务报表在编制过程中必须保证能够反映资金的取得来源和资金流出用途。

□ 资产负债表的编制

第六条　资产负债表在编制时要以“资产 = 负债 + 所有者权益”的会计等式为核心根据，依照一定的分类标准和一定次序，把企业在一定日期的资产、负债和所有者权益项目予以适当排列，按照一定的编制要求编制。

第七条　资产负债表的项目，按资产负债的流动性顺序排列。

第八条　填报资产负债表时，按项目属性选用科目填报。

第九条　填报资产负债表时，按实际成本反映资产价值。

第十条　填报资产负债表时，准确运用数字符号，反映项目性质。

第十一条　填报资产负债表时，准确、完整填列会计报表补充资料。

第十二条　资产负债表“年初数”栏内各项数字，应根据上年末资产负债表“期末数”栏内所列数字排列。如果本年度资产负债表规定的各个项目的名称和内容同上年度不一致，应对上年末资产负债表各项目的名称和数字按照本年度的规定进行调整，填入本表“年初数”栏内。

第十三条　“现金及银行存款”项目，根据“现金”和“银行存款”科目的期末余额填列。

第十四条　“贵金属”项目按同名称科目的期末余额填列。

第十五条　“存放中央银行款项”项目按同名称科目的期末余额填列。

第十六条　“存放同业款项”项目按同名称科目的期末余额填列。

第十七条　“存放联行款项”项目，期末本项目按“存放联行款项”科目与“联行存放款项”科目互相对转后的差额反映。

第十八条　“折出资金”项目按“折放同业”和“折放金融性公司”或“折出资金”科目的期末余额填列。

第十九条　“短期贷款”项目按“短期贷款”科目和“信托贷款”科目中的有关明细科目的期末余额填列。

第二十条　“应改进出口押汇”项目按同名科目期末金额填列。

第二十一条　“应收账款”按“应收利息”科目和“应收账款”科目的期末余额填列。

第二十二条　“坏账准备”项目按同名科目的期末余额填列。

第二十三条　“其他应收款”项目按同名科目的期末余额填列。

第二十四条　“贴现”项目按同名科目的期末余额填列。

第二十五条　“短期投资”项目按同名科目的期末余额填列。

第二十六条　“委托贷款及委托投资”项目根据“委托贷款”和“委托投资”科目的期末余额计算填列。

第二十七条　“自营证券”项目按“自营库存证券”和“存出证券”科目的有关明细科

目的期末余额计算填列。

第二十八条 “代理证券”按“代发行证券”“代兑付债券”“代售证券”“代购证券”科目和“存出证券”科目的有关明细科目的期末余额计算填列。

第二十九条 “买入返售证券”按同名科目期末余额填列。

第三十条 “待处理流动资产净损失”按“待处理财产损溢”科目所属“流动资产损溢”明细科目的期末余额填列。

第三十一条 “一年内到期的长期投资”按“债券投资”科目分析填列。

第三十二条 “中长期”按同名或“信托贷款”科目填列。

第三十三条 “逾期贷款”项目按同名或“信托贷款”有关科目填列。

第三十四条 “贷款呆账准备”按同名科目填列。

第三十五条 “应收贷款”项目按同名科目填列。

第三十六条 “未实现租赁收益”项目按同名科目填列。

第三十七条 “租赁资产”项目按同名科目填列。

第三十八条 “待转租资产”项目按同名科目填列。

第三十九条 “经营租赁财产”项目和“经营租赁资产折旧”项目按同名科目填列。

第四十条 “长期投资”项目按同名科目的期末余额扣除一年内到期的长期债券投资后的数额填列。

第四十一条 “投资风险”项目按同名科目的期末余额填列。

第四十二条 “固定资产原值”项目、“累计折旧”项目分别按同名科目填列；“固定资产净值”项目按两者的差额计算填列。

第四十三条 “固定资产清理”项目按同名科目的期末借方余额填列，如为贷方余额应以“-”号填列。

第四十四条 “在建工程”项目按同名科目填列。

第四十五条 “无形资产”项目按同名科目填列。

第四十六条 “递延资产”项目按同名科目填列。

第四十七条 “向中央银行借款”项目按同名科目填列。

第四十八条 “同业存放款项”项目按同名科目填列。

第四十九条 “其他资产”项目按有关科目填列。

第五十条 “短期存款”按“活期存款”科目、“定期存款”科目的有关明细科目和“信托存款”科目的有关明细科目填列。

第五十一条 “短期储蓄存款”项目按“活期储蓄存款”和“定期储蓄存款”科目填列。

第五十二条 “联行存放款项”项目按“联行存放款项”和“存放联行款项”科目往来互相对转后的差额反映。

“折入资金”项目按“同业折入”和“金融公司折入”或同名科目填列。

第五十三条 “应解汇款”项目按同名科目填列。

第五十四条 “汇出汇款”项目按同名科目填列。

第五十五条 “委托存款”项目按同名科目填列。

第五十六条 “应付代理证券款项”按同名科目填列。

第五十七条 “卖出回购证券款”项目按同名科目填列。

第五十八条　“应付福利费”项目按同名科目填列。

第五十九条　“应付账款”项目按“应付利息”或同名科目填列。

第六十条　“其他应付款”项目和“应付工资”项目分别按同名科目填列。

第六十一条　“应交税金”项目和“应付利润”项目分别按同名科目填列。

第六十二条　“发行短期债券”项目按“发行债券”科目填列。

第六十三条　“一年内到期的长期负债”项目按同名科目期末余额分析填列。

第六十四条　“长期存款”项目按“定期存款”或“信托存款”有关明细科目填列。

第六十五条　“长期储蓄存款”项目按“定期储蓄存款”科目填列。

第六十六条　“保证金”项目按同名或“租赁保证金”科目填列。

第六十七条　“预提费用”项目按同名科目填列。

第六十八条　“应付转租赁租金”项目按同名科目填列。

第六十九条　“长期借款”项目按同名科目填列。

第七十条　“长期应付款”项目按同名科目填列。

第七十一条　“实收资本”项目按同名科目填列。

第七十二条　“发行长期债券”项目按“长期债券”科目填列。

第七十三条　“资本公积”与“盈余公积”项目分别按同名科目填列。

第七十四条　“未分配”项目按“本年利润”科目和“利润分配”科目的余额填列。未弥补的亏损应在本项目内用“-”号表示。

□ 损益表的编制

第七十五条　损益表“上年栏”数，反映各项目的上年实际发生数。如果上年度利润表与本年度利润表的项目名称和内容不一致，应对上年度报表项目的名称和数字按本年度的规定进行调整，填入本表“上年数”栏。

第七十六条　损益表“本年数”栏，反映各项目本年累计实际发生数。

第七十七条　“营业收入”项目根据“利息收入”“金融企业往来收入”“手续费收入”“证券销售差价收入”“证券发行差价收入”“租赁收益”“其他营业收入”“汇兑收益”等项目汇总计算填列。

第七十八条　“利息收入”项目按同名科目期末结转利润科目的数额填列。

第七十九条　“金融企业往来收入”项目按同名科目期末结转利润科目的数额填列。

第八十条　“手续费收入”项目按同名科目期末结转利润科目的数额填列。

第八十一条　“证券销售差价收入”项目按同名科目期末结转利润科目的数额填列。

第八十二条　“证券发行差价收入”项目按同名科目期末结转利润科目的数额填列。

第八十三条　“租赁收益”项目按同名科目期末结转利润科目的数额填列。

第八十四条　“其他营业收入”项目按同名科目期末结转利润科目的数额填列。

第八十五条　“汇总收益”项目按同名科目期末结转利润科目的数额填列。

第八十六条　“利息支出”项目按同名科目期末结转利润科目的数额填列。

第八十七条　“金融企业往来支出”项目按同名科目期末结转利润科目的数额填列。

第八十八条　“手续费支出”项目按同名科目期末结转利润科目的数额填列。

第八十九条　“营业费用”项目按同名科目期末结转利润科目的数额填列。

第九十条　“其他营业支出”项目按同名科目期末结转利润科目的数额填列。

第九十一条 “汇兑损失”项目按同名科目期末结转利润科目的数额填列。

第九十二条 “税金及附加”项目按同名科目期末结转利润科目的数额填列。

第九十三条 “投资利益”项目按同名科目期末结转利润科目的数额填列。

第九十四条 “营业支出”项目，根据“利息支出”“金融企业往来支出”“手续费支出”等项目汇总计算填列。

第九十五条 “营业利润”项目，反映金融企业当期的经营利润。发生经营亏损也在本项目用“-”号表示。

第九十六条 “营业外收入”与“营业外支出”项目，分别按同名科目期末结转利润科目的数额填列。

第九十七条 “利润总额”项目，反映金融企业当期实现的全部利润（或亏损）总额。如为亏损，则以“-”号在本项目内填列。

□ 财务状况变动表的编制

第九十八条 财务状况变动表左方反映流动资金的来源和运用情况，右方反映各项流动资产和流动负债的增减情况。左方流动资金来源合计数与流动资金运用合计数的差额，与右方流动资产增减净额与流动负债增减净额的差额，都反映流动资金增减净额，两者应该相等。

第九十九条 “本年利润”项目，应根据《损益表》上“利润总额”项目的“本年数”栏的数字填列。

第一百条 “累计折旧”项目，按同名科目贷方发生额分析填列。

第一百零一条 “无形资产”“递延资产摊销”项目，按“无形资产”“递延资产”科目的贷方发生额分析计算填列。

第一百零二条 “固定资产盘亏”项目，应根据“营业外支出”和“营业外收入”科目所属有关明细科目中固定资产盘亏损失扣除固定资产盘盈收益后的差额填列。

第一百零三条 “固定资产清理净损失”项目，根据“营业外支出”和“营业外收入”科目所属有关明细科目中固定资产清理损失和扣除固定资产清理收益后的差额填列。

第一百零四条 “其他不减少流动资金的费用和损失”项目，根据“营业外支出”科目所属有关明细科目分析填列。

第一百零五条 “固定资产清理收入”项目，按“固定资产清理”科目分析填列。

第一百零六条 “收回长期投资”项目，应按“长期投资”科目贷方发生额分析填列。年度内企业增加长期投资应在本表“增加长期投资”项目单独反映，不从本项目数字内扣除。

第一百零七条 增加长期负债项目应根据定期存款和“定期储蓄存款”科目的有关明细科目、“长期借款”“应付债券”“应付转租赁租金”等科目的贷方发生额分析填列。

第一百零八条 “对外投资转出固定资产”项目，应根据“固定资产”科目的贷方发生额有关数字与“累计折旧”“长期投资”科目的借方发生额有关数字分析填列。

第一百零九条 “资本净增加额”项目，根据“实收资本”“资本公积”“盈余公积”科目的年末余额与年初余额的差额的合计数填列。

第一百一十条 “应交所得税”项目，按“利润分配”科目所属“应交所得税”明细科目的借方发生额计算填列。

第一百一十一条　“提取盈余公积”项目，根据“利润分配”科目所属“提取盈余公积”明细科目的亏损在本项目以“-”号表示。

第一百一十二条　“应付利润”项目，按“利润分配”科目所属“应付利润”明细科目的借方发生额填列。

第一百一十三条　“应交特种基金”项目，按“利润分配”所属“应交特种基金”明细科目的借方发生额填列。

第一百一十四条　“固定资产及在建工程净增加额”项目，按“固定资产”“累计折旧”科目和“在建工程”科目的记录分析填列。

二、企业财务分析工作细则

第一条　分析正常生产经营和计划扩大生产经营情况下所需的营运资本额，核查企业的资金存量。

第二条　根据生产经营计划编制和调整资本预算。

第三条　了解、分析本行业或其他行业中赢利较高公司的经营政策和财务状况。

第四条　及时跟踪了解证券市场的相关政策和上市公司的资料。

第五条　编制财务分析报告，定期向最高管理者或董事会送交。

三、财务分析撰写制度模板

□ 总则

第一条　为了规范公司的财务分析内容和格式，使财务分析确实有效，方便公司内部统一管理，特制定本规定。

第二条　本规定适用于本公司的所有核算单位，包括独立核算单位和单独核算单位。

□ 主要经济指标完成情况

第三条　各指标的计算口径和格式按企业财务分析表执行。

第四条　表中的计划数是指各公司每年度的承包指标数。

第五条　工业企业应揭示工业产品销售率及与上年同期对比的增减水平。

第六条　投资收益率指标只限于年度分析填列。

□ 财务状况分析

第七条　在进行生产经营状况分析时，从产量、产值、质量及销售等方面对公司本期的生产经营活动做一简单评价，并与上年同期水平做一对比说明。

第八条　在成本费用分析时，原材料消耗与上期对比增减变化情况，对变化原因做出分析说明。

第九条　在成本费用分析时,管理费用与销售费用的增减变化情况(与上期对比)并分析变化的原因,对业务费、销售佣金单列分析。

第十条　在成本费用分析时,以本期各产品产量大小为依据确定本公司的主要产品,分析其销售毛利,并根据具体情况分析降低产品单位成本的可行途径。

第十一条　在利润分析时,分析主要业务利润占利润总额的比例(主要业务利润按工业、贸易和其他行业分为产品销售利润、商品销售利润和营业利润)。

第十二条　在利润分析时,对各项投资收益、汇总损益及其他营业收入做出说明。

第十三条　在利润分析时,分析利润完成情况及其原因。

第十四条　在存货分析时,根据产品销售率分析本公司产销平衡情况。

第十五条　在存货分析时,分析存货积压的形成原因及库存产品完好程度。

第十六条　在存货分析时,本期处理库存积压产品的分析,包括处理的数量、金额及导致的损失。

第十七条　在应收账款分析时,分析金额较大的应收账款形成原因及处理情况,包括催收或上诉的进度情况。

第十八条　在应收账款分析时,本期未取得货款的收入占总销售收入的比例,比例较大的应说明原因。

第十九条　在应收账款分析时,应收账款中非应收货款部分的数量,包括预付货款、定金及借给外单位的款项等,对于借给外单位和其他用途而挂应收账款科目的款项应单独列出并做出说明。

第二十条　在应收账款分析时,季度、年度分析应对应收账款进行账龄分析,予以分类说明。

第二十一条　在负债分析时,根据负债比率、流动比率及速动比率分析企业的偿债能力及财务风险的大小。

第二十二条　在负债分析时,分析本期增加的借款的去向。

第二十三条　在负债分析时,季度分析和年度分析应根据各项借款的利息率与资金利润率的对比,分析各项借款的经济性,以作为调整借款渠道和计划的依据之一。

第二十四条　在财务分析中,对发生重大变化的有关资产和负债项目(如长期投资等)做出分析说明。

第二十五条　在财务分析中,对数额较大的待摊费用、预提费用超过限度的现金余额做出分析。

第二十六条　在财务分析中,对其他影响企业效益和财务状况较大的项目和重大事件做出分析说明。

□ 措施与建议

第二十七条　根据分析,结合具体情况,对企业生产、经营提出合理化建议。

第二十八条　根据分析,结合具体情况,对现行财务管理制度提出建议。

第二十九条　根据分析,结合具体情况,总结前期工作中的成功经验。

第三十条　财务分析应有公司负责人和填表人签名,并在第一页表上的右上方盖上单位公章。如栏目或纸张不够,请另加附页,但要保持整齐、美观。

第三十一条　本公司财务分析应在每月 10 日前报财务管理部，一式两份。

四、企业报表管理办法

1. 本企业为求表报作业合乎时效，借以加速内部联系，特制定本办法。凡本企业的各项表报作业管理悉依本办法规定办理。

2. 本办法所称的表报系指为应管理上的需要所设置的表报，经总经理核准，并予以正式编号后列入"表报目录"内。

3. 本企业的所有管理用的表报，除依使用单位涉及作业程序依序编号外，并另依表报的内容性质划分为管制表报和应附表单、一般表单（不包括各单位自用的统计表格）3 类。

4. 各类表报的区分如下：

（1）凡表报的右上角，加盖有"管"字者，属第一类的管制表报，即列入管制的表报。

（2）凡表报的右上角，加盖有"复"字者，属第二类的应复表单，即由收发单位列入追踪并接收文单位答复的表单。

（3）凡表报的右上角未加盖字样者，属第三类之一般表单，即第一、二类外并经正式编号列入"表报目录"的表单。

5. 各类表报的收发，统由总务部负责，分别设置专册分类登记、追踪和管理。

6. 管制表报的收发一律限用本公司印制的"黄色信封"件交专人登记统计分发。

7. 管制表报依其应提报时区分为日报表、周报表、旬报表、月报表、半年报表和年报表。

8. 各部门对于管制表报的提报时间，除表上已载明应提报时间的外，应按下列规定时间以挂号（或限时）邮寄总务部或派人员送投总务部专设的收件箱，并由总务部负责登载其实际收文时间。

（1）年报表：依指定日期当天下午下班前，未指定日期者则为每年年底当天下午下班前。

（2）半年报表：依指定日期当天下午下班前，未指定日期者则为每年 6 月月底当天下午下班前。

（3）月报表：依指定日期当天下午下班前，未指定日期者则为每月月底当天下午下班前。

（4）旬报表：每月的 1、11、21 日下午下班前。

（5）周报表：除另有规定的指定日期外，其余均应于每周末下午下班前。

（6）日报表：除另有规定的指定日期外，其余均应于每日下午下班前。

9. 各直线单位每月应呈报的管制表报明细由总务部于月底前负责列表通知，并就其呈报情形列入评核。

10. 各直线单位其应呈报的管制表报，凡依规定时间提报者（分公司以寄发的当地邮戳时间为凭），各项表报分 3U 依下列的得分规定按月由总务部根据其当月份的收文时间记录，分别核计月份单位表报提报的总得分，并依得分情形，分别编列名次呈报总经理核定后于每月 10 日前公布；凡连续两个月均列属最优的前 3 名者，则单位主管连同业务员均分别予以奖励,反之连续两个月均列属最差的后3名者,则单位主管连同业务员均应接受惩处。

(1)日报表:每件0.5分,逾时1日不予给分,逾时2日扣0.5分。

(2)周报表:每件1分,逾时1日不予给分,逾时2日扣1分。

(3)旬报表:每件2分,逾时1日不予给分,逾时2日扣1分、3日扣2分。

(4)月报表:每件3分,逾时1日不予给分,逾时2日扣1分、3日扣2分、4日扣3分。

(5)半年报表、年报表:每件5分,逾时1日不予给分,逾时2日扣1分、3日扣2分、4日扣3分、5日扣4分、6日扣5分。

11. 管制表报的设置或印制一律应事先会签经营会议经理后才能印制;如遇新增或内容有所修改时,应呈总经理核准后才能印制。

12. 凡遇表报新增、废除或内容修改时,各单位应自行参照公布或通知事项更替手存的表报目录,务使表报目录中的各表样张永保正确。

13. 各单位使用的表报如有告缺时,应以"表报请领单"向总务部请领补足。

14. 本办法由总务部呈总经理核准公布后实施,修订时亦同。

五、财务报告编制要求

1. 遵循会计准则的要求。

会计准则是企业进行会计核算应遵循的基本准则,是编制财务报告的基础。在具体编报时,所采用的会计处理方法前后各期应当一致,不得随意变动,如有变动,应将变动的详细情况在财务报告中加以说明。

2. 内容要完整、准确。

为了保证会计信息的可比性和可靠性,要求在进行会计核算时,必须贯彻"真实性""相关性""重要性""全面性"等会计核算的一般要求。要求会计主体所提供的各种信息必须确定、可靠,全面、准确地反映会计主体的经营情况和财务状况。在此基础上编制的财务报告,才能满足国家宏观调控经济的需要,满足各方了解企业财务状况和经营成果的需要,以及满足企业加强内部管理的需要。

3. 提供的信息要便于理解,有关说明要清楚、明晰。

财务报告应全面系统地反映企业的财务状况,项目的分类应符合规定的要求,并及时编报,按规定的时间送达使用人,如若财务报告不适当地拖延,会影响使用人的决策。通常,对于每月、每季、每年报送财务报告的时间,会计制度中都有明确的规定,各企业都应遵照执行。

六、年度财务分析报告模板

董事会:

本年度在我公司全体员工的不懈努力下,宏观经济环境一片大好的形势下,坚持以提高效益为中心,以搞活经济强化管理为重点,深化企业内部改革,调整经营结构,扩大经营规模，进一步完善了企业内部经营机制，努力开拓，奋力竞争。本年度销售收入实现×××万元，比去年增加××%以上，并在取得较好经济效益的同时，取得了较好的社会效益。

（一）主要经济指标完成情况

本年度商品销售收入为×××万元，比上年增加×××万元。其中，商品流通企业销售实现×××万元，比上年增加××%，全年毛利率达到××%，比上年提高××%。费用水平本年实际为××%，比上年升高××%。全年实现利润×××万元，比上年增长××%。其中，零售部利润×××万元，比上年增长××%，商办工业利润×××万元，比上年下降××%。销售利润率本年为××%，比上年下降××%。其中，零售部为××%，上升××%。全部流动资金周转天数为××天，比上年的××天慢了××天。其中，零售部周转天数为××天，比上年的××天慢了××天。

（二）主要财务情况分析

1. 销售收入情况

通过强化竞争意识，调整经营结构，增设经营网点，扩大销售范围，促进了销售收入的提高。

2. 费用水平情况

全公司的流通费用总额比上年增加××万元，费用水平上升××%。其中：①运杂费增加××万元；②保管费增加××万元；③工资总额增加××万元；④福利费增加××万元；⑤房屋租赁费增加××万元；⑥低值易耗品摊销增加××万元。

从变化因素看，主要是由于政策因素影响：①调整了"三资""一金"比例，使费用绝对值增加了××万元；②调整了房屋租赁价格，使费用增加了××万元；③企业普调工资，使费用相对增加××万元。扣除这三种因素影响，本期费用绝对额为××万元，比上年相对减少××万元。费用水平为××%，比上年下降××%。

3. 资金运用情况

年末，全部资金占用额为×××万元，比上年增加××%。其中：商业资金占用额×××万元，占全部流动资金的××%，比上年下降××%。结算资金占用额为×××万元，占××%，比上年上升了××%。其中，应收货款和其他应收款比上年增加××万元。从资金占用情况分析，各项资金占用比例严重不合理，应继续加强"三角债"的清理工作。

4. 利润情况

企业利润比上年增加×××万元，主要因素是：

（1）增加因素：①由于销售收入比上年增加××万元，利润增加了××万元；②由于毛利率比上年增加××%，使利润增加××万元；③由于其他各项收入比同期多收××万元，使利润增加××万元；④由于支出额比上年少支出××万元，使利润增加××万元。

（2）减少因素：①由于费用水平比上年提高××%，使利润减少××万元；②由于税率比上年上浮××%，使利润少实现××万元；③由于财产损失比上年多××万元，使利润减少××万元。

以上两种因素相抵，本年度利润额多实现×××万元。

（三）存在的问题和建议

1. 资金占用增长过快，结算资金占用比重较大，比例失调。特别是其他应收款和销货应收款大幅度上升，如不及时清理，对企业经济效益将产生很大影响。因此，建议各分公司领导要引起重视。应收款较多的单位，要领导带头，抽出专人，成立清收小组，积极回收，也可将奖金、工资同回收贷款挂钩，调动回收人员积极性。同时，要求分公司要严格控制赊销商品管理，严防新的三角债产生。

2. 经营性亏损单位有增无减，亏损额不断增加。总公司未弥补亏损额高达×××万元，比同期大幅度上升。建议各分公司要加强对亏损企业的整顿、管理，做好扭亏转盈工作。

3. 各企业不同程度地存在潜亏行为。总公司待摊费用高达×××万元，待处理流动资金损失为×××万元。建议各分公司要真实反映企业经营成果，该处理的处理，该核销的核销，以便真实地反映企业经营成果。

××公司财务部

××××年××月××日

第三节　财务分析管理实用表单

一、主要财务比率分析表

主要财务比率分析表如表6－1所示。

表6－1　主要财务比率分析表

项　目	年	年	年	年同业平均比率
A. 偿债能力分析				
流动比率	%	%	%	%
速动比率	%	%	%	%
现金比率	%	%	%	%
资产负债率	%	%	%	%
利息保障倍数				
B. 资本结构分析				
负债款净值比率	%	%	%	%
净值对固定资产比率	%	%	%	%
长期资金对固定资产比率	%	%	%	%
C. 营业利润率				
销售毛利率	%	%	%	%

续表

项　目	年	年	年	年同业平均比率
资本保值增值率	%	%	%	%
净资产收益率	%	%	%	%
总资产报酬率	%	%	%	%
成本费用利用	%	%	%	%
D. 经营管理分析				
存货周转率	次(天)	次(天)	次(天)	次(天)
总资产周转率	次(天)	次(天)	次(天)	次(天)
固定资产周转率	次(天)	次(天)	次(天)	次(天)
应收账款周转率	次(天)	次(天)	次(天)	次(天)
应付账款周转率	次(天)	次(天)	次(天)	次(天)

二、资本结构弹性总托分析表

资本结构弹性总托分析表如表 6－2 所示。

表 6－2　资本结构弹性总托分析表

年　　月　　日　　　　　　　　单位:元

项　目		年初数	年末数	差异
弹性融资	流动负债 长期借款 应付债券 盈余公积(公益金) 弹性融资合计			
非弹性融资	长期应付款 实收资本 资本公积 盈余公积(非公益金部分) 非弹性融资合计			
总融资	融资合计			
弹性	资本结构弹性($\frac{弹性融资合计}{融资合计}$)			

三、产销量值分析表

产销量值分析表如表6－3所示。

表6－3　产销量值分析表

年　　月　　日　　　　　　　　　　　　　　　　单位:元

商品名称		产量		销售								
				合计			合计			合计		
		数量	金额	数量	金额	%	数量	金额	%	数量	金额	%
年												
	合计											
年												
	合计											
年												
	合计											
年												
	合计											

四、历年资产负债一览表

历年资产负债一览表如表 6－4 所示。

表 6－4　历年资产负债一览表

年　月　日　　　　　　　　单位:元

项　目	年　月　日			年　月　日			年　月　日		
	金额	%	趋势	金额	%	趋势	金额	%	趋势
资　产									
流动资产									
现金及银行存款									
应收款项									
存　货									
其　他									
长期投资及基金									
固定资产									
递延资产									
其他资产									
资产合计									
负债及净值									
流动负债									
短期借款									
应付款项									
其　他									
长期负债									
递延负债									
其他负债									
负债合计									
资　本									
公积及盈余									
本期损益									
净值合计									
负债及净值合计									

五、生产经营状况综合评价表

生产经营状况综合评价表如表 6－5 所示。

表 6－5 生产经营状况综合评价表

年 月 日

指标	单位	权数	上期实际数	本期目标数	本期实际数	与上期比评分	与目标比评分
一、经营收益		26					
1. 资产报酬率 2. 销售利润率 3. 人均利润率	% % 元/人	12 8 6					
二、经营安全		24					
1. 产品适销率 2. 优质产品率 3. 资产负债率	% % %	8 8 8					
三、经营效率		20					
1. 劳动生产率 2. 固定资产利用率 3. 原材料利用率	元/人 % %	10 5 5					
四、经营周转		15					
1. 产品销售率 2. 存货周转率 3. 应收账款周转率	% 次数 次数	5 5 5					
五、经营发展							
1. 产品更新率 2. 销售收入增长率 3. 利润总额增长率	% % %	5 5 5					
生产经营状况		100					

六、百分数资产负债项目结构分析表

百分数资产负债项目结构分析表如表6－6所示。

表6－6 百分数资产负债项目结构分析表

年 月 日

项目	年初%	年末%	差异
流动资产：			
货币资金			
短期投资			
应收票据			
应收账款			
减：坏账准备			
应收账款净额			
预付账款			
存货			
待摊费用			
待处理流动资产损失			
一年内到期的长期债券投资			
流动资产合计			
长期投资：			
长期投资			
固定资产：			
流动负债：			
短期借款			
应付票据			
应付账款			
预收账款			
其他应付款			
应付工资			
未交税金未付利润			
预提费用			
一年期内到期的长期负债			
流动负债合计			
长期负债：			
长期借款			
应付债券			

七、资产评估情况统计表

资产评估情况统计表如表6－7所示。

表6－7 资产评估情况统计表

年 月 日 单位:元

评估项目类别	批准立项数	确认项目数	账面原值	账面净值	重置价值	评估值	增值率
拍卖、出售国有资产							
拍卖、出售国有企业							
企业兼并							
联营							
股份经营							
中外合资合作							
破产清算							
结业清算							
租赁经营							
抵押担保							
境外投资							
保险							
法律原因							
其他							
合计							

八、企业整体评估统计表

企业整体评估统计表如表6－8所示。

表6－8　企业整体评估统计表

年　　月　　日

评估项目类别	批准立项数(1)	确认项目数(2)	账面价值				评估后价值				升值率		
			资产总额		负债总额(5)	所有者权益(6)	资产重置价值(7)	评估后负债(8)	评估后负债(9)	评估后权益(10)	资产(11)	负债(12)	所有者权益(13)
			账面原值(3)	账面净额(4)									
拍卖、出售国有企业													
企业兼并													
联　营													
股份经营													
中外合资合作													
破产清算													
结业清算													
租赁经营													
抵押担保													
境外投资													
保　险													
法律原因													
其　他													
合　计													

九、资产评估培训情况表

资产评估培训情况表如表6-9所示。

表6-9 资产评估培训情况表

年 月 日

培训班名称	起止时间	培训天数	培训人数	评估机构人员			评估管理机构人员			政府部门及企业人员			其他人员	承办单位
				高级职称	中级职称	其他	省级人员	地市	其他	处级以上	科级	其他		
1														
2														
3														
4														
5														
6														
7														
8														
9														
10														
11														
12														
13														
14														
15														
16														
17														
18														
19														
20														
21														
合计														

第四节　财务分析规范化细节执行标准

一、财务报表分析标准

财务报表分析从资料的收集到选择分析方法主要有以下 4 个标准。

(一)有明确的分析目的

会计报表的使用者,无论是企业管理者还是企业外部有关方面,都有自己特定的目的,他们都希望从报表中获取对决策有用的信息。会计报表的分析资料,有的是可以通用的,有的则只适用于特定的使用者。

(二)保证分析材料全面而且准确

会计报表分析的基本依据当然是企业编制的会计报表。但是,为了正确评价企业的经营成果与财务状况,满足报表使用者的决策需要,报表分析人员应该尽可能收集其他有关资料。资料的来源渠道不外乎企业内部与外部两个方面。取得这些分析资料的难易程度主要取决于报表使用者是企业管理者还是企业外界有关方面。为企业内部管理服务的报表分析,很容易取得深入分析所需要的资料。为企业的投资者、债权人等外部使用者服务的报表分析,则比较难以取得公开的会计报表之外的其他资料。但对于股票公开上市的公司来说,报表分析者还可以从证券交易管理机构取得有关资料。此外,某些经济新闻媒介的有关信息也可以作为报表分析的参考依据。

(三)以正确方法分析正确的对象

会计报表分析的方法有很多种,各种方法都有其特定的用途。这就要求在明确报表使用者的目的这一前提条件下,根据需要和可能选择适当的分析方法。

(四)以正确的标准评价正确的对象

不论采用什么方法进行报表分析,都必须确定某种评价标准,以判断报表分析所揭示的关系是否对报表使用者有利。常用的标准有以下两种:

1. 企业过去的绩效。将当期所分析的数据同前期按同样方法所求得的数据进行比较,可以评价企业某方面情况的变化趋势,有时还可据以预测未来。但采用这种评价标准,将现在的数据与过去数据相比较,仍然缺少一个评价的绝对基础。例如,去年的利润额为销售收入的4%,今年为5%,这种比较虽然能够显示企业获利情况得到改善这一事实,但并不能说明今年的5%是理想的或适当的,因为可能有证据证明这一比例应该能够达到更高的水平(如8%)。因此,仅采用企业过去的绩效这种标准,在很多情况下还不能全面评价企业的经营成果与财务状况。

2. 同行业先进(或平均)水平。将企业的某方面数据与同行业平均水平或某种预定的标准进行比较,有利于正确评价企业的现状。

二、现金流量结构分析标准

现金流量结构分析包括流入结构、流出结构和流入流出比例分析。下面以某股份有限公司(以下简称 X 企业)1998 年年报(报表数据从略)为例加以说明。

现金流量表分析的首要任务是分析各项活动谁占主导,如 X 企业现金总流入中经营性流入占 40.76%,投资流入占 19.9%,筹资流入占 39.34%,这说明经营活动占有重要地位,筹资活动也是该企业现金流入来源的重要方面。

1. 流入结构分析

由于经营、投资和筹资活动均能带来现金流入,因此应着重分析流入结构。

在公司经营活动流入中,主要业务销售收入带来的流入占 86.6%,增值税占 12.39%,由此反映出该公司经营属于正常状态。

投资活动的流入中,股利流入为 0,投资收回和处置固定资产带来的现金流入占 100%,说明公司投资带来的现金流入全部是回收投资而非获利。

筹资活动中借款流入占筹资流入的 52.18%,为主要来源;吸收权益资金流入占 47.74%,为次要来源。

2. 流出结构分析

该公司的总流出中经营活动流出占 24.18%,投资活动占 28.64%,筹资活动占 47.18%。由于公司 1998 年未对股东进行现金分配,故公司现金流出中偿还债务占很大比重,使负债大量减少。

经营活动流出中,购买商品和劳务占 54.38%;支付给职工的以及为职工支付的现金占 10.81%;税费占 3.6%,负担较轻;支付的其他与经营活动有关的现金为 29.80%,比重较大。投资活动流出中权益性投资所支付的现金占 60.74%,而购置固定资产、无形资产和其他长期资产所支付的现金占 39.26%。筹资流出中偿还本金所支付的现金占 47.51%,其他为筹资费和利息支出。从以上分析可以看出,该企业投资活动的现金流出较大,在投资活动的现金流出中,权益性投资又占最大比例,说明该企业的股权扩张较快。

3. 流入流出比例分析

从 X 企业的现金流量表可以看出:

经营活动中:现金流入量 4269.89 万元。

现金流出量 3234.90 万元。

该公司经营活动现金流入流出比为 1.32,表明 1 元的现金流出可换回 1.32 元现金流入。此值当然越大越好。

投资活动中:现金流入量 2085.00 万元。

现金流出量 3833.19 万元。

该公司投资活动的现金流入流出比为 0.74,公司投资活动引起的现金流出较大,表明公司正处于扩张时期。一般而言,处于发展时期的公司此值比较小,而衰退或缺少投资机会时此值较大。

筹资活动中:现金流入量 4120.50 万元。

现金流出量6314.49万元。

筹资活动流入流出比为0.65,表明还款明显大于借款。如果筹资活动中现金流入是举债获得,同时也说明该公司较大程度上存在借新债还旧债的现象。

作为信息使用者,在深入掌握企业的现金流情况下,还应将流入结构和流出结构进行历史比较或同业比较,这样可以得到更有意义的结论。

一般而言,对于一个健康的正在成长的公司来说,经营活动现金流量应为正数,投资活动的现金流量应为负数,筹资活动的现金流量应是正负相间的,上述公司的现金流量基本体现了这种成长性公司的状况。

三、现金支付能力分析标准

现金支付能力是企业用现金或支票支付当前急需支付或近期内需要支付的款项的能力,一般反映企业在10天或1个月内(视企业的业务量确定)用现金或银行存款支付资金需求的能力。支付能力是企业短期偿债能力和长期偿债能力的具体表现,也是判断企业应变能力大小的根据。

企业的每一笔业务,无论是投资增加、利润分配,还是生产经营、银行融通资金,都会引起现金的流入或流出。引起企业现金流入的业务有:经营活动收入,如产品销售、投资分利等;投资调整收入,如收回投资、出售股票债券、结构性资产转让收入等;筹资收入,企业发行股票债券、长短期贷款等。引起现金流出的业务主要有:经营性支出,如采购原材料、各项费用支出、利息支出等;投资性支出,如购买股票债券、购置固定资产、归还长短期借款等支出;筹资活动支出,如发放股利、筹资费用等。企业的现金支付能力就是企业用现金收入来保证现金支出的能力。

企业每一笔具体的现金收支业务,反映在银行存款、应收票据、短期投资、短期借款、应付票据等会计科目的变化上。因此就具体某一结算日来讲,企业的现金支付能力是在计算出资产负债表中货币资金、应收票据、短期投资、短期借款、应付票据各项数据的基础上,按照下面公式求得:

企业的现金支付能力=货币资金+应收票据+短期投资-短期借款-应付票据

如果企业的现金支付能力为正,表示企业拥有现金或现金存款,企业的各项现金收入之和大于现金支出之和;企业现金支付能力为负表示企业缺乏支付资金,不能满足生产经营或投资对现金的需要,企业依靠短期借款或透支维生。

企业现金支付能力的另一计算方法,是根据企业长短期资金平衡情况,按下面公式求得:

企业现金支付能力=营运资本-营运资金需求

营运资本是企业长期资金占用和长期资金来源相平衡之后的结果,营运资金需求是有流动资产抵偿流动负债之后的结果,而二者的平衡最终反映在现金支付能力上。因此现金支付能力不但是评价企业资金平衡情况的重要依据,而且也是企业有无长短期偿债能力的集中表现。在第5章分析企业的短期资金平衡情况时已经指出:营运资本为正、运营资金需求为负是企业现金支付能力最好的一种情况,营运资本和运营资金需求均为正,但营运资本大于运营资金需求的情况次之,而营运资本为负、运营资金需求为正是企业现金支付能力最差的一种情况。通过事先预测和计算企业营运资本和营运资金需求的增减变化情况,可以预测企业现金支付能力的变动情况。

在企业生产营运过程中,在没有增资扩股的情况下,引起企业营运资本增减变化的因素主要是企业的营业利润。企业是否拥有现金支付能力,取决于企业所实现的营业利润能否满足企业新增的运营资金需求,因此企业营运过程的现金支付能力,是企业营业利润去掉新增流动资金需求之后的余额,即:

营运过程的现金支付能力 = 营业利润 - 新增运营资金需求

四、或有事项披露标准

或有负债是企业可能承担的债务,其是否实际发生取决于未来某一事项是否发生,如未决诉讼,企业被起诉赔偿,如企业胜诉,就免除债务,一旦败诉,则面临债务负担。

对或有事项,应按下列要求披露。

(一)或有负债的类型及其影响,包括:

1. 已贴现商业承兑汇票形成的或有负债;

2. 未决诉讼、仲裁形成的或有负债;

3. 为其他单位提供债务担保形成的或有负债;

4. 其他或有负债;

5. 或有负债预计产生的财务影响;

6. 或有负债获得赔偿的可能性。

(二)如果或有资产很可能会给企业带来经济利益,则应说明其形成的原因及其产生的财务影响。

五、调整事项的处理标准

调整事项的处理方法包括编制调整分录的方法、会计报表相关项目的调整方法。

以下是作为调整事项的具体实例,下列所有例子均是针对上市公司而言的,并假定财务报告批准报出日均为次年 4 月 30 日,所得税率为 33%,资产负债表日计算的税前会计利润等于按税法规定计算的应纳税所得额。公司按净利润的 10% 提取法定盈余公积,按净利润的 5% 提取法定公益金,提取法定盈余公积和法定公益金之后,不再做其他分配。

例如,海达公司 2002 年 4 月销售给田光公司一批产品,价款为 62000 元,田光公司于 5 月份收到所购物资并验收入库。按合同规定田光公司应于收到所购物资后 1 个月内付款。由于田光公司财务状况不佳,到 2002 年 12 月 31 日仍未付款。海达公司于 12 月 31 日编制 2002 年度会计报表时,已为该项应收账款提取坏账准备 2900 元,12 月 31 日资产负债表上"应收账款"项目的余额为 80000 元,"坏账准备"项目的余额为 4000 元;该项应收账款已按 62000 元列入资产负债表"应收账款"项目内。

海达公司于 2003 年 3 月 2 日收到田光公司通知,田光公司已进行存产清算,无力偿还所欠部分货款,共计海达公司可收回应收账款的40%。海达公司在接到田光公司通知时,首先判断这属于资产负债表日后事项中的调整事项,并根据调整事项的处理原则进行如下处理:

(一)补提坏账准备。

应补提的坏账准备 = 62000 × 60% - 2900 = 34300(元)

借:以前年度损益调整　34300 元

　贷:坏账准备　34300 元

(二)调整应交所得税。

借:应交税金——应交所得税　(34300 × 33%) = 11319(元)

　贷:以前年度损益调整　11319 元

(三)将"以前年度损益调整"科目的余额转入利润分配。

借:利润分配——未分配利润　22981 元

　贷:以前年度损益调整　(34300 - 11319) = 22981(元)

(四)调整利润分配有关数字。

借:盈余公积　3447.15 元

　贷:利润分配——未分配利润　(22981 × 15%) = 3447.15(元)

(五)调整报告年度会计报表相关项目的数字(为便于比较,假设根据2002年12月31日存在状况编制的会计报表的数字在"调整前"栏反映,按照资产负债表日后发生的调整事项调整后的数字在"调整后"栏反映)。

(六)调整2003年3月份资产负债表相关项目的年初数。海达公司在编制2003年1、2月份的会计报表时,由于发生了资产负债表日后调整事项,海达公司除了调整2002年度会计报表相关项目的数字外,还应当调整2003年3月份资产负债表相关项目的年初数。

第7章　抓牢生死攸关的“制动器”——财务控制管理

第一节　财务控制管理工作要点

一、企业内部控制的内容

1.会计内部控制。

会计控制主要包括：

（1）合规、合法的凭证及传递程序；

（2）会计业务处理程序，即从填制、登记账簿到编制报表等的一系列的方法和程序；

（3）会计复核与会计监督等。

2.财务内部控制。

财务控制是通过企业资金运动状况的监督与分析，来对企业中各级部门及人员的活动与工作所实施的控制，主要包括：

（1）预算控制，如货币资金控制、债权债务控制、成本费用控制等；

（2）财产物资管理，如存货管理、固定资产管理等；

（3）会计报表分析等。

二、企业内部会计控制的作用

1.保证授予的会计职责能够有效地履行。

2.规范单位会计行为，保证会计资料的真实性。

3.保护资产的完整性和安全性。

4.保证会计记录的可靠性。

5.及时为企业提供可靠的财务信息。

6.防止并及时发现，纠正舞弊行为。

7.避免不必要的风险和损失。

8.减少成本并确保企业赢利。

9.确保国家有关法律、法规和单位内部规章制度的贯彻执行。

10.保证并促进单位业务活动的健康运行。

三、企业内部管理控制系统的分类

集团母子企业财务控制系统是由财务人员控制系统、财务制度控制系统、财务目标控制系统和财务信息控制系统等构建成的有机整体。

(一)财务人员控制系统

提高集团母子企业财务控制效率的有效途径是对子企业财务人员的控制。母企业对子企业财务人员的控制通常可采取3种方式。

1. 委派制

子企业的财务负责人由母企业直接委派;子企业的财务人员列为母企业财务部门的编制人员;子企业的财务机构作为母企业财务部门的派出机构,负责子企业的财务管理工作,参与子企业的经营决策,严格执行母企业财务制度,并接受母企业的考评。

2. 指导制

指导制即子企业的财务负责人由子企业总经理提名,由子企业董事会聘任或解聘。母企业只能通过子企业股东会、董事会影响子企业财务负责人的产生;同时,母企业财务部门只能对子企业财务部门进行业务上的指导,无权对子企业财务部门发布命令。

3. 监督制

在这种制度下,子企业在决定自身财务部门的设置上有很大的自主权,母企业基本不干预。但母企业向子企业派出财务总监或财务监事,负责监督子企业的财务活动。

(二)财务制度控制系统

以财务权力和责任为核心的内部财务制度是集团企业开展财务活动的行为准则,也是集团企业实行科学财务管理的前提条件。

集团企业内部各层次的财务制度均应突出企业权力机构(股东会)、决策机构(董事会)、执行机构(经理层)财务管理部门四层次的财务权限和责任,包括它们各自在筹资决策、投资决策、收益分配决策等各项财务活动中的权限和责任,以实现企业内部管理制度化和程序化。

(三)财务目标控制系统

1. 财务目标评价系统

财务目标评价系统是以母企业财务目标为基础制定的母子企业财务评价体系。应围绕集团企业股东财富最大化的理财目标,建立以评价获利能力为主体,评价偿债能力、资产营运效率和发展能力为辅助的财务目标评价系统。集团母企业的财务目标确定后,便可按照目标管理的办法,将总体目标层层分解到各子企业,实行层层目标控制,以确保集团企业整体目标的实现。

2. 资金控制系统

(1)现金控制系统。对大中型企业集团而言,设立内部银行是集团母子企业实施现金控制的有效手段。内部银行是集团企业借用商业银行的结算、信贷和利率等杠杆而设立的集团母企业财务部门的内部资金管理机构。它是内部结算中心、内部信贷中心、内部资金调剂中心、内部信息反馈中心的复合体,通过其自身的业务活动向有关方面提供可靠的财务信息。

(2)筹资控制系统。在集权管理模式下,母企业和各子企业的对外筹资由内部银行统一对外筹措，各子企业无权对外筹资；在分权管理模式下，子企业可在授权范围内对外筹资，但必须把筹集的资金统一存入内部银行。筹资控制系统的重点是借款控制，包括借款审批程序控制、借款总量控制和负债比率控制。

(3)投资控制系统。投资控制系统与借款控制系统基本相同，所不同的是它包含的内容除了投资项目审批程序控制和投资总量控制外，还包括投资方向控制和投资风险控制。

3. 收益控制系统

(1)统一会计政策。为保证收益质量，集团企业不仅要选用恰当的会计政策，而且母企业与各子企业所选用的会计政策应该一致。

(2)盈余管理策略。盈余管理是选择使会计收益达到某种结果的会计政策。盈余管理有别于利润操纵，它是企业为实现理财目标而采用的管理策略。在法律制度允许的范围内，集团企业股东和经营者对财务报告收益在一定程度上进行控制，其主要手段是选用适当的会计政策，通过对企业生产经营活动的调控和关联交易等方式，目的是通过节税等形式实现企业整体收益的最大化。

(四)财务信息控制系统

1. 财务信息报告制度

母企业应制定子企业的财务报告制度，包括事前报告制度和事后报告制度。各子企业在进行重大经营决策前，必须在事前向母企业报告。

2. 内部审计制度

集团母企业应设立内部审计部门，加强对子企业的财务审计、年度审计和子企业经营者的离任审计。一旦发现问题应及时报告、及时纠正，并对责任人加以处罚，以形成集团企业内部自上而下的监督制约机制。

3. 财务网络电算化

(1)记账凭证录入分布在各工作站上同时进行，提高了财务信息的及时性。

(2)各子系统可以自动转账，形成统一的总账库，能减轻转账工作量，既增加了转账的准确率，又提高了转账速度。

(3)主管领导可方便查询各种财务数据，并通过应用软件随时制成各类统计分析资料与财务分析报告，为高层领导的经营决策提供及时可靠的数据。

第二节 财务控制管理规范化制度

一、企业财务控制制度模板

□ 总则

第一条 为了适应社会主义市场经济的需要，加强企业财务管理内部控制，规范企业财务行为，提高经济效益，本企业根据《企业财务通则》的规定，结合企业的实际情况，制定本制度。

第二条　本企业财务管理由财务部负责，其基本任务和方法是，做好各项财务收支的计划控制、核算、分析和考核工作，依法合理筹集资金；参与经营投资决算；有效利用企业各项资产；努力提高经济效益。

第三条　建立和健全企业内部控制制度。内部控制是为了保护企业资产的安全完整和有效运用，保证会计资料的有效运用，保证会计资料的真实可靠，提高经济管理水平和效益，而在企业内部所采取的一系列组织规则、业务处理程序以及其他调节方法和措施的总称。内部控制制度一般分为内部会计控制制度和内部管理控制制度两类。

第四条　本企业内部控制的基本原则是，经济（资产）承包责任制与现代企业管理相结合，相互制约与分工合作相结合，具体原则有：

（1）权力分隔。每一项经济业务的处理程序，不能由一个部门和一个人全部包办，以防止差错和弊端。

（2）合理分管。实行账物分管、钱账分管，印鉴分管、钥匙分管等。

（3）审批稽核。任何经济业务的处理都要有明确的授权与审批，同时也要经过财务部门的稽核。

（4）责任明确。各部门和人员职责分明，以使任何情况都能联系到个人责任。

（5）凭证控制。建立和健全凭证制度及严格传递程序，指导会计资料归档。

（6）例行核对。对每一项经济业务和会计记录，都要进行核对，以保证账证、账账、账表、账物、账款核对一致。

□ 资金筹集

第五条　本企业筹集的资本金为国家投入的国家资本金；本企业所属企业筹集的资本金，为本企业的法人资本金。

第六条　资本金是生产经营期间，投资者除依法转让外，不得以任何方式抽走。如需增资，应经企业董事会研究决定，依照法定程序报经工商行政管理部门办理注册资本变更登记手续。

第七条　本企业和所属企业的所有者权益除实收资本外，还包括资本公积、盈余公积和未分配利润。其中资本公积和盈余公积经企业董事会研究决定，可以按照规定程序转增资本金。

第八条　本企业或所属企业，通过负债方式筹集的资金，分为流动负债和长期负债。

（1）流动负债，包括短期借款、应付及预收账款、应付票据、其他应付款等。其中，应付及预收账款、应付票据等负债，应由销售或营业部门负责，财务部门积极配合；短期借款及其他负债则由财务部门负责筹措其发生和偿还；各部门自行筹措的短期性借款，除总经理批准的以外，不负责偿还。

（2）长期负债，包括长期借款、应付债券、长期应付款等，均由总经理授权，由财务部门负责筹措其发生和偿还。

（3）财务部门在筹短期借款、长期借款等负债时，应考虑是否有利于生产经营或投资项目及财务风险等情况。

□ 财务收支内部控制

第九条 企业各部门要在财务部的指导下，编好月份和年度现金（包括银行）收支预算。月份提前一周、年度提前一月编报财务部。

第十条 企业所属企业要在财务部门的指导下，编好月份和年度资金上交与下拨及企业往来的财务收支预算。月份提前一周、年度提前一月编制报财务部。

第十一条 财务部门和所属企业财务收支预算汇总，加上企业现金和转账部分，即为全企业的财务收支预算，经总经理批准后执行。

第十二条 凡预算外的财务收支，需单列项目报告总经理批准后办理。

第十三条 建立定额备用金制度。

第十四条 各部门零用现金定额规定如下：

生产部：××元。

经销部：××元。

综合部：××元。

工程部：××元。

办公室：××元。

第十五条 对各部门零用现金实行限额开支审核报销办法。

（1）各部门单项支出在1000元以下的，先备用现金开支，然后汇总填制《备用金支付单》，将取得合法的发票单据附在后面，经本部门负责人签批后，到财务部门办理审核报销手续，由会计填制《付款凭证》，凭此到出纳处领取现金，以补充部门备用金。

（2）各部门单项支出在1000元以上的，不能在备用金中支付。应由用款部门填制《请款单》，经规定的负责人签批后，到财务部门办理预支款手续，由会计填制《付款凭证》（或以《请款单》第二联代《付款凭证》），凭此到出纳处领取支票或现金。

（3）用款部门在购置物品验收或付费等业务手续办妥后，应及时将取得合法的发票单据（在发票背面要注明用途，有经办人、验收人、主管签字）附在原《请款单》存根联后面，到财务部门办理单项报销审核手续。如预支款项与实际支付不一致时，应在报销时办理多退款（或少补款）手续。

（4）单项在1000元以下的零用金支出，所取得的发票单据要在月末之前及时报销，不得跨月。

单项在1000元以上的支出，所取得的发票单据要及时报销，不得挂账。

第十六条 执行按签批金额权限审批付款。

（1）2000元以上支出，由各部门负责人审核后报总经理审核批准。

（2）专项用途资金支出，在确定的金额内，由总经理或分管副总经理审核批准。

（3）2000元以下办公支出，由财务部门审核批准。

（4）因经营需要代收代付款项，由财务部审核批准，但必须坚持先收后付，不改变原款形式用途原则。

□ 货币资金内部控制

第十七条 在财务部门设置专职出纳员，负责办理货币资金（现金、银行存款）的收付业务。会计不得兼任出纳。出纳不得兼任其他业务工作，除登记现金、银行日记账外，不得保管凭证和其他账目。

第十八条　加强对现金的稽核管理，所有现金（包括银行存款）业务收入，应凭收入凭证和收入日报表，并经内部稽核和兑换外币。

第十九条　控制现金的使用范围，按照国家现金管理规定，库存现金只能用于工资性支出、个人福利劳保支出、农副产品收购、差旅费、零星开支、备用金及银行结算金额起点以下的小额款项。其他特殊情况使用现金需经总经理和财务部门批准。

第二十条　严格付款审批和支票的签发。所有付款均应按审批金额权限由两人以上有关人员办理。付款支票必须经过两人或两人以上的签章方为有效。财务和支票专用图章，必须分别掌管，不得由一个人包办。不准开出“空头支票”和“空白支票”，开出支票要进行登记。

第二十一条　收付款项要通过会计填制《记账凭证》，所有现金和银行存款的收支都必须通过经办会计在审核原始凭证无误后填制《收付凭证》，然后由出纳检查所属原始凭证是否完整后办理收付款，并在收付凭证及所附原始凭证上加盖“收讫”或“付讫”戳记。

第二十二条　遵守核定的现金库存限额和银行结算纪律，按日常 3 ~ 5 天开支的现金需要量核定现金库存限额，不得超过，不准以白条抵库存。企业单位之间的经济往来，一般应通过银行进行转账结算；不准出借银行账户和套取现金。

第二十三条　及时登记现金、银行存款日记账和结账，现金日记账按币种设置，银行日记账要按账号分别设置，每日要结出余额。库存现金的账面余额要由出纳同实际库存现金每日核对相符。银行存款账面余额要由会计每月与银行对账单核对调节相符。

□ 对外投资内部控制

第二十四条　长期投资项目要在市场预测的基础上，立项进行可行性研究，考虑资金的时间价值和投资的风险，经经理办公会研究决定后进行，并由总经理授权负责长期投资项目的部门和主要负责人。对外合资合作参股项目，必须严格按照国家有关规定办理海关、工商、税务等手续。财务部门要为决策提出参考意见，履行严格的财务手续，督促、检查项目的执行效益情况。

第二十五条　健全股票、债券和投资凭证登记保管和记名登记制度，主管长期投资的业务部门要由两人以上的人员共同管理，对股票、债券和投资凭证的名称、数量、价值及存放日期做好详细记录，分别建立登记簿，除无记名证券外，企业购入的证券应尽快登记于企业名下，切忌登记于经办人员名下。

第二十六条　对长期投资业务做好详细记录，建立定期盘点制度。对所属企业，每隔半年（经营年度）清点（清理）一次资产负债和检查经营情况；对非控股企业必须每年进行一次投资和收益检查工作。对股票和债券投资，由财务部门做好会计记录，对每一种股票和债券分别设立明细账，并记录其名称、面值、证券编号、数量、取得日期、经纪人（证券商名称）、购入成本、收取的股票和利息等。对个别其他投资也应设置明细账，核算投资及其投资收回等业务。每年至少组织一次清查盘点，保证账实相符。

第二十七条　如长期投资出现亏损或总经理认为有必要时，企业视情况授权财务部门或委托会计师事务所，对亏损单位或项目进行审计，并据此对亏损予以确认，做出处理决定。

第二十八条　企业所属企业因故撤销、合并、出让时，应按《企业法》的有关要求，认真做好债权债务的清理工作。

第二十九条　短期投资业务，要由总经理授权的主管业务部门和主要负责人办理该项业务。一般按照经办提出→主管审核→总经理批准→实际投资→验收登记到期收回等程序办理。

第三十条　有价证券的会计记录、登记保管、定期盘点等制度可参照长期投资办法进行。

第三十一条　短期投资如出现亏损，企业授权财务部门对业务部门经营情况进行审计，并报总经理批准列亏。如出现较大亏损，企业可委托会计事务所对该经营项目进行审计。

第三十二条　对外大额存款业务，由总经理授权财务部门负责办理。一般按信用调查→利息比较→主管审查→总经理批准→对外存款→到期收回等程序办理。

第三十三条　对大额存款利息商定要有两人在场，还款收回、利息收入等要做好详细记录，及时入账，要注意合法性和正确性。

□ 销货与收款内部控制

第三十四条　企业销货业务应统一归口由销售或营业部门办理，其他部门及人员未经授权不得兼办。销售业务一般按接受订单—通知生产→销货通知→赊销审查→发（送）货→开票→收票结算等程序办理。

第三十五条　销售或营业部门根据生产经营目标和市场预测，编制销售或营业收入计划，承接购货客户的《订货单》通知生产部门组织生产、加工等业务工作。

第三十六条　销售发票由财务部门专人登记保管，负责给销售或营业部门开票、发出销货通知给仓库发货或运输部门发运或送货。

第三十七条　销货业务的货款，应全部通过财务部门审核结算收款，在发票上加盖财务收款专用章。赊销业务应经过信用审查，财务部门应将销货发票与销货单、订货单、运（送）货单相核对。

第三十八条　由销货或营业部门制定价格目录或定价办法及退货、折扣、折让等问题的处理规定，由财务部门进行审核监督。

第三十九条　销货业务发生的退货、调换、修理、修配等三包事项，同样通过销货或营业部门按规定办法办完业务手续后，凭证由财务部门办理结算或转账手续。

□ 购货与付款内部控制

第四十条　企业的购货业务应统一归口由供应部门负责办理，其他部门及人员未经授权不得兼办。购货和付款业务一般按请购→订货→到货→验收→付款等程序办理。按合同承付货款有据，拒付有理。

第四十一条　供应部门应根据生产经营需要和库存情况编制采购供应计划，对计划采购订货要签订合同或订货单。合同订单要求条款清楚、责任明确、内容全面，按合同承付货款有据，拒付有理。

第四十二条　市场临时采购，由使用部门根据需求提出《请购单》报经供应部门审批后办理，较大采购项目必须报总经理批准。

第四十三条　所有购货业务要做到：情报准、质量好、价格低、数量清、供货及时、运输方便、就地就近。

第四十四条　采购货物，要由仓库和质量检验部门进行数量和质量验收，并由仓库保管员、质量检查员及有关负责人在验收单上签章。

第四十五条　购货付款手续，不论是计划合同订货还是市场临时采购，均由供应部门办理，按规定到财务部门办理请付款手续。

第四十六条　到货验收付款后，由供应部门请款经办人将审核无误的订货单、验收单、发票账单附在请款单第一联后，经有关业务主管审批后，到财务部门办理审核报销转账手续。

第四十七条　财务部门将从仓库签收一份验收单与供应部门报销转来的发票账单所附的一份验收单进行核对，以掌握购货业务的请款、推销及在途物资的情况。

□ 生产与费用内部控制

第四十八条　有关业务由生产部门负责。对于原材料的消耗及成本费用的发生和控制，应由生产部门和财务部门及所有相关部门建立成本责任制。严格成本费用的开支范围和开支标准，节约消耗、减少费用、降低成本，财务部门建立成本控制和成本核算制度。

第四十九条　建立严格的领退料制度，按技术消耗定额发料，按实际计算材料成本。

第五十条　加强人事和工资的管理，严格考勤，核实工资的计算与发放。正确处理工资及福利费的核算与分配。

第五十一条　重视制造费用发生的核算与分配。注意物料消耗、折旧费的计算、费用项目的设置等是否合法合理。

第五十二条　生产成本、运输成本、营业成本的计算要真实合理，不得乱挤乱摊成本。要划清产品与完工产品和本期成本与下期成本及各种产品成本之间的界限。

第五十三条　对期间费用（管理费用、财务费用、销售费用）的项目要合法合理，支出要符合开支范围的开支标准，凭证手续要正规。

□ 存货与仓库内容控制

第五十四条　加强存货和仓库的管理，建立仓库经济核算，搞好有关基础工作，做到账、卡、物、资金四一致。

第五十五条　对存货数量较大的企业，应实行“永续盘存制”。建立收发存和领退的计量、计价、检验及定期盘存（每半年一次）与账面结存核对的办法。其本期耗用或销货成本，按领发货凭证计价确定。

第五十六条　对存货实行永续盘存制有困难的企业，可实行实地盘存制，即期末存货没有明细账面余额。通过实地盘存来确定期末存货，其本期耗用或销售成本，按下列公式计算：

本期耗用或销货成本＝期初存货成本＋本期购货成本－期末存货成本

第五十七条　存货计价方法：

（1）按实际成本进行日常核算的，采用加权平均法计价。

（2）按计划成本进行日常核算的，采用计划价格计划，期末分摊价格差异。

第五十八条　领用低值易耗品，采用一次摊销。如一次领用数额较大，影响当期成本费用,可通过待摊费用分次摊销。对在用低值易耗品由使用部门和主管部门进行登记管理。

□ 工薪与人事内部控制

第五十九条　职工的聘用、解聘、离职和起薪及工资变动等事项,应由人事部门及时以书面凭证通知财务部门及员工所在单位,作为人事管理和计算工资的依据。

第六十条　工资的计算和支付,要严格按照考勤制度、工时产量记录、工资标准及有关规定,进行计算和发放,并根据工资总额和国家规定的标准,正确计提应付职工的福利费、职工教育经费、工会经费。

第六十一条　对职工的责任赔款,应由有关业务部门和人事部门根据劳动法规,并经职工本人签字同意后,方可转财务部门扣款。

第六十二条　领取工资应由本人签章。本人不在应由其指定人员和其同组人员代领,并由代领人签章。在规定期限内未领取的工资,应退回财务部门,待领工资记入"其他应付款"账户。

第六十三条　根据成本核算办法,将工资及职工福利费,按职工类别、工时产量统计和单位工资标准,合理分配,计入产品直接按工资成本、制造费用、销售费用、管理费用等有关账户。

□ 收入利润的内部控制

第六十四条　当期实现的主管业务收入(销售收入、运输收入、营业收入、经营收入)要全部及时入账,并和与之对应的销售成本、运输成本、营业成本、经营成本相互配比,减去当期应交的税金及附加和期间费用后的余额,即为主营业务利润,从而反映出企业的主要经营成果。

第六十五条　当期实现的其他业务收入要全部、及时入账,并和与之对应的其他业务支出相配比,求出其他业务利润。

第六十六条　按规定计算投资收益,对投资收益的取得要合法,确定要符合权责发生制,计算要合规,入账要及时,处理要恰当;对投资损失的计算要合法、正确,实事求是。

第六十七条　对营业外收支项目的设置要合法、合理,收支项目的数额要真实、正确,账务处理要恰当。

第六十八条　企业利润总额按照国家规定做相应调整后,依法缴纳所得税,然后按规定的顺序及一定比例进行分配。

第六十九条　企业发生年度亏损,可用下一年度的税前利润弥补,下一年度的利润不足弥补的,可以在 5 年内延续弥补。5 年内不足弥补的,用税后利润弥补。

□ 固定资产内部控制

第七十条　实行财产主管部门、财产使用部门和财产核算管理部门的分工负责制。

(1)财产主管部门:为本企业工程部门(或企业指定部门),负责固定资产登记管理、建设、购置、处置、报废等业务。

(2)财产使用部门:负责固定资产的合理使用、保管维修。

(3)财产核算管理部门:为本企业财务部,负责固定资产的核算、综合价值管理,每年组织清查盘点一次。

第七十一条 固定资产的建设与购置,一般按下列程序办理。

(1)申请购置:由使用部门提出增加固定资产的报告,交主管部门进行可行性研究后,提出购置报告。

(2)审核批准:报总经理审核批准。

(3)对外订货:由主管部门负责对外订货,签订建设安装工程合同。

(4)建设安装:由主管部门负责监督施工单位施工,按工程进度付款。

(5)验收使用:由主管部门组织验收,交付使用部门使用。

(6)结算付款:根据固定资产购置报告,订货、验收单、工程合同、完工交接单、竣工决算、发票收据等凭证单据由主管部门审核无误后报总经理批准,到财务部门办理付款结算手续。

第七十二条 固定资产的处理与报废。

固定资产的停用、出售或报废处理,均由保管使用部门提出意见交主管部门审核,报总经理批准后进行处理,并报财务部门审核后做财务处理。

□ 分析和考核

第七十三条 本企业或所属企业,可按照行业的特点,使用下列财务评价指标。

(1)流动比率=流动资产/流动负债×100%。

(2)速动比率=(流动资产-存货)/流动负债×100%。

(3)应收账款周转率=赊销收入/应收账款平均余额×100%。

(4)存货周转率=销货成本/平均存货×100%。

(5)资产负债率=负债总额/资产总额×100%。

(6)资本金利润率=利润总额/资本金总额×100%。

(7)营业收入利润税率=利润总额/营业收入×100%。

(8)成本费用利润率=利润总额/成本费用总额×100%。

第七十四条 本企业所属企业,可实行分部核算、子定目标、核定收入、控制成本、提高效益、责任考核、资产承包及超额有奖的办法,子定财务核销考核指标及具体管理办法。

□ 内部审计

第七十五条 企业设专职内部审计机构和人员,负责对企业各部门和所属企业的内部审计工作。

第七十六条 企业每年对所属企业进行一次年度例行审计。

第七十七条 如董事会或总经理认为必要,可随时对所属企业进行专项审计。

□ 附则

第七十八条 本制度经企业董事会批准,并报主管部门的财政、税务机关审核备案后,于××××年××月××日起实行。

第七十九条　本制度由企业财务部门负责解释和修订。

二、费用开支管理办法

第一条　目的

为加强公司财务管理，控制费用开支，本着精打细算、勤俭节约、有利工作的原则，根据国家规定和公司实际情况，特制定本办法。

第二条　费用开支计划

公司各部门、下属企业必须在每月月底根据下月工作计划制订本单位费用开支计划，由财务部门汇总、审核，经公司办公会议或总经理审批，即为公司当月的费用开支计划，并下达各单位费用开支指标。

第三条　审批权限

公司同时授予副总经理、部门经理对计划内费用开支的审批权限。

第四条　调整公司费用开支计划需留有弹性，并根据实施情况调整或变更授权。费用计划调整必须填写《费用调整申请表》，经财务部门、分管总监审核，总经理办公会议审批后方可做出调整。

第五条　内部收费管理

（一）公司完善分级管理、核算机制，实行内部收费核算办法。

（二）内部收费包括车辆使用、领用办公用品、文印通信等几项费用。

（三）费用标准见费用开支标准表中内部发生费用，列入目标计划管理考核和成本效益范围。

第六条　费用报销的一般要求

（一）发票必须是发票联和报销联，用复写纸复写或计算机打印，不得用圆珠笔或铅笔填写，存根联、发货联、记账联不能做报销单据。

（二）内容要齐全，抬头、日期、品名、单价、数量、金额等项目要填写齐全，字迹要清楚，金额要准确，大、小写要一致，涂改无效。

（三）印章要齐全，必须有收款单位公章（或收款专用章）及收款人签字（章）；事业单位的收据，要有财务专用章；企业和个体户的收据，必须是税务部门统一印制的收据。

（四）从外单位取得的原始单据（车、船、飞机票等），因保管不善，被盗、遗失，后果自负，不予受理。

第七条　本办法由财务部门制定，报总经理办公会议审核，总经理审批后执行。

三、费用开支管理标准

第一条　为便于掌握开支，根据有关规定，结合本公司实际情况，特制定出本开支标准。

第二条　差旅费

（一）公司员工出差乘坐车、船、飞机和住宿、伙食、市内交通费，按规定执行。各部门负责人应严格控制外出人员，并考虑完成任务的期限，确定出差日期。对因公外出人员均对号入座按标准办理应报销费用。如出差人员投亲靠友自行解决住宿问题，则按标准的40%计发给个人；如不足标准住宿的，按节约额的50%计发给个人；如超标准住宿的，超支部分一律由个人负担。

（二）工作人员出差的交通费一律按标准套用。具体对下列情况均以有关规定执行如下：

1. 乘坐火车，从晚上8时至次日晨7时之间，在车上过夜6小时以上的，或连续乘车时间超过12小时的，可购软席卧铺票。

2. 乘坐火车符合第1条规定而不买卧铺票的，节省下的卧铺票费发给个人，但为了计算方便，规定按本人实际乘坐的火车硬座票价折算成一定比例发给：（1）乘坐火车慢车和直快列车的，按特快列车硬席票价的50%发给。（2）符合乘坐火车软席卧铺条件的，如果改乘硬座，也按规定的硬座票价比例发给，但改乘硬卧的，不执行本条第（1）款的规定，也不发给软卧票价和硬卧票价的差额。

3. 工作人员趁出差或调动工作之便，事先经单位领导批准就近回家探亲办事的，其绕道车、船费，扣除出差直线单程车、船费（按出差人应享受标准），多开支的部分由个人自理。如果绕道车、船费少于直线单程车、船费时，应凭车船票价按实支报，不发给绕道和在家期间的出差伙食补助费、住宿和交通费。

4. 出差期间乘坐直达特别快车，暂按乘坐一般特别快车不坐卧铺补助的规定执行，即按硬座票价的45%计发补助费，因使用空调设备而另外加收的费用不计入票价之内。

5. 工作人员调动工作，核发差旅费以其调入地区执行标准计发。调入人员的交通、住宿、伙食补助除按公司规定执行外，其他开支参照有关规定执行。

6. 出差人员在出差地因病住院期间，按标准发给伙食补助费，不发交通费和住宿费。住院超过一个月的停发伙食补助费。

7. 公司工作人员参加在外地召开的各类会议，有会议主办单位出具的食宿费自理的证明，可回公司按出差标准领取伙食费补助；住宿费凭住宿处发票按公司规定标准执行，其余情况一概不领发有关费用。

8. 员工赴外地学习培训超过30天以上的部分，按职位标准的50%发给。

（三）员工探亲交通费按国家规定办法执行。

第三条　市内交通费规定

（一）市内工作交通费。

1. 员工在市内联系业务，公司不配给自行车、摩托车，又不能安排公司车辆者，凭乘坐的公共汽车票列明去向，公干事由经主管领导审核，成本中心负责人签字凭据报销。

2. 员工因在市内联系业务由公家配置自行车者，每月按10元标准将公车修理费包干到人，每辆车从购买之日起包干5年。5年内丢失、损坏一律自理，也不另发交通费及报销市内车票，由此影响工作的，责任自负。

（二）员工上下班交通费。

1. 员工居住地方距上班地点2公里以上，无公司班车接送上下班，公司又不配给自行车（或摩托车），可按公共汽车月票收据金额报销。

2. 符合第1条条件用私人自行车上下班者，每月按公共汽车月票金额发给自行车维修费。

3. 上述两类补助请各部门在员工报到上班后即将申请报告报行政部审批备案，每年年度终了后7天内，由各部门造册申报，行政部按备案记录结合考勤核批发放。

4. 对于不享受交通费补助的员工，经常因公骑私人自行车外出的，经各部门成本中心负责人批准，发给每月10元的自行车修理费。

第四条 加班、夜班、值班和误餐费的规定。

(一)加班费规定。

1. 法定节日(圣诞节、劳动节)因工作需要加班，按下列公式计发加班费：

(本人月工资 - 浮动工资25.5×200%)×加班天数

2. 法定假日以外平时因工作需要加班，按下列公式计发加班费：

(本人月工资 - 浮动工资25.5×150%)×加班天数

3. 员工加班要从严控制，事前报部门经理批准。加班只限于工程抢修、节假日值班和完成其他紧急生产任务等，但月累计不得超过48小时，超过48小时报总经理批准。

4. 员工加班后，可以补休而不领加班费，但必须办理补休的登记手续。

5. 员工出差期间，如遇法定节假日和超过工作时间的不计加班费。

6. 加班费经人事部审核后，由财务部门发放。

(二)夜班费规定。

员工在每日22时至次日6时之间上班工作，不能睡觉，夜班费每人每夜8元。

(三)误餐费。

市内员工到市区范围外工作(或反向途径)不能在公司或家里吃午餐者，由各成本中心负责人签字报销误餐费8元。报告列明时间、地点、工作内容，由人事部门审核，财务部门发放。

第五条 外勤津贴规定

(一)生产人员从事露天、井下、高空施工作业按出勤天数，每人每天津贴2元。当天出工在2~4小时者，按半天计发，不足2小时者不发津贴。

(二)管理人员和工程技术人员跟班作业，可以按生产人员标准领取外勤津贴。

(三)工程管理的基建办及业务部室外勘察人员、基建办安装人员、基建管理人员、财务部市内采购员、报关员、行政部食堂采购员等，按实际天数每人每天津贴1元(有勘察设计、安装提成奖领取者则停发该项津贴)。

(四)汽车司机的各类补贴另见专题发文。

第六条 其他福利待遇

(一)员工医疗费用报销按有关规定执行。但每单200元以上必须由财务部门经理审核。

(二)室主任、各类技师以上人员自用石油汽罐，凭据由行政部门审签到财务部门报销。

(三)本公司工作人员(含合同制员工)，每人每月发放洗理费25元、书刊费20元、水电补贴35元、物价补贴73元、粮价补贴20元、煤气补贴45元。

第七条 清凉饮料费规定(发放时间为每年5~10月)。

(一)发放范围为本公司工作人员(含合同制员工)。

(二)发放标准由人事部门和行政部门按批准预算确定，人数由人事部提供，具体由行政部安排报销。

第八条　员工计划生育按最新印发的有关规定执行。

第九条　员工服装补贴和发放，参照服装补贴和发放办法，凡是公司正式员工（含合同制员工）每两年发放夏装、冬装各一套。此外管理人员每年发领带一条；生产人员按劳动保护规定时限发放劳动防护用品。

第十条　对于临时去港人员费用开支标准和管理办法，按深府（1986）298 号文的规定执行。对于临时出国人员费用开支标准和管理办法按（84）财外字第 610 号文的规定执行。

第十一条　本规定解释权归公司财务部。

四、零用金管理细则

（一）有关零用金的设置划分如下：

1. 公司本部由财务部负责各单位的零星支付。

2. 工地总务组负责设置零用金管理人员，尽可能由原有办理总务人员兼办，必要时再行研讨设置专人办理。

（二）零用金额暂定工地每月经常保持 5 万元，将来视实际状况或减或增，再行研办。

（三）零用金借支程序如下：

1. 各单位零星费用开支，如需预备现金，应填具《零用金借（还）款通知单》，交零用金管理人员，即凭单支给现金。

2. 零用金的暂支不得超过 1000 元，特别事故者应由企业部门经理核准。

3. 零用金的借支，经手人应于一周内取得正式发票或收据，加盖经手人与主管的费用章后，交零用金管理人冲转借支。如超过一周尚未办理冲转手续且将该款转入经手人私人借支户，并于当月发薪时一次扣还。

（四）零用金保管及作业程序如下：

1. 零用金的收支应设立零用金账户，并编制收支日报送呈经理核阅。

2. 零用金每周应将收到的发票或收据，编制零用支出传票结报一次，送交财务部。

3. 财务部收到零用金支出传票后，应于当天即行付款，以期保持零用金总额与周转。

4. 财务部收到零用金支付传票，补足零用金后，如发现所附单据有疑问，可直接通知各部门经手人办理补正手续，如经手人延搁不办的照有关规定办理。

5. 零用金账户应逐月清结。

（五）零用金应由保管人出具保管收据，存财务部。如有短少概由保管人员负责赔偿。

（六）本细则经批准后实施。

五、财务报销制度模板

第一条　为了规范公司管理制度，尽量降低公司营运成本，合理控制公司经营费用，根据公司经营活动的特点，特制定本制度。

第二条　本公司费用报销的基本原则是计划管理、分级负责、层层把关。

(1)由各部门经理负责本部门人员费用报销的实质性、合理性的一级审查。

(2)由财务经理对报销票据的合法性进行二级审查。

(3)由总经理进行最后的审核批准。

第三条　本公司报销流程严格遵守计划管理:首先由需要支付费用的部门或个人先行填写《用款申请单》(列明费用的性质、费用的用途、费用的预计金额、款项支付预计时间等要素),先报部门经理审批同意后,报总经理审批,待取得总经理签署同意的《用款申请单》后方能执行。

第四条　费用发生过程中,原则上必须由两人或两人以上同时参与或执行,并互相监督和共同承担相关责任。

第五条　费用发生过程中,当事人应充分取得费用的相关单据,如合约或协议、合法的票据等。如因未能取得合法(被税务机关认可)的票据而遭受财务经理剔除的部分支出,公司原则上不予以承担,由当事人自行负责。

第六条　费用发生完毕后,当事人应及时将收集到的费用单据加以整理归类,采用公司统一印制的《费用报销单》规范粘贴,粘贴过程中应区别费用性质(如交通费、住宿费、餐饮费、招待费、办公费等)分类粘贴,便于归类计算和整理。

第七条　当事人在填写《费用报销单》时,应遵照"实事求是、准确无误"的原则,将费用的发生原因、发生金额、发生时间等要素填写齐全,并签署自己的名字,交共同参与的人员复查,并请其在证明人一栏上签署其姓名。《费用报销单》的填写一律不允许涂改,尤其是费用金额,并要保证费用金额的大、小写必须一致,否则无效。

第八条　当事人应将填写完整、附件齐全的《费用报销单》和已经审批过的《用款申请单》一起送交本部门经理进行审批,部门经理应重点对费用发生的真实性、费用预算金额与实际金额的差异合理性进行审查,部门经理审查无异议后,应在《费用报销单》部门经理一栏签署审批意见并签署部门经理的名字。

第九条　当事人将取得经过本部门经理审批签署后的《费用报销单》以及原审批的《用款申请单》送交财务经理进行审批,财务经理应重点对《费用报销单》后所附的原始发票和单据进行合法性审查,对费用金额的计算进行复核稽查。财务经理审查无异议后,应在《费用报销单》财务部门一栏签署审批意见并签署财务经理的名字。

第十条　当事人将取得本部门经理、财务部门经理审批签署后的《费用报销单》以及原审批的《用款申请单》一起,通过公司内部单据传递程序报送到公司总经理处,由总经理进行最后的审查和审批。总经理一般仅从《费用报销单》的形式要素上进行审查,看报销审批程序和相关人员的签字是否齐全、字迹是否真实。总经理审查无异议后,在《费用报销单》总经理一栏签署审批意见并签名。

第十一条　当事人取得审批齐全的《费用报销单》以及《用款申请单》后,应在3天之内送交财务部门的出纳员手上领取资金,出纳人员应对《费用报销单》进行审核,重点看报销单是否有涂改、费用的计算是否正确、后附的发票是否齐全合法、审批手续是否齐备。出纳人员在审核无误后方能付款。

第十二条　本管理制度的制定、修改和解释权属于公司董事会。

第十三条　本制度经公司董事长审批签署实施,修改时亦同。

六、费用报销审批制度

□ 总则

第一条 为严格控制费用支出，加强费用管理，提高公司效益，本着合理、节约的原则，根据公司财务管理制度的有关规定，制定本制度。

第二条 本制度中所称费用是指差旅费、市内交通费、业务招待费、通信费、办公费及其他费用等。

第三条 本制度适用对象为公司总监及以下人员，副总裁及以上高层管理人员费用按实报销，无出差补贴。

□ 备用金借支程序

第四条 各部门人员为保证公务的合理需要，按审批权限报批后，可向财务部预支一定数额的备用金。

第五条 备用金借支程序：借支人填制借支单，按规定权限审批后交费用会计编制记账凭证，由稽核岗位会计复核，出纳根据复核后的记账凭证，向借支人支付备用金，同时借支人必须在记账凭证上签字。

第六条 管理部门公务较多的人员可申请实行定额备用金制度，即可预支保证公务合理需要的一定限额备用金，报销时可不抵借支，直接支取现金。

实行定额备用金制度的人员必须经财务部和总裁认可。

第七条 备用金借支人必须在公务完毕后5个工作日内到财务部结清备用金，实行定额备用金的借支人必须每2个月结清一次。借支人必须按规定时限及时结清备用金，前款不清后款不借。

每年12月31日前，除12月下旬借支的备用金外，其余所有个人借支的备用金都必须结清归还，逾期不还的，一次或分次从工资中扣回。

第八条 借支单是财务账务处理的依据之一，除当日借支当日归还的以外，报销费用时借支单不予退还；归还多借备用金时，由出纳开具收据给报销者本人，借支单也不予归还，收据必须妥善保管备查。

第九条 备用金是为保证公务需要而设，因私不得借支备用金。

□ 费用报销程序

第十条 费用报销程序：报销人按下款要求自行粘贴票据并填制费用报销单或差旅费报销单，按规定权限审批后交费用会计编制记账凭证，由稽核岗位会计复核，出纳根据复核后的记账凭证向报销人支付报销款或收取归还的备用金余款；出纳收取归还的备用金余款必须向报销人开具收据，借支单不予退回；报销人领取报销款项必须在记账凭证上签字。

第十一条 所有票据必须是合法的正式发票。除定额票据外，其余票据都必须是经复写纸一次性套写清楚的票据，收据（财政票据除外）及白条不予报销。公务中因个人原因违章的罚款单据不予报销。

第十二条　原始票据的粘贴：交通票据等小票据的粘贴范围以粘贴单大小为界，必须紧靠粘贴单顶界和右界从右往左横向粘贴，覆盖粘贴的相邻票据间必须留出一定间隔距离，票据较多时，可分行粘贴，不得竖向粘贴。

第十三条　原始票据必须按交通票据、住宿票、招待票、通讯票等不同类别和不同金额，分门别类进行粘贴，不能混合粘贴。

第十四条　除交通票据外的其他票据，报销人必须在每张票据正面空白处注明票据金额开支的用途并签名。装卸费、运杂费、仓租费、保险费等票据必须注明业务流水号或出口发票号并签名。

第十五条　不符合上述规定要求的报销单据，财务部有权退回，要求报销人重新整理。

第十六条　费用报销后，由财务部记入个人费用登记簿，按月上报总裁审核。业务员的费用列入个人销售费用进行成本考核。

□ 审批权限

第十七条　备用金借支和费用的报销金额在 2000 元（不含本数）以下的，由部门经理确认，总监或主管副总裁审核，财务部经理复核后，报总裁审批。

第十八条　备用金借支和费用的报销金额在 2000 元（含本数）以上的，由部门经理确认，总监或主管副总裁审核，财务总监核准后，报总裁审批。

第十九条　部门经理的备用金借支和费用报销由总监或主管副总裁审核确认，按第十七、十八款规定权限分别报财务部经理或财务总监审核后，报总裁审批。

第二十条　总监或副总裁的费用报销由财务总监审核后，报总裁审批。

第二十一条　财务总监和总裁、董事长的费用报销交叉审批。

□ 出差补贴标准

第二十二条　公司员工出差应严格履行报批手续，未经批准不得自行出差，自行出差或因私出差所发生的差旅费均由其本人自行承担，公司不予报销。

第二十三条　公司各部门应严格控制出差人数，并考虑其完成任务的期限，确定合理出差日期，逾期出差应向上一级主管负责人报告，对因公出差人员，按相应标准报销出差费用。

第二十四条　长途出差交通工具乘坐标准：

级别	飞机	火车	轮船
总监	普通舱	硬卧及以上	二等舱及以上
部门经理	——	硬卧	二等舱
主管及以下	——	硬卧	三等舱

第二十五条 出差补贴实行全额包干制。

第二十六条 宾馆或酒店标准：

级别	宾馆或酒店标准	客房标准
总监	四星级	标准客房
经理	三星级	标准客房
主管及以下人员	无星级	标准客房

除本制度另有规定外，公司其他任何员工不得住标准客房以外的各类特色房、普通套房和豪华套房等高标准客房。

考虑到全国各地住宿实际情况的不同，为避免因住宿标准制定过低，给住宿带来困难，不利于工作开展，给公司形象带来负面影响及增加个人负担，个人单独出差实际住宿费高于规定包干住宿标准的，如住本条上表规定的标准及以下客房的将被视为合理住宿，允许按实报销；公司员工应尽量选择低星级的宾馆或酒店住宿，以减少开支。

第二十七条 出差人员的住宿费在住宿标准内据实报销，超支部分自理，规定标准内节约部分按60%返还。公司员工出差无住宿发票的，按实际住宿天数，每人每天按照包干总额的40%给予补助。但参加包括住宿、市内交通与生活费用在内的会议和由邀请方承担费用的会议，不享受任何补助。

第二十八条 出差人员当日有招待费发票的，当日不计算伙食补贴；当日有出租车票的，当日不计算交通补贴。招待费发票日期栏必须填写清楚并说明招待事由，招待费发票未注明日期的，一张招待费发票视同一天发生招待费，并不予计算伙食补贴；出租车票必须注明往返地点及用车事由，出租车票无日期的，且出租车票数量超过出差天数2倍及以上的，出差期间不予计算交通补贴。

第二十九条 出差人员的交通补贴、伙食补贴天数按出差自然天数减去一天计算，即算头不算尾；住宿补贴按实际住宿天数计算。

第三十条 出差人员超标准乘坐交通工具必须经总裁签字同意方可报销，并必须事先请示；飞机票、软卧火车票、头等舱轮船票必须经总裁签字同意方可报销。

第三十一条 公司员工出差夜间（指晚8时至次日凌晨7时）连续乘坐硬坐火车超过8小时以上的，可给予夜间乘车补贴，补贴标准为票价的50%。

第三十二条 长途交通票据如果遗失，必须写出书面报告，且有1人以上同行人员或有关人员签字证明，经部门经理签署意见，报总监或主管副总裁、财务总监、总裁审批后，按票价的50%报销。

第三十三条 公司员工随同主管及以上级别人员一同出差，其住宿标准可按主管及以上级别人员相应标准执行；公司员工随同副总裁及以上级别人员一同出差，原则上不予发放伙食补贴和交通补贴。

第三十四条 司机带车出差且当天不能返回的，实行每天住宿、生活补贴包干，不享受交通补贴，标准参见一般员工包干标准。

第三十五条 公司员工出差途中，经批准可绕道回家探亲，其绕道车船费扣除直线单程车、船费后全部自负，在家期间不享受伙食补贴、住宿补贴和交通补贴。

公司员工在私房（家）所在地或父母所在地出差，不享受住宿补贴，伙食补贴减半发放,交通补贴仍按标准发放。

第三十六条　公司员工在出差地因病住院期间,按标准发给伙食补贴,不发住宿补贴和交通补贴,住院超过 1 个月的停发伙食补贴。

第三十七条　出国人员差旅费的报销严格按照财政部、外交部(92)财外字第 1100 号文件执行。

□ 市内公共交通费标准

第三十八条　市内交通费是指公司员工在公司所在地办理公务所发生的交通费(包括公共汽车费和出租车费),公司员工上下班或因私所发生的交通费不在此列。

第三十九条　市内出租车费报销标准:

部门级别	每月限额
营销部门总监	400 元
经理	300 元
综合部门总监	300 元
经理	200 元

限额以下凭票据实报销,差额不补。

第四十条　凡市内办理公务的主管及以下人员,一般只能乘坐市内公共汽车,特殊情况下需要乘坐出租车的,事先必须取得部门经理的批准。

第四十一条　所有因公报销出租车费用的员工,必须在出租车票背面注明往返地点及用车事由。

第四十二条　报销的市内公共交通费严格限定为办理公务所发生的交通费,不得将个人上下班交通费混同报销,如经发现将追缴当次报销的所有市内公共交通费,第二次发现将予以通报批评,第三次发现将移交人力资源部处理。

□ 通信费标准

第四十三条　通信费是指因公使用通信工具而发生的费用,包括移动电话、寻呼机等。通信费一律实行凭票限额包干报销制。

第四十四条　移动电话是指入网电话,充值卡不予报销。使用移动电话的员工,其裸机的购置费及上户费等一律由使用者本人负担。

第四十五条　通信费报销标准:

部门级别	每月限额
营销部门总监	600 元
经理	400 元
主管	300 元

续表

部 门 级 别	每 月 限 额
业务员	200 元
综合部门总监	500 元
经理	300 元
主管	200 元
特别岗位	200 元

限额以下凭话费单据实报销,差额不补;享受通信费补贴的出差人员的国内漫游费按 80% 据实报销,其当月话费单除国内漫游费外,其余话费按规定标准报销,超支月份不弥补不足月份的通讯费。

综合部门特别岗位人员必须由部门上报,经总裁批准确定。

第四十六条 享受通信费报销标准的人员必须保持 24 小时(含节假日)通信畅通。

□ 业务招待费标准

第四十七条 业务招待费是指因工作需要招待客户和有关部门人员而发生的费用。

第四十八条 各部门人员因公接待外单位人员,建议安排工作餐,需要到外面宴请的,必须事先取得部门经理、总监或主管副总裁同意,否则不予报销。部门需安排接待工作餐的,必须经部门经理、总监或主管副总裁批准并报行政办公室登记备案,记入部门招待费。

第四十九条 各部门人员因公出差确需应酬的,必须事前电话请示部门经理、总监或主管副总裁同意,限额接待。

第五十条 招待费发票日期栏必须填写清楚并说明招待事由。

□ 办公费标准

第五十一条 办公费是指办公用品、印刷品及其他办公物料等项目的支出。公司办公费统一由行政办公室指定专人进行控制与管理。各部门年初编制预算,按月分解编制,经研究核准后,必须在限额内领取使用,超支不报。

第五十二条 各部门申请购置办公用品、印刷品时,需注明用途、数量、规格型号,行政办公室需查明是否可调节使用,再确定是否购买,报行政总监审批后执行。

第五十三条 行政办公室负责办公用品领发的人员,每月需填报办公用品、印刷品的领、发、存报表,按部门分类归档,报送财务部和各有关部门。

□ 其他费用标准

第五十四条 误餐补贴。公司员工根据公司规定,免费享受工作午餐,如员工在市内办理公务,因故不能返回享受工作午餐的,按工作餐标准给予误餐补贴,但陪同宴请客户及市外出差人员不享受误餐补贴。

误餐补贴由行政办公室负责发放,公司员工凭领取的未使用的工作餐券每月最后一天到行政办公室换取现金，由行政办公室统一到财务部报账。

第五十五条　礼品费。因工作特殊需要，需赠送有关部门人员或客户礼品的，必须经总裁同意由行政办公室统一采购，个人不得私自赠送礼品。

第五十六条　加班费。加班费由人力资源部按国家和公司有关规定办理，月底随同工资一起发放。

第五十七条　司机出车补贴。司机工作时间（9:00～17:00）在市区内出车，不计算出车补贴；司机工作时间以外加班，视不同情况分别处理。

（1）加班取件：按实际用车时间，填写加班单，行政办公室统一上报，由人力资源部计入当月工资发放。

（2）接送客户：只负责接送客户，按加班取件办法处理；全程跟车陪同客户的，原则上不得随同客户一起用餐和娱乐，司机用餐必须自行解决。

①司机自己解决用餐的，公司按工作餐标准发放伙食补贴，并按实际用车时间（含等候时间）计算加班补贴。

②司机随同客户一起用餐未与客户一起娱乐的，不计算伙食补贴，但按实际用车时间（含等候时间）计算加班补贴。

③司机随同客户一起用餐和娱乐的，不计算伙食补贴，但按实际接送时间（不含等候时间）计算加班补贴。

（3）其他情况：按加班取件办法处理。

（4）司机双休日和节假日加班，参照以上规定及国家、公司有关规定办理。

□ 附则

第五十八条　主管及以上人员的职务以人力资源部的正式聘任通知为准，对外使用的职务不对内使用，也不享受本制度规定的各项对应级别标准报销有关费用。

第五十九条　休探亲假人员的费用报销标准按人力资源部的规定执行。

第六十条　备用金借支和报销单据的审核，财务部随时受理，但报销款的领取时间为每周星期二、四，其余工作日财务部不办理。

第六十一条　本制度自修订之日起实行。

第六十二条　本制度由财务部负责解释。

七、财物盘点制度模板

第一条　目的

为了保证存货及财产盘点的正确性，盘点事务处理有所遵循，并加强管理人员的责任，以达到财产管理的目的，特制定本办法。

第二条　盘点范围

1. 存货盘点：指原料、物料、在物品、制成品、商品、零件保养材料、外协加工料品、下脚品的盘点。

2. 财务盘点：指现金、票据、有价证券、租赁契约的盘点。

3. 财产盘点：指固定资产、保管资产、保管品等的盘点。

(1)固定资产:包括土地、建筑物、机器设备、运输设备、生财器具等资本支出的购置者。

(2)保管资产:凡属固定资产性质但以费用报支的杂项设备。

(3)保管品:以费用购置者。

第三条　盘点方式

1.年中、年终盘点:

(1)存货:由资材部门或经管部门会同财务部门于年终(中),实施全面总清点一次。

(2)财务:由财务科与会计科共同盘点。

(3)财产:由经管部门会同财务部门于年终(中)时,实施全面总清点一次。

2.月末盘点:

每月末所有存货由经管部门及财务部门实施全面清点一次(经管项目500项以上的,必须重点盘点)。

3.月份检查:

由检核部门(总经理室)或财务部门照会其部门主管后,会同经管部门,做随机抽样盘点存货。

第四条　人员的指派与职责

1.总盘人:由总经理担任,负责盘点工作的总指挥,督导盘点工作的进行及异常事项的裁决。

2.主盘人:由各事业部部主管担任,负责实际盘点工作的推动及实施。

3.复盘人:由总经理室视需要指派,与事业部经管部门的主管(含科长、厂长、处长),负责盘点监督之责。

4.盘点人:由各事业部财务经管部门指派,负责点计数量。

5.会点人:由财务部门指派(人员不足时,由间接部门支援),负责会点并记录,与盘点人分段核对,确实数据工作。

6.协点人:由总经理室派员担任。

第五条　盘点前准备事项

1.盘点编组:

由财务部门主管于每次盘点前,事先依盘点种类、项目、编排《盘点人员编组表》,呈总经理核定后,公布实施。

2.经管部门将应行盘点的财务及盘点用具,预先准备妥当;所需盘点表格,由财务部门准备。

(1)存货的堆置,应力求整齐、集中、分类,并置标示牌。

(2)现金、有价证券及租赁契约等,应按类别整理并列清单。

(3)各项财产卡依编号顺序,事先准备妥当,以备盘点。

(4)各项财务账册应于盘点前登记完毕,如因特殊原因无法完成时,应由财务部门将尚未入账的有关单据,如缴库单、领料单、退料单、交运单、收料单等,利用《结存调整表》一式两联,将账面数调整为正确的账面结存数后,第二联财务部门自存,第一联送经管部门。

3.盘点期间已收料而未办妥入账手续的原物料,应另行分别存放,并予以标示。

第六条　年中、年终全面盘点。

1. 财务部门应呈报总经理、经核准后，签发盘点通知，并负责召集各事业部的盘点负责人，召开盘点协调会，拟订盘点计划表，通知各有关部门，期限办理盘点工作。

2. 盘点期间除紧急用料外，暂停收发料，至于各生产单位于盘点期间所需的材料可不移动，但必须标示。

3. 年中、年终盘点，原则上应采用全面盘点方式，如确因事情特殊无法办理时，应呈报总经理核准后，才能改变方式进行。

4. 盘点应尽量采用精确的计算器，避免用主管的目测方式，每项财物数量应于确定后，再继续进行下一项，盘点后不得更改。

5. 盘点物品时，会点人均应依据盘点人实际盘点数，翔实记录于《盘点统计表》，并每小段应核对一次，无误者于该表上互相签名确认后，将该表编列同一流水号码，各自存一联，备日后查核，若有出入者，必须再重点；盘点完毕，盘点人应将《盘点统计表》汇总编制《盘存表》一式两联，第一联由经管部门自存，第二联送财务部门，核算盘点盈亏金额。

第七条　不定期抽点

1. 由总经理室视实际需要，随时指派人员抽点；可由财务部门填具《财务抽点通知单》于呈报总经理核准后办理。

2. 抽点日期及项目，以不预先通知经管部门为原则。

3. 盘点前应由会计部门利用《结存调整表》应账面数先行调整至盘点前的确实账面结存数，再行盘点。

4. 不定期抽点，应填列《盘存表》。

第八条　盘点报告

1. 财务部门应依《盘存表》编制《盘点盈亏报告表》一式三联，送经营部门填列差异原因的说明及对策后，送回财务部门汇总转呈总经理签核，第一联送经管部门，第三联转送总经理室，第二联财务部门自存作为账项调整的依据。

2. 不定期抽点应于盘点后一星期内将《盘点盈亏报告表》呈报上级核示。年中、年终盘点应由财务部门于盘点后两星期内将《盘点盈亏报告表》呈报上级核示。

3. 盘盈亏金额平时仅列入暂估科目，年终时以净额转入本其营业外收入的盘点税或营业外支出的盘点亏损。

第九条　现金、票据及有价证券盘点

1. 现金、银行存款、零用金、票据、有价证券、租赁契约等项目，除年中、年终盘点，应由财务部门会同经管部门共同盘点外，总经理室或财务部门平时至少每月抽查一次。

2. 现金及票据的盘点应于盘点当日下班未行收支前或当日下午结账后办理。

3. 盘点前应先将现金存放除封锁，并核对账册后开启，由会点人员与经管人员共同盘点。

4. 会点人依实际盘点数翔实填列《现金（票据）盘点报告表》一式三联，经双方签认后呈核，第一联经管部门存，第二联财务部门存，第三联送总经理室。

5. 有价证券及各项所有权状等应确实核对认定动态：会点人依实际盘点数翔实填列《有价证券盘点报告表》一式三联，经双方签认后呈核。第一联存经管部门，第二联存财务部门，第三联送往总经理室。如有出入，应即呈报总经理批示。

第十条　存货盘点

1. 存货的盘点应在当月最末一日举行为原则。

2. 存货原则上采用全面盘点，如因成本计算方式无须全面盘点或实施上有困难者，应呈报总经理核准后才能改变盘点方式。

第十一条　其他项目盘点

1. 外协加工料品：由各外协加工料品经办人员会同财务人员共同赴外盘点，其《外协加工料品盘点表》一式三联，应由代加工厂商代表签认。第一联存经管部门，第二联财务部门存查，第三联送总经理室。

2. 销货退回的成品应于盘点前办妥退货手续，含验收及列账。

3. 经管部门应将新增加土地、房屋的所有权的复印本送财务部门核查。

第十二条　盘点报告

1. 会计部门应将《盘存单》的盈亏项目加计金额填列于《盘点盈亏汇总表》及“项目别盘盈亏汇总表”各一式三份，送经管理部门填列差异原因的“说明”及“对策”后，其中一份送总经理，一份送财产部门。每月抽点及不定期抽点应于盘点后 7 天内，将《盘点盈亏汇总表》一份送总经理。

2. 会计部门应将盘点结果及发现的异常事项及建议，编制《盘点报告》一式三份，一份连同《盘点盈亏汇总表》于盘点后 3 天内送总经理备查。

3. 盘盈亏金额在未查明原因之前列入“待处理财产损益”科目，在及时查明原因后，应由有关人员或保险公司赔偿的部分转入“其他应收款”科目；无法查明原因的，盘盈金额转入“营业外收入”，盘亏金额转入“管理费用”或“营业外支出”科目。

第十三条　本准则由总经理核准后实施，修改时亦同。

八、统计管理制度模板

□ 总则

第一条　为了有效、科学地组织统计工作，保证统计资料的准确性与及时性，发挥统计工作在企业生产经营活动中的重要作用，特制定本制度。

第二条　统计工作的基本任务是对企业的生产经营活动情况进行统计调查，统计分析，提供统计资料，实行统计监督。

第三条　企业实行公司、车间、班组三级统计管理体制和按业务部门归口负责的原则。财务部负责组织领导和协调全厂统计工作。

第四条　根据各职能科室和车间统计工作的需要以及统计业务的繁简程度，配备专职或兼职统计员，班组按照民主管理的要求，推选出兼职统计员。企业统计人员应保持相对的稳定，科室、车间统计人员（包括兼职）调（变）工作时，事前必须征求计划管理科的意见，并要有适合的人员接替其工作。

第五条　统计人员享有所辖范围内的统计调查权、统计报告权及统计监督权。被调查单位和人员应当积极协助统计人员的工作，及时提供真实资料和情况。

□ 统计报表的管理与分工

第六条　凡国家统计局、地方统计局和企业主管部门颁发的一切报表，由 × × 根据公司各职能科室的职责分工，确定编制责任部门。如报表涉及两个以上部门，而又无适当部门负责时，则由××召集有关部门协商编制。

第七条　公司各部门因工作需要，要求有关科室填报的定期统计报表，必须经××审查同意，并经分管副总批准后，方能定为正式报表。公司正式定期统计报表，由××制定“报表目录”，颁发执行。未经公司批准的报表，各单位可拒绝填报。

第八条　公司统计报表如有个别项目需要修改时，由原制表业务部门直接通知填报单位，并将修改后的式样送××备案，不必再办审批手续。

第九条　各种定期统计报表，由行政部根据业务部门的实际需要统一印刷、保管、发放。

第十条　各科室对外报送的各种专业统计报表，必须先经××会签。上报时，应抄送××。

第十一条　凡上级业务主管部门向所属业务部门直接颁发的有关统计文件和报表，各业务部门应转送××传阅。

第十二条　为确保统计报表数字的正确可靠，各科室、车间主管领导应对上报报表进行认真审查，签字后方能报出。

□ 统计资料的提供

第十三条　各科室、车间向外提供统计资料、公布统计数字，一律以本单位的统计人员所掌握的统计资料为准。

第十四条　各级党政领导所需要的统计数字，应由同级统计部门或统计人员负责提供，以便克服使用统计数字的混乱现象。

第十五条　凡公司以外单位根据上级规定，并持有上级主管部门或统计局介绍信件来公司索取统计资料时，统由××接洽提供，或由××指定有关部门提供。

第十六条　企业各项主要统计资料，由××综合统计员掌管，科室、车间的各项主要统计资料，由本单位统计人员掌管。

□ 统计资料管理

第十七条　所有统计资料均为内部文件性质，某些属于机密性质，均应按公司关于保密工作规定办理；未经批准，不得向无关人员泄露。

第十八条　对外公开发表统计数字，在总经理批准后由统计人员统一办理；公司各部门向上级机关汇报情况，在重要会议做报告，或公开发表文章中所引用的统计数据，均必须由提供资料人员同统计人员进行核对，以保证统计数字的一致性。

第十九条　关于统计资料的装订、整理、保存方法及保存期限，均按档案管理有关规定办理。

第二十条　各科室、车间应将本单位的统计资料，采用卡片或台账形式，按月、季、年进行整理分类，以便使用。

第二十一条　各科室、车间编制的统计台账和加工整理后的统计资料，必须妥善保管，不得损坏和遗失。对已经过时的统计资料，如认为确无保管价值，应呈请本单位主管领导核准，并经××综合统计员会签后，方可销毁。

□ 统计数字差错的订正

第二十二条　统计资料发出后，如发现错误，必须立即订正。受表单位发现数字错误时，应立即通知填报单位订正，填报单位不得推诿或拖延。

第二十三条　企业内部报表如发生数字错误时，可根据不同情况按下列办法订正。

（一）日报表当日发现差错时，应及时用电话或口头查询订正，隔日发现差错时，应当在当日报表上说明。

（二）重大差错必须以书面形式订正，并填报《统计数字订正单》。各受表单位应将统计数字订正贴在原报表上，并将原报表数字加以订正，以防误用。

□ 统计工作的交接

第二十四条　统计人员调动工作时必须认真办妥交接手续，在未办妥以前，原任统计人员不得擅离工作岗位，更不得因工作调动而影响统计工作的正常进行。

第二十五条　统计人员调离工作时，必须做好下列工作。

（一）将经办工作情况全面地向接替人员交代清楚。

（二）培训接替人员的业务，使其能独立工作。

（三）所有统计资料（包括原始凭证、统计手册、台账、报表、文件、历史资料等）与统计用具（如计算机、绘图仪、书刊等）应一一造出清单移交。

□ 文字说明与分析报告

第二十六条　文字说明与分析报告是统计报表的重要组成部分，编制统计报表要做到：月报有文字说明，季报、年报有分析报告。

第二十七条　文字说明是统计分析的基础形式，必须根据统计报表中各项主要指标反映的问题，说明产生的原因、影响及其后果。

第二十八条　分析报告应以报表为基础，以检查计划为重心，测定计划完成程度，分析计划完成与未完成原因，并提出改进意见。

□ 统计纪律

第二十九条　各车间、科室和从事统计工作的人员，必须严格按照统计制度规定提供统计资料，不准虚报、瞒报、迟报和拒报。

第三十条　属于保密性质的统计资料，必须严格保密，严防丢失，提供时应按公司保密制度的规定执行。

□ 附则

第三十一条　本制度由财务部门制定并负责修订和解释。

第三十二条　本制度自公布之日起施行。

第三节 财务控制管理实用表单

一、销售费用表

销售费用表如表7－1所示。

表7－1 销售费用表

年 月 日 单位:元

科目明细		年实际发生数	年费用额	各月费用拟定数											
				一月	二月	三月	四月	五月	六月	七月	八月	九月	十月	十一月	十二月
变动费用	外销费用														
	内销费用														
	小计														
内销费用	用人费用														
	间接人工														
	教育训练费														
	服装费														
	设备费用														
	折旧														
	修护费														
	保险费														
	税捐														
	租金支出														
	事务费用														
	交际费														
	邮电费														
	交通费														
	文具印刷														
	什项购置														
	旅费														
	伙食医药费														
	水电什项														
	其他费用														
	广告费														
	呆账损失														
	样品赠送														
	其他														
	小计														
合计															

二、管理费用表

管理费用表如表 7－2 所示。

表 7－2　管理费用表

年　　月　　日　　　　　　　　　　单位:元

科目明细	年实际发生数	年费用额	各月费用拟定数											
			一月	二月	三月	四月	五月	六月	七月	八月	九月	十月	十一月	十二月
用人费用														
间接人工														
训练及服装费														
设备费用														
折旧														
修护费														
保险费														
税捐														
租金支出														
事务费用														
交际费														
邮电费														
交通费														
书报杂志														
什项购置														
旅费														
伙食费														
医药费														
水电费														
运费														
什费														
其他费用														
董监报酬														
劳务报酬														
自由捐赠														
各项摊提														
总管理处分摊费用														
合　　计														

三、财务费用表

财务费用表如表 7－3 所示。

表 7－3 财务费用表

年 月 日　　　　单位:元

项目		单位成本原料用量(kg)	单价(元/kg)	每日金额	周转日数	积数	利率	利息	计算说明
原料库存利息	(品名)	(例)5	80	400	60	800	0.000333	0.27	
制成品利息									
在制品利息									
应收账款利息									
设备利息		(例)		3.000	30	3.000	0.000333	1	
合　计									

四、财务状况控制表

财务状况控制表如表 7 －4 所示。

表 7－4　财务状况控制表

年　　月　　日　　　　　　　　　　　　　　　单位:元

应收账款		应付账款	
昨日余额		昨日余额	
本日销货	+	本日发票付账	+
本日退货折让	－	折让退回	+
现金销货	－	支付票据	－
货款收回	－	支付现金	－
本日余额		本日余额	
应收票据:		应付票据:	
昨日余额	张	昨日余额	张
本日收入	+张	本日支付票据	+张
本日兑现	－张	本日到期	－张
本日余额	张	本日余额	张

银行存款	昨日结存	本日存入	本日支出	本日结存	明日应付额
合　计					

核准:　　　　　　　　　　复核:　　　　　　　　　　制表:

五、资金调度控制表

资金调度控制表如表7－5所示。

表7－5 资金调度控制表

年 月 日 单位:元

年		收入					支出					银行存款余额
月	日	押汇收入	现销收入	应收票据	贴现贷款	收入合计	应付票据	水电薪资	利息支出	偿还贷款	支出合计	

核准: 复核: 制表:

六、盘点报告表

盘点报告表如表 7－6 所示。

表 7－6　盘点报告表

年　　月　　日　　　　　　　　　　　　单位:元

放置区	品　名	规　格	盘点数	账面数	差异数	说　明
合　计						

核准:　　　　　　　　　复核:　　　　　　　　　制表:

七、应收账款控制表

应收账款控制表如表 7－7 所示。

表 7－7　应收账款控制表

年　　月　　日　　　　　　　　　　　　单位:元

厂　商	上月应收账款	本月出货	本月减项				本月底应收账款			
			回款	退回	折让	合计	月	月	月	合计
合　计										
%										

核准:　　　　　　　　复核:　　　　　　　　制表:

八、采购控制表

采购控制表如表 7－8 所示。

表 7－8　采购控制表

年　　月　　日　　　　　　　　　　单位:元

厂　商	品　名	本　　月			上　　月			说　明
		单价	数量	金额	单价	数量	金额	

核准:　　　　　　　　　　　　复核:　　　　　　　　　　　　制表:

九、人事动态及费用控制表

人事动态及费用控制表如表7－9所示。

表7－9 人事动态及费用控制表

年 月 日 单位:元

<table>
<tr><td rowspan="4">本月人数</td><td colspan="2">编制人数</td><td>男 人,女 人,计 人</td><td rowspan="4">月薪</td><td>编制内直接人员</td><td>元</td></tr>
<tr><td colspan="2">编制内人数</td><td>男 人,女 人,计 人</td><td>编制内间接人员</td><td>元</td></tr>
<tr><td colspan="2">编制外人数</td><td>男 人,女 人,计 人</td><td>编制外人员</td><td>元</td></tr>
<tr><td colspan="2">合 计</td><td>男 人,女 人,计 人</td><td>合 计</td><td>元</td></tr>
<tr><td rowspan="5">编制内人员状况</td><td colspan="2">应工作日数</td><td>日</td><td rowspan="5">津贴</td><td>职务津贴</td><td>元</td></tr>
<tr><td colspan="2">缺勤总日数</td><td>日</td><td>加班津贴</td><td>元</td></tr>
<tr><td colspan="2">出勤总日数</td><td>日</td><td>交通津贴</td><td>元</td></tr>
<tr><td colspan="2">出勤率</td><td></td><td>其他津贴</td><td>元</td></tr>
<tr><td colspan="2">加班总时数</td><td></td><td>合 计</td><td>元</td></tr>
<tr><td rowspan="8">人事动态</td><td rowspan="4">新进</td><td>男</td><td>人</td><td rowspan="4">奖金</td><td>效率奖金</td><td>元</td></tr>
<tr><td>女</td><td>人</td><td>年终奖金</td><td>元</td></tr>
<tr><td>合计</td><td>人</td><td>其他奖励金</td><td>元</td></tr>
<tr><td>离职率</td><td>%</td><td>合 计</td><td>元</td></tr>
<tr><td rowspan="4">离职</td><td>男</td><td>人</td><td rowspan="4">奖金</td><td>劳保费</td><td>元</td></tr>
<tr><td>女</td><td>人</td><td>工伤医药费</td><td>元</td></tr>
<tr><td>合计</td><td>人</td><td>抚恤金支出</td><td>元</td></tr>
<tr><td>新进率</td><td>%</td><td>贺奠金支出</td><td>元</td></tr>
<tr><td rowspan="6"></td><td colspan="2"></td><td></td><td rowspan="6"></td><td>退休金提拨</td><td>元</td></tr>
<tr><td colspan="2"></td><td></td><td>资遣费支出</td><td>元</td></tr>
<tr><td colspan="2"></td><td></td><td>福利金提拨</td><td>元</td></tr>
<tr><td colspan="2"></td><td></td><td>职训金提拨</td><td>元</td></tr>
<tr><td colspan="2"></td><td></td><td>训练金支出</td><td>元</td></tr>
<tr><td colspan="2"></td><td></td><td>合 计</td><td>元</td></tr>
<tr><td rowspan="2"></td><td colspan="2">人事费用率</td><td>%</td><td rowspan="2"></td><td>人事费用总计</td><td>元</td></tr>
<tr><td colspan="2">平均费用率</td><td>%</td><td>每人平均人事费</td><td>元</td></tr>
</table>

核准： 复核： 制表：

十、成本费用控制表

成本费用控制表如表 7－10 所示。

表 7－10　成本费用控制表

年　　月　　日　　　　　　　　　　　　单位:元

期间 科目	本月		上月		本年累计		去年累计	
	金额	%	金额	%	金额	%	金额	%
销货收入净额								
代工收入								
销货收入合计								
直接原料								
直接人工								
制造费用								
销货成本合计								
员工薪资								
文具用品								
交通费								
保险费								
交际费								
邮电费								
佣金支出								
运费								
差旅费								
广告费								
修缮费								
…								
…								
…								
营业费用合计								

核准:　　　　　　　　复核:　　　　　　　　制表:

十一、现金盘点报告表

现金盘点报告表如表 7－11 所示。

表 7－11　现金盘点报告表

年　　月　　日　　　　单位:元

<table>
<tr><th></th><th>面　值</th><th>数量</th><th>金额</th><th>盘点异常及建议事项</th></tr>
<tr><td rowspan="5">现金及周转零用金</td><td>500</td><td rowspan="5"></td><td rowspan="5"></td><td rowspan="5">盘点结果及要点报告</td></tr>
<tr><td>100</td></tr>
<tr><td>50</td></tr>
<tr><td>1</td></tr>
<tr><td>0.5</td></tr>
<tr><td colspan="2">小　计</td><td></td><td></td><td rowspan="2"></td></tr>
<tr><td colspan="2">其他项目:未核销费用</td><td></td><td></td></tr>
<tr><td colspan="2">员工借支</td><td></td><td></td><td rowspan="4">左列款项及票据于　　年　　月　日　时盘点时本人在场,并如数归还无误</td></tr>
<tr><td colspan="2">总　计</td><td></td><td></td></tr>
<tr><td colspan="2">账面数</td><td></td><td></td></tr>
<tr><td colspan="2">盘盈或(盘亏)</td><td></td><td></td></tr>
</table>

<table>
<tr><td>项　目</td><td>张数</td><td>金额</td><td>盘点数</td><td>盘盈(亏)</td><td rowspan="5">保管人:

盘点人:</td></tr>
<tr><td>应收票据数:代收</td><td></td><td></td><td></td><td></td></tr>
<tr><td>库　存</td><td></td><td></td><td></td><td></td></tr>
<tr><td>应收保证票据</td><td></td><td></td><td></td><td></td></tr>
<tr><td>合　计</td><td></td><td></td><td></td><td></td></tr>
</table>

核准:　　　　　　复核:　　　　　　制表:

十二、固定资产控制卡(正、反面)

固定资产控制卡(正、反面)如表 7－12 所示。

表 7－12　固定资产控制卡(正、反面)

计量单位:

折旧方法:

预计残值:

年　　月　　日　　　　　　　　　　单位:元

中文名称		重要附件		
原文名称				
规格型号				
制造厂商				
厂　　牌				
取得日期	年　月　日			
放置部门	(1)　　年　月　日	抵押	耐用年限	(1)(2)(3)(4)…
	(2)　　年　月　日		行　　库	(1)(2)(3)(4)…
	(3)　　年　月　日		设定日期	
	(4)　　年　月　日		解除日期	
	(5)　　年　月　日	投保	投保企业	(1)(2)(3)(4)…
	(6)　　年　月　日		投保金额	
	(7)　　年　月　日		起讫日期	

核准:　　　　　　　　复核:　　　　　　　　制表:

第四节 财务控制管理规范化细节执行标准

一、借款和各项费用开支标准及审批程序

第一条 为进一步完善财务管理，严格执行财务制度，依据公司的规范化管理实施纲要，特制定本标准及程序。

第二条 借款审批及标准。

（一）出差人员借款，必须先到财务部门领取《借款凭证》，填写好该凭证后，先经部门经理同意，再由各主管领导批准，最后经财务经理审核后，方予借支，前次借支出差返回时间超过3天无故未报销者，不得再借款。

（二）外单位、个人因私借款，填写《借款凭证》后，一律报财务总监审批，经财务经理审核后，方予借支。凡职工借用公款者，在原借款未还清前，不得再借。

（三）其他临时借款，如业务费、周转金等，审批程序同第（一）款。

（四）试用人员借支差旅费或临时借款，必须由正式员工出具担保书或签认担保，方能办理，若借款人未能偿还借款，担保人应负有连带责任。

（五）各项借款金额3000元以内按上述程序办理，超过3000元以上的必须报请财务总监审批。

（六）借款出差人员回公司后，3天内应按规定到财务部报账，报账后结欠部分金额或3天内不办理报销手续的人员欠款，财务部门有权在当月工资中扣回。

第三条 出差开支标准及报销审批。

（一）住宿。

公司部门副经理以上人员，平均每天不能超过80元，主办业务不能超过60元，业务员不能超过45元。高层领导因工作需要住宿费超过80元标准的，经财务部总监批准后可予报销。

（二）出差补助。

按出差起止时间每天补助30元。

（三）市内短途交通费。

控制在人均每天30元以内，凭票据报销。

（四）其他杂费。

如存包裹费、电话费、杂项费用，控制在人均每天10元内，凭单据报销。

（五）车船票。

按出差规定的往返地点、里程，凭票据核准报销。

（六）根据出差人员事先理好的报销单据，先由主管会计对单据全面审核，同时按出差天数填上住勤补助，然后由部门经理签认报有关各主管领导批准、财务经理审核后，方

能报销。

（七）出差乘坐飞机，需由部门经理批准，连续 3 个月亏损，单位人员出差，一律不准乘坐飞机（特殊情况报上一级领导批准）。

第四条　业务招待费标准及审批。

（一）总公司本部各业务部的业务招待费，控制在各部门完成的营业收入的 2.5‰之内，由部门经理掌握，总公司本部的各行政职能部门，按总公司分配下达指标使用，由财务部经理掌握，下属公司根据完成的营业收入，控制在 4‰内，由经理掌握开支，超过部分一律在年终利润分配留成公益金中予以扣除。

（二）属于指标内的业务招待费，报销单据必须有税务部门的正式发票，数字分明，先由经手人签名，注明用途，部门经理加签证实，再报财务经理审核，然后由各线主管领导审批，方能付款报销。

（三）超指标外的业务招待费，一般不予开支，如有特殊情况，必须经总经理审核加签、董事长批准，方能报销。

第五条　福利费、医药费开支标准及审批。

（一）在未实行医疗保险制度以前，员工本人医药费可按公费医疗待遇，凭区级以上医院发票实报实销；临时工凭区级以上医院发票报销 50%。

（二）公司职员已办理独生子女证的子（女）凭区以上医院证明享受医药费待遇，没有办理独生子女证的，只准一个孩子享受医疗费全报待遇，其余子女享受半费待遇。员工无职业的父母凭以上医院单据报销一半医药费（家属名单由人事部门核定）。

（三）员工子女学杂费，凭有效发票，经人事部经理签认、财务部经理审核，给予报销。

（四）煤气瓶购置费凭有效发票一次性报销 200 元，夫妻双方在本公司系统工作的，只能报一方。

（五）其他福利及医药费开支，50 元以下由财务部门经理批准，50 ~ 500 元由总会计师批准，超过 500 元的开支一律报财务部门总监批准。

第六条　其他费用开支标准及审批。

（一）属于生产经营性的各项费用，2000 元以内的凭税务部门的正式发票，先由经办人和部门经理签名后，报分管领导批准，然后送财务经理审核报销。超过 2000 元以上的必须报财务总监批准。

（二）属于非生产经营性的各项费用，2000 元以内的按第六条第（一）款执行，2000 ~ 5000 元的，报财务总监批准，超过 5000 元的报董事长批准。

第七条　补充说明。

如经费开支审批人出差在外，则应由审批人签署指定代理人，交财务部门备案，指定代理人可在期间行使相应的审批权力。

二、费用报销操作流程

第一条　公司计划内费用开支管理流程。

（一）费用当事人申请。

（二）部门经理审查确认。

（三）财务部门审核。

（四）授权分管副总或总经理审批。

（五）经办人持相关票据到财务部门报销。

第二条　凡公司计划外开支，一律报总经理审批。

第三条　固定资产购置与报销操作流程。

（一）购置固定资产，必须先有批准的购置计划，控购商品必须经董事会向有关部门办理专项控制证明单才能购买。

（二）在当日内购置，经领导批准可借用空白支票在计划范围购置，如能事先知道价格、单位名称及账号者，可办理借款手续，经领导批准，由财务部门开支票。

（三）固定资产报销时必须建立固定资产卡片，并有资产编号，财务部门才准予报销。

（四）固定资产经财务部门报销后，财务部门列入“内部往来成本费用”科目。

第四条　流动资产购置与报销操作流程。

（一）采购部门提出次月原材料及备用品、备件购置的购料计划，经领导批准后，报财务部做出次月定额用款计划。

（二）凡购入材料物品，必须填写《入库验收单》（一式三联，采购、仓库、财务部门各一联）后，才予以报销。

（三）材料物品领用时，必须填《领料单》（一式三联，领用人、仓库、财务部门）。

（四）仓库保管员兼材料会计，每月与财务核对账目，发现问题及时找原因更正。

（五）年终物资部应盘点一次，列出材料清单与财务部门核对，并做出盈亏表。

（六）采购部门可借支备用金，作为零星购料周转；设备工程部门也可以借支备用金，作为急需采购维修物品用。年终备用金全部交财务部门，第二年再借。

（七）采购人员经领导批准可借支空白支票（限制一定数额内开支），必须在 3 天内到财务部门报销。如果取得正式发票，可办理报销手续，不再借支空白支票。

（八）各项预付款先填借款单，经企业主管领导批准，按合同要求付款。

第五条　办公用品及低值易耗品采购与报销操作流程。

（一）行政部根据计划统一采购、验收、入库，根据发票、入库单报销。

（二）各部门急需或特殊的办公用品，经批准，可自行购买。

1. 单价在 × 元以下，或总价在 × × 元以下，行政部长批准。

2. 单价在 × 元以上，或总价在 × × 元以上，分管副总批准。

购买后，提交发票、实物，经行政部查验入库单及入账报销。

（三）原则上不报销办公用品的装卸费用。

第六条　车辆使用费报销操作流程。

（一）车辆使用费包括汽油费、维修费、路桥费、泊车费、驾驶员补贴。

（二）行政部在掌握车辆维护、用车、油耗情况基础上，制订当月车辆费用开支计划。

（三）油费报销需由驾驶员在发票背面注明行车起始路程，由行政部根据里程表、耗油标准、加油时间、数量、用车纪录复核，经行政部长签字验核。

（四）路桥费、洗车费由驾驶员每月汇总报销一次，由行政部根据派车记录复核，经行政部长签字验核。

（五）车辆维修前必须提出书面报告，说明原因和预计费用，报销时在发票上列明详细费用清单，由行政部根据车辆维修情况复核，经行政部长签字验核。

（六）驾驶员行车补助按加班标准计算，每月在工资中列支发放。

第七条　交通费报销操作流程。

（一）交通补贴见公司补贴津贴标准。

（二）交通补贴在员工工资中发放。

（三）员工外勤不能按时返回就餐者可给予误餐补贴。

（四）员工外勤每天交通费标准为×元，经批准可乘坐出租车并报销。凡公司派车或乘坐出租车，均不报销外勤交通费。

第八条　应酬招待开支报销操作流程。

（一）根据公司对外接待办法文件中规定的接待标准接待。

（二）应酬应事先申请并得到批准。

（三）原则上不允许先斩后奏，因特殊原因无法事先办理的，事后必须及时报告有关领导。

（四）应酬一般在定点酒店、宾馆进行。一般在签单卡签字后按月结算，不得擅自在他处或用现金结算。

第九条　本办法由财务部门制定，报总经理办公会议审核，总经理审批后执行。

三、存货与仓库内部控制标准

1. 加强存货和仓库的管理，建立仓库经济核算，搞好有关基础工作，做到账、卡、物、资金四一致。

2. 对存货数量较大的企业，应实行"永续盘存制"。建立收发存和领退的计量、计价、检验及定期盘存（每半年一次）与账面结存核对的办法。其本期耗用或销货成本按领发货凭证计价确定。

3. 对存货实行永续盘存制有困难的企业，可实行"实地盘存制"，即期末存货没有明细账面余额，而是通过实地盘存来确定期末存货，其本期耗用或销货成本按下列公式计算：

本期耗用或销货成本＝期初存货成本＋本期购货成本－期末存货成本

4. 存货计价方法：

按实际成本进行日常核算的，采用加权平均法计价；

按计划成本进行日常核算的，采用计划价格计价，期末分摊价格差异。

5. 领用低值易耗品，采用一次摊销。如一次领用数额较大，影响当期成本费用，可通过待摊费用分别对在用低值易耗品由使用部门和主管部门进行登记管理。

四、商品出库控制标准

（一）凡有出库或经过倒垛的货垛，坚持动碰复核的原则，应及时核对商品、货垛的实存数与商品在账数量是否相符，如不符要及时查明原因。

（二）商品出库与要求商品出库包括本市内销、外调、移库、返厂、提取样品等。

1. 必须按规定凭正式出库票办理商品出库手续，不得白条出库，并根据商品性能变化，掌握先进先出、易坏先出的原则。

2. 商品出库必须经复核员复核，根据出库单仔细检验库别、印鉴、品名、产地、规格、数量是否清楚，发现问题及时与有关部门联系，妥善解决。

3. 验单合格后，先进行销账后出库。

4. 商品出库必须有编号，以单对账、以账对卡、以卡对货，付货时必须执行先盖章、销账、卡，后付货的操作规程。防止漏盖"货已付讫"章造成财产损失，复核员并于货票上签字盖章，以明确责任。

5. 商品出库时，仓库管理人员要两人以上仔细清点出库数量，做到人不离垛，件件过目，动碰复核，监搬监运，要及时对搬运不符合要求的予以纠正，防止商品损坏。

6. 商品出库要严把货票审核关、动碰制度关、加盖货已付讫章关。

7. 应按财务制度办理商品储存中所涉及的票流等有关财务方面事宜。

8. 有下列情况之一的，商场保管员可以拒付商品：

(1) 凭证字迹不清，单货型号不符或涂改。

(2) 提货人与付货凭证抬头所列单位不符。

(3) 白条出库。任何人开的白条都不能视同付货凭证。

(4) 提货单未盖商店的出库章及储运出库章。

五、商品退货折让会计管理流程

1. 决定退货时，采购部门应编制退货通知单，授权运输部门将商品退回，同时将退货通知单附本寄给供应商，运输部门应于商品退回后，通知采购部门和会计部门。

2. 采购部门在商品退回后，应编制借项凭单。

3. 借项凭单应由独立于购货、运输、存货职能的人员检查。

4. 会计部门应根据借项凭单来调整应付账款。

5. 由于购货质量问题而向供应商提出的折让，往往需要同供应商谈判最终解决。

6. 折让金额必须由授权的高级管理人员批准许可。

7. 当合适的折让金额一经确定，采购部门即应编制借项凭单，通知会计部门调整应付账款。

六、生产费用内部控制标准

1. 有关生产业务由生产部门负责。对于原材料的消耗及成本费用的发生和控制，应由生产部门和财务部门及所有有关部门建立成本责任制。严格成本费用的开支范围和开支标准，节约消耗、减少费用、降低成本，财务部门应建立成本控制和成本核算制度。

2. 建立严格的领退料制度，按技术消耗定额发料，按实际消耗计算材料成本。

3. 加强人事和工资的管理，严格考勤，核实工资的计算与发放，正确处理工资及福利费的核算与分配。

4. 重视制造费用发生的核算与分配。注意物料消耗、折旧费的计算、费用项目的设置等是否合法、合理。

5. 生产成本、运输成本、营业成本的计算要真实合理,不得乱挤、乱摊成本。要划清在产品与完工产品和本期成本与下期成本及各种产品成本之间的界限。

6. 对期间费用(管理费用、财务费用、销售费用)的项目要合法、合理,支出要符合开支范围和开支标准,凭证手续要正规。

七、收入利润内部控制标准

1. 当期实现的主营业务收入(销售收入、运输收入、营业收入、经营收入)要全部及时入账,并和与之对应的销售成本、运输成本、营业成本、经营成本相互配比,减去当期应交的营业税金及附加和期间费用后的余额,即为主营业务利润,要能反映出企业的主要经营成果。

2. 当期实现的其他业务收入要全部、及时入账,并和与之对应的其他业务支出相配比,求出其他业务利润。

3. 按规定计算投资收益,对投资收益的取得要合法,确定要符合权责发生制,计算要合规、入账要及时、处理要恰当;对投资损失的计算要合法、正确,实事求是。

4. 对营业外收支项目的设置要合法、合理,收支项目的数额要真实、正确,账务处理要恰当。

5. 企业利润总额按照国家规定做相应调整后依法缴纳所得税,然后按规定的顺序和一定比例进行分配。

6. 企业发生年度亏损,可用下一年度的税前利润弥补,下一年度的利润不足弥补的,可以在5年内延续弥补;5年内不足弥补的,用税后利润等弥补。

八、存货盘点业务管理标准

(一)初点。

1. 若于营业中盘点,则先将当日有营业的收银机全部读出“×账”,同时,盘点作业人员要注意不可高声谈论影响企业正常营业,或阻碍顾客通行。

2. 盘点作业人员应先点仓库、冷冻库、冷藏库。

3. 盘点作业人员盘点冷冻、冷藏柜时,要依照由左而右、由上而下的次序进行。

4. 盘点作业人员应将每一台冷冻、冷藏柜均视为独立单位,使用单独的盘点表。

5. 盘点单上的数字要填写清楚,不可潦草。

6. 进行盘点作业时,最好两人一组,一人点、一人写;若在非营业中清点,可将事先准备好的白粘纸或小纸张拿出,写上数量后,放置在商品前方。

7. 如果写错数字,要涂改彻底。

(1)规格化商品,清点其最小单位的数量。

(2)生鲜商品若尚未处理,则以原进货单位盘点,如重量、箱数等;若已加工处理尚未发出，则以包装形式，如包、束、袋、盒等。

(3)散装而未规格化的商品，以重量为单位。

(4)盘点时，顺便观察商品有效期限，过期商品应随即取下并记录。

8. 负责人要掌握盘点进度，推动调度人员支援，并巡视各部门盘点区域，发掘死角及易漏盘点区域。

9. 盘点作业人员对于无法查知商品编号或商品售价的商品，应立即取下，事后追查归属。

(二)复点。

1. 复盘时，复点者要先检查盘点配置图与实际现场是否一致，是否有遗漏的区域。

2. 若使用小粘纸方式，则应先巡视有无遗漏未标示小粘纸的商品。

3. 复点可于初点进行一段时间后即开始进行，复点者必须手持初点者已填好的盘点表，依序检查，再将复点的数字记入复点栏内，并计算出差异，填入差异栏。

4. 复点者必须使用红色圆珠笔。

5. 复点准确后再将小粘纸拿下。

(三)抽点。

1. 抽点者同复点者一样，也要先检查盘点配置图与实际现场是否一致，是否有遗漏的区域。

2. 抽点者抽点商品时，可选择卖场内的死角或不易清点的商品或单价商品数量多的商品，以及盘点表上金额较大的商品。

3. 抽点者要对初点与复点差异较大的数字，进行实地确认。

4. 抽点者同复点者一样，也必须使用红色圆珠笔。

九、盘盈与盘亏业务处理标准

企业中储存的存货，品种很多，收发频繁，难免在日常收发、计量和计算上出现差错，再加上自然损耗和丢失等情况，往往会造成盘盈、盘亏和毁损等账实不符的现象。

(一)存货盘盈。

发生盘盈的存货，经查明是由于收发计量或核算上的误差等原因造成的，应及时办理存货入账的手续，调整存货账的实存数，按盘盈存货的计划成本或估计成本借记“原材料——××产品”科目，贷记“待处理财产损益——待处理流动资产损益”科目。经有关部门批准后，再冲减管理费用，同时借记“待处理财产损益——待处理流动资产损益”科目，贷记“管理费用”科目。

(二)存货盘亏和毁损。

发生盘亏和毁损的存货，在报经批准以前，应按其成本(计划成本或实际成本)借记“待处理财产损益——待处理流动资产损益”科目，贷记“原材料——原料及主要材料”“应交税金——应交增值税(进项税额)”“材料成本差异”等科目。

报经批准以后，再根据造成盘亏和毁损的原因，分别按以下情况进行处理：

1. 属于自然损耗产生的定额内损耗，经批准后转为管理费用。

2. 属于计量收发差错和管理不善等原因造成的存货短缺或毁损，应先扣除残料价值、可以收回的保险赔偿和过失人的赔偿，然后将净损失计入管理费。

3. 属于自然灾害或意外事故造成的存货毁损，应先扣除残料价值和可以收回的保险赔偿，然后将净损失转作营业外支出。

相应的，做会计分录为：借记“其他应收款——保险公司”“营业外支出”“管理费用”科目，贷记“待处理财产损益——待处理流动资产损益”科目。

十、财务统计工作流程

（一）财务部根据公司统计工作制度制订统计工作计划，向有关部门下达年度、季度、月度、旬、日等统计任务。

（二）各相关部门按规定填写统计报表，部门负责人审核、签字后报财务部门，由统计员汇总。

（三）汇总报表经财务部门经理审核，部分报表要经财务总监审阅。

（四）根据需要做好统计资料分析，连同统计报表一并报送总经理办公会议和总经理审阅。

（五）经总经理审批后向上级部门或统计主管部门上报相应统计资料。

（六）统计资料归档保管。

第 8 章　挖出财务管理的“垫脚石”
——财务审计管理

第一节　审计管理工作要点

一、财务审计管理工作内容

为了保证企业披露的财务信息真实可靠，财务审计一般由企业以外的职业审计师独立进行的对企业会计账目、经营成果和财务报表进行的检查和验证，又称外部审计。

而企业财务人员所进行的财务审计则是以其作为企业所有者（股东）的代表，企业战略的合伙人以及企业财务部门的最高领袖，以企业内部员工的身份来执行的内部审计。

企业内部审计包括管理审计、经营审计两个方面，其主要工作内容如下：

协调政府相关部门及注册会计师进行政府审计和民间审计，以及领导本企业的内部审计工作，监督本企业的收支情况，以利于对本企业进行内部控制、管理的实施与改进。

因此，财务审计方面的工作主要是对企业收入、支出、存货、固定资产循环账户等的审查上，以防止作弊、贪污、挪用与不实的数据出现，误导决策者的决策行为及公众的投资活动。

二、主营业务收入审计要点

主营业务收入审计工作要点包括以下 4 个方面。

1. 进行分析性复核。

工作要点如下：

（1）将本年度的主营业务收入与上年度的主营业务收入进行比较，分析产品销售的结构和价格是否变动，如有变动，则应分析变动是否合理。

（2）比较本年度各月各种主营业务收入的变动情况，分析其变动趋势是否正常，如有重大波动，则应查明发生重大波动的原因，并进行必要的分析。

（3）计算本年度及各个月份的销售利润率，并与企业的历史数据和行业平均水平进行比较，注意有无重大的差异。

2. 将主营业务收入的账簿记录与有关凭证进行核对。

（1）获取或编制主营业务收入明细表，复核是否正确，并与明细账和总账、报表的金额进行核对。

(2)抽查销售业务的原始凭证(发票、出库单),并追查至相应的记账凭证及明细账,确定销售收入是否真实、销售记录是否完整。

(3)从主营业务收入明细账中挑选若干样本,并与相应的发票、订单、出库单(或提货单)的内容进行核对,并验算发票金额的正确性。结合对资产负债表日应收账款的函证程序,查明有无未经认可的大额销售。

(4)检查销售退回与折让手续是否符合规定,是否按规定进行了会计处理。

3. 实施截止期测试。

抽查编制资产负债表日前后若干日的主营业务收入的账面记录及相关的凭证(包括主营业务收入明细账、发票、出库单或提货单等),检查销售业务的会计处理有无跨年度现象,如果存在跨年度的大额销售项目则应予以调整。

4. 确定主营业务收入是否在损益表上恰当披露。

主要审查数据是否正确、有无虚增收入等。

三、应收账款审计要点

应收账款的审计工作要点具体包括以下 11 个方面:

1. 核对应收账款明细账余额与总账、报表余额是否相符。进行应收账款的实质性测试,首先应核对应收账款明细账余额与总账余额、报表余额是否相符。如果不相符,应查明原因,并形成记录,进行相应的调整。分析应收账款明细账余额,对于出现贷方余额的项目,应查明原因,必要时做重分类调整。

2. 获取或编制应收账款余额明细表,复核加计数额是否正确。应收账款明细表可由注册会计师自己编制,也可以由被审计单位提供。如果由被审计单位提供,则注册会计师应对该表进行独立的审查,对明细表中所列的应收账款进行抽查,追查至明细账,并对明细账中的借、贷合计加以验算。

3. 执行分析性复核程序。在进行分析性复核时,主要考虑以下几个方面:

(1)将应收账款、坏账准备的本期数与本企业的历史数据及同行业的平均水平进行比较。

(2)进行比率分析,并将本期数与本企业的历史数据及同行业的平均水平进行比较。

4. 分析应收账款的账龄及余额表。进行审查的注册会计师可以通过编制或索取应收账款账龄分析表来分析应收账款的账龄。

应收账款的账龄是指资产负债表中的应收账款从赊销业务发生之日起,至资产负债表日为止的时间间隔。编制应收账款的账龄分析表时,可以选择对于金额较大的账户余额及客户名称单独列示,对于余额较小的账户可以汇总列示。应收账款账龄分析表的合计数应当等于资产负债表上应收账款的金额。进行应收账款账龄分析,有助于帮助会计报表使用者分析应收账款的可收回性,并判断坏账准备计提是否充分。

5. 向债务人函证应收账款。应收账款函证是指直接发函件给被审计单位的债务人,要求核实被审计单位应收账款记录是否正确的一种审计方法。由于函证获得的证据属于外部证据,可靠性较强,所以在应收账款审计时通常应采用函证这一审计方法。

6. 审查未函证的应收账款。对未发询证函的应收账款,应抽查有关原始凭证,如销售订单、销售发票等，以验证这些应收账款的真实性和可收回性；如有逾期或其他异常事项，则由被审计单位做出合理解释，必要时进行函证。

7. 截止期测试。结合主营业务收入的审计，在应收账款明细账余额中挑选一定数量的资产负债表日前后的样本，核对应收账款明细账与主营业务收入明细账、现金、银行存款日记账及相关原始凭证的金额或数量是否相符，并确定有关交易（销售、收款、退货）是否已被记入恰当的会计期间。

8. 所有权测试。复查董事会会议记录、银行确认函、法律信函和其他相关记录，并从管理层获取有关应收账款所有权的陈述。确定企业对其账面记录的应收账款是否具有所有权。

9. 审查本期的收款业务。除了对应收账款的收回进行截止期测试以外，对于会计期间内的收款业务也应进行适当的抽查，通过将明细账户的金额与相关的会计凭证（记账凭证、支票、银行本票、汇票等）进行核对，来确定本期的收款业务是否在正确的明细账户内登记了恰当的金额。

10. 审查坏账损失的处理。检查应收账款中有无债务人破产或者死亡，以其破产财产或者遗产清偿后仍无法收回的，或者债务人长期未履行偿债义务的情况。检查年度内坏账损失的原因是否清楚，有无授权批准，有无已作坏账损失处理后又收回的账款。按计提坏账准备的范围、标准测算已提坏账准备是否充分，并核对坏账准备总账余额与报表数是否相符。确定坏账准备在资产负债表上的披露是否恰当。

11. 确定应收账款是否已在资产负债表上恰当披露。如果被审计单位设立"预收账款"账户，应注意"应收账款"项目的数额是否根据"应收账款"和"预收账款"账户所属的明细账户的期末借方余额的合计数填列；如果被审计单位未设立"预收账款"账户，则应注意"应收账款"项目的数额是否根据"应收账款"账户所属的明细账户的期末借方余额的合计数填列。

四、收款与销售调整业务审计要点

收款业务的具体审计（查）要求包括：

收款业务的会计处理直接涉及"应收账款"和"银行存款（或现金）"账户，但是其会计处理的正确与否对坏账的计提数、管理费用、利润等都有间接的影响，所以有必要对收款业务进行截止期测试。通过抽查资产负债表日前后一段时间的有关会计凭证（记账凭证、支票、银行本票、汇票等），并将应收账款明细账户的金额与相关的会计凭证进行核对，来确定收款业务的处理是否正确。

对于会计期间内的收款业务，也应结合应收账款的审计进行适当的抽查。

销售调整业务的具体审查要求包括：

1. 确定销售退回的会计处理是否恰当，确定要点如下：

（1）将退回商品的有关账面金额（如主营业务收入、应收账款等账户的发生额）与贷项通知单的记录进行核对，确定二者是否一致。

（2）结合主营业务收入的截止期测试，确定是否存在本年年末大量销售、下一年年初大量退回的现象。如果有，应进行详细的审核。

(3)结合存货的审计,核实退回的货品是否已经入库,并登记入账。

2. 确定折扣与折让的会计处理是否恰当。将折扣、折让的有关账面金额(如折扣与折让、应收账款等账户的发生额)与贷项通知单的记录进行核对,确定二者是否一致。

3. 结合应收账款的审计,确定折扣、折让的会计记录是否合理。

五、应付账款审计要点

应付账款是资产负债表上一项重要的流动负债。如前所述,由于应付账款受到众多交易的影响,很容易发生错弊,而且下属单位往往利用低记负债来美化其财务状况,因此,应付账款具有较高的固有风险,同时对于许多下属单位而言,应付账款的内部控制制度也远不如应收账款,因为他们有时可能完全依赖供货商提供的对账单来核对控制应付账款,从而使应付账款的控制风险通常也较高。审计人员应特别关注应付账款的抵记,即重点审查应付账款的"完整性"目标。主要的审计方法有:

1. 分析性测试

比较本期与前期的应付账款金额,分析是否存在被隐瞒的应付账款或错误的款项;计算本期进货与应付账款的比例,以及应付账款与流动负债的比率,分析是否有漏记的应付账款或差错。

2. 审核应付账款余额的正确性

核对应付账款的总账与明细账,检查其是否一致;核对应付账款明细账及其支持性凭证,如请购单、订购单、货物验收单、供应商发票和供应商月度对账单等,检查应付账款的真实性、完整性和计价的正确性。如果在资产负债表日以前货物已验收入库并填制了验收单,即应确认应付账款;如果未记入应付账款,则可能属于抵记应付账款的行为。

3. 审查期后付款

审查期后付款的目的在于确证本期应付账款的完整性和真实性。与应收账款相似,应付账款的付款期限也应在下期较短的时间内到达。因此,审计人员可以通过对期后付款情况的审查,核对本期末的应付账款明细表,并追查可能存在的问题。如果存在期后付款中有与前期有关的大额支出在本期期末应付账款明细表中未列出,或本期应付账款明细表已列示而期后较长一段时间中仍未支付等情况,则应关注是否有未入账的应付账款,或是否有记账错误。审查期后付款的时段通常为资产负债表日后的几周以内。

4. 函证应付账款

应付账款的函证并不是一个强制性的程序,因为它不能保证发现所有未入账的应付账款,这是它与应收账款函证的重要区别。但是当审计人员认为可能存在应付账款的抵记时,通常会对应付账款进行函证。进行应付账款函证应注意:

(1)在所选取的函证项目中,应包括余额为零或余额很小的账户,因为这些账户更有可能被抵记。

(2)在选取函证对象时,还应包括上一年度与客户有业务往来而本年度没有业务的主要供货商。

(3)应采用积极函证格式,并且应在审计人员的直接控制和掌握下进行。

5. 截止期测试

截止期测试的目的在于检查在资产负债表日前后几天内发生的采购业务是否记入了正确的期间。存货采购的截止期测试通常是与期末的存货盘点结合起来的，测试期间应为期末盘点日前后几天。在盘点日前收到的货物，应填制《验收单》，并应记入本期的存货和应付账款。测试时，审计人员应取得盘点日的最后一张验收单的编号，然后审核年末应付账款的支持性文件中是否包含了该验收单，是否有比该验收单编号更大、取得更晚的被记入了应付账款。如果存在这些情况，则当期的应付账款可能被少记或多记了。

在截止期测试中，还应检查在途存货的处理是否正确。在途存货如果是采用起运点交货，则买方应在实际收到货物前确认应付账款；反之，则不能记入本期应付账款。

6. 进行现金支出截止测试

应付账款的支付可减少应付账款余额，同时也是现金的支出，因此，进行现金支出截止测试对验证现金和应付账款都十分重要。现金支出截止测试可由审计人员在资产负债表日亲自到被审计单位取得最后一张付款支票的编号，然后追查与该支票有关的会计记录和支持性凭证，检查是否处理正确。同时，审核前后几天的付款凭证，检查付款记录的时间是否正确、应付账款的减少是否正确。

六、材料与固定资产审计要点

对存货采购主要应审计（查）购进存货的数量和价格是否真实、入账时间是否正确。常用的审计方法是将有关存货采购的原始单据和记录进行核对，检查数量、单价、总金额等是否相符，是否有异常情况。例如，将供货商发票上的供货商名单与企业的授权供货商名录进行核对，检查是否有例外，然后追查例外订货的合理性；核对有关的购货发票、订单与货物验收报告，检查是否一致；检查购货发票、验收报告以及存货入库记录等，审核存货入账的时间、数额等是否正确。

固定资产的采购大多有董事会的授权。因此，审计人员可以通过审查固定资产明细表，复核有关的董事会授权文件、购货发票、合同、付款凭证等支持性文件来核实固定资产增加的真实性，也可通过实地观察来获取证据。如果是在建工程，也可通过复核合同和有关工程成本的凭证来确证，通常一个会计期间中固定资产的增加业务不会太多，此时应全部审计。如果业务量较大，也可使用抽查的方式。在会计期末，针对新增固定资产的审查主要从两个方面着手：

（1）确定新增固定资产的会计记录是否正确。抽查与新增资产有关的发票及其他原始凭证，审查其凭证手续是否齐备；其计价是否正确；是否已登记入账。

（2）确定新增的固定资产是否实际存在。从固定资产明细账中抽查一定的样本，然后进行实地观察，可以发现高估资产的问题；将实地抽查的部分新增固定资产与固定资产明细账进行核对，则有可能发现低估资产的问题。

七、其他支出审计要点

其他支出的审计（查）包括待摊费用、应计负债及应付工资的审查等。

(一)待摊费用审查。

待摊费用是指当期发生的费用要在以后各期分摊记入费用或成本。待摊费用的审计运用较多的是分析性程序,常见的分析内容有:

1. 将待摊费用的总额和摊销额与以前年度进行比较,看其是否合理。

2. 计算摊销额与待摊费用的比率并与以前年度比较。

3. 审查本年发生的待摊费用的总额以及有关的规定,看其是否合理、正确。应计负债的审查应计负债具有与待摊费用相似的特征,常用的审计方法也是将其余额与以前年度的水平进行比较,以此来分析判断该业务是否合理、正确。

(二)应付工资的审查。

对许多企业而言,员工的工资支出都是较大的经营费用之一,因此,审计人员比较关注工资支出中是否存在重大的差错和舞弊行为。工资业务的风险主要产生于工资的确认和发放,但大多数的下属单位都有较严密的内部控制制度对其进行控制,因此,审计人员往往将重心放在对应付工资的增减变动情况的审计上。

1. 分析性程序

常用的分析性程序包括:

(1)将本年的工资费用与上年的费用或本年的预算进行比较。

(2)将本年的应付工资余额与上年进行比较。

(3)计算工资费用总额与销售净额之比,并与上年比较。

(4)将有关工资税金与上年进行比较。

如果分析结果发现异常情况,则应详细审查原因。

2. 复核应付工资金额

重新验算本年应付工资总额和有关税金的正确性。

3. 仔细检查工资发放记录中大笔的或反常的交易

企业如果通过银行发放工资,则应在银行开设工资存款专户。该专户平时没有业务发生,只有在每期工资核算之后,才会有一笔与工资总额相等的存款划入该专户,等工资发放完毕,该专户又恢复到原有的水平。审计人员如果发现在工资结算与发放之前工资存款专户有大笔的或反常的交易,则应查明是否存在舞弊行为。

八、存货审计要点

核对各存货项目明细账与总账、报表余额是否相符。

(一)将“在途物资”“原材料”“包装物”“低值易耗品”“库存商品”“委托加工物资”“委托代销商品”“存货跌价准备”“分期收款发出商品”“生产成本”等科目的明细账合计与总账进行核对。

(二)在核对相符的前提下,再将这些账户的总账余额进行加总,并与报表数据进行核对。如果在核对过程中发现差异,应进行追查。

(三)确定存货的所有权。

在确定存货的所有权时,审计人员应考虑以下几方面。

(1)抽查有关的购货业务,确定企业对本期增加的存货的所有权。

(2)复核委托代销协议及其他与存货相关的合同或文件,确定在企业外部存放的存货(如委托代销、独立仓库)的所有权。

(3)复查董事会会议记录、法律信函、合同等,检查是否有抵押或其他对存货所有权的潜在权利主张。

(四)进行存货过价审核。

在确定存货的计价是否合理时,应考虑以下审计程序。

(1)抽查材料发出及领用的原始凭证,检查领料单的签发是否经过授权批准,材料单位成本计价方法是否恰当、正确,入账是否及时。

(2)抽查产品成本计算单,检查直接材料成本的计算是否正确,材料费用的分配标准与计算标准是否合理和恰当,是否与材料费用汇总表中该产品分摊的直接材料费用相符;结合应付工资与制造费用的审计,分别检查直接人工成本与制造费用的计算是否正确,费用的分配标准与计算方法是否合理和恰当。

(3)抽查《产成品入库单》,核对其品种、数量和实际成本与生产成本的结转数是否相符。

(4)抽查产成品的发出凭证(如提货单或出库单),核对其品种、数量和实际成本与主营业务成本的结转数是否相符,并检查这一结转额是否与主营业务收入相配比。

(5)根据被审计单位存货计价方法,抽查年末结存量比较大的存货的计价是否正确。若存货以计划成本计价,还应检查"材料成本差异"账户发生额、转销额是否正确,年末余额是否恰当。

(五)截止期测试。

查阅资产负债表日前后若干天的存货增减变动的有关账簿记录和购货、销货的原始凭证,检查是否正确、是否经授权批准、前后期是否一致。

(六)审查存货跌价准备。

检查被审计单位存货跌价准备计提和结转的依据、方法和会计处理方法是否正确,是否经授权批准,前后期是否一致。

(七)了解存货的保险情况和防护措施。

了解存货的保险情况和存货防护措施的完善程度,并做出相应记录。确定存货是否已在资产负债表上恰当披露。存货项目在资产负债表上列示的金额应当是根据"在途物资""原材料""生产成本""包装物""低值易耗品""库存商品""委托加工物资""委托代销商品""受托代销商品""代销商品款""分期收款发出商品""存货跌价准备"等账户的期末余额填列的。

九、固定资产、累计折旧级固定资产清理审计要点

固定资产、累计折旧及固定资产清理审计的具体要求包括以下6个方面。

1. 取得或编制固定资产及其累计折旧分类汇总表。

在取得或编制固定资产及其累计折旧分类汇总表之后,审计人员应复核表中的数据是否正确,并与固定资产、累计折旧等明细账和总账的余额进行核对。在核对相符的前提下,再与报表的余额进行核对;或者按照相反的顺序,即报表——账簿——分类汇总表

这样的顺序进行核对，在核对的过程中，如果发现差异，应进行追查。在核对过程中发现年度内未使用、不需用的固定资产，应在工作底稿进行记录。

2. 执行分析性复核程序。

固定资产的分析性复核程序包括：

(1)将本期折旧费用、维修费用分别与历史数据进行比较。

(2)将预算中的资本性支出与实际的情况进行比较。

(3)进行比率分析，并与本企业的历史数据和同行业的平均水平进行比较。

3. 检查固定资产增减变动。固定资产增加的审查内容已在支出循环中阐述，这里主要介绍固定资产减少的审查。

4. 确定固定资产的折旧计算是否正确。在了解客户固定资产折旧政策的基础上，复核本期折旧的范围是否合理、折旧金额是否正确。

5. 确定固定资产的维修保养费用的处理是否合理。抽查固定资产明细账、“待摊费用”“预提费用”等账户，确定资本性支出与收益性支出的划分是否恰当、维修保养费用的账务处理是否合理。

6. 确定固定资产、累计折旧等项目是否已在资产负债表上恰当披露。根据企业会计制度、会计准则的要求，确定客户固定资产、累计折旧等项目在资产负债表上的列示是否恰当。

第二节　财务审计管理规范化制度

一、企业内部审计管理制度模板

第一条　总则。

为了加强公司内部审计监督，使审计工作制度化、法制化，根据国家审计法规结合实际情况，特制定本制度。

第二条　审计机构和人员。

(一)内部审计机构和人员方案。

1. 设立审计部，配置若干专职人员。

2. 附属财务部，设专职审计人员。

(二)公司根据发展规划，逐步形成多层次，多功能的审计监督体系。

第三条　内审人员应具有一定的政治素质，审计专业职称、专业知识和审计经验。

第四条　内审人员必须依法审计，忠于职守、坚持原则、客观公正、廉洁奉公，不得滥用职权、徇私舞弊、玩忽职守。公司应对审计人员工作进行奖励和处罚。

第五条　内审人员按审计程序开展工作，对审计事项应予保密，未经批准不得公开。

第六条　内审人员依法行使职权，受法律保护，任何部门、个人不得阻挠和打击报复。

第七条 审计对象

(一)公司各职能部门、员工。

(二)公司全资子公司、分公司、控股公司。

(三)公司参股企业的派驻人员。

(四)总经理认为需要检查的其他事项和人员。

第八条 内部审计范围

(一)与财务收支有关的经济活动。

(二)财务计划的执行和决算。

(三)公司资产的使用、管理及保值增值情况。

(四)基建工程预决算的真实合法性。

(五)国家财经法律法规执行情况。

(六)公司领导离任的经济责任。

(七)管理活动、行政活动。

(八)其他认定事项。

第九条 内部审计依据

(一)国家法律、法规、政策。

(二)公司规章制度。

(三)公司经营方针、计划、目标。

(四)其他有关标准。

第十条 审计种类

公司内部审计包括:

(一)财务收支审计。对被审单位财务收入的合法性、真实性进行监督检查。

(二)专案审计。对被审单位及人员违反公司经济纪律问题进行审计查处。

(三)专项审计。包括:

1. 管理审计。对被审单位管理活动的效率性进行审计。

2. 效益审计。在财务收支审计基础上,对其经济活动效益性、合理性进行审计。

3. 任期审计。对被审单位负责人在任职期间履行职责情况进行审计。

4. 审计调查。对公司普遍存在的问题进行专题调查。

第十一条 公司内部审计方式有:

(一)报送(送达)审计。被审单位接到审计通知书,应在指定时间将有关材料送审计机构接受审计检查。

(二)就地审计。审计人员到被审单位进行审计,后者提供必要的工作、生活条件。

第十二条 内部审计的内容包括:

(一)财务计划及其预算的执行的决算。

(二)固定资产投资项目的立项、资金来源,以及预算、决算、竣工、开工审计。

(三)资产管理情况。

(四)经营成果、财务收支的真实性、合法性、效益性。

(五)内部控制制度的健全、严密、有效性。

(六)重要经济合同、契约的签订。

（七）各部门、下属企业领导离任审计。

（八）联营、合资、合作企业和项目投入资金、财产使用及其效果。

（九）配合国家审计机关和审计（会计）师事务所，对公司、有关部门的审计。

（十）其他交办审计事项。

（十一）向总经理室、审计机关报送审计工作计划、报告、统计报表等资料。

第十三条　内部审计的主要职权。

内部审计行使下列职权：

（一）召开本公司、部门、下属企业有关审计工作会议。

（二）参与重大经济决策的可行性论证或可行性报告事前审计。

（三）要求被审单位及时提供计划、预算、决算、合同协议、会计凭证、账簿等文件资料。

（四）检查被查计单位的凭证、账簿、报表、资产。

（五）对有关事项调查，有权要求有关单位和个人提供证明材料。

（六）提出改进管理，提高效益的建议。

（七）对违反财经法规行为提出纠正意见。

（八）对严重违反财经法规、造成严重损失浪费的人员，提出追究责任的建议。

（九）对审计工作中发现的重大问题及时向总经理、董事会、监事会报告。

（十）对阻挠破坏审计工作及拒绝提供资料的，有权向总经理提出建议，采取必要措施，追究有关人员责任。

（十一）参与制定、修订有关规章制度。

第十四条　内部审计工作程序。

（一）制订年度审计工作计划。

审计部在年初应根据上级审计部门的部署，结合公司的具体情况确定年度审计工作计划，报请总经理批准后实施，必要时报送审计机关。

（二）确定审计对象和制订计划。

根据批准的年度审计工作计划，结合具体情况，确定审计对象，并指定项目负责人。项目负责人在对被审计单位的生产经营、财务收支等情况初步了解的基础上，编制项目审计计划，确定具体的审计时间、范围和审计方式。

（三）发出审计通知书。

将审计的范围、内容、方式、时间、要求等事项通知被审计单位，通知被审计单位要求提供必要的工作条件。

（四）实施审计。

审计人员可采取审查凭证、账表、文件、资料、检查现金、实物、向有关单位和人员调查取证等措施。

（五）审计记录。

在审计中必须做好工作底稿，记录审计过程，各种旁证材料齐全，做好调查记录并应有相关人员的签名盖章。

（六）争议处理。

审计中如有争议应如实反映给领导，必须依法有据、实事求是地提出解决办法，切忌主观、武断。

(七)提出审计报告。

审计组在审计结束后,应进行综合分析,在与被审计单位交换意见后,写出审计报告。

1. 其内容包括审计范围、内容和发现的问题、评价和结论、处理意见和建议。

2. 审计报告必须附有证明材料和有关资料。每项审计工作结束最迟不得超过 15 天提出审计报告。

3. 审计报告的要求:

(1)事实清楚。

(2)数据确凿。

(3)依法有据。

(4)建议恰当。

(八)下达审查处理决定。

审计报告报送公司经理审定批示,做出审计结论和处理决定,通知被审计单位执行。

(九)复审。

被审计单位对审计决定和结论如有异议,应在 10 天内向公司提出书面复审申请,经总经理批准,组织复审,并指定复审小组的人员构成。复审小组应在 30 日内进行复审,在复审中如发现隐瞒或漏审、错审等情况,应重新做出审计结论。复审期间原审计结论和决定照常执行。复审小组的复审结论和决定为终审结论和决定,被审计单位必须执行。

(十)被审计单位对总经理指示的审计报告必须执行,审计部必须在一定时期内向总经理报告执行结果。

(十一)建立审计档案。

每一审计事项都必须按规定要求建立审计档案,以备查考,非经批准不得销毁。

第十五条　审计注意事项。

(一)审计前,应向被审计单位出示由总经理签章的审计通知书及授权审计通知书。

(二)审计处理决定由总经理批准下达。

(三)复议期间,原审计结论和决定必须照常执行。

(四)重大事项审计报告报董事会、监事会备案。

(五)审计过程中若发现问题,可随时向公司报告及时制止。

第十六条　审计档案制度。

审计部门应建立健全审计档案管理制度。

第十七条　审计档案管理范围。

(一)审计通知书和审计方案。

(二)审计报告及其附件。

(三)审计记录、审计工作底稿和审计证据。

(四)反映被审单位和个人业务活动的书面文件。

(五)总经理对审计事项或审计报告的指示,批复和意见。

(六)审计处理决定以及执行情况报告。

(七)申诉、申请复审报告。

(八)复审和后续审计的资料。

（九）其他应保存的文档。

第十八条　审计档案管理参考公司档案管理，保密管理等办法执行。

第十九条　奖励。

审计人员对被审计单位人员的遵纪守法、效益显著行为向总经理提出各类奖励建议。

第二十条　处罚。

审计人员对下列行为之一的单位和个人，根据情节轻重，向总经理提出各类处罚建议：

（一）拒绝提供有关文件、凭证、账表、资料和证明材料的。

（二）阻挠审计人员行使职权，抗拒、破坏监督检查的。

（三）弄虚作假，隐瞒事实真相的。

（四）拒不执行审计结论和决定的。

（五）打击报复审计人员或举报人的。

（六）利用职权谋取私利的。

（七）弄虚作假，徇私舞弊的。

（八）玩忽职守，给公司造成重大损失的。

（九）泄露公司秘密的。

第二十一条　对审计过程的以上行为，构成犯罪的，提请司法机关依法追究刑事责任。

第二十二条　附则。

（一）本制度由审计部门制定并负责修订和解释。

（二）本制度经总经理审批后自公布之日起施行。

二、企业内部审计细则

第一条　记账凭证的审核或检查时，应注意下列事项。

（一）每一交易行为发生，是否按规定填制传票，如有积压或事后补制者，应查明其原因。

（二）会计科目、子目、细目有无误用，摘要是否适当，有无遗漏、错误以及各项数字的计算是否正确。

（三）转账是否合理，借贷方数字是否相符。

（四）应加盖的戳记编号等手续是否完备，有关人员的签章是否齐全。

（五）传票所附原始凭证是否合乎规定、齐全、确实及手续是否完备。

（六）传票编号是否连贯，有无重编、缺号现象，装订是否完整。

（七）传票的保存方法及放置地点是否妥善，是否已登录日记簿或日计表。

（八）传票的调阅及拆阅是否依照规定手续办理。

第二条　账簿检查时，应注意下列事项。

（一）各种账簿的记载是否与传票相符，应复核者，是否已复核；每日应记的账目，是否当日记载完毕。

（二）现金收付日记账收付总额是否与库存表当日收付金额相符。

（三）各科目明细分类账各户或子目之和或未销讫各笔之和是否与总分类账各该科目之余额相等，是否按日或定期核对。相对科目之余额是否相符，有无漏转现象。

（四）各种账簿记载错误的纠正画线、结转、递页等手续是否依照规定办理，误漏的空白账页，有否画"×"形红线注销，并由记账员及主办会计人员在"×"处盖章证明。

（五）各种账簿启用、移交及编制明细账目等是否完备，并送该管税捐稽征机关登记。

（六）各种账簿有无经核准后而自行改订者。

（七）活页账页的编号及保管是否依照规定手续办理，订本式账簿有无缺号。

（八）旧账簿内未用空白账页有无加画线或加盖"空白作废"戳记注销。

（九）各种账簿的保存方法及放置地点是否妥善，登记备忘簿账簿的毁销是否依照规定期限及手续办理。

第三条　库存检查时，需注意下列事项。

（一）检查库存现金或随到随查，如在营业时间之前，应根据前一日库存中所载今日库存数目查点，如在营业时间之后应根据现金簿中今日库存数目现款、银行存款查点，如在营业时间之内应根据前一日现金簿中今日库存数目加减本日收支检点。支票签发数额与银行存款账卡是否相符，空白未使用支票是否齐全，作废部分有无办理注销。

（二）现金是否存放库内，如有另存他处者，应立即查明原因。

（三）库存现金有无以单据抵充现象。

（四）托收未到期票据等有关库存财物，应同时检查，并要查对有关账表、凭证单据。

（五）检查库存除查点数目核对账簿外，并应注意其处理方法及放置区域是否妥善，币券种类是否分清。

（六）金库钥匙及暗锁、密码表的掌握部门及库门的启用与库内的安全、金库放置位置等是否适当，严密办理。

（七）汇出汇款寄回的收据是否妥为保存，有无汇出多日尚未解讫的汇款。

（八）内部往来账是否按月填制未达账明细表，查对账单是否依序保管。

（九）内部往来或外县市单位往来账是否经常核对。

（十）营业日报表的记载是否与银行存款相符。

（十一）检查县市单位各种周转金及准备金时，应注意其限额是否适当，有无零星付款的记录；所存现款与未转账的单据合计数是否与周转金、准备金相符，有无不当的垫款或已付款而久未交货的零星支付或请购案件。

第四条　报表检查应注意下列事项。

（一）各种报表是否按规定期限及份数编送，有无缺漏。

（二）各种报表内容是否与账簿上的记载相符。

（三）数字计算是否正确，签章是否齐全。

（四）报表编号、装订是否完整及符合规定。

（五）报表保存方法及放置地点是否妥善。

第五条　附则。

（一）本制度由审计部门制定并负责修订和解释。

（二）本制度经总经理审批后自公布之日起施行。

三、企业财务收支审计制度

□ 总则

第一条　根据国家现行《企业财务通则》、《企业会计准则》及有关规定，结合本公司的具体情况，本公司所有财务收支审计办法悉以此制度为准。本制度的目的是为了加强公司财务收支的审计监督，维护公司的合法权益，加强公司财务管理和会计核算，提高经济效益，确保企业资产保值增值。

第二条　本公司财务收支审计必须严格贯彻国家相关政策、法规，同时以本公司制定的内部财务管理制度为执行依据。

第三条　本公司有独立核算的部门和单位均属财务收支审计范围。

第四条　各级审计部门（或专、兼职审计人员）对本公司及所属分公司的财务收支进行审计监督，独立行使职权，向本公司主要领导和上级审计部门负责并报告工作。

第五条　本公司所属的分公司及办事处尚未建立审计机构的，由本公司审计委员会办公室进行财务收支审计监督。

第六条　财务收支审计的内容包括会计报表及其反映的资产、负债、所有者权益、收入、成本和费用、利润，以及与被审计财务事项有关的经济活动。

□ 货币资金审计

第七条　审计货币资金时，审查库存现金的实有数，账实是否相符，有无溢缺，出纳人员有无挪用，有无白条抵库，有无超出银行核定的限额。

第八条　审计货币资金时，审查收入的现金是否及时入账，有无截留、挪用、私设小金库或贪污情况。

第九条　审计货币资金时，审查支付的现金是否真实，有无假收据、假发票或用发票的副联报销、贪污情况。

第十条　审计货币资金时，审查记账凭证与原始凭证的数据是否一致，有无瞒收、虚报等情况，现金的账务处理及会计记录是否正确、合规。

第十一条　审计货币资金时，审查现金的收付业务是否符合国家颁布的《现金管理暂行条例》的有关规定。

第十二条　审计银行存款时，审查银行存款日记账账面余额与总账是否相等。

第十三条　审计银行存款时，审查是否按月编制银行存款余额调节表，未达账项是否及时处理。

第十四条　审计银行存款时，审查银行存款日记账、银行对账单的收支是否合理，有无虚收、虚付或收付不入账的情况。

第十五条　审计银行存款时，审查银行存款收支业务是否合法、正确，有无其他单位或个人借用账户或支票进行非法活动。

第十六条　审计银行存款时，审查有无公款私存的问题。

第十七条　审计外币业务时，审查外币的币种及实有额的真实性，外币与本位币的折合是否按国家外汇牌价进行折算。

第十八条　审计外币业务时，审查发生的汇兑损益是否按规定进行账务处理，调剂外汇价差计算是否正确，并分别计入各项成本、费用。

第十九条　审计外币业务时，审查是否严格遵守国家外汇管理制度，有无套汇、逃汇和未经外汇管理局批准私自买卖外汇、私自借入、借出外汇的违纪问题。

第二十条　审计其他货币资金时，审计汇往外地的采购专户是否与采购业务有关，支出是否合理合法，采购业务是否及时结算，余额是否及时退回，有无代其他单位和个人收付款的问题。

第二十一条　审计其他货币资金时，审查以银行汇票、银行本票、信用证方式存入银行的款项是否真实，是否为企业经营所需要，结算是否及时。

□ 短期投资审计

第二十二条　审计短期投资时，审查短期投资入账时间及入账金额是否正确，转让有价证券的收入是否真实合理，转让有价证券所得收入与账面原投资价值的差额，是否按规定进行财务处理。

第二十三条　审计短期投资时，审查短期投资计价方法是否正确，是否按现行制度规定进行计价。

第二十四条　审计短期投资时，审查短期投资收益的确认是否符合规定，股利和利息是否真实，账务处理是否正确，有无隐瞒收入问题。

□ 应收及预付款项审计

第二十五条　审计应收及预付款项时，审查应收及预付款项账面余额的真实性、正确性，是否属于正常业务而形成的，有无违反规定对外拆借资金问题，有无弄虚作假、营私舞弊的问题。

第二十六条　审计应收及预付款项时，审查坏账准备的提取与坏账损失的列支的真实性、合规性、正确性，手续是否完备。

第二十七条　审计应收及预付款项时，审查销售折让、销售退回是否按规定进行处理，手续是否完备。

第二十八条　审计应收及预付款项时，审查待摊费用的项目是否真实，是否符合规定的范围，分摊期限是否合理，有无将属于递延资产而作为待摊费用处理，有无利用待摊费用弄虚作假、人为调节成本、隐瞒利润或虚增利润的行为。

□ 应收票据审计

第二十九条　审计应收票据时，审查应收票据是否由商品交易产生，有无非商品交易而形成的应收票据，应收票据到期是否及时向承兑人收回，有无已到期或过期未收回的票据。

第三十条　审计应收票据时，审查商业汇票贴现的计算是否正确、合规，贴现款是否及时入账，贴现利息计算是否正确。

□ 存货审计

第三十一条　审计存货时，审查存货账面余额及结存数量的真实性、正确性，账账、账表、账卡、账货是否相符，代加工、代保管的存货产权是否经过界定，盘盈、盘亏及报废的存货是否经过批准并及时进行账务处理，计入当期损益。

第三十二条　审计存货时，审查存货入账价值的正确性，采购成本构成项目是否正确，采购费用分配比例是否合理，增值税——进项税额是否按规定入账，计算是否正确，有无违反规定进行核算问题。

第三十三条　审计存货时，审查存货的计价方法是否正确，是否坚持一致性原则，有无违反规定任意改变计价方法、人为调节存货发出成本问题。

第三十四条　审计存货时，审查材料成本差异的分配是否正确，有无任意多摊销或少摊销影响存货发出成本问题。

□ 长期股权投资审计

第三十五条　审计长期股权投资时，审查股票投资入账价值是否真实，用于股票投资的资金来源是否正常，有无违反规定利用银行贷款、上级拨入或其他单位投入的具有专门用途的资金进行股票投资。

第三十六条　审计长期股权投资时，审查股票投资的记账方法是否符合规定。采用成本法的，是否存在随意调整投资额问题；采用权益法的，投资额增减变动是否真实、合法。

第三十七条　审计长期股权投资时，审查股票的转让是否符合证券交易的有关规定，股票转让收入是否按规定入账，委托转让发生的手续费是否真实合法，并按规定冲减转让收入。

第三十八条　审计长期股权投资时，审查股票投资收益或损失是否真实，有无虚假或隐瞒的问题，股票投资收益或损失的账务处理是否正确。

□ 长期债权投资审计

第三十九条　审计长期债权投资时，审查债券投资是否真实，入账价值是否准确，含有应计利息债券的账务处理是否正确。

第四十条　审计长期债权投资时，审查债券投资的溢价和折价的摊销计算是否正确，账务处理是否无误。

第四十一条　审计长期债权投资时，审查债券投资应计利息的计算是否正确，应计利息收入是否计入投资收益，有无隐瞒收入的问题。

第四十二条　审计长期债权投资时，审查债券的转让是否符合证券交易的有关规定，债券转让收入是否按规定入账；债券到期回收是否及时，账务处理是否正确。

□ 固定资产审计

第四十三条　审计固定资产时，审查固定资产的实存量，是否账账、账表、账卡、账实相符，有无账实不符、家底不清的问题。

第四十四条　审计固定资产时，审查购置的固定资产是否纳入计划和预算，有无盲目购置、追求豪华、不讲实效问题，新增固定资产的价值是否真实，账务处理是否正确，同时验证新增固定资产的所有权或使用权等证明。

第四十五条　审计固定资产时，审查固定资产折旧范围、折旧方法、折旧额计算是否符合国家规定，有无任意扩大折旧范围、随意改变折旧方法、多提或少提折旧的问题。

第四十六条　审计固定资产时，审查固定资产的报废、盘盈、盘亏、转让的处理是否经过批准并及时进行账务处理，手续是否齐备，有无未经批准擅自处理问题。报废资产的残值及转让固定资产的价款是否及时全部入账，有无私设小金库问题。

第四十七条　审计固定资产时，审查融资租赁固定资产合同是否合法、合规；融资租赁固定资产计价是否准确，融资租赁固定资产的账务处理是否正确，合同到期后所有权转移是否按原定条件执行。

第四十八条　审计固定资产时，审查企业在发生资产转移或企业改制中是否按要求和规定程序进行资产评估，有无资产流失问题。

□ 在建工程审计

第四十九条　审计在建工程时，审查在建工程物资是否账实相符，有无丢失、毁损，预付工程价款是否真实、正确，手续是否齐全。

第五十条　审计在建工程时，审查自营在建工程各项支出是否正确、真实、合规，自营工程成本分摊是否合理，试运营收入是否全部入账，账务处理是否正确。

第五十一条　审计和无形资产、递延资产其他资产时，审查各项资产的形成及取得是否合法，计价是否准确、合规，摊销的期限是否符合企业财务制度的规定，无形资产对外转让、投资是否符合国家有关法律、法规和会计制度的规定。

□ 负债审计

第五十二条　审计短期负债时，审查各项短期负债金额是否正确，是否在规定期限内偿还，有无隐瞒、截留收入问题，预提费用的项目、数额是否正确，预提期与受益期是否一致，有无任意多提、少提或不提的问题。

第五十三条　审计应付工资及福利费时，审查应付工资和福利费提取比例是否真实、合规，工资的发放有无虚报冒领现象，奖金、工资性津贴发放标准以及福利费的用途是否符合有关规定。

第五十四条　审计应付工资及福利费时，审查实行工效挂钩的形式、提取工资总额的标准、比率是否合规，审查提取工资总额的基数、新增效益工资的计算和各种单项工资的增加是否合规、真实。

第五十五条　审计应付工资及福利费时，审查工资总额及人均工资收入增长是否符合“两个低于”的原则。

第五十六条　审计应交税金时，审查各项税金的计算依据、税目、税率是否符合国家税法规定，有关减免的税金是否依法批准，年末与税务部门清缴的手续是否齐全，有关会计记录是否正确，有无错计、漏计、拖欠、截留税金等问题。

第五十七条　审计长期负债时，审查长期借款资金来源、使用及归还是否符合规定。

第五十八条　审计长期负债时，上市股票及发行债券是否经过批准，股票和债券的价值计算是否正确，溢价和折价发行时是否按规定进行摊销，有无人为调节当期损益的情况。

□ 所有者权益审计

第五十九条　审计投入资本时，审查投资资本是否真实，是否按照章程和投资协议及时筹足资本，对投资者用实物进行投资的，是否与合同、协议、章程中的规定相符，是否按国家规定进行资产评估并经国有资产管理部门的确认，对投入的资本有无随意抽回问题。

第六十条　审计资本公积金时，审查公积金的形成是否真实，缴付的出资额大于注册资本而产生的资本溢价是否进行了正确的反映，企业接受的捐赠是否入账正确并进行账务处理，资本公积金转增资本金是否经过批准，有无擅自转增资本金的问题。

第六十一条　审计盈余公积金时，审查法定盈余公积金是否依照法律规定正确提取，任意公积金的提取是否经过董事会或上级主管部门批准，有无随意提取的情况，盈余公积金弥补亏损、转增资本和分配普通股股利是否经过批准，有无违反规定的问题，审查公积金的提取比例以及使用是否符合规定，有无任意提取和使用的问题。

第六十二条　审计未分配利润时，审查未分配利润的核算是否正确，有无任意漏记致使未分配利润不实的现象。

□ 生产成本审计

第六十三条　审计生产成本时，审查有无成本计划、费用预算，审计成本费用及开支范围是否合法，有无将购置建造固定资产、购入无形资产、捐赠支出以及国家规定不得列入成本费用的其他支出列入成本。

第六十四条　审计生产成本时，审查产品成本计算的合规性及正确性，成本计算方法是否适当，各计算期成本计算方法是否一致，有无任意改变制造成本虚假的问题，有无利用摊提费用人为调节利润的行为。

□ 损益审计

第六十五条　审计产品销售时，审查销售收入的确定是否合规，有无隐瞒或虚构销售收入的现象，实现的销售收入是否及时入账，有无收入不入账、价外加价、价外返利等非法形成小金库，甚至贪污问题，本企业的基建及福利部门自用的产成品是否视同销售，发生的销售退回、销售折让、销售折扣是否真实、正确，是否按规定冲减当期收入等。审查其他业务收入是否正确进行账务处理，有无隐瞒、转移等截留利润的现象。

第六十六条　审计产品销售时，审查销售成本、销售费用、其他业务支出的范围和界限是否正确、合规，有无人为调节成本、利润的情况。

第六十七条　审计管理费用和财务费用时，审查费用支出范围是否符合规定，有无扩大开支范围、提高开支标准的情况，通过摊销、计提形成的费用的账务处理是否正确，管理费用中支出的各项税金的计算是否正确，财务费用中的利息收入、支出是否符合企业财务制度的规定。

第六十八条　审计营业外收支时，审查营业收入及支出范围是否符合财务会计制度的规定，有无违反规定任意计列营业外收支的情况。

第六十九条　审计营业外收支时，审查营业外收入是否及时、全部入账，有无入账不及时或将其他收入转为账外小金库的情况。

□ 财务报表审计

第七十条　审计财务报表时，审查各种财务报表的编制是否符合财务会计制度规定，各种财务报表是否准确地反映企业的经营状况和财务成果，有无截留利税或虚盈实亏问题，会计报表内容是否完整，钩稽关系是否相符，有无编制遗漏和书写错误，各项期初数是否与上期期末数一致，报表编制说明是否重点突出，分析是否正确。

第七十一条　审计利润分配时，审查利润总额的形成是否真实，审查企业是否按时足额交纳所得税，是否按规定计提盈余公积金，分配给投资者的利润是否真实。

□ 附则

第七十二条　本办法适用于本公司总部及所有分公司和办事处。

第七十三条　本办法自颁布之日起执行，由公司总部审计委员会负责解释和修订。

第七十四条　实施本办法的审计方法、审计程序、审计报告及审计处理决定，按《××行业总企业内部审计工作程序》的有关规定执行。

四、企业经济效益审计制度

□ 总则

第一条　为了提高本公司经济效益，将财务审计的作用彻底落实在公司日常经营当中去，根据国家相关规定及本公司的实际情况，特制定本办法。

第二条　经济效益审计的目标是：通过审计部门依据有关政策法规和技术经济标准，对本企业投入产出和扩大再生产情况进行的监督、审查、评价，以谋求提高经济效益为主要目标。

□ 审计原则

第三条　本公司的经济效益审计必须坚持宏观效益与微观效益相结合的原则。

第四条　本公司的经济效益审计必须坚持长远效益与近期效益相结合的原则。

第五条　本公司的经济效益审计必须坚持直接效益与间接效益相结合的原则。

第六条　本公司的经济效益审计必须坚持技术先进性与经济合理性相结合的原则。

第七条　本公司的经济效益审计必须坚持企业效益与社会效益相结合的原则。

□ 审计标准

第八条　本公司的经济效益审计必须考察国家的政策法规及颁布的有关技术经济

标准。

第九条 本公司的经济效益审计必须考察上级部门下达的技术经济指标和本企业(含股份制企业)的经营方针、生产经营计划、规章制度和控制制度。

第十条 本公司的经济效益审计必须考察合同协议所规定的有关条款。

第十一条 本公司的经济效益审计必须考察本公司同期和历史先进水平。

第十二条 本公司的经济效益审计必须考察国际、国内同行业的先进水平。

第十三条 本公司的经济效益审计必须考察投资项目技术经济指标的预定值。

□ 生产经营决策、计划审计

第十四条 在对生产经营决策、计划进行审计时,对企业生产经营决策的程序、方法、结果以及生产经营目标和方案进行审计,评价生产经营决策是否适应市场经营变化的要求,企业的人力、物力、财务等资源的利用是否达到最佳化。

第十五条 在对生产经营决策、计划进行审计时,审查生产经营计划、利税计划目标、产品成本目标、各种经营包干指标和产品质量及主要技术经济指标的制定是否先进可行,是否符合国家发展经济的总方针及企业发展的总目标。

第十六条 在对生产经营决策、计划进行审计时,审查、分析和评价生产经营计划的合理性、先进性,计划编制是否有科学的程序,内容是否全面,指标与指标之间、产供销之间是否认真综合平衡。

第十七条 在对生产经营决策、计划进行审计时,全面分析、评价企业的计划完成情况。

□ 固定资产投资决策和投资效益审计

第十八条 在对固定资产投资决策和投资效益进行审计时,参与投资项目的可行性评估,参与投资项目方案的选定工作,做到事前审计监督。

第十九条 在对固定资产投资决策和投资效益进行审计时,对投资项目的工程概算、预算、决算进行审计。

第二十条 在对固定资产投资决策和投资效益进行审计时,对已投产项目的投资回收情况、达到设计能力情况进行审计,评价投资项目的效益、工艺技术的合理性及先进性。

□ 生产优化的效益审计

第二十一条 在对生产优化的效益进行审计时,审查企业是否合理组织生产,对资源及产品结构是否做到优化,是否用有限的资源创造最佳的经济效益。

第二十二条 在对生产优化的效益进行审计时,审查主要生产装置的利用率及装置达标情况。

第二十三条 在对生产优化的效益进行审计时,审查、分析、评价生产任务的安排是否科学、合理,是否制订了合理的生产方案和消耗定额,审查综合商品率、生产装置率、能耗、主要原料单耗、产成品的合格率、优级品率、废品率,“三废”治理的合格率、治理率和综合利用率等技术经济指标的完成情况。

第二十四条　在对生产优化的效益进行审计时，审查技术标准的合理性与效益性，分析评价生产技术和工艺管理的先进性和合理性，质量管理和质量保证体系的完整性、效果性。

第二十五条　在对生产优化的效益进行审计时，综合分析、评价企业的主要生产装置（设备）与全系统在生产能力、效率、产品品种和质量、动力、原材料及辅助材料、“三废”治理、利用等方面的配套情况，找出制约企业提高生产能力、提高综合商品率和资源利用率以及节能降耗的薄弱环节，提出挖潜增效、发展生产的途径和措施。

□ 科研开发及应用的效益审计

第二十六条　在对科研开发及应用的效益进行审计时，审查新产品、新技术开发和新市场开拓计划是否与企业的长期或近期的生产经营计划相适应。

第二十七条　在对科研开发及应用的效益进行审计时，审查企业对新产品、新工艺、新技术的开发与应用情况，并评价其可行性和效益性。

第二十八条　在对科研开发及应用的效益进行审计时，审查对科研开发资金的应用方向及其配置的合理性，是否有利于科研成果向现实生产力的转化。

□ 物资管理的效益审计

第二十九条　在对物资管理的效益进行审计时，审查依据生产建设计划和消耗定额而编制的采购计划的合理性及批量进货的经济性。

第三十条　在对物资管理的效益进行审计时，审查采购物资的品种、质量、价格、数量以及进货渠道，评价物资采购成本，分析存在的问题及原因。

第三十一条　在对物资管理的效益进行审计时，审查物资的管理、验收、入库、出库、发放，使用手续是否健全，管理是否严格，是否做到物尽其用。

第三十二条　在对物资管理的效益进行审计时，审查物资储备是否实行了定额管理，制定的定额是否合理，有无超储积压情况，分析造成超储积压的原因。

第三十三条　在对物资管理的效益进行审计时，物资报废及损失是否按规定管理，查清报废及损失的原因；审查废旧超储积压情况，分析造成超储积压的原因。

□ 成本费用管理的效益审计

第三十四条　在对成本费用管理的效益进行审计时，审查成本费用支出情况，分析评价成本费用升降原因，寻找降低成本费用的途径。

第三十五条　在对成本费用管理的效益进行审计时，审查成本中各要素所占的比重及变动情况，分析产量、品种、质量、劳动生产率等因素对其变动的影响并找出原因。

第三十六条　在对成本费用管理的效益进行审计时，审查单位产品成本是否合理，将本期单位实际成本与计划成本、目标成本、上期实际成本比较，是否有明显的上升或下降，找出产生差异的原因。

第三十七条　在对成本费用管理的效益进行审计时，评价成本控制是否有切实有效的管理办法。

□ 利税目标审计

第三十八条　在对利税目标进行审计时，汇集、审查、分析当期生产经营和财务成本报表资料。

第三十九条　在对利税目标进行审计时，从产品结构、产量、效率、质量、成本、销售实现等方面对当期利税实现进行评价分析。

第四十条　在对利税目标进行审计时，结合企业生产、经营情况和预测结果，分析、评价生产计划和生产方案的合理性、效益性及影响实现企业利税目标增减的因素，提出挖潜增效的措施，预测全年可能实现的利税目标。

第四十一条　在对利税目标进行审计时，对实现利税的滚动性预测，对确保利税的生产经营方案执行情况进行跟踪分析。

□ 资金利用效果审计

第四十二条　在对资金利用效果进行审计时，审查资产负债率、流动比率、速动比率、销售利税率、资本金利润率等指标，分析评价企业偿债能力、营动能力和赢利能力。

第四十三条　在对资金利用效果进行审计时，审查各项流动资金占用情况，分析流动资金占用的合理性，评价流动资金使用效果。

□ 销售经济效益的审计

第四十四条　在对销售经济效益进行审计时，审查、分析销售数量、价格、税金、成本费用和品种结构等因素变动情况对销售利润增减的影响。

第四十五条　在对销售经济效益进行审计时，审查企业是否对市场进行了调查、开拓，产品是否适销对路，是否根据市场变化及时采取相应对策，对新产品、新市场的发展前景是否进行了预测。

第四十六条　在对销售经济效益进行审计时，审查销售合同的履行情况，分析违约原因及造成的损失。

第四十七条　在对销售经济效益进行审计时，审查销售计划、商品流转计划执行情况，分析库存商品的合理性。

□ 经济合同的效益审计

第四十八条　在对经济合同的效益进行审计时，审查经济合同是否符合国家法律、行政法规和计划的要求，是否贯彻平等互利、协商一致的原则。

第四十九条　在对经济合同的效益进行审计时，审查经济合同签约方的法人资格及授权权限、资信、经营范围及履约能力。

第五十条　在对经济合同的效益进行审计时，审查经济合同在经济、技术上的效益性和可行性。

第五十一条　在对经济合同的效益进行审计时，审查经济合同履行情况及其执行结果。

第五十二条　在对经济合同的效益进行审计时，审查经济合同管理制度的健全性、有效性。

□ 长期投资效益审计

第五十三条　在对长期投资效益审计进行审计时，审查投资项目在经济、技术上的可行性。

第五十四条　在对长期投资效益审计进行审计时，审查投资各方投入资金的及时性、真实性、合法性。

第五十五条　在对长期投资效益审计进行审计时，审查投资企业的资产使用、经济效益及利润分配情况、财务收支是否合规、合法。

第五十六条　在对长期投资效益审计进行审计时，评价投资企业内部控制制度的有效性，监督和检查投资企业中止或终结时的财产清理及分配情况。

第五十七条　在对长期投资效益审计进行审计时，审查股票、债券的真实性、合法性、可靠性及效益性。

□ 外委外协项目的效益审计

第五十八条　在对外委外协项目的效益进行审计时，外委外协项目的管理制度是否健全、有效，企业的现有人力、物力是否得到充分利用，产品、设备、技术的优势是否得到充分的发挥。

第五十九条　在对外委外协项目的效益进行审计时，对需要外委外协的项目是否贯彻价格优先、质量优先、时间优先的原则。

第六十条　在对外委外协项目的效益进行审计时，审查外委外协项目有无检查和验收制度，并评价其执行情况。

第六十一条　在对外委外协项目的效益进行审计时，审查外委外协项目预决算的合法性、合理性，有无高估冒算、多报工作量、重复取费等情况。

□ 机构设置与人才开发利用效益审计

第六十二条　在对机构设置与人才开发利用效益进行审计时，审查企业生产机构和管理机构的设置是否适应生产需要。

第六十三条　在对机构设置与人才开发利用效益进行审计时，审查企业是否制定了较为全面的人才培训制度。

第六十四条　在对机构设置与人才开发利用效益进行审计时，审查企业是否制定了尊重人才、激励人才的办法和措施。

□ 附则

第六十五条　本公司下属各分公司可根据本办法制定实施细则。

第六十六条　本办法自发布之日起执行，原系统总企业（××××）审字号文（××行业总企业经济效益审计办法）即行废止。

五、审计报告征求意见书

审计报告征求意见书写作范本如下：

______

对你部门的______审计已基本结束。现将审计报告初稿送阅，请按照企业《审计工作管理制度》第 条之规定，在收到审计报告之日起10日内提出书面意见，并及时送回，逾期则视为同意。

年 月 日(盖章)

收件人签章： 收件时间： 年 月 日

附：被审部门意见(注：如写不下，可另加附页)

被审部门： (盖章)

部门主管： (签字)

年 月 日

第三节　财务审计管理实用表单

一、审计通知单

审计通知单如表 8－1 所示。

表 8－1　审计通知单

□定期

□不定期　　　　　　　　　　　　　　　　　　　　年　月　日

审计单位	
审计日期	
审计内容	
配合事项	

总经理：　　　　　　　　　　制单：

二、审计表

审计表如表 8－2 所示。

表 8－2　审计表

年　　月　　日

审计事项					
审计部门					
审计记录	单　据		金　额	正确性	说　明
评语					

三、审计工作计划表

审计工作计划表如表 8－3 所示。

表 8－3　审计工作计划表

年　　月　　日

审计类别											
日常	定期	不定期									

四、审计报告表

审计报告表如表 8－4 所示。

表 8－4 审计报告表

年 月 日

审计项目	审计类别	审计期间	抽样比率	审计结果	备注
批示					

董事长： 总经理： 总审计： 制表：

五、财物抽查通知单

财物抽查通知单如表 8－5 所示。

表 8－5 财物抽查通知单

年 月 日

抽点日期		抽点人员	
抽点项目		经管部门	
备注			
总经理：			

六、稽核工作计划表

稽核工作计划表如表 8－6 所示。

表 8－6　稽核工作计划表

年　月　日

稽核类别			稽核项目	估计数量	抽样数量	稽核时间		稽核人员	会同人员	备　注
日常	定期	不定期				起	讫			

七、稽核表

稽核表如表 8－7 所示。

表 8－7　稽核表

年　月　日

审计事项					
审计部门					
审计记录	单　据		金　额	正确性	说　明
评语					

八、稽核报告表

稽核报告表如表 8 - 8 所示。

表 8 - 8　稽核报告表

年　月　日

审计项目	审计类别	审计期间	抽样比率	审计结果	备注
批示					

董事长：　总经理：　总稽核：　制表：

九、被审计单位基本情况表

被审计单位基本情况表如表8－9所示。

表8－9 被审计单位基本情况表

年 月 日

年		账册编号	凭证号码	内容摘要	金额（元）	会计记录		审计结论
月	日					借	贷	

审计组长（主审）： 审计员： 复核： 审计日期：

十、审计业务专用发文稿表

审计业务专用发文稿表如表 8－10 所示。

表 8－10　审计业务专用发文稿表

<table>
<tr><td colspan="2" rowspan="2">签发</td><td colspan="2">核稿</td></tr>
<tr><td colspan="2">主办单位
拟稿人</td></tr>
<tr><td colspan="2">事由</td><td>附件</td><td>机密等级</td></tr>
<tr><td>报</td><td>发</td><td>送</td><td></td></tr>
<tr><td colspan="4">打字　校对　审字　第　号　年　月　日　印份</td></tr>
</table>

十一、审计工作底稿

审计工作底稿如表 8－11 所示。

表 8－11　审计工作底稿

审计部门：　　　　　　　　　　　　　　　　　　　　　　　　审　字　第　　号

被审部门	审计项目
内容摘要	
所附凭证	
评价及建议	
被审部门意见	

审计组长（主审）：　　　　　　　　　　　　　　　　　　　　　年　　月　　日

第四节　审计管理规范化细节执行标准

一、资产审计流程

资产审计流程分为以下几部分。

(一)货币资金审计。

1. 审计目标。

证实货币资金余额的存在性、完整性、收付业务的合法性。

2. 内部控制系统测试。

调查了解货币资金内部控制系统→查验签发支票登记簿与签发支票存根→抽验资金收付款凭证→核实收入货币资金收款收据→检查日记账,抽查银行存款调节表与库存现金盘点表→检查不相容职务划分情况→检查货币资金收付凭证管理→评价货币资金内部控制系统。

3. 实质性审查。

(1)库存现金审查。

首先,出纳员将现金全部放入保险柜暂时封存,要求出纳员将全部凭证入账,结出当日现金日记账余额,填写《现金出纳报告书》。在会计主管人员和内审人员在场的情况下清点现金,并做记录。填制《库存现金清点表》,该表由出纳员、会计人员共同签字,作为审计工作底稿。库存现金清点表应反映实际库存现金清点数,当日现金日记账结余数,账实是否相符,即有无溢缺。

(2)现金收付业务的审查。

抽查现金日记账记录,至少抽查 1 ~ 2 个月的现金日记账,审查原始凭证。

(3)银行存款的审查。

审核银行存款日记账记录,核证银行存款收支的截止日期,抽查银行存款的账面余额。

(二)存货审计。

1. 审计目标。

证实存货的存在性、完整性、所有权归属、计价的正确性、采购与销售的合法性、分类的正确性。

2. 内部控制系统测试。

调查了解企业存货内部控制系统→抽查部分采购业务文件,追踪其业务系统→抽查部分存货出库业务,追踪其业务处理系统→审查存货管理制度→抽查盘点记录→评价存货内部控制系统。

3. 实质性审查。

(1)材料的审查。

材料采购的审查:审查订货合同→审查材料的验收入库情况→审查材料采购成本,查看采购成本的构成项目是否正确,采购费用分配比例是否合理,采购成本是否合法、正确,采购成本的计算方法是否正确→审查在途材料→审查材料采购的账务处理。

(2)库存材料审查。

盘点库存材料,时间安排在结账日或接近结账日。

(3)材料出库的审查。

对生产领用材料应核实生产计划,核查发出材料的计价,揭露弄虚作假的行为。

(三)应收账款审计。

1. 审计目标。

证实应收款项的存在性、正确性、销售退回、折让与折扣的合法性、截止日期的正确性、坏账损失的真实性。

2. 内部控制系统测试。

调查了解并描述应收款项内部控制系统→检查不相容职责的划分→验证期末余额的合理性→抽查客户账龄分析表→审查销货折扣与收款的合理性→审核坏账损失的账簿记录及相应的手续→评价应收款项内部控制系统。

3. 实质性审查。

(1)应收账款的审查。

取得应收款明细表→发出询证应收账款→分析询证函及应收账款余额→取得或编制应收账款账龄分析表,确定应收账款的可实现价值→审查坏账准备金的提取与使用。

(2)应收票据的审查。

取得应收票据分析表→清点库存应收票据→询证应收票据→对应收票据发生和收回的审查→对票据贴现的审查→分析评价应收票据的可兑现程度。

(四)固定资产审计。

1. 审计目标。

证实固定资产的存在性、完整性、分类的正确性、所有权的归属、计价的正确性、折旧方法的选用及其计算的正确性。

2. 内部控制系统测试。

深入了解固定资产的内部控制系统→验证固定资产的新增手续→验证固定资产的退废手续→抽验固定资产验收报告→检查固定资产账、卡的设置情况→评价固定资产内部控制系统。

3. 实质性审查。

(1)固定资产入账价值的审查。

(2)固定资产增加与减少的审查。

(3)固定资产折旧的审查。

(4)固定资产结存的审查。

(5)在建工程的审查。

二、收入、成本与费用审计流程

(一)主营业务收入审计。

1. 审计目标。

证实主营业务收入的真实性、分类的合理性、账务处理的正确性。

2. 内部控制系统的测试。

了解并描述内部控制系统→测试销售计划→审查销货合同→检查岗位职责的执行→测试销货制度的执行→评价主营业务收入的内部控制系统。

3. 实质性审查。

(1)分析检查主营业务收入的变动趋势→将企业的年度主营业务收入与该年度计划数对比了解计划完成程度,与上年度相比了解其变动趋势。根据存在的异常现象进一步确定审查范围,以查明有无故意隐瞒或虚增利润的现象。

(2)验证主营业务收入的真实性→索取产品出库单存根、销货发票副本和有关明细账,相互核对→审阅一定数量的产品发运单、销货发票副本、结算凭证、有关明细账,根据生产经营和结算方式,确定销售收入的实现。

(3)核查主营业务收入会计处理的正确性。发票和销货合同的审查→审查发票和销货合同,采取重点抽查,审查销售收入计算是否正确→审查根据结算方式选用不同的方法与相关账户进行对比,查明收入的入账金额是否正确。核实主营业务收入的截止期→一般可对决算日前后一周有关收入的记录进行检查、核实,核对有关的发票、运单及其他单据,确认收入截止期是否准确无误。

(4)销售退回、折让及折扣的审查。

销货退回的审查:销货退回的合理性→退回批准手续的合规性→退回账务处理的正确性。

折扣和折让的审查:折扣和折让的合理性→折扣和折让冲减当期销售收入,进而影响利润,因此折扣和折让应符合公司有关规定,发现异常情况应重点审查。折扣和折让的真实性→折扣和折让必须经过销售部门负责人的批准,按规定程序例行手续。

(二)产品成本审计。

1. 审计目标。

证实成本形成的真实性、合规性,成本会计处理的正确性、计算的正确性。

2. 内部控制系统的测试。

调查了解并描述产品成本的内部控制系统→审查产品成本计划→审查产品成本管理责任制的执行→审查成本基础工作→评价产品成本内部控制系统。

3. 实质性审查。

(1)产品成本开支范围合规性的审查。

(2)直接材料费的审查。

直接材料耗用量的审查→直接材料计价的审查→直接材料费用分配的审查。

(3)直接人工费的审查。

审查直接人工费的真实性→审查工资结算的正确性→审查工资分配的正确性→审

查员工福利费计提及分配的正确性→审查直接人工费账务处理的正确性。

(4)制造费用的真实性。

审查制造费用的真实性→审查制造费用项目的合规性→审查制造费用会计处理的正确性。

(5)辅助生产费用的审查。

审查辅助生产费用的归集→审查辅助生产费用的分配。

(6)在产品成本的审查。

审查在产品结存量→审查在产品的计价方法。

(7)产成品成本的审查。

审查产成品数量→审查产品成本的计算。

(三)费用审计。

1. 审计目标。

证实费用分类的合规性、正确性,开支的合理性,账务处理的正确性。

2. 内部控制系统的测试。

了解并描述费用内部控制系统→索取并审查费用计划、预算及执行情况→抽取有关凭证、检查费用审批手续→检查费用账户的设置、登记及凭证保管→评价费用内部控制系统。

3. 实质性审查。

分析主要费用的变动趋势→审查费用开支的真实性与合规性→核查期间费用的截止日期→审查费用会计处理的正确性。

三、利润审计流程

(一)审计目标。

证实利润形成的真实性、合法性,会计处理的正确性。

(二)内部控制系统的测试。

了解描述利润的内部控制系统→审查利润计划→审查岗位责任制的执行→查验会计处理程序→评价利润内部控制系统。

(三)实质性审查。

1. 产品销售利润的审查。

审查产品销售利润的合规性:产品销售内容应符合企业财务制度规定,严格分清与其他业务利润的界限,计算方法符合规定。

审查产品销售利润组成项目的真实性和账务处理的正确性。

(1)产品销售成本计价是否正确:审阅“产成品明细账”“发出商品明细账”“委托代销明细账”等账户,查核采用的计价方法是否前后一致,应注意采用计划成本核算时,结转成本的同时是否同时结转已售产品应负担产品成本差异,有无为调节利润而人为多转、少转成本的现象。

(2)销售成本的结转是否符合配比原则:审阅“产品销售成本明细账”,并与“产成品明细账”“发出商品明细账”“委托代销商品明细账”相核对,检查实现销售收入与结转销售成本的产品品种、数量、规格及入账时间的一致性,确认是否遵循了收入与成本、费用相互配比的原则，如发现有多转、少转成本的现象，应扩大审计范围。

2. 其他销售利润的审查。

（1）审查材料销售收入。

审查材料销售的合法性→审查材料销售手续的合规性→审查材料销售账务处理的正确性。

（2）审查技术转让收入。

审查技术转让双方是否签有合同，是否经过公证→审查企业转让的技术商品是否经过国家有关机构的确认→审查技术转让收入是否属实，成本、费用是否真实。

（3）固定资产出租收入的审查。

审查固定资产出租业务是否有完备的审批手续、是否订有合同→审查固定资产出租业务是否有专人负责、管理→审查固定资产出租收费是否合理，租金收入是否及时、全部入账→审查固定资产出租合同的执行情况。

（4）审查其他业务支出的真实性。

（5）审查其他业务支出账务处理的正确性。

3. 投资净收益的审查。

审查投资收益的真实性→审查投资收益账务处理的正确性。

4. 营业外收支的审查。

（1）营业外收入的审查。

审查营业外收入的合法性→审查营业外收入数额的正确性→审核营业外收入账务处理的正确性。

（2）营业外支出的审查。

审查营业外支出的合规性→审查营业外支出数额的正确性→审查营业外支出账务处理的正确性。

5. 利润总额的审查。

在完成利润形成各组成项目的真实性、合法性和正确性审查的基础上，审查“本年利润”账户并核对其与相关账户记录的一致性、复核利润形成，证实其正确性。

6. 净利润的审查。

审查所得税征收范围→审查所得税的计税依据→审查所得税率和税额的计算→审查所得税的减免→审查所得税会计处理。

四、支票付款审计标准

1. 空白支票放置于安全处并限制接触授权签发人员。

2. 支票应预先编号并登记空白支票号码。

3. 授权签署支票的人员无权擅自或审签付款凭证，也无权填写支票、记录支票号码的先后顺序和保管空白支票。

4. 如果使用机械签署支票，印模必须由授权使用者单独保管，授权者有责任注意所有签署支票都有批准手续；已签署支票应由签署人保管，直到支票由签署人寄出或亲自递交为止。

5. 预先签署支票或预先会签支票的行为应当禁止。

五、货币付款审计标准

1. 每笔零用现金备用金的主要责任应交由一人单独负责，其职责不应包括现金收入、付款凭证的审批、该项备用金的补足或从资金中付款的核准权、支配付款的记录或过账等。

2. 其他可流通的资产不应由现金资金的负责人保管。

3. 未领工资，无论现金还是支票，都应当由一个与编制工资单无关的职工保管。

4. 禁止坐支现金，因特殊情况需要坐支的，必须报批。

六、银行往来账审计标准

1. 调节银行往来账项余额与账面金额的职工不负有关于现金收入、现金支出或付款凭证的固定职责。

2. 该职工应直接从银行获取对账单。

3. 该职工应对银行调节程序的一部分进行详细对比。

4. 该职工应检查支票的签署和背书。

七、应收账款审计标准

1. 首先检查企业有没有建立明确的职责分工制度，有没有按各相关业务环节进行明确的分工。

2. 检查应收账款的登记有没有专人负责，应收账款的记录应以销售部门核准的销售发票和发运单等原始凭证为依据。

3. 检查企业是否建立了应收账款的定期清理、催收制度。

4. 检查企业坏账损失的冲销、销售折扣与折让的给予，有没有经过企业专门指定的人员签字批准、审核。

八、企业坏账内部审计标准

1. 采取直接转销法处理坏账损失的企业，不应再提取坏账准备金。因此，首先要检查企业是否建立了坏账准备金制度。

2. 检查坏账准备计提的范围、计提的标准是否合理、合法。

3. 检查坏账损失的处理是否经过必要的审批程序，同时检查列账批复手续是否合规。

第9章　小问题有大文章
——税务筹划

第一节　税务筹划工作要点

一、企业税务筹划基本方法

纳税人税收筹划的目的是在法定范围内最大限度地减少自身的纳税支出并获取最大经营净收益。换言之，就是最大限度地挖掘节税潜力、获取节税利益。为此，来分析一下获取节税利益的途径。

纳税人的节税利益一般是通过选择低税负的纳税方法和滞延纳税期这两条途径获取的。具体而言，选择低税负的纳税方案又包括税收负担的规避和税收负担由高向低的转换。这里将从3个方面介绍获取节税利益的途径。

（一）税收负担的规避。

税收负担的规避是指纳税人把资本投向不负担税收或只负担轻税的地区、产业、行业或项目上。这样，纳税人就能在激烈的市场竞争中，占据税收上的优势，以增强竞争实力和获取更高的资本回报率。要做到规避税收负担，就要求投资者熟知接受投资国家的税制中关于各项减免税优惠的具体规定，并结合自身情况进行周密安排。

（二）税收负担从高向低的转换。

税收负担从高向低的转换是指就同一经营行为存在多种纳税方案可供选择时，纳税人就低避高，选择低税负纳税方案，以获取节税利益。例如，在所得额的大小适用累进税率时，即计税所得额越大，适用的边际税率越高。这样，纳税人可在税法规定的范围内，通过调整和平衡各纳税期的计税所得，从而减少总的纳税支出。调整计税所得的渠道很多，具体包括：有关收入、费用项目的确认期的选择；资本和金融资产持有期的选择；投资方式的选择等。

（三）纳税期的滞延。

纳税期的滞延是指纳税人在遵守税法的前提下，将有关应税项目的纳税期向后递延。一是递延纳税人在滞延期内取得一笔同税款相等的政府无息贷款，有利于纳税人资金周转，节约了纳税人的利息支出；二是在通货膨胀的环境中，延期缴纳的税款的币值不降，从而减少了实际纳税支出。

一些国家的税法特别做出了可以延期纳税的规定，一方面，是为了平衡纳税人在不同纳税期的税收负担，比如纳税人在某一纳税期所得过高，有可能被允许将本期所得平均分散到以后若干期之内去计税和纳税，或者是对取得高所得年度应纳的税款采取分期缴纳的方式；另一方面，递延纳税的规定也是政府利用税收杠杆调节纳税人经济行为的一种手段。比如,政府为了促进投资,允许纳税人对其营业财产采用初期折旧或者自由折旧方法,这样就可以减少高折旧年度的应税所得,从而产生延期纳税。

另外,在《税法》未制定专门的支付条款的情况下,纳税人可利用《税法》本身未规定有关条款而实行延期纳税。假定有一跨国公司,母公司设在高税国,其子公司设在低税国,子公司取得的利润不是汇回母公司而是长期滞留下来。这样,母公司由于未取得股息收入,其税款也就相应地被滞延下来了。

二、企业节税能力影响因素

企业展开税务筹划获取节税利益的潜力的大小,主要取决于以下 4 方面的因素。

(一)纳税人自身状况。

影响节税潜力的纳税人自身包括纳税人的经营规模、业务范围、组织结构、涉及税种的多少、纳税金额的大小等。一般来讲,企业的经营规模越大,组织结构越复杂、业务范围越广,缴纳的税种越多、纳税的金额越大,则税务筹划的空间也就越广阔,获取节税利益的潜力也就越大。例如,一家个体理发店,其税收事务仅涉及一种简单的营业税,用不着耗费精力去进行税务筹划。而对于一家大型的跨国公司,情况则大不一样。其子公司或母公司各自作为独立纳税人,可能要涉及增值税、所得税、财产税、消费税、资本税、印花税等多个税种,各国的具体税制及国际复杂的税收协定网络贯穿于整个公司的投资、经营和财务决策的全过程,其税务筹划的内容是丰富多彩的,节税的潜力也是巨大的。

(二)税制因素。

影响节税潜力的税制因素主要包括 3 个方面:具体税种的税负弹性、税收优惠条款和递延税条款。

所谓税负弹性,是指某一具体税种的税负伸缩性大小。一般而言,某一税种税负弹性的大小取决于该税种的要素构成。这主要包括计税基数、扣除、税率等,即税基越宽,税率越高,税负就越重,或者税收扣除越大则税负就越轻。如果用数学函数表示税收负担(TB)与税基(b)、扣除(d)、税率(t)之间的关系,则 $TB = f(b; t; l/d)$。

从这一公式可以看出,企业所得税和个人所得税和税负弹性较大,因为不论税基宽窄、税率高低和扣除项目多少或数额大小,多少总有一定的弹性幅度。各税种内在各要素弹性的大小决定了该税种的税负弹性,或者说某一税种的税负弹性是构成该税种各要素的弹性的综合体现。下面以企业所得税为例来加以说明。

企业所得税(国外也称公司所得税)是世界大多数国家的一个重要税种。一般税制规定,纳税人是公司企业,征税对象为利润总额,计税依据一般为经过纳税调整后的利润。该税种无论税基、税率和扣除项目,其弹性都很大。

公司所得税的税基通常要受以下几个因素的影响:

1. 境内投资、联营企业分回利润是否合并征税;

2. 境内、境外所得是否合并征税;

3. 资本利得如何对待;

4. 汇兑损益如何计税;

5. 存货计价、固定资产折旧方法如何选择和确定;

6. 有哪些准备金制度；

7. 间接投资所获的利息、股息和特许权使用费收入如何计税；

8. 以前年度亏损如何结转抵税；

9. 关联企业转让定价是否进行纳税调整等。

税率的弹性主要表现在：

1. 国内企业是实行统一税率还是差别税率；

2. 国内企业与涉外企业税率是否一致；

3. 实行单一的比例税率还是多级的累进税率。

扣除项目的弹性主要表现在：

1. 资本支出的计税规定；

2. 无形资产受让、开发支出的计税规定；

3. 利息支出如何处理；

4. 工资及福利费支出如何计税；

5. 捐赠支出如何对待；

6. 业务招待费如何扣除；

7. 社会保障支出如何扣除；

8. 会费和管理费支出如何计税。

（三）税收优惠。

税收优惠是国家税制的一个组成部分，是政府为达到一定的政治、社会和经济目的，而对纳税人实行的税收鼓励。税收鼓励反映了政府行为，是通过政策导向影响人们生产与消费偏好来实现的，所以也是国家调控经济的重要杠杆。无论是经济发达国家还是发展中国家，无不把实施这样或那样的税收优惠政策作为引导投资方向、调整产业结构、扩大就业机会、刺激国民经济增长的重要手段加以利用。但是，处于经济发展不同阶段的国家和地区，税收鼓励的范围、重点和方式有所不同。

一般来说，发达国家对税收鼓励的范围选择较为慎重，覆盖面较小，针对性较强。而发展中国家的鼓励范围相对广泛得多。为了引进外资和技术，增加出口创汇，经常对某些地区或某些产业或行业给予普遍优惠。发达国家的优惠重点一般放在促进高新技术开发、能源节约、环境保护和充分就业等方面，而发展中国家则没有那么集中，甚至对那些技术相对落后的困难企业也给予优惠照顾。另外，发达国家的税收优惠多采取与收入相关的间接性鼓励方法，如加速折旧、投资抵免和投资免税等，而很少使用直接性的税收减免办法。发展中国则一般采用直接性的税收减免法，如对某些地区、产业和行业的投资规定一定的减税期和免税期等。

税收优惠对节税潜力的影响表现为：税收优惠的范围越广、差别越大、方法越多、内容越丰富，则纳税人税务筹划的活动空间越大。纳税人进行税务筹划必须考虑：

1. 有没有地区性的税收优惠；

2. 是否有行业性税收倾斜政策；

3. 减免各期如何规定；

4. 对纳税人在国外缴纳的税款是否采取避免双重征税的措施，采取什么样的方式给予抵免等。

（四）递延纳税。

关于递延纳税的概念及其给纳税人带来的好处在前面已经提到，其实质是对纳税人当期会计所得与计税所得之间的时间性差异（即纳税人会计所得大于计税所得的差额），税法一般不做强制性纳税调整规定，是否递延纳税由纳税人自由选择。这样，从税务筹划的角度看，对顺时间差异进行调整递延纳税的条款以及规定项目越多，纳税人税务筹划的内容也就越丰富，节税的潜力就越大。

三、纳税人的基本权利

纳税人的权利和义务是纳税人在税收法律关系中存在的前提和基础。由于税收法律关系是一种行政法律关系，纳税人在税收法律关系中的义务主体的身份出现得多，因而，一般对纳税人总是讲其义务。其实纳税人在税收法律关系中也享有一定的权利，而且这些权利贯彻在纳税人履行纳税义务的始终。纳税人在税收法律关系中也是权利主体，这是人们通常忽略的一点。

纳税人的权利是指纳税人在履行纳税义务的过程中根据法律行政法规的规定所享有的作为或不作为的许可。如纳税人享有某项权利，则可要求税务机关做出或不做出一定行为，在必要时还可请求法院协助实现其权益。

（一）延期申报。

《税收征管法》第 17 条规定，“纳税人、扣缴义务人不能按期办理纳税申报或者报送代扣缴、代收代缴税款报告表的，经县以上税务局（分局）批准，可以延期申报”。不能按期申报，指不可抗力等客观情况造成的纳税人、扣缴义务人在申报期内不能申报的情形，如发生了自然灾害（地震、水灾、火灾、台风等）和社会意外事件（战争爆发、社会动乱等）。如果发生了以上情况，纳税人就可依法向税务机关申请延期申报。另外，纳税人由于计算税款上的困难，如财务报表尚未出来无法申报时，也可以申报延期申报，在税务机关核准的期限内申报纳税。在不可抗力情形下的延期申报，可以不经申请自行延期，但是应当在不可抗力情形消除后，立即向税务机关报告，税务机关查实后应予以核准。

（二）延期缴纳税款。

在一般情况下，纳税人均应按期缴纳税款。但在特殊情况下，纳税人也可以申请延期缴纳税款。

《税收征管法》第 20 条规定，“纳税人因有特殊困难，不能按期缴纳税款的，经省以上税务局（分局）批准，可以延期缴纳税款，但最长不得超过三个月”。《税收征管法实施细则》还规定，“经税务机关批准延期缴纳税款的，在批准的期限内，不加收滞纳金”。

这里所谓特殊困难，是指由于不可抗力、意外事故、三角债或债务链等原因造成的资金上的周转困难。纳税人因特殊困难，影响到支付能力就可依法申请延期缴款。这是国家为照顾纳税人生产、经营中遇到的各种困难而赋予的一项重要权利。行使这项权利可以缓解纳税人生产经营中的一些暂时困难，从而顺利渡过难关。

（三）申请减免税。

减免税是国家根据经济发展战略和产业政策的发展要求，运用税收的调节职能，对某些纳税人或征税对象给予的一定鼓励或照顾。减税是对应征税款减少征收；免征是对应征税款全部予以免征。享受减免税政策后，纳税人的税收负担肯定就会轻一些，从而有更多的资金用于发展生产经营。

《税收征管法》第21条规定，“纳税人可以依照法律、行政法规的规定向税务机关申请减税、免税”。可见，依法享受减免税照顾是纳税人的一项重要权利。

但是，要注意的是，减免税必须是在法律、行政法规规定的范围内，经法律、行政法规规定的减、免税审查批准机关审批后才有效。未经批准的减免税，或者地方各级人民政府、各级人民政府主管部门、单位和个人违反法律、行政法规规定，擅自做出的减免税决定无效。

过去，由于税法中规定的减免税较多，减免税的随意性较大、减免税款比较分散，纳税人较易获得减免税照顾。现在，虽然依法享受减免税仍是纳税人的一项权利，但由于减免税权高度集中（国务院），临时、困难性减免取消了，因而享受减免税的机会也就少了。

（四）请求赔偿。

《税收征管法》第26条规定，税务机关采取税收保全措施不当，或者纳税人在限期内已缴纳税款而税务机关未立即解除税收保全措施，使纳税人的合法权益遭受损失的，税务机关要负赔偿责任。依据《税收征管法》的这个规定，纳税人的合法权益在税收保全中受到侵犯时，可以请求赔偿。

（五）申请退税。

申请退税是指纳税人对误征或错征的税款以及依照税法的规定应退还的税款有权要求退回。

《税收征管法》第30条规定，纳税人超过应纳税额缴纳的税款，税务机关发现后应当立即退还；纳税人自结算缴纳税款之日起三年内发现的，可以向税务机关要求退还，税务机关查完后应当立即退还。根据《税收征管法》的这个规定，只要在结算缴纳税款之日起三年内，纳税人都可以要求退还超过应纳税额而缴纳的税款，如误缴税款等。

《中华人民共和国增值税暂行条例》第25条规定，“纳税人出口运回税率为零的货物，向海关办理出口手续后，凭出口报关单等有关凭证，可以按月向税务机关申报办理该项出口货物的退税”。另外，对已征消费税款，出口时也可以申请退税。

应当说明的是，出口货物办理退税后发生退货或者退关的，纳税人应当依法补缴已退的税款。

（六）依法监督。

依法监督是指纳税人有依照法律、行政法规规定监督税务机关执法的权利。

依法治税一直是我国税收工作的基本原则之一。为我国税收工作走上法治轨道，改革开放十几年来，国家制定了大量的税收法律、行政法规等法律规范。这是征、纳双方都应遵循的。税务机关依法征税是国家赋予的神圣职责，同时在征税中保护纳税人及其他当事人权益也是其义不容辞的责任。为使纳税人的权益不受侵害，促进税务机关依法行政、反腐倡廉，法律规范在保证依法征税的同时，也规定了一定的制约措施来防止不廉政或侵权行为的发生。如《税收征管法》规定，税务机关征收税款和扣缴义务人代扣、代收税款时，必须给纳税人出具完税凭证。根据这个规定，如果税务机关或扣缴义务人不开具完税凭证，纳税人就可以不缴税。通过这样来监督税务机关，避免徇私舞弊、不开票收税的不廉政行为发生。又如《税收征管法》规定，税务机关派出的人员进行税务检查时，应当出示税务检查证件。根据这个规定，被检查人就可以监督其执法行为，如果不出示税务检查证件,就可拒绝检查。

(七)申请税务复议和提起行政诉讼。

这是指纳税人当其对税务机关的征税、管理、处罚等行为不服时,有权向做出具体税务行政行为的税务机关的上一级税务机关申请税务行政复议,或者向人民法院提起行政诉讼,以监督税务机关依法征税,同时维护自身合法权益。

《税收征管法》第56条规定,"纳税人、扣缴义务人、纳税担保人与税务机关在纳税上发生争议时,必须先依照法律、行政法规的规定缴纳或解缴税款及滞纳金,然后可以在收到税务机关填发的缴款凭证之日起60日内向上一级税务机关申请复议。上一级税务机关应当在收到复议申请之日起60日内做出复议决定。对复议决定不服的,可以在接到复议决定书之日起15日内向人民法院起诉"。"当事人对税务机关的处罚通知之日或者税务机关采取税收保全措施、强制执行措施之日起15日内向做出处罚决定或者采取税收保全措施、强制执行措施机关的上一级机关申请复议;对复议决定不服的,可以在接到复议决定之日起15日内向人民法院起诉。当事人也可以在接到处罚通知之日起或者税务机关采取强制执行措施、税收保全措施之日起15日内直接向人民法院起诉。"

这里,《税收征管法》不仅赋予纳税人申请复议和提起行政诉讼权,而且还规定了当纳税人对除税务机关做出的征税行为以外的税务行政处罚、税收强制执行、税收保全措施不服时,既可以选择复议,也可以选择直接向人民法院起诉的选择权。

(八)委托税务代理人代办税务事宜。

这是指纳税人可以将依法应履行的税务事宜委托税务代理人来完成的权利。

为了加强对税收执法的社会监督,方便纳税人、扣缴义务人履行其义务,《税收征管法》规定纳税人、扣缴义务人可以委托税务代理人代为办理税务事宜。这样就从法律上确立了税务代理人的合法地位。通过税务代理制度,可以大大减轻纳税人自行办理纳税事宜的工作量,可以提高办税质量和效率、减少核算过程中的差错,还可以使纳税人的涉税申报、申请、申诉事宜得到及时办理,使纳税人的合法权益受到维护。

以上纳税人的权利,概括起来就是两个方面的权利:一方面是监督权;另一方面是维护自身利益权。有些权利,如复议权和行政诉讼权,既是监督权,又是维护自身利益的权利。

四、纳税人的基本义务

纳税人的义务是纳税人依照税收法律、法规等必须做出的行为或不得做出的行为,包括程序上的义务和实体上的义务。一般来讲,纳税人的义务就是纳税(缴纳税款)义务。但严格来说,这是不准确的。我国《宪法》规定,作为公民有纳税义务。这个义务不仅是指缴纳税款。国家为了有效地参与国民收入的分配,充分发挥税收的职能,保证财政收入和经济建设的需要,对税收参与国民收入的分配过程做了严格的规范,以保证这一过程有秩序地进行。这些规范,征、纳双方都应遵守。因此,纳税义务不仅包括纳税(缴纳税款),而且还包括遵守征纳规范所必须履行的程序上的义务。实体上的纳税义务受法律保护,程序上的法律义务也是受法律保护的。《税收征管法》及《刑法》上有关税收法律责任的规定,既有履行实体义务所应承担的法律责任,也有履行程序上的义务的法律责任。可见，纳税人不仅要重视实体上的义务，而且也要重视程序上的义务。实体上的义务和程序上的义务都是纳税义务的有机组成部分。

纳税人在税收法律关系中更多地以义务主体存在。纳税人的义务是广泛的、全面的。实际上，税收征收管理的过程主要是纳税人履行义务的过程。从税收征收管理的全过程看，纳税人的义务包括以下几个方面。

（一）申报办理税务登记。

企业以及企业在外地设立的分支机构和从事生产、经营的场所，个体工商户和从事生产、经营的事业单位自领取营业执照之日起30日内，持有关证件向税务机关申报办理税务登记。非从事生产经营的纳税人，除临时取得应税收入或发生应税行为以及只缴纳个人所得税、车船税以外，都应当自有关部门批准之日起30日内或自法律、行政法规的规定成为法定纳税义务人之日起30日内，依法向税务机关申报办理税务登记。从事生产、经营的纳税人，税务登记内容发生变化的，自工商行政管理机关办理变更登记之日起30日内或者在向工商行政管理机关申请办理注销登记之前，持有关证件向税务机关申报办理变更或注销税务登记。

从以上规定看，大多数纳税人都有向税务机关申报办理税务登记的义务。从国际上看，几乎所有的纳税人都要在税务机关办理登记手续。我国经济体制正在与国际惯例接轨，税收管理也不例外，也将与国际上一致，对所有纳税人实行登记管理。届时，申报办理税务登记将成为纳税人的一项普遍义务。

（二）管理账簿、凭证。

企业应当按照《税收征管法》的要求去管理账簿和凭证。《税收征管法》规定如下：

从事生产、经营的纳税人、扣缴义务人按照国务院财政、税务主管部门的规定设置账簿，根据合法、有效凭证记账，进行核算。个体工商户确实不能设置账簿的，经税务机关核准，可以不设置账簿。

从事生产、经营的纳税人的财务、会计制度或者财务、会计处理办法，应当报送税务机关备案。

从事生产、经营的纳税人的财务、会计制度或者财务、会计处理办法与国务院或者国务院财政、税务主管部门有关税收的规定相抵触的，依照国务院或者国务院财政、税务主管部门有关税收的规定计算纳税。

普通发票必须由省、自治区、直辖市人民政府税务主管部门指定的企业印制。未经省、自治区、直辖市人民政府税务主管部门指定，任何企业不得印制发票。

发票统一由税务机关管理。

从事生产、经营的纳税人、扣缴义务人必须按照国务院财政、税务主管部门规定的保管期限保管账簿、记账凭证、完税凭证及其他资料。账簿、记账凭证、完税凭证及其他有关资料不得伪造、变造或者擅自损毁。

这是《税收征管法》对纳税人账簿、凭证管理的基本要求。

（三）纳税申报。

《税收征管法》规定，“纳税人必须在法律、行政法规规定的或者税务机关依照法律、行政法规规定确定的申报期限内办理纳税申报，报送纳税申报表、财务会计报表以及税务机关根据实际需要纳税人报送的其他纳税资料”。税收征管法实施细则还规定，“纳税人享受减税、免税待遇的，在减税、免税期间应当按照规定办理纳税申报”。

纳税申报是纳税人依法向税务机关履行的告知义务,这是法定手续,有助于税务机关掌握税源情况。不论纳税人有否应纳税项目都应办理纳税申报手续,这是《税收征管法》所规定的纳税申报义务的实质。

(四)按期缴纳税款。

《税收征管法》规定:"纳税人、扣缴义务人按照法律、行政法规规定或者税务机关依照法律、行政法规的规定确定的期限缴纳税款。"纳税人未按照前款规定期限缴纳税款的,税务机关除责令限期缴纳外,从滞纳税款之日起,按日加收滞纳税款万分之五的滞纳金。

这是纳税人的核心义务。前面所讲的申报办理税务登记,按《税收征管法》的要求管理账簿、凭证,纳税申报等义务都是程序性义务。纳税人履行了这些义务,不等于履行了纳税义务。但纳税人按期缴纳了税款、滞纳金,那么,从税收征收管理过程看,纳税人的纳税义务即已履行。所以,按期缴纳税款是纳税人纳税义务的核心,一般来说,也是纳税人的其他义务存在的前提和基础。假定纳税人没有按期缴纳税款的义务,纳税人的其他义务也不会存在。税收法律、行政法规规定了纳税人其他义务的目的和宗旨都是为此服务的。纳税人履行程序上的义务是为履行按期缴纳税款义务创造条件。

(五)接受、协助税务检查。

税务检查是税务机关依法对纳税人履行纳税义务情况的监督和审核,是税收征收管理的补充和保证环节,对于征收税款、促进纳税人遵纪守法具有重要意义。因此,国家通过立法赋予税务机关的检查权,同时鉴于纳税人在税务检查中具有的特殊地位,规定了纳税人的义务,以保证检查权的行使。《税收征管法》规定,"纳税人、扣缴义务人必须接受税务机关依法进行的检查,如实反映情况,提供有关资料,不得拒绝、隐瞒"。

五、企业纳税的基本程序

公司依法纳税是我国税收法规的法律规定。公司依法纳税的过程不仅体现在正确核算应税数额,及时将税款解缴入库的环节,而且贯穿了从税务登记到发生纳税争议并处理的整个过程。因此,公司依法履行纳税义务,并维护自己的合法权益是每个经理人应当非常熟悉的。根据我国税收征管的有关法律、法规、规章的规定,公司依法纳税程序的第一步便是纳税登记。

(一)纳税登记。

纳税登记(又称税务登记)是税务机关根据税法规定对纳税人的生产经营活动进行登记管理的一项基本制度。对公司而言,通过纳税登记可以确认征、纳双方的权利和义务关系,也可将领取的税务登记证作为税务许可证和权利证明书。办理纳税登记是纳税人必须履行的第一个法定程序。

(二)办理开业登记的时间。

从事生产、经营的纳税人应当自领取营业执照之日起30日内主动依法向国家税务机关申报办理登记。

(三)办理开业登记的地点。

纳税企业向当地主管税务机关申报办理纳税登记。

纳税企业跨县（市）区设立的分支机构和从事生产经营的场所，除总机构向当地主管税务机关申报办理税务登记外，分支机构还应当向其所在地主管税务机关申报办理纳税登记。

（四）办理开业登记的程序。

纳税人提出书面申请报告，并提供有关证件资料。

填报税务登记表。纳税人领取登记表或注册登记表后，按照规定的内容逐项填写，并加盖企业印章，经法定代表人签字后将税务登记表报送主管税务机关。

纳税人填写税务登记表的主要内容有：企业名称、经营地点、生产经营范围、经营方式、从业人数、注册资本、投资总额、批准开业证照文件情况、开户银行名称、银行账号、使用品种、税务代理、所属独立核算的分支机构、法人代表、财务负责人、办税人员、附送件等。

领取税务登记证件。纳税人报送的税务登记表和提供的有关证件、资料，经主管税务机关审核后，报有关国家税务机关批准予以登记的，应当按照规定的期限到主管税务机关领取税务登记证及其副本，并按规定缴付工本管理费。

纳税人改变名称、法定代表人或者业主姓名、经济类型、经济性质、住所或者经营地点（不涉及改变主管国家税务机关）、生产经营范围、经营方式、开户银行及账号等内容的纳税人，应当自工商行政管理机关办理变更登记之日起30日内持有关证件，包括营业执照、变更登记的有关证明文件、国家税务机关发放的原税务登记证件（包括税务登记证及其副本、税务登记表等）、其他有关证件，向原主管税务机关提出变更登记书面申请报告。

纳税人办理变更登记时，应当向主管税务机关领变更登记表，一式三份，按照表式内容逐项如实填写，加盖企业或业主印章后，于领取变更税务登记表之日起10日内报送主管税务机关。经批准后，在规定的期限内领取税务登记及有关证件，并按规定缴付工本管理费。

纳税人领取税务登记证后，应当在其生产、经营场所内明显易见的地方张挂，亮证经营。外县（市）经营的纳税人必须持有所在地税务机关填发的《外出经营活动税收管理证明》、税务登记证的副本，向经营地税务机关办理报验登记，接受税务管理。

纳税人可持税务登记证依法办理下列税务事项：

1. 申请减税、免税、退税、先征税后返还；

2. 申请领购发票；

3. 申请办理《外出经营活动税收管理证明》；

4. 其他有关税务事项。

税务登记证件只限纳税人自己使用，不得转借、涂改、损毁、买卖或者伪造。

纳税人要妥善保管税务登记证件，如有遗失，应当在登报声明作废的同时，及时书面报告主管税务机关，经税务机关审查处理，可申请补发新证。

纳税人应根据税务机关验证或者换证通知，在规定的期限内，持有关证件到主管税务机关申请办理验证或者换证手续。

纳税人未按照规定申报办理开业税务登记、变更或者注销税务登记，以及未按规定申报办理税务登记验证、换证的，应当依照主管税务机关通知按期改正。逾期不改的，由税务机关处以2000元以下的罚款，情节严重的处以2000元以上1万元以下的罚款。

（五）账证管理。

根据《税收征管法》规定，从事生产、经营的纳税人应当自领取营业执照之日起15日内设置账簿；扣缴义务人应当自税收法律、行政法规规定的扣缴义务发生之日起10日内，按照所代扣、代收的税种设置代扣代缴、代收代缴税款账簿。同时，从事生产、经营的纳税人应当自领取税务登记证件之日起15日内，将其财务、会计制度报送税务机关备案。

（六）账簿的登记。

纳税人、扣缴义务人必须根据合法有效的凭证进行记账核算；

纳税人、扣缴义务人应当按照报送主管税务机关备案的财务、会计制度或财务、会计处理办法，真实逐笔记账核算。

（七）账簿保管。

账簿作为公司重要的经济业务记录，是进行财务、税务检查、审计检查的重要资料。应当按照我国有关法律规定的账簿保管期限认真加以保管，其中，日记账、明细账、总账和辅助账簿的保管期限是15年，现金和银行存款日记账的保管期限是25年，涉外和其他重要的会计账簿要予以永久保存。

（八）税收证明管理。

实行查账征收方式缴纳税额的纳税人到外地从事生产、经营、提供劳务的，应当向机构所在地主管税务机关提出书面申请报告，写明外出经营理由、外销商品的名称、数量、所需要时间，并提供税务登记证，由主管税务机关审查核准后签发《外出经营活动税收管理证明》。纳税人到外县（市）从事生产、经营活动，必须持《外出经营活动税收管理证明》，向经营地税务机关报验登记，接受税务管理，外出经营活动结束后，应按规定的缴销期限，到主管税务机关缴销《外出经营活动税收管理证明》，办理退款手续。

纳税人销售货物向购买方开具发票后，发生退货或销售折让，如果购货方已付购货额或者货额未付但已做财务处理，发票联及抵扣联无法收回的，纳税人应向购货方索取折让证明，作为开具红字专用发票的合法依据。

（九）纳税申报。

纳税申报是纳税程序的中心环节，是纳税人在发生纳税义务后，按税务机关规定的内容和期限，向主管税务机关以书面报表的形式申明有关纳税事项及应税款所履行的法定手续。纳税申报不仅是征纳双方核定应纳税额、开具纳税凭证的主要依据，也是税务机关研究经济信息，加强税源管理的重要手段。

（十）纳税申报的对象。

1. 应当正常履行纳税义务的纳税人。在正常情况下，纳税人必须在税收法律和行政法规规定的或者税务机关依照税收法律和行政法规规定的申报期限内，向主管税务机关办理纳税申报手续，填报纳税申报表。

2. 应当履行扣缴税款义务的扣缴义务人。扣缴义务人必须在税收法律和行政法规规定的或者税务机关依照税收法律和行政法规规定的申报期限内，向主管税务机关办理代扣代缴、代收代缴申报手续，报送代扣代缴、代收代缴税款报告表。

3. 享受减税、免税待遇的纳税人。纳税人享受减税、免税待遇的，在减税、免税期间也应当按照规定办理纳税申报手续，填报纳税申报表，以便于进行减免税的统计与管理。

（十一）纳税申报的内容。

主要包括两个方面，一是纳税申报表或者代扣代缴、代收代缴税款报告表；二是与纳税申报有关的资料或证件。

纳税人和扣缴义务人在填报纳税申报表或代扣代缴、代收代缴税款报告时,应将税种、税目、应纳税项目或应代扣代缴、代收代缴税款项目、适用税率或单位税额、计税依据、扣除项目及标准、应纳税额或应代扣代缴、代收代缴税额、税款所属期限等内容逐项填写清楚。

纳税人还应根据不同情况相应报送下列有关资料、证件:财务报表及说明材料;与纳税有关的合同、协议书;外出进行经营活动税收管理证明;境内或境外公证机构出具的有关证明文件;税务机关规定应当报送的其他有关资料、证件等。

扣缴义务人还应报送代扣代缴、代收代缴税款的合法凭证以及税务机关规定的其他有关证件和资料等。

(十二)纳税申报期限。

在发生纳税义务后,纳税人、扣缴义务人、代征人,必须按照法律规定或税务机关依法规定的申报期限,到税务机关办理纳税申报。

各税种的申报期限。因各税种情况不同及税务机关的工作安排,各税种的申报期限也有所不同。

申报期限的顺延。纳税人办理纳税申报的期限最后1日,如遇公休、节假日的,可以顺延。

延期办理纳税申报。纳税人、扣缴义务人、代征人按照规定的期限办理纳税申报或者报送代扣代缴、代收代缴税额报告表确有困难,需要延期的,应当在规定的申报期限内向主管税务机关提出书面延期申请,经县以上主管税务机关核准,在核准的期限内办理。

纳税人、扣缴义务人、代征人因不可抗力情形,不能按期办理纳税申报或者报送代扣代缴、代收代缴税额,或委托代征税额报告的,可以延期办理。但是,在不可抗力情形消除后应立即向主管税务机关报告。

纳税人未按照规定的期限办理纳税申报的,由税务机关责令限期改正,可处以2000元以下的罚款。逾期不改正的,可处以2000元以上1万元以下的罚款。

(十三)纳税申报形式。

纳税申报主要有三种形式:一是直接申报,二是邮寄申报,三是数据电文。

直接申报。纳税人、扣缴义务人、代征人应当在纳税申报期限内到主管税务机关办理纳税申报、代扣代缴、代收代缴税额或委托代征税额报告。

邮寄申报。纳税人到主管税务机关办理纳税申报有困难的,经主管税务机关批准,也可以采取邮寄申报,以邮出地的邮戳日期为实际申报日期。

数据电文。是指经税务机关确定的电话语音、电子数据交换和网络传输等电子方式。

(十四)税款缴纳。

纳税人在纳税申报后,应按照法定的方式、期限将应税款解缴入库,这是纳税人完全履行纳税义务的标志。

(十五)税款缴纳的方式。

自核自缴方式。生产经营规模较大,财务制度健全,会计核算准确,一贯依法纳税的企业,经主管税务机关批准,企业依照税法规定,自行计算应纳税额,自行填写《审核纳税申报表》,自行填写《税收缴款书》,到开户银行解缴应纳税款,并按规定向主管税务机关办理纳税申报并报送纳税资料和财务会计报表。

申报核实缴纳方式。生产经营正常，财务制度基本健全，账册、凭证完整，会计核算较准确的企业依照税法规定计算应纳税款，自行填写纳税申报表，按照规定向主管税务机关办理纳税申报，并报送纳税资料和财务会计报表。经主管税务机关审核，并填开税收缴款书，纳税人按规定期限到开户银行缴纳税款。

申报查定缴纳方式。对于财务制度不够健全，账簿凭证不完备的固定业户，应当如实向主管税务机关办理纳税申报并提供其生产能力、原材料、能源消耗情况及生产经营情况等，经主管税务机关审查测定或实地查验后，填开税收缴款书或者完税证，纳税人按规定期限到开户银行或者税务机关缴纳税款。

定额申报的缴纳方式。对于生产规模较小，确无建账能力或者账目不健全，不能提供准确纳税资料的固定业户，按照税务机关核定的所得（销售）额和征收率按规定期限向主管税务机关申报缴纳税款。

纳税人采取何种方式缴纳税款，由主管税务机关确定。

（十六）纳税期限与延期纳税。

纳税人的纳税期限，如果税法有明确规定的，按税法的规定执行，如增值税、所得税等（具体见各税种）；如果税法未明确规定的，按主管税务机关规定的期限缴纳税款。

但是因为纳税人有特殊困难，不能按期缴纳税款，可向省、自治州、直辖市主管税务机关申请延期缴纳税款，但最长不得超过 3 个月。

纳税人申请延期缴纳税款必须在规定的纳税期限之前向主管税务机关提出书面申请，领取延期纳税审批表，说明原因，经主管税务局核准后在批准的延期内缴纳税款，未经核准的，仍应在规定的纳税期限内缴纳税款。

（十七）税款补缴与退还。

由于纳税人、扣缴义务人计算错误等失误，未缴或者少缴税款数额在 10 万元以内的，自税款所属期起 3 年内发现的，应当立即向主管税务机关补缴税款。数额在 10 万元以上的，自税款所属期起在 5 年内发现的，应当立即向主管税务机关补缴税款。对偷税、骗税、抗税的，税务机关可以无限期追存。

因税务机关责任致使纳税人、扣缴义务人未缴或者少缴税款，自税款所属期起 3 年内发现的，应当立即向主管税务机关补缴税款，但不缴滞纳金。

纳税人超过应纳额向国家税务机关缴纳的税款，自结算缴纳税款之日起 3 年内发现的，可以向主管税务机关提出退还税款书面申请报告，经税务机关核实后，予以退还。税务机关发现后应立即退还。

纳税人享受出口退税及其他退税优惠政策的，应当按照规定向主管税务机关申请办理退税。

（十八）纳税担保。

纳税担保是纳税人为了保证履行纳税义务，以货币或实物等形式向税务机关所做的税款抵押。在一般情况下，纳税人无须提供纳税担保，只有在有根据认为从事生产、经营的纳税人有逃避纳税义务行为或发现纳税人有明显转移、隐匿其应税的商品、货物以及其他财产或收入的迹象时，税务机关才会责成纳税人提供纳税担保。提供纳税担保的主要方式如下：

1. 以货币保证金做纳税担保。纳税人需要在纳税义务发生前向税务机关预缴一定数量的货币作为纳税保证金。预缴金额就大致相当于或略高于应缴税款，如果纳税人不能按期照章纳税，税务机关即可将其抵做应缴税款、滞纳金和罚款。如果纳税人如期履行了纳税义务，可凭完税凭证如数领回其预缴的保证金。

2. 以实物抵押品做纳税担保。纳税人需在纳税义务发生前向税务机关提交一定数量的实物，如商品、货物等，作为应纳税款抵押品，其价值应大致相当于或略高于应缴税款。如果纳税人不能按期缴纳税款，税务机关可按有关规定拍卖其实物抵押品，以所得款项抵缴纳税人应纳税款、滞纳金和罚款。如果纳税人按期缴纳了税款，则可凭完税凭证如数领回其交保的实物抵押品。

3. 由纳税担保人做纳税担保。由纳税人提名，经税务机关认可，可由第三方出面为纳税人做纳税担保，保证纳税人在发生纳税义务后依法纳税，如纳税人逾期不缴，则由担保人负责为其缴纳税款、滞纳金和罚款。纳税担保人应是在我国境内具有纳税担保能力的公民、法人或其他经济组织。国家机关不能做纳税担保人，因其不具备代偿债务或代缴税款的经济能力。纳税担保人在承诺纳税担保责任时，应履行承保手续，填写纳税担保书，写明担保的对象、范围、期限及责任等有关事项。纳税担保书经纳税担保人、纳税人和税务机关三方认同并签字盖章后即可生效。

纳税担保除以上三种保证形式外，还包括以抵押和质押的方式提供的纳税担保。

第二节　税务筹划的规范化方法和技巧

一、增值税税务筹划

增值税的税务筹划主要是从我国税法所规定的增值税的特点出发进行的。因此，首先应当认识一下增值税的特点。

（一）增值税特点。

现行增值税普遍适用于生产、批发、零售和进口商品及加工、修理修配等领域的各个环节。

增值税实行价外计税的办法，即以不含增值税额的价格为计税依据。销售商品时，增值税专用发票上要分别注明增值税税款和不含增值税的价格，以消除增值税对成本、利润、价格的影响。需要指出的是：增值税的价外计税决非是在原销售价格之外再课征增值税，而要求在销售商品时，将原来含税销售款中的商品价格和增值税，分别列于增值税的专用发票上。例如，甲工厂销售给乙批发企业应交增值税商品若干，计收款项 100 元，增值税率 17%。则这 100 元中，销项税额为 100 ÷（1 +17%）×17% =14.53 元，实际商品销售价款只有 100 元 -14.53 元 =85.47 元。乙批发企业购买甲工厂的商品时，除了需向甲工厂支付 85.47 元的商品价款外，应同时负担甲工厂的销项税额 14.53 元。甲工厂在增值税专用发票发分别填列销价款 85.47 元和销项税额 14.53 元。

在全国范围内使用统一的增值税专用发票，实行根据发票注明税金进行税款抵扣的制度。即除直接向消费者销售货物或应税劳务、销免税货物、小规模纳税人销售货物及应税劳务等情形必要时应开具普通发票外，企业对外销售其他应税货物或劳务时，还必须向购买方开具增值税专用发票。这样，企业即可依据增值税专用发票上记载的销项税款与购买时所付进项税款相抵后的余额，核定企业当期应纳的增值税。增值税专用发票避免了重复征税现象，明确了购销双方之间的纳税利益关系。

增值税的税率分别为17%和13%两档，即除了税法规定的少数项目的增值税率为13%外，其他应税项目的税率一律为17%。

对于会计核算不健全或不能按会计制度和税务机关要求准确核算销项税额、进项税额以及应纳税额的小规模纳税企业，其应纳增值税额需按应税销售额的6%或4%计算，不再抵扣进项税额。当小规模纳税人会计核算健全并能提供准确税务资料时，经主管税务机关批准，亦可视为一般纳税人，使用增值税专用发票，按规范的方法计征增值税。

现行增值税制充分体现了"道道课征、税不重复"的基本特性，反映出公平、中性、透明、普遍、便利的原则精神，对于抑制企业偷税、漏税发挥了积极有效的作用。然而，税法中的多种选择项目依然为纳税人进行税务筹划提供了可能性。

（二）做好纳税人身份认定上的税收筹划。

增值税对一般纳税人和小规模纳税人的差别待遇，为小规模纳税人与一般纳税人进行纳税筹划提供了可能性。

人们通常认为，小规模纳税人的税负重于一般纳税人，但实际并非尽然。我们知道，纳税人进行税务筹划的目的，在于通过减少税负支出，以降低现金流出量。企业为了减轻税负，在暂时无法扩大经营规模的前提下实现由小规模纳税人向一般纳税人的转换，必然要增加会计成本。例如，增设会计账簿，培养或聘请有能力的会计人员等。如果小规模纳税人由于税负减轻而带来的收益尚不足以抵扣这些成本的支出，则宁可保持小规模纳税人身份。

除受企业会计成本的影响外，小规模纳税人的税负也并不总是高于一般纳税人。

假定某物资批发企业，年应纳增值税销售额300万元，会计核算工业制度也比较健全，符合作为一般纳税人的条件，适用17%的增值税率，但该企业准予从销项税额中抵扣的进项税额较少，只占销项税额的10%。在这种情况下，企业应纳增值税额为45.9万元（300×17%－300×17%×10%）。如果将该企业分设两个批发企业，各自作为独立核算单位，那么一分为二后的两个单位应税销售额分别为160万元和140万元，就符合小规模纳税人的条件，可适用4%征收率。在这种情况下，只要分别缴增值税6.4万元（160×4%）和5.6万元（140×4%），显然，划成小核算单位后，作为小规模纳税人，可较一般纳税人减轻税负33.9万元。

企业如何选择成为哪种纳税人对自己有利呢？主要方法有以下3种：

1. 增值率判断法。在适用增值税税率相同的情况下，起关键作用的是企业进项税额的多少或者增值率的高低。增值率与进项税额成反比关系，与应纳税额正比关系。其计算公式如下：

进项税额＝销售收入×（1－增值率）×增值税税率

增值率＝（销售收入（不含税）－购进项目价款）/销售收入（不含税）＝（销项税额－进项税额）/销项税额

一般纳税人应纳税额＝当期销项税额－当期进项税额＝销售收入×17%－销售收

入 ×17% ×(1－增值率)＝销售收入 ×17% ×增值率

$$小规模纳税人应纳税额＝销售收入 \times 6\% 或 4\%$$

应纳税额无差别平衡点的计算如下：

$$销售收入 \times 17\% \times 增值率＝销售收入 \times 6\% 或 4\%$$

$$增值率＝6\%/17\% \times 100\%＝35.3\% 或增值率＝\frac{4\%}{17\%} \times 100\%＝23.5\%$$

于是，当增值率为 35.3% 或 23.5% 时，两者税负相同；当增值率低于 35.3% 或 23.5% 时，小规模纳税人的税负重于一般纳税人；当增值率高于 35.3% 或 23.5% 时，则一般纳税人税负重于小规模纳税人。

2. 抵扣进项物资占销售额轻重判断法。上述增值率的测算较为复杂，在企业实际的税务筹划中难以操作，因而，将上式中增值率的计算公式转化如下：

(增值率＝(销售收入－购进项目价款)/销售收入
＝1－购进项目价款/销售收入
＝1－可抵扣的购进项目占销售额的比重

假设抵扣的购进项目占不含税销售额的比重为 x，则下式成立：

17% ×(1－x)＝6%或4%

解得平衡点如下：x＝64.7% 或 76.5%

这就是说，当企业可抵扣的购进项目占销售额的比重为 64.7% 或 76.5% 时，两种纳税人税负完全相同；当企业可抵扣的购进项目占销售额的比重大于 64.7% 或 76.5% 时，一般纳税人税负轻于小规模纳税人；当企业可抵扣的购进项目占销售额的比重小于 64.7% 或76.5% 时，则一般纳税人税负重于小规模纳税人。

3. 含税销售额与含税购货额比较法。

假设 y 为含增值税的销售额，x 为含增值税的购货额(两额均为同期)，则下式成立：

[(y/1＋17%)－x/(1＋17%)] ×17%＝y/(1＋6%或4%) ×6%或4%

解得平衡点如下：x＝61%y 或 77%y。

这就是说，当企业的含税购货额为同期销售额的 61% 或 77% 时，两种纳税人的税负完全相同；当企业的含税购货额大于同期销售额的 61% 或 77% 时，一般纳税人税负轻于小规模纳税人；若企业含税购货额小于同期销售额的 61% 或 77% 时，一般纳税人税负重于小规模纳税人。

这样，在企业设立时，纳税人便可通过纳税筹划，根据所经营货物的总体增值率水平，选择不同的纳税人身份。当然，小规模纳税人转换成一般纳税人必须具备一定的条件，才能达到节税的目的。

(三)利用折扣销售和折让进行纳税筹划。

在实际经济活动中，企业销售货物或应税劳务时，并不一定按原价销售，而为促使购货方多买货物，往往给予购货方较优惠的价格。税法规定对于折扣销售，如果折扣额和销售额开在同一张发票上的，可按余额作为应税销售额。

例如，甲企业为促进产品销售，规定凡购买其产品 1000 件以上的，给予价格折扣 20%。该产品单价为 10 元，则折扣后价格为 8 元。

$$折扣前应纳增值税额＝1000 \times 10 \times 17\%＝1700(元)$$

$$折扣后应纳增值税额＝1000 \times 8 \times 17\%＝1360(元)$$

折扣前后应纳增值税额的差异如下：1700 - 1360 = 340（元）

就这笔业务而言，税法为纳税人提供了340元的节税空间。

对于折扣销售，税法有严格的界定。只有满足下面三个条件，纳税人才能按折扣余额作为销售额。

1. 销售额和折扣额在同一张发票上分别注明的，可按折扣后的余额作为销售额计算增值税；如果将折扣额另开发票，不论其在财务上如何处理，均不得从销售额中减除折扣额。

2. 折扣销售不同于销售折扣。销售折扣是指销货方为了鼓励购货方及早偿还货款，而协议许诺给予购货方的一种折扣待遇。销售折扣发生在销货之后，是一种融资性质的理财费用，因而不得从销售额中减除。

3. 折扣销售仅限于货和价格的折扣。实物折扣应按增值税条例"视同销售货物"中的"赠送他人"计算征收增值税。

此外，纳税人销售货物后，由于品种、质量等原因购货方未予退货，但销货方需给予购货方的价格折让，可以按折让后的货款作为销售额。

（四）做好兼营和混合销售的纳税筹划。

兼营是企业经营范围多样性的反映，即每个企业的主营业务确定以后，其他业务项目即为兼营业务。从税收角度来看，兼营行为涉及企业税负轻重，即可进行纳税筹划。兼营主要包括下面两种：

税种相同，税率不同。例如供销系统企业，一般既经营税率为17%的生活资料，又经营税率为13%的农业用生产资料等。

不同税种，不同税率。此种类型通常是指企业在其经营活动中，既涉及增值税项目，又涉及营业税项目。例如，增值税纳税人在其从事应税货物或应税劳务的同时，还从事属于征收营业税的各项劳务等。

从事以上两种兼营行为的纳税人，应当分别核算。

兼营不同税率的货物或应税劳务，在取得收入后，应分别如实记账，并按其所适用的不同税率各自计算应纳税额。

兼营非应税劳务的，企业应分别核算应税货或应税劳务和非应税劳务销售额，并对应税货物或应税劳务的销售收入按各自适用税率计算增值税；对非应税劳务的劳务额，按其适用税率征收营业税。

分别核算即意味着税负的减轻。这是因为增值税暂行条例明确规定，纳税人兼营不同税率的货物或者应税劳务，未分别核算的，从高适用税率。如本应按17%和13%的不同税率分别计税，未分别核算的则一律按17%的税率计算缴税。纳税人兼营非应税劳务的，不分别核算或者不能准确核算的，其非应税劳务应与货物或应税劳务一并征收增值税。营业税税率一般为3%～5%，远远低于增值税税率。所以，如果将营业额并入应税销售额中，必然会增大税负支出。

【案例】大华钢材厂属增值税一般纳税人，1月份销售钢材90万元，同时又经营农机收入10万元，则应纳税款计算如下：

未分别核算的情况下：

应纳增值税 = (90 + 10) / (1 + 17%) × 17% = 14.53（万元）

分别核算的情况下：

应纳增值税 =90/(1 +17%)×17% +10/(1 +13%)×13% =14.23(万元)

分别核算可以为大华钢材厂减轻税额 0.3 万元。若同时又经营风味小吃,收入为 10 万元,则应纳税款计算如下:

未分别核算的情况下:

应纳增值税 =(90 +10 +10)÷(1 +17%)×17% =15.98(万元)

分别核算:

应纳增值税 =90 ÷(1 +17%)×17% +10 ÷(1 +13%)×13% =13.08 +1.15 =14.23(万元)

应纳营业税 =10 ×5% =0.5(万元)

总体税负 =14.23 +0.5 =14.73(万元)

分别核算可以为大华钢材厂省税 1.25 万元(15.98 万元 -14.73 万元)。

下面来看一下混合销售。一项销售行为,如果既涉及增值税应税货物,又涉及非应税劳务,称为混合销售行为。需要解释的是:出现混合销售行为,涉及的货物和非应税劳务是直接为销售一批货物而做出的,两者之间是紧密相连的从属关系。它与一般既从事这个税的应税项目、又从事那个税的应税项目,两者之间没有直接从属关系的兼营行为是完全不同的。这就是说混合销售行为是不可能分别核算的。

税法对混合销售的处理规定是:从事货物的生产、批发或零售的企业、企业性单位及个体经营者,及从事货物的生产、批发或零售为主,并兼营非应税劳务的企业、企业性单位及个体经营者,发生上述混合销售行为,视为销售货物,征收增值税;其他单位和个人的混合销售行为,为销售非应税劳务,不征收增值税。“以从事货物的生产、批发或零售为主,并兼营非应税劳务”,是指纳税人的货物销售额与非应税劳务营业额的合计数中,年货物销售额超过 50%,非应税劳务营业额不到 50%。

发生混合销售行为的纳税企业,应看自己是否属于从事货物生产、批发或零售的企业、企业性单位。如果不是,则只需缴纳营业税。

例如,某大专院校于 1996 年 11 月转让一项新技术,取得转让收入 80 万元。其中,技术资料收入 50 万元,样机收入 30 万元。

因为该项技术转让的主体是大专院校,而大专院校是事业单位。该院校取得的 80 万元混合销售收入,只需按 5% 的税率缴纳营业税,不缴纳增值税。

如果发生混合销售行为的是企业或企业性单位,同时兼营非应税劳务,应看非应税劳务年销售额是否超过总销售额的 50%,如果非应税劳务年销售额大于总销售额时,则该混合销售行为不纳增值税;如果非应税劳务年销售额小于总销售额时,则该混合销售行为应纳增值税。

(五)增值税进项税额的调整。

我国《税法》规定:一般纳税人在计算进项税金时,应仅限于根据 3 种进货凭证进行:一是从增值税专用发票,即按专用发票记载的增值税金确定;二是从海关增值税完税凭证,即按完税凭证记载的增值税金确定;三是从免税农业部品进货发票或从运输单位取得货物运输发票或从废旧物资回收经营单位取得普通发票进行计算。

一般纳税人在购入货物时,如果能判断出该货物不符合进项税金具备的前提和不符合规定的扣除项目,可以不进行进项税金处理。但在许多情况下,纳税人不能在货物或劳务购入时就能判断或者能准确判断出是否有不予抵扣的情形(如不能判断今后一定会发生非常损失等)，这样，进项税金处理一般采取先抵扣，后调整的方法，因此，经理人应正确掌握调整方法。否则，对企业节税十分不利。

进项税额调整针对不同情况按下列方法进行计算：

一般纳税人在购入货物既用于实际征收增值税项目，又用于增值税免税项目或者非常增值税项目而无法准确划分各项目进项税金的情况下：

进项税金调整额 = 当月进项税金 × 免税、非应项目合计/全部销售额合计

一般纳税人发生其他项目不予抵扣的情况下：

进项税金调整额 = 货物或应税劳务购进价格 × 适用税率

非正常损失的在产品、产成品中的外购货物或劳务的购进价格，需要纳税人结合成本有关资料还原计算。

【案例】某增值税一般纳税人，2 月基本建设项目领用货物成本为 30000 元，产成品因风灾损失价值 100000 元，其中损失价格中购进货物成本 70000 元，进项货物税率全部为 17%。则，进项税金调整额 = (30000 + 70000) × 17%

= 17000(元)

【案例】某增值税一般纳税人生产甲、乙两种产品，其中甲产品免征增值税，2 月份支付电费 20000 元，进项税金 3400 元；支付热电力费 10000 元，进项税金 1700 元，本月购入其他货物进项税金为 60000 元。上述进项税金的货物全部共同用于甲、乙两种产品。当月共取得销售额为 1500000 元，其中甲产品为 500000 元，则进项税金调整额为：

进项税金调整额 = (3400 + 1700 + 60000) × 500000/1500000

= 21700(元)

(六)利用增值税减免规定节税。

利用减免规定节税，首先要了解哪些项目免征增值税。按规定下列项目免征增值税：

农业生产者销售的自产农业产品(包括种植业、养殖业、林业、牧业和水产业生产的各种初级产品)，这里的农业生产者包括从事农业生产的单位和个人。

1. 避孕药品用具。

2. 古旧图书，是指向社会收购的古书和旧书。

3. 直接用于科学研究、科学试验和教学的进口仪器、设备。

4. 外国政府、国际组织无偿援助的进口货物和设备。

5. 来料加工、来件装配和补偿贸易所需进口的设备。

6. 由残疾人组织直接进口供残疾人的专用品。

7. 个体经营者及其他个人销售的自己使用过的物品，指游艇、摩托车、汽车等应征消费税以外的货物。

因此企业可以利用免税具体规定进行税务筹划。

1. 利用兼营业务。纳税人通过兼营免税、减税项目，应当单独核算免税、减税项目的销售额，以便获得节税；未单独核算销售额的，不得减税、免税。

2. 利用起征点节税。此项节税是由于税法规定纳税人销售额未达到财政部的增值税起征点的，免征增值税。增值税起征点幅度如下：

销售货物的起征点为月销售额 600 ~ 2000 元。

销售应税劳务的起征点为月销售额 200 ~ 800 元。

按次纳税的起征点为每次(日)销售额50~80元。

(七)减免税的计算。

免税的计算。免税是指国家免征企业"应交税金"。企业要照常计算应抵扣税金、销售项税金,进而算出应交税金,该"应交税金"即为免税税额。

减税的计算。减税包括减率征收和减额征收。凡减率征收的产品,仍照常计算应扣税金,只是在结转销项税金时,按减征的税率计算销项税金。减率产品由于销项税金减少而使应交税金相应减少,这部分减征税金体现在企业的利润中。减额征收,企业照常计算应扣税金、销项税金和应交税金,然后对应交税金减征一定数额,如果企业既生产减免税产品,同时又生产应税产品,由于应扣税金是按购进额计算的,难以按产品分开,因此,通常要按无税生产成本对应扣税金进行比例分摊。

(八)进口商品时的增值税节税策略。

进出口商品出入国境时,除交纳关税外,依照税法规定,还应按其商品的流转额(或增值额)交纳相应的增值税。这部分税款由进出口口岸海关代税务机关征收。由于增值税的税率高达17%,在企业的利润核算中有着重要的影响。增值税作为一种价外税的流转税,其税收负担的大小直接体现于商品的市场标价。所以在激烈的国际国内市场竞争中,这种税收负担很大程度上决定了商品的竞争力和市场占有度,进而制约企业的赢利水平。因此,进口商品能否进行节税策划及如何进行有效的节税策划,对经理人来说具有重大的现实意义。

对于出口商品,按照国际惯例,我国实行出口退税。对于进口商品,在征收关税之外,同国内商品一样,按照相应的税率和纳税环节进行纳税。下面将主要就商品的进口增值税负担进行节税策划。

按照《中华人民共和国增值税暂行条例》第一条的规定:在中华人民共和国境内销售货物,或者提供加工、修理修配劳务以及进口货物的单位与个人为增值税的纳税义务人,应当依照本条例缴纳增值税。这条规定表明,只要进口商品,就负有缴纳增值税的纳税义务,或者说只要存在进口流转额,就有增值税的纳税义务。我们知道商品的税收负担主要是由税率体现的,因此,进口商品的增值税节税策划主要就得在税率选择上动脑筋,而高低不同的税率又是与不同的课税对象相对应的,并且也因纳税人的不同而有所差异。所以对于进口环节所负担增值税而言,要想达到节税的效果,重要的一点就在于能否选择优惠税率,或者说是选择具有优惠税率的货物进口。根据税法规定,部分进口商品在报关进口时可享受低税率和免税(即零税率)的优惠待遇。因此这些商品在一定程度上就为我们提供了节税的选择空间。下面将税法中的享有优惠税率的商品加以归类。

《增值税暂行条例》第二条:纳税人销售或进口下列货物,税率为13%:

1. 粮食、食用植物油(注:粮食是各种原粮、成品粮的总称);

2. 自来水、暖气、冷气、热水、煤气、石油液化气、天然气、沼气、居民用煤制品;

3. 图书、报纸、杂志;

4. 饲料、化肥、农药、农机、农膜、农用柴油机;

5. 国务院规定的其他货物。

由于我国出于经济发展和对外政策的需要,除对上述进口商品减免税外,对于一些特殊地区和行业、单位、个人的进口商品实行减免关税和增值税,如经济特区、保税区及三资企业和侨胞、台胞等。这些具体规定,在这里不再详述。

在这里只谈一下从事免税品销售业务的公司单位的增值税交纳情况。

经国务院或国务院授权机关批准从事免税品销售业务的专业公司,对其所属免税品商店批发、调拨进口免税货物,暂不征收增值税。

名单范围内的免税品经营单位及所属免税品商店零售的进口免税品,按照实现的销售额,暂以4%的征收率征收增值税。

上述专业公司、免税品商店批发、调拨或零售非进口免税货物及属于名单范围内的免税品销售单位,则按《增值税暂行条例》征税。

从某种角度来说,《税法》为这些公司就提供了节税的机会和舞台。为什么这样说呢?假如作为一个进口商,你很想进口一批紧俏商品,可又无法享受优惠税率的好处。但是如果你能与上述享有减免税特权的单位和公司挂上钩,而你作为实际的出资人,划出一笔货款"拆借"给上述公司,通过上述专业公司免税购进你急欲进口的商品,专业公司再加以折扣的方式卖给你,这样你就避免了商品的进口增值税负,至少小于17%。同时专业公司也因利息支出和折扣而少交了所得税(税前扣除利息)。从另一个方面讲,你作为一个普通的消费者,由于正确合理地选择了自己的消费场所,在无形中就少负担进口商品入境后的在市场上所应负担的关税及增值税,因为增值税属于间接税,即税收负担可以通过价格直接转移到消费者身上的税种。

二、消费税税务筹划

消费税的税务筹划策略一般主要是根据消费税本身如下的特点来进行的。

(一)纳税期限的筹划策略。

消费税的纳税人,在合法的期限内纳税,是纳税人应尽的义务。但同样合法地纳税,时间上有的纳税对企业有利,有的不利于企业。因此,所说纳税期限节税策略是指纳税人尽可能利用消费税纳税期限的有关规定,为节税服务。一般的策略在于:在纳税期内尽可能推迟纳税,在欠税挂账有利的情况下,尽可能欠税挂账。

根据消费税税额的大小,消费税的纳税期限规定为1日、3日、5日、10日、15日和一个月,具体由税务机关确定,不能按固定期限纳税的可以按次纳税。以一个月为一期纳税的,自期满之日起10日内申报纳税。以1日、3日、5日、15日为一期纳税的,自期满之日起5日内预缴税款,于次月1日起10日内申报纳税并结算上月应纳税款。进口应税消费品的应纳税款,自海关填发税款缴款凭证的次日起7日内缴纳税款。

(二)纳税环节的筹划策略。

纳税环节是应税消费品生产、消费过程中应缴纳消费税的环节。利用纳税环节节税就是尽可能避开或推迟纳税环节的出现,从而获得这方面的利益。

具体地讲:第一,生产应税消费品的,于销售时纳税,但企业可以低价销售,搞"物物交换"少缴消费税,也可以改变和选择某种对企业有利的结算方式推迟缴税;第二,由于用于连续生产应税消费品的不纳税,企业可以利用此项规定做出有利于节税的安排;第三,委托加工应税消费品,由受托方在向委托方交货时代收代缴税款,企业可根据此项规定,采取与受托方联营的方式,改变受托与委托关系,节省此项消费税。

(三)纳税义务发生时间的筹划策略。

消费税的纳税义务发生时间，根据应税行为性质和结算方式分别按下列方式确定对企业节税有利：第一，销售应税消费品的，以赊销和分期收款结算方式销售的，为销售合同规定的收款日期的当天；第二，以预收货款结算方式销售的，为应税消费品发出当天；第三，以托收承付和委托银行收款方式销售的，为收讫销售额或者取得索取销售款的凭证当天；第四，自产自用应税消费品的，为移送使用当天；第五，委托加工应税消费品的，为纳税人提货的当天；第六，进口应税消费品的，为报关进口的当天。

（四）纳税地点的筹划策略。

第一，纳税人销售应税消费品，自产自用应税消费品，到外县（市）销售或委托代销自产应税消费品的，应纳税款在纳税人核算地和所在地税务机关缴纳消费税；第二，总机构和分支机构不在同一县（市）的，在生产应税消费品的分支机构所在地缴纳消费税，但经国家税务总局及所属分局批准，分支机构应纳消费税也可由总机构汇总向总机构所在地主管税务机关缴纳；第三，委托加工应税消费品的应纳税款，由受托方向所在地主管税务机关解缴消费税税款；第四，进口应税消费品的应纳税款，由进口人或代理人向报关地海关申报纳税。

（五）利用消费税计算公式进行税务筹划。

消费税的计算公式主要是实行从价定率办法征收税额的：

应纳税额 = 销售额 × 税率

销售额为纳税人销售应税消费品向购买方收取的全部价款和价外费用，不包括向购买方收取的增值税款。价外费用是指价外收取的基金、集资费、返还利润、补贴、违约金和手续费、包装费、储备费、优质费、运输装卸费、代收款项及其他各种性质的价外费用。但在下列几种情况下存在节税的机会：

1. 纳税人自产自用应税消费品的，销售额按同类消费品的销售价格确定，在确定时，按偏低一点的价格确定就能节省消费税，在没有同类消费品的销售价格情况下，按组成计税价格确定。组成计税价格为：

组成计税价格 =（成本 + 利润）÷（1 - 消费税税率）

从节税角度看，缩小成本和利润有利于节税。

2. 委托加工应税消费品时，销售额按受托方同类消费品的价格确定。此时，委托方可协同受托方在确定价格时获取节税的机会，将价格确定作为节税手段加以运用。没有同类消费品销售价格的，按组成计税价格确定。组成计税价格为：

组成计税价格 =（材料成本 + 加工费）÷（1 - 消费税税率）

在以上组成计税价格中，材料成本和加工费具有节税机会，委托方可取得受托方的协助，将材料成本和加工费压缩，从而节省消费税。

3. 进口应税消费品的，按组成计税价格。组成计税价格为：

组成计税价格 =（关税完税价格 + 关税）÷（1 - 消费税税率）

在上面的公式中，关税和消费税税率没有节税机会，但关税的完税价格具有很强的弹性，因而具有节税的机会。一般来说，关税完税价格愈小，对节税越有利。因此，要求节税者尽可能降低抵岸价格以及其他组成关税完税价格的因素并获取海关认可。

4. 纳税人销售额中未扣除增值税税款或者因不得开具增值税专用发票而发生价款和增值税税款合并收取的，应换算出不含增值税税款的销售额，换算公式为：

销售额 = 含增值税的销售额 ÷（1 + 增值税税率）

在上面的公式中有两点值得节税者思考：一是将含增值税的销售额作为消费税的计税依据；二是没经过节税策划将本可压缩的含增值税的销售额直接通过公式换算。这两种情况都不利于企业节省消费税。

（六）以外汇销售应税消费品的筹划策略。

纳税人以外汇销售应税消费品的，应按外汇市场价格，折合人民币销售额后，再按公式计算应纳税额。从企业的节税角度看，人民币折合汇率既可以采用结算当天国家外汇牌价，也可以采用当月国家外汇牌价，因此，就有比较选择的可能。这种选择是必要的，越是以较低的人民币汇率计算应纳税额，越有利于节税。

举例说明如下。

某纳税人 2 月 5 日取得 10 万美元销售额。如果采用当天汇率（假设为 1 美元 =8.70 元人民币），则折合人民币为 87 万元；如果采用 2 月 1 日汇率（假设为 1 美元 =8.5 元人民币），则折合成人民币为 85 万元。因此，当税率为 30% 时，后者比前者节税（20000 × 30%）6000 元整。

（七）包装物的筹划策略。

实行从价定率办法计算应纳税额的应税消费品连同包装销售的，无论包装是否单独计价，也不论会计如何处理，均应并入销售额中计算消费税额。因此，企业如果想在包装物上节约消费税，关键是包装物不能作价随同产品销售，而是采取收取“押金”，此“押金”并不入销售额计算消费税额。

【案例】某企业销售 1000 个汽车轮胎，每个价值 2000 元，其中含包装物价值 200 元，如采取连同包装物一并销售，销售额为 2000 × 1000 = 2000000 元；消费税税率为 10%，因此应纳汽车轮胎消费税税额为 200 万 × 10% = 20 万元。如果企业采用收取包装物押金，将 1000 个汽车轮胎的包装物单独收取“押金”，则节税 2 万元。

（八）扣除外购已税消费品买价的节税策略。

根据《消费税若干具体问题规定》，可以扣除外购已税消费品的买价计算消费税。因此，企业从节税角度看，首先，要了解哪些消费品允许扣除，其次，要将销售中可扣除的尽可能多扣除，从而减少计税依据。

允许扣除计算的消费品有：

1. 外购已税烟丝生产的卷烟；

2. 外购已税酒和酒精生产的酒；

3. 外购已税化妆品生产的化妆品；

4. 外购已税护肤护发品生产的护肤护发品；

5. 外购已税珠宝石生产的贵重首饰及珠宝玉石；

6. 外购已税鞭炮、烟火生产的鞭炮烟火。

【案例】某白酒厂外购散装粮食白酒 5000 千克装瓶后销售（其进项税额为 2750 元），其外购散装粮食白酒单价为每千克 3.5 元（不含增值税），装瓶后的白酒共 9500 瓶，以每瓶 3 元的价格全部出售，结果该企业由于不懂此项节税方法：误缴的消费税为（9500 × 3）× 25% = 7125（元）。如果该企业懂得外购已税酒和酒精生产的酒允许扣除，则可节税 4375 元（7125 − 2750）。

（九）扣除原料已纳消费税节税策略。

根据《消费税若干具体问题的规定》可以从应纳消费税税额中扣除原料已纳消费税

税款的有以下几个消费品：

1. 以委托加工收回的已税烟丝为原料生产的卷烟；

2. 以委托加工收回的已税酒和酒精为原料生产的酒；

3. 以委托加工收回的已税化妆品为原料生产的化妆品；

4. 以委托加工收回的已税宝石为原料生产贵重首饰及珠宝玉石；

5. 以委托加工收回的已税鞭炮、焰火为原料生产的鞭炮焰火；

6. 以委托加工收回的已税汽车轮胎生产的汽车轮胎；

7. 以委托加工收回的已税摩托车生产的摩托车；

8. 以委托加工收回的已税杆头、杆身和握把为原料生产的高尔夫球杆；

9. 以委托加工收回的已税一次性筷子为原料生产的木制一次性筷子；

10. 以委托加工收回的已税实木地板为原料生产实木地板；

11. 以委托加工收回的已税石油生产的应税消费品；

12. 以委托加工收回的已税润滑油生产的润滑油。

有些企业由于不了解以上委托加工过程中代扣消费税可以在最终加工销售缴纳消费税中扣除而多缴了消费税。

【案例】某首饰厂外购宝石一批，价格10000元，该厂将宝石委托另一宝石厂磨制后收回，共支付加工费7000元，对方代扣消费税1888.89元，然后该厂又进行钻眼等深加工后出售，共取得销售款60000元，结果该厂缴纳了消费税为60000×10%＝6000(元)。

如果该厂了解对方代扣消费税可以扣除，那么厂实际只需缴纳：(6000－1888.89)＝4111.11(元)。

(十)进口商品时的消费税节税策略。

根据国务院颁布的《中华人民共和国消费税暂行条例》的有关规定，从1994年1月1日起，对进口货物由征收产品税、增值税、工商统一税和特别消费税改征收增值税、消费税。对申报进入中华人民共和国关境内的应税消费品均应缴纳消费税。进口货物的收货人或办理报关手续的单位和个人为进口货物消费税的纳税义务人。在实际执行过程中，海关按照《海关进出口关税与进口环节征税对照使用手册》对进口货物征收消费税等。通过《进口环节消费税税率(税额)表》消费税最高可达45%的分类分项差别税率，决定了其在企业的节税策划中占有重要的地位。特别是随着改革开放的深入发展，人民生活水平有了很大提高，消费层次趋向国际化，因此对进口消费品的需求日益扩大，尤其是国民的“崇洋”心理，这就为我们进行有效的节税策划提供了必要条件。

$$\text{关税组成计税价格}=\frac{\text{关税完税价格}+\text{关税}}{1-\text{消费税税率}}$$

$$\text{应纳税额}=\text{组成计税价格}\times\text{消费税税率}$$

如果从少交税款的动机进行节税策划，由于消费税税率对于具体进口消费品是一定的，只能对计算公式的分子进行策划。所以，只要能够减小分子，就可以减小组成计税价格，进而减少应纳税额，达到节税的目的。

另外，根据《税法》规定，如果存在下列情况，应按适用税率中最高税率征税：

1. 纳税人兼营不同税率的应税消费品，即进口生产销售两种税率以上的应税消费品时，应当分别核算不同税率应税进口消费品的进口额(销售额)或销售数量。未能分别核算的，按最高税率征税。

2. 纳税人未将应税消费品与非应税消费品以及适用不同税率的应税消费品分别核算的，按最高税率征税。

三、所得税税务筹划

企业的应纳税所得额是企业所得税的计税依据，因此也是节税的关键。

（一）利用应纳税所得额原则进行税务筹划。

按照我国税法的规定，应纳税所得额计算必须体现以下 3 条原则。

（1）所得纯收益原则。我国《企业所得税暂行条例》规定，“纳税人每一纳税年度的收入总额减去准予扣除项目后的余额为应纳税所得额”。也就是说，在企业每个纳税年度的收入总额中，准允扣除为取得所得而发生的成本、费用和损失，以扣除后的余额为应纳税所得额。假设某企业纳税年度内收入总额为 1000 万元人民币，成本、费用和损失为 500 万元，则应交税款为 500 万元 ×33% =165 万元。如果该企业经过节税策划将成本、费用、损失，合法地膨胀至 800 万元，那么应纳税所得额就变为 200 万元，税额为：200 万元 ×33% =66 万元。税额从 165 万元降至 66 万元，节税近 100 万元。这里节税的关键是采取合法手段膨胀成本、费用和损失。

（2）权责发生制原则。我国《企业所得税暂行条例》规定，“纳税人应纳税所得额的计算以权责发生制为准则”。这就要求企业在会计核算中，以收入、费用发生为基础，采用应收、待摊、预提等方法进行账务处理；凡属本期的收入和费用，不论款项是否收付，均做本期收入和费用处理；凡不属本期的收入和费用，即使款项已在本期收付，均不做本期收入和费用处理。这样就产生了下面三种节税策略：一是将收入的权责发生推迟计入下一个纳税年度，特别是在年末更应这样做，从而使税款推迟一年上缴，若 100 万元款项推迟一年，单就利息而言也节税数万之巨；二是将费用发生提前实现，从而提前冲减应纳税所得额，特别是在下一年度快到来之时，提前发生费用是可能的；三是利用会计核算调整机会节税。如果企业故意不按权责发生制的原则办理，在计算应纳税所得额时，税务部门有权进行税务调整，而该企业利用税务执行人员手中灵活处置权进行对企业有利的财务处理时，就达到了节税目的。

（3）独立企业原则。我国《企业所得税暂行条例》规定，“纳税人与其关联企业之间的业务往来，应当按照独立企业之间的业务往来收取或支付价款、费用。不按照独立企业之间的业务往来收取或支付价款、费用，而减少其应纳税所得额的，税务机关有权进行合理调整”。这就是说，纳税人应作为一个独立的纳税人实体，单独设置账册，以显示其财务状况，计算应纳税所得额。这样实际上必将存在大量的利润转移的现象。企业可通过利润划分，通过转让定价、费用分摊等一系列手法，将利润转向税负较轻的地区，将费用转向税负较重的地区。关联企业之间往来，采用“高进低出”获得整体税负较轻的利益。当然离谱的转让定价会受到税务部门的追查，受到追查的转让定价实际是在避税而不是节税。

（二）正确利用应纳税所得额的计算节税。

纳税人应纳税所得额的确定，具体按照下列公式计算：

应纳税所得额 = 收入总额 − 准予扣除项目金额

此公式的节税目标应当是:使收入总额最小化和使准予扣除项目金额最大化,从而通过“一大一小”的策划,使得应纳税所得额缩小。对此,节税者必须掌握合法与非法的界限。换句话说,节税者必须了解哪些收入是必须包括的,哪些收入是有条件包括的,哪些费用、成本、损失是当然扣除的,哪些成本、费用、损失是有条件扣除的。

纳税人的收入总额包括:

· 生产经营收入;

· 财产转让收入;

· 利息收入;

· 租赁收入;

· 特许权使用费收入;

· 股息收入;

· 其他收入。

这里所说的生产经营收入,是指纳税人从事各项主要经营活动而取得的收入。包括商品销售收入,劳务服务收入,运输、营运收入,利息收入,工程价款收入,工业性作业收入,保费收入,以及其他方面的业务收入。

这里所说的财产转让收入,是指纳税人有偿转让各类财产所取得的收入,包括转让固定资产、有价证券、股权以及其他财产而取得的收入。

利息收入指纳税人购买各种债券等有价证券的利息,外单位借款而取得的利息等。

这里所说的租赁收入,是指纳税人出租固定资产、包装物,以及其他财产而取得的租金收入。

这里所说的特许权使用费收入,节税者应理解为纳税人提供或者转让专利权、专有技术、商标权、著作权等而取得的收入。

这里所说的股息收入,节税者应理解为纳税人从股份制企业中分得的股息、红利收入。

这里所说的其他收入,节税者应理解为除上述各项收入之外的一切收入,包括固定资产盘盈收入,罚款收入,因债权原因确实无法支付的应付款项,物资及现金的溢余收入,教育附加费返还款,包装物押金收入,接受的捐款收入等。

此外,纳税人在基本建设、专项工程及职工福利等方面使用本企业的商品、产品的,均应作为收入处理;纳税人对外进行来材料加工、装配业务节省的原料,如按合同规定给企业所有的,也应作为收入处理。

公式中予扣除项目金额是指与纳税人取得收入有关成本、费用和损失的金额。具体包括成本、费用、税金和损失。

成本即生产、经营成本,是指纳税人为生产、经营商品和提供劳务等发生的各项直接费用和各项间接费用。

费用是指纳税人为生产、经营商品和提供劳务等发生的销售费用、管理费用和财务费用。

税金是指纳税人按规定缴纳的增值税、消费税、营业税、城市维护建设税、资源税和教育费附加等。

损失是指纳税人生产、经营过程中的各项营业外支出,已发生的经营亏损和投资损失以及其他损失。

企业要按上述公式正确计算所得额是节税的基础,而正确计算应纳税所得额关键在于正确计算企业的收入、费用,资产的价值和亏损的弥补。主要有如下节税策略:

(1)在收入额的确定上,遵照权责发生制的原则。在一般情况下,应以产品或商品已经发生发出,工程已经交付,服务或劳务已经提供,价款已经收回或者已取得收取价款的权利为原则,确定收入的实现。但下列特殊情况节税者要加倍留意:第一,以分期收款方式销售商品,可按合同约定的购买人应付价款的日期确定销售收入的实现;第二,建筑、安装、装配工程提供劳务,持续时间超过一年的,可以按完工进度或者完成的工作量确定收入的实现;第三,为其他企业加工、制造大型机械设备、船舶等持续时间超过一年的,可以按完工进度或者完工的工作量确定收入的实现。

(2)对亏损的弥补。按照相关规定:纳税人某一年的亏损,可以用以后年度的应纳税所得弥补,1 年弥补不足的,可以逐年继续弥补,但延续弥补期最长不超过 5 年。5 年内不论是赢利还是亏损,都作为实际弥补年限计算。举例说明如下:某企业 1995 年亏损 60 万元,假定 1996 年、1997 年、1998 年、1999 年、2000 年每年都赢利 10 万元,1995 年的亏损可在 1996 年、1997 年、1998 年、1999 年、2000 各年分别弥补。2001 年起,即使 1995 年的亏损还有 10 万元未予弥补完,但已过了 5 年弥补期,故不能再弥补。从赢利角度来说,某年的赢利只能弥补从该年起前 5 年的亏损。2000 年的赢利只能弥补 1999 年、1998 年、1997 年、1996 年、1995 年的亏损。

(三)做好免税所得的节税筹划。

为奖励企业投资,国家对某些企业投资生产的产品制定有奖励免税的规定,企业投资创立新事业或增资扩展,只要产销的产品符合奖励的类目及标准,即可以享受 5 年或 4 年免税。奖励免税对企业而言是一项极大的节税优惠,企业如能善加运作,使免税所得最大化,并且避免丧失免税资格,就可以获得最佳的节税效果。

企业申请 5 年或 4 年免税,应符合哪些条件?免税所得如何计算?在奖励投资条例及有关的法令中均有详细的规定,下面本书将对此加以深入探讨。

企业申请 5 年或 4 年免税,应符合下列 6 项条件。

(1)必须为新创立或增资扩展的事业。新创立的事业可申请适用 5 年免税的奖励。增资扩展的事业,可申请适用 4 年免税规定。所称"增资扩展",是指同时具备增加资产及扩展设备两个条件,才得以申请免税奖励。

(2)必须为生产事业。所谓生产事业,是指依"公司法"组织的股份有限公司或依《外国投资条例》申请投资核准相当于我国股份有限公司组织的外国公司,且其生产的物品或提供的劳务属于下列 15 种事业:

制造业、手工艺术业、矿业、农业、林业、渔业、畜牧业、运输业、仓库业、公用事业、公共设备业、国民住宅建筑业、技术服务业、旅馆业、重机械制造业。

在此应特别注意,公司虽有股份有限公司、有限责任公司及无限公司等几种,但只有股份有限公司才符合生产事业的条件。

(3)产品必须符合奖励类目及标准。为鼓励大规模生产,改善生产方法,提高产品品质,协助国内其他工业的发展,促使地区均衡发展及促进外销等政策目的,对生产事业所生产的产品均有奖励类目及标准,凡符合规定类目及标准者申请适用 5 年或 4 年免税。因此,企业投资新产品的生产应先查阅本身所生产的产品是否已列为奖励类目,然后再看看是否已符合规定的标准,申请适宜和免税的奖励,同时供投资决策参考。

(4)机器设备全新且新经核准者。生产事业申请免税奖励,其新购置的机器设备或运输设备原则上应以全新为限,并应于达到国内或装置完工后申请事业主管机关核验发给证明,如果机器、设备或运输设备是在国内购置,其所已使用部分,占全部价值在5%以内者,亦视为全新。不过,如果基于企业需要,经主管机关专案核准自国外输入的机器设备,则不受全新限制。此外,在免税期间内新增加的机器、设备,仍应全新且报经事业主管机关核准者,该项机器设备所增加的产量得以享受并同免税的奖励。

(5)于规定期间内申请核准。生产事业申请税奖励,新创立的事业,应于其产品开始销售或开始提供劳务的次日起;增资扩展的事业,应于其新增设备开始作业或开发提供劳务的次日起,一年内备齐有关文件,向财政部申请免税奖励,但剩余期间不足一年者不予奖励,超过一年者,其不足一月的天数亦不予奖励。

(6)托外加工未超过规定比例。适用免税奖励的事业,其产品在制造过程中,将某一生产阶段委托其他营利事业加工,如其委托加工成本超过该项产品的制造成本30%者,该项产品销售所得应全部不得享受免税待遇;如在30%以下者,该委托加工产品应按其委托加工成本与自行制造的成本比例计算,就自行制造部分所得,享受免税待遇。

适用免税奖励的生产事业于年度结束办理营利事业所得税结算申报时,有关免税事务的计算,由于涉及下列4项因素,使得免税所得的计算极为复杂。

(1)非免税产品销货收入。非免税产品的销货收入不在享受奖励免税的范围内,其计算免税与非免税产品所得的方法有两种:

①独立设账计算;

②按销货收入比例计算。

【案例】大华公司经核准5年免税,本年度销货收入100000万元,其中5000万元为非免税产品的销货收入,如果按销货收入比例法计算非免税产品的所得,则其所得属于非免税所得的比例为5%(5000÷100000=5%),该部分不得享受免税奖励。

(2)非营业收入金额及比例。适用免税奖励的生产事业,如果非营业收入大于非营业支出,其因而产生的非营业净利(非营业收入减非营业支出),原则上不得享受免税奖励,而应自全年所得中减除。不过,如果非营业收入占全部收入(营业收入+非营业收入)的比例在10%以下者,则计算免税所得时,非营业净利金额无须自全年所得中减除。

(3)托外加工比例在30%以下者。应按托外加工成本占全部制造成本的比例,计算不得免税的所得。例如,大华公司本年度托外加工成本600万元,全部制造成本60000万元,则不作为免税的所得比例为1%(600万元÷60000万元=1%)。

(4)最后一个免税年。免税期间计算免税所得时,其免税期间最后一年度的免税所得,如果不满一年,应按月份比例计算免税所得。例如大华公司免税期间于本年8月31日届满,则其当年度免税产品的免税所得应按8/12计算。

综合以上的说明分析,企业免税所得的税务筹划可以有下列几种途径:

(1)采用有利的产品组合,提高免税所得。企业如果同时生产免税及非免税的产品,依规定计算免税所得时,应按免税及非免税产品的销货收入比例计算免税所得,因此,如果免税产品的利润率较非免税产品的利润率低时,采用销售收入比例计算的免税所得,将较独立设账独立计算的免税所得为高。

(2)适当规划非营业收支,以提高免税所得金额。当免税企业的非营业收入大于非营业支出,亦即有非营业净利时,如果非营业收入占全部收入的比例超过10%,则于计算免税所得时，应将非营业净利自全年所得中减除。因此，免税企业应适当规划非营业收入及支出的实现年度，使非营业损益尽可能产生负数，或在有非营业净利时，使非营业收入的比例小于全部收入的10%，借以提高免税所得金额。

(3)机器设备必须全新，且报经核准。免税的适用条件之一为机器设备必须全新，面向国内购买者，其已使用部分价值在5%以内，亦视为全新，且必须报经核准；其未经报请核准的机器设备，所生产的产品应按比例计算不得免税的所得。因此，为使免税所得最大化，在免税期间购入的机器设备，应注意报经核准，以享受并同免税的奖励。

(4)提高自制比例。适用免税奖励的企业，如果其免税产品经托外加工比例在30%以上者，该产品的所得全部不得享受免税，因此，应尽可能降低托外加工比例，并提高产品的自制比例。提高自制比例的方法有：①减少托外加工，改为自制；②将部分托外加工的零组件，改为直接购入，不必再托外加工。

(5)注意免税申请期间，以免逾期申请丧失权益。企业申请免税，应在产品开始销售(5年免税)或新增设备的作业(4年免税)或开始提供劳务的次日起一年内提出。如果过期提出申请，将丧失部分免税期间的免税奖励。因此，经理人应注意于期限内提出申请。

(6)申请并同免税或4年免税的选择。免税期间新增加的机器设备可申请并同免税(不管企业有无办理增资均可适用)，增资扩展的机器设备依规定可申请4年免税，因此，适用新创立5年免税的企业，在新创立后第一年内增资扩展的机器设备，以申请并同免税较为有利。若其免税期间超过4年，较申请增资扩展4年免税的免税期间还要长。

(7)适当规划增资扩展前一年度的销货量，以增加增资扩展部分的免税所得。增资扩展的免税所得，是根据增资扩展以免税产品的销货量，减去增资扩展前一年度免税产品的销货量计算而得。因此，如果企业能将增资扩展设备开始作业、开始提供劳务之日期加以适当规划，并利用提前或延后认列收入的方式，使增资扩展下一年度免税产品的销货量尽量压低，则可使增资扩展后的免税所得增加，从而享受最大的免税优惠。

(8)适当规划免税与非免税期间的所得，使免税所得最大化。适用5年或4年免税的企业，其免税期间只有5年或4年，免税期间届满后，就无法继续适用税奖励，因此，企业应在免税期间届满前后，适当规划所得实现年度，使免税所得最大化。例如运用提前承认收入及延后认列费用等方法，使收入尽可能于免税期间实现，费用尽可能于非免税期间认列，以增加免税期间的所得及降低非免税期间的所得，而达到节税效果。

(9)在免税期间，注意遵守《税法》规定，按时申报并避免漏税。企业经核准享受5年或4年免税，如果当年度违章漏税或未按时申报，当年度免税待遇将被取消。故企业在免税期间应特别注意遵守《税法》规定，不过当年度漏税不超过10万元或短漏税所得额占全年所得的额的比例不超过10%的，当年度仍享受免税待遇。

(四)个人所得税的节税策略。

《税法》对个人应纳税所得项目概括为11项，并在《税法实施条例》中对11项应税所得的具体范围逐一做出了解释，因此，节税范围也包括以下各项：

(1)工资、薪金所得的节税要领。是指个人因任职或者受雇而取得的工资、薪金、奖金、年终加薪、劳动分红、津贴、补贴以及与任职或者受雇有关的其他所得。此项所得的节税要领是：第一，白色收入灰色化；第二，收入福利化；第三，收入保险化；第四，收入实物化；第五，收入资本化。

(2)个体工商户的生产、经营所得节税要领。个体工商户的生产、经营所得是指：

①个体工商户从事工业、手工业、建筑业、交通运输业、商业、饮食业、服务业、维修业及其他行业生产、经营取得的所得；

②个人经政府批准，取得执照，从事办学、医疗、咨询以及其他有偿服务活动取得的所得；

③其他个人从事个体工商业生产、经营取得的所得；

④上述个体工商户和个人取得的与生产、经营有关的各项应税所得。

以上个体户所得必须使用五级超额累进税率，在使用该税率之前经过必要的扣除。此项所得的节税要领有三方面：第一，收入项目极小化节税；第二，成本、费用扣除极大化节税；第三，防止临界点档次爬升节税。

(3)劳务报酬所得的节税要领。劳务报酬所得是指个人从事设计、装潢、安装、制图、化验、测试、医疗、法律、会计、咨询、讲学、新闻、广播、翻译、审稿、书画、雕刻、影视、录音、录像、演出、表演、广告、展览、技术服务、介绍服务、经纪服务、代办服务以及其他劳务取得的所得。此项所得根据应纳税额的20%比例税率征收。因此，此项所得节税要领有：第一，零星服务收入灰色化；第二，大宗服务收入分散化；第三，利用每次收税的起征点节税。

(4)稿酬所得的节税要领。稿酬所得是指个人因其作品以图书、报刊形式出版、发表而取得的收入。此项收入的税率为20%比例税率，再加上减征30%的优惠。因此，此项收入的节税要领包括：第一，作者将书稿转让给书商获得税后所得；第二，作者虚拟化；第三，利用每次收入少于4000元的800元扣除；第四，利用每次收入超过4000元的20%扣除；第五，利用30%折扣节税。

(5)特许权使用费所得的节税要领。特许权使用所得是指个人提供专利权、商标权、著作权、非专利技术以及其他特许权的使用权的所得。上项所得的节税要领包括：第一，特许权使用费低价转让化；第二，将此项收入包含在设备转让价款之中。

(6)利息、股息、红利所得节税要领。利息、股息、红利所得指个人拥有债权、股权而取得的利息、股息、红利所得。此项所得的节税要领包括：第一，利息收入国债化；第二，股票收入差价化；第三，红利收入送股、配股化。

(7)财产租赁、财产转让所得节税要领。财产租赁所得是指个人出租建筑物、土地使用权、机器设备、车船以及其他财产取得的所得。财产转让所得是个人转让有价证券、股权、建筑物、土地使用权、机器设备、车船以及其他财产取得的所得。此项所得的节税要领包括：第一，成本扣除极大化；第二，转让所得灰色化；第三，房产原值评估极大化；第四，费用扣除极大化。

四、土地增值税税务筹划

土地增值税由于现代社会房地产业的发展在我国税收业中占有十分重要的地位，而对于房地产企业来说，了解土地增值税的税务筹划意义尤其重大。

(一)利用土地增值税的起征点进行税务筹划。

所谓“土地增值税的起征点”，即根据《土地增值税暂行条例》的规定，纳税人建造普通标准住宅出售，增值额未超过扣除项目金额的20%，免征土地增值税。按照这一原则，纳税人建造住宅出售的,应考虑增值额增加带来的收益和放弃起征点的优惠而增加的税收负担间的关系,避免增值率稍高于起征点而导致的得不偿失。

首先,如要纳税人欲享受起征点照顾,此时假定其房地产开发企业建成一批商品房待售,除销售税金及附加外的全部允许扣除项目的金额为100万元。当其销售这批商品房的价格为x万元时,相应的销售税金及附加如下:

$$x \times 5\% \times (1+7\%+3\%)=5.5\%x$$

(5%的营业税、7%的城市维护建设税、3%的教育费附加)

这时其全部允许扣除项目金额如下:

$$100+5.5\%x\text{(万元)}$$

根据有关起征点的规定,该企业享受起征点的最高售价如下:

$$x=1.2\times(100+5.5\%x)$$

解以上方程可知,此时的最高售价为128.48万元,允许扣除金额为107.07万元(100+5.5%×128.48)。

其次,如果企业欲通过提高售价达到增加效益的目的,当增值率略高于20%时,即应适用"增值率在50%以下、税率为30%"的规定。假设此时的售价为(128.48+y)万元。

由于售价提高y,相应的销售税金及附加和允许扣除项目金额都应提高5.5%y,这时允许扣除项目的金额和增值额如下:

允许扣除项目金额$=107.07+5.5\%y$(万元)。

增值额$=128.48+y-(107.07+5.5\%y)$(万元)。

化简后增值额的计算公式如下:

$$94.5\%y+21.41\text{(万元)}$$

所以,应纳土地增值税如下:

$$30\%\times(94.5\%y+21.41)\text{(万元)}$$

若企业欲使提价带来的效益,超过因突破起征点而新增加的税收,就必须使

$$y>30\%\times(94.5\%y+21.41)$$

即$y>8.86$万元。

这就是说,如果想通过提高售价获取更大的收益,就必须使价格高于137.34万元(128.48+8.86)。

通过以上两方面的分析可知,当转让房地产的企业,其销售项目除销售税金及附加外的全部允许扣除项目金额为100万元时,将售价定为128.48万元是该纳税人可以享受到起征点照顾的最高价位。在这一价格水平下,既可享受起征点照顾,又可获得较大收益。如果售价低于此数,虽能享受起征点照顾,却只能获取较低收益。如欲提高售价,则必须使价格高于137.34万元,否则,价格提高带来的收益,将不足以弥补价格提高所增加的税收负担。

(二)利用允许扣除项目进行的纳税筹划。

充分计列利息费用及其他费用支出。现行土地增值税制度对房地产开发中作为财务费用的利息支出有两种列支方法:一是在商业银行同类同期贷款利息范围内据实扣除,同时对其他房地产开发费用按取得土地使用权所支付的金额和房地产开始成本之和(以下简称"合计数")的5%以内计算扣除;二是对不能按转让房地产项目计算分摊利息支出或不能提供金融机构证明的,可按上述"合计数"的10%以内计算扣除包括利息在内

的全部费用支出。

在实际操作中,以上两种方法计算的“房地产开发费用”必然存在差异。因为第一种方法中允许“据实扣除”的利息和第二种方法中“合计数”的10%以内(即因包括利息费用而增加的部分)不一定相等。如果企业进行纳税筹划,就要比较这两者的高低,选择其中扣除利息较高者对应的方法,作为企业的最后选择。如果允许“据实扣除”的利息费用较高,应选用第一种方法,单独计算利息支出;否则,应选用后一种方法,按“合计数”的10%扣除全部费用。

充分利用对房地产开发企业的附加扣除实施税务筹划《土地增值税实施细则》规定,对从事房地产开发的企业,可按“合计数”的20%加计扣除项目金额,其他企业从事房地产开发的,不享受此项费用扣除。此举的主要目的是为了抑制对房地产的炒买炒卖行为。因此,当非房地产开发企业欲进入房地产业时,不宜作为其非主营项目,而应考虑重新设立一独立核算的、专门从事房地产开发和交易的关联企业。这样,不仅可以在房地产开发业务中享受前述附加扣除,实现土地增值税的纳税筹划,而且可以在今后的各纳税年度中利用企业的关联关系实现其他税收的纳税筹划。比如,通过双方的销售收入分列,可使双方各自扣除业务招待费(或交际应酬费)时适用较高的扣除率,进而实现企业所得税(或外商投资企业和外国企业所得税)的纳税筹划。

一般从事企业经营时,首先面临的问题,就是应该以何种组织形态来组建企业。现代企业的组织形式一般包括公司和合伙企业(包括个体经营企业),公司又分为有限责任公司和股份有限公司,其中股份有限公司是一种最为普遍的组织形式。究竟以独资或合资经营为佳,还是以公司组织为佳,这其中是必须考虑税收因素的。

五、企业经营形态节税

许多国家对公司和合伙企业实行差别税制。公司的营业利润在企业环节征收企业所得税,税后利润作为股息分配给投资者,投资者还要交纳一道个人所得税,而合伙企业则一般不需缴纳企业所得税,国家仅就各个合伙人分得的收益征收个人所得税。投资者对企业组织形式的不同选择,其投资净收益也将产生差别。不同组织形态的企业在税收方面有不同的优缺点,所以在设立企业时,非常有必要在组织形态的选择上进行一番税收方面的筹划。

(一)人手少,以独资、合资为宜。

独资及合资大抵均属使用统一发票的小规模营利事业(营业额每月在20万以下者),依照有关规定,可仅设置简易日记簿或进货簿,其对外发生营业行为时,未给予或取得凭证,可免按《税收征管法》第四十四条规定处以5%的罚款,营业税按查定方式课征,由于查定课征方式有偏低现象,从而营利事业所得税亦随之偏低,故在设账取证方面,独资及合资均比公司简便;但另一方面,依现行税制,独资及合资税后的余额,应直接归户作为独资或合资个人所得,予以课征个人所得税,其税负较公司为重,这是独资或合资的缺点,也是有人倡议两税合一的主要原因。所以,一般而言,规模小、人手少的企业,以独资或合资组织为宜。

(二)公司组织享有多项优惠。

至于公司组织，就缺点而言，由于政府对公司组织管理较严，不论规模大小均必须设置账簿，使用统一发票，其账务处理成本较高，但公司组织除了依《公司法》规定责任为“有限”外，可享受下列几项优惠：

(1)盈亏互抵。公司组织的营利事业，会计账册簿据完备，依《所得税法》规定，前5年亏损，要准自本年纯益额扣除后再予课税，而独资及合资则无此优惠。

(2)利息的支付。公司向股东借款所支付的利息，可列支利息，而独资及合资所借的款项，则不列支利息。

(3)转投资收益免税。公司组织的营利事业，投资于国内其他非受免征营利事业所得待遇的股份有限公司者，其投资收益的10%免课所得税，而独资及合资则无法享受这项优惠。

(4)保留盈余。在不超过已收资本的二分之一限度内，保留盈余不予分配，而独资及合资的盈余则不能保留，必须归户作为独资或合资人的个人所得，课征个人所得税。

此外，就对外形象及信用而言，公司组织仍较独资、合资为佳。所以，稍具规模的企业，以公司组织形态经营为上策。

(三)股份有限公司有利税负。

公司组织究竟以有限责任公司还是以股份有限公司为宜，就税收负担而言，应该以股份有限公司为佳，因为：

奖励投资条例所规定的各项税收减免，主要是以股份有限公司组织的生产事业为适用对象，企业以此组织形态经营，自可享受优惠待遇。

就股东而言，采取股份有限公司组织形态经营，因税负较其他种类为轻，故股东也能因而获得较多投资利益。如果未分配盈余增资符合《奖励投资条例》第十三条的规定者，股东所获配股票可享受税收上的好处。

下面举几个实例来对不同组织形式的企业在税收上的差别待遇加以说明。

【案例】假设某投资者欲投资800万元开一百货商店，预计每年赢利100万元，如果按合伙形式其投资者个人所得税，设个人所得税适用税率为30%，则该投资年后净收益为70万元(100－100×30%)。如果该店设立为一家公司，则其赢利应先征企业所得税。设企业所得税税率为20%，税后利润80万元(100－100×20%)全部分给投资者，则该投资者还应交纳个人所得税24万元(80×30%)，税后投资净收益为56万元。合伙形式比公司形式每年节约纳税支出14万元。

公司内部组织结构不同，其总体税负水平也会产生差异，这主要是因为子公司与分公司的税收待遇不一致。

从《税法》的角度看，子公司是独立纳税人，而分公司作为母公司的分支机构不具备独立纳税人资格。许多国家对外国公司的分支机构所实现的利润，在征收正常的公司所得税以外还要开征一种“分支机构税”，即对分支机构扣除已征的公司所得税后的全部利润再征一道税，而不管其税后利润是否全部汇回给国外母公司的股息部分征收预提所得税，也有些国家只就分支机构未再投资于固定资产的利润部分征税，还有些国家只就利润的汇出部分征税。因此，对跨国投资者而言，一般在国外建立子公司较分公司有利。而对于国内投资者来说，情况就不一样了。因为分公司不作为独立纳税人，其利润或亏损结转给总公司，由总公司统一集中纳税，而母公司与各子公司之间则不享有这一纳税优待。

【案例】假设某一总公司在国内拥有两家分公司A和B，某一纳税年度总公司本部实现利润1000万元,其分公司A实现利润100万元,分公司B亏损150万元,设企业所得税税率为33%,则该公司年度应纳税额为:

(1000+100-150)×33%=313.5(万元)

如果把上述A、B分公司换成子公司,总体税负就不一样了。

公司本部应纳所得税=1000×33%=330(万元)

A子公司应纳所得税=100×33%=33(万元)

B子公司由于当年亏损150万元,该年度无须交纳所得税。

公司整体税负=330+33=363(万元),高出总分公司的整体税负49.5(363-313.5)万元。

如果总机构与子公司或分支机构适用税率不同,则上述情况又将发生变化。

【案例】我国北京某外贸总公司在深圳和珠海两地各设一家子公司,北京地区企业所得税税率为33%,深圳和珠海都为15%。某纳税年度公司本部实现利润1000万元,深圳和珠海两子公司各实现利润100万元。总公司规定,子公司税后利润50%汇回总公司,50%自己留用,则:

公司本部应纳所得税额=1000×33%=330(万元)

深圳公司应纳所得税额=100×15%=15(万元)

珠海公司应纳所得税额=100×15%=15(万元)

总公司分回子公司利润额=2×(100-15)×50%=85(万元)

分回利润应补税=85×(33%-15%)=15.3(万元)

公司整体税负=330+15+15+15.3=375.3(万元)

若将上述两家子公司变换成分公司,则:

公司整体税负=(1000+100+100)×33%=396(万元)

这样,设立子公司比设立分公司减轻投资者总体税负20.7万元。如果子公司税后利润全部汇总公司,则总体税负与设立分公司一致。

通过上面的分析可看出,设立子公司与设立分公司的节税利益孰低孰高并不是绝对的,要受到国家税制、纳税人经营状况及企业内部利润分配政策等多种因素的影响,这是经理人在进行企业内部组织结构选择时必须加以考虑的。

六、企业经营方式节税

因为国家税法本身规定的因素,企业在选择不同的经营方式时往往可以在税收方面获得不同的回报。

(一)选择企业经营方式。

现代企业经营方式多种多样,根据不同标准可以区分为不同类别。依经营活动的地域范围,可分为国内经营与跨国经营;依经营管理的不同方式,可分为自营、联营、代理经营等;依经营过程的供销关系,可分为内向经营与外向经营;依经营业务的种类多寡,可分为单一经营与多种经营;依经营期限长短,可分为短期经营与长期经营等。一般来说,企业的经营方式对投资方式存在较大的依存度,比如经营地点、经营行业、工业企业经营产品的品种等,一般都由投资行为决定,从而对该类项目的税务筹划,可以归结为相应的投资筹划。但是,并不是所有的经营行为都由投资行为决定。比如,在投资已定的情况下,企业采购、销售对象的选择、产量的控制等,都存在较大的活动余地。

无论是工业企业或商业企业,都需购进原材料或产品。有时,采购对象不同,企业负担的流转税额也存在差异。比如,我国现行增值税制依据企业经营规模和企业财务会计制度是否健全等标志分为一般纳税人和小规模纳税人。二者的税收待遇不同:一般纳税人销售货物可以开增值税专用发票,而小规模纳税人则一般不能开具增值税专用发票,只能开具普通发票。这样,当购买者为一般纳税人时,增值税进项税额可以得到抵扣,而当购买小规模纳税人的货物时,由于不能获取增值税专用发票,其进项税额在纳税时也得不到相应的抵扣,故增值税负较前者为重。

再如商品货物的销售,内销和出口流转税负不同。按照国际惯例,出口商品在国内产制、流转等环节征收的流转税实行出口退税制度,全部或部分退给出口商。例如,我国税法规定,对于某些出口商品的增值税实行零税率,也就是将出口商品在国内各环节已负担的增值税款在出口时全部退还给出口经销商,其目的是为了鼓励出口,增强本国产品在国际市场上的竞争力,而内销产品则要负担17%的价外税。尽管出口商品的国际市场价格有可能低于其国内市场价,只要其差幅达不到17%,对经理人来说出口较内销更有利可图。因此,对具备出口条件的商品,经营者应认真研究税收和汇率等各种因素,全面比较商品内销和出口的优劣,做出正确的销售决策。

另外,对于享受限期减免所得税优惠的新办企业,获利年度的确定也应作为企业税务筹划的一项内容。国家为鼓励在一些特定地区或行业举办新企业,一般规定新办企业获利初期享受限期减免所得税优惠。正常情况下,由于新企业产品初创,市场占有率相对较低、获利初期的利润水平也较低,因此,减免所得税给企业带来的利益也相对较小。为了充分享受所得税限期减免的优惠,企业可以通过适当控制投产初期产量及增大广告费用等方式,一方面推迟获利年度,另一方面提高产品知名度,提高潜在的市场占有率,以提高获利初期即减免税期的利润水平,从而获取更大的节税利益。

【案例】某高新技术产业开发试验区有一家生产生物制品的企业,国家规定其所得税税率为15%,且从获利年度开始第一年免税,第二、三年减半征税。该企业现已投产七年,第一年利润为零,第二、三、四、五、六、七年分别实现利润10万元、20万元、24万元、30万元、35万元、40万元。该企业累计已交所得税款19.05万元(20×15%÷2+24×15%÷2+30×15%+35×15%+40×15%)。如果该企业不享有减免税优惠,则其累计应纳税额为23.85万元(10×15%+20×15%+24×15%+30×15%+35×15%+40×15%),该企业共获减免税优惠利益4.8万元(23.85-19.05)。

【案例】承上例,其他条件不变,假设该企业通过适当控制第二、三、四年的产量并增大广告费投入,使投产后前四年利润数均为零,从第五年开始获利,并假定第五、六、七年分别实现利润60万元、70万元、80万元,则该企业七年累计应交所得税10.25万元(70×15%÷2+80×15%÷2)。在没有减免税优惠条件下,累计应交所得税额为91.5万元(60×15%+70×15%+80×15%)。该企业共获减免税利益81.25万元(91.5-10.25)。这样,该企业通过推迟获利年度和提高减税期利润水平,共节约所得税款76.45万元(81.25-4.8)。

(二)经营价格选择与转让定价。

在市场经济条件下,商品价格由生产商品的成本水平和社会平均利润水平决定,并受市场供求关系的影响。也就是说，同类商业对其所经营商品价格的制定具有法定的自主权，只要买卖双方都愿意接受，某种商品交易价格可以高于或低于其市场标准价格。这样，一些大型集团公司，尤其是跨国集团，可利用关联企业之间的业务往来对货款利息、租金、服务费、货物等制定其特殊的内部交易价格，以实现公司经营的各种战略目标。比如，避免或递延公司所得税，减轻关税；减轻风险或在某些情况下有效地扼制对手的竞争；逃避外汇管制；应付有关国家的财政货币政策等。关联公司之间偏离市场标准价格的内部交易定价，一般被称为转让定价（Transfer Pricing）或内部划拨定价（Inter-Pricing）。

以减轻集团公司整体税负为目标的转让定价的基本做法是：在关联公司之间进行的货物、劳务、技术和资金等交易中，当卖方处于高税区而买方处于低税区时，其交易就以低于市场价格的内部价格进行；而当卖方处于低税区买方处于高税区时，其交易就以高于市场价格的内部价格进行。

【案例】国内 A 公司年利润 1000 万元，所得税适用税率 33%，该公司用转让定价方法将其 200 万元利润转移给与之相关联的 7 个小企业，各小企业适用税率均为 27%，则在利润不进行转移的情况下，A 公司年应纳税额为：

$1000 \times 33\% = 330$（万元）

通过转让定价之后，1000 万元利润应纳税额为：

$800 \times 33\% + 200 \times 27\% = 264 + 54 = 318$（万元）

A 公司通过转让定价方法少纳税款为：

$330 - 318 = 12$（万元）

如果对此例做进一步的分析，不难发现，如果各关联企业都用同一比例税率，且各企业均为赢利的情况下，则转让定价对集团公司整体税负将不产生任何影响。但如果各关联企业都实行累进税率，则转让定价大有可为。因为在累计税制下，所得额适用的边际税率随所得额的大小而呈同一方向变化，即所得额越大，适用的边际税率就越高。这样，如果集团几个关联公司的利润相差悬殊，就有可能利用转让定价的方法，均衡各关联公司的利润水平，以降低边际税率减轻集团整体税负水平。

【案例】某电子表厂有五家经销商各自都为所得税独立纳税人，适用下表列示的五级超额累进税率。该厂年产电子表 10 万只，每只成本 32 元，加工利润每只 10 元，商业利润每只 6 元。10 万只电子表平均分给 5 家经销商出售，年内全部售出，则表厂利润为：

$10 \times 10 = 100$（万元）

每家经销商平均利润为：$6 \times 10 \div 5 = 12$（万元）。

电子表厂应纳所得税额为：

$(100 - 50) \times 45\% + (50 - 30) \times 30\% + (30 - 15) \times 20\% + (15 - 5) \times 10\% + 5 \times 5\% = 22.5 + 6 + 3 + 1 + 0.25 = 32.75$（万元）

5 家经销商共应纳税额为：

$5 \times [(12 - 5) \times 10\% + 5 \times 5\%] = 4.75$（万元）

该集团公司利润总额为：$100 + 12 \times 5 = 160$（万元）。

该集团公司总税额为：$32.75 + 4.75 = 37.5$（万元）。

该集团公司总体税负为：$(37.5 \div 160) \times 100\% = 23.4\%$。

假设经过集团内部协商，电子表厂只收取加工利润每只 4 元，各经销商的商业利润增加为每只 12 元，即电子表厂向经销商出售各经销商的商业利润增加为每只 12 元，即电

子表厂向经销商出售产品时，价格由原来的每只42元降为每只36元。这时，电子表厂利润为：4×10=40（万元）

各经销商利润为：（12×10）÷5=24（万元）。

电子表厂应纳所得税为：

（40－30）×30%＋（30－15）×20%＋（15－5）×10%＋5×5%=7.25（万元）

5家经销商共应税额为：40＋5×24=160（万元）。

该集团公司总税额为：7.25＋15.25=22.5（万元）。

该集团公司总体税负为：（22.5÷160）×100%=14.06%。

转让定价使该集团所得税负减轻幅度为：

（23.44%－14.06%）÷23.44%=40%

从项目来看，关联公司的转让定价一般可为以下几类：

1. 货物的转让定价

集团公司利用其关联公司之间的原材料供应、产品销售等贸易往来，通过采用"高进低出"或"低进高出"等内部作价办法，将收入尽量转移到低税负公司，而把费用尽量转移到高税负公司，从而达到转移利润和减轻整体税负的目的。

2. 劳务的转让定价

关联公司之间除了货物贸易往来外，还会经常相互提供劳务。同货物的转让定价相似，关联公司之间可以利用劳务的内部作价方式来实现利润的转移和减轻总体税负。

3. 资金的转让定价

资金的价格表现为贷款或借款的利率。关联公司之间可以通过其内部银行发生借贷行为，这常常表现为母公司对子公司或总公司对分公司进行贷款。这样，母公司或总公司可通过对税率较高的（分）公司实行高利率贷款，而对税率较低的子（分）公司实行低利率贷款，使利润从高税率公司向低税率公司转移，以减轻整体税负。

4. 有形资产的转让定价

关联公司之间经常发生机器、设备等有形资产的租赁转让行为。这样通过精心制定内部租赁价格（即租金率），也可以达到转移利润和减轻税负的目的。

【案例】在我国深圳经济特区有一家外商投资公司，以融资租赁方式向其国外母公司租用价值300万美元的资本设备，合同规定母公司按原值的135%收取本金、租金及管理费，租期为6年，期满后设备归子公司所有。这种租赁形式表面上看来比较优惠。子公司亦称该设备贷款是由母公司提供的，母公司收取的租金率低于贷款利率，因此按我国税法规定可以就其租金免征预提所得税。但经过继续调查发现，母公司向该公司收取租金采取逐年递减的方式，第一年为35%，第二年为16%，等等，租赁期年平均租金率9.13%，超过了同期国际金融市场的一般利率水平。这种利用有形资产租赁业务规避税负的方法，在大型跨国企业中并不少见。

5. 无形资产的转让定价

无形资产是指企业拥有的专利权、专用技术、商标、商誉等工业产权和知识产权。由于无形资产具有单一性的专有性的特点，故其转让价格没有统一的市场标准价格可供参照，并且其转让价格亦可寓于被转让的设备价款之中。因此，纳税人可以利用无形资产的这些特点，进行巧妙安排以减轻一部分税收负担。

6. 管理费用的转让定价

企业集团的母公司一般为其下属公司提供各种管理服务，因此，相应的管理费用也应按一定标准分摊给下属公司负担。集团公司出于减轻总体税负的目的，往往撇开管理费用的合理分配标准，将该项费用在各下属公司之间进行灵活分配，比如加重高税国子公司费用分配权数，相应减轻低税国子公司费用分配权数，以此方法转移利润。

七、企业财务管理

企业在节税方面的考虑还有一种重要的选择，就是从财务方面入手，通过不同的财务决策方式和筹资方式等方法达到节税的目的。

（一）企业财务决策的税收筹划。

在投资、经营格局既定条件下，在税法规定的范围内，企业在其财务处理方式上还存在较大的选择余地，而且不同财务处理方式下的税制规定存在差别。

（二）企业筹资方式选择。

企业要进行生产、经营及投资活动，就需要筹集一定数量的资金。企业筹资的方式一般有以下几种：

（1）自我积累资金。即通过把自身经营的税后净收益的一部分积累起来，以备自己的资金需要。

（2）向金融机构贷款。

（3）企业之间的相互拆借或融资。

（4）向社会集资，即通过发行股票、债券方式筹集资金。

不同筹资方式会产生不同范围内的税收后果。各国税法一般规定，企业的借款利息支出可以在税前扣除。这样，仅从节税的角度考虑，向金融机构借款和企业之间的相互拆借在利率和回收期的确定等方面，均有较大弹性和回旋余地，在国家税法没有对利息扣降标准进行限定的情况下，相互之间提高利息支付可以冲减企业利润，从而减轻应纳所得税额。这里必须注意，税法对企业利息支出的计税扣除一般都有明确规定。比如，《中华人民共和国企业所得税暂行条例》第六条规定："纳税人在生产、经营期间，向金融机构借款的利息支出，按照实际发生数扣除；向非金融机构借款的利息支出，不高于按照金融机构同类、同期贷款利率计算的数额以内的部分，准予扣除。"因此，如果企业之间在资金拆借活动中人为地过分抬高利率，对纳税而言是无效的。

（三）固定资产折旧方式选择。

提取折旧是补偿固定资产价值的基本途径，折旧作为企业的一项经营费用或管理费用，其大小直接影响到企业的当期损益，进而影响企业当期应纳所得税额。

不同的折旧方式表现为在固定资产的使用年限内，计入各会计期或纳税期的折旧额会有所差异。在直线法下，计入各会计期的折旧额相同，从而使各年度之间的损益相对均衡；在自然损耗法下，前期折旧少而后期折旧多，从而使企业前期利润增大而后期利润减少；在加速折旧法下，情况正与自然法相反。也就是说，折旧方式的不同选择，影响到企业利润在年度间是否均衡。一般来讲，加速折旧造成企业各年度利润波动较大，自然损耗法次之，而直线法则有利于各年度企业损益的相对均衡。由此可见，如果企业所得税适用累进税率，从长期看加速折旧法和自然损耗折旧法将会导致平均边际税率偏高，进而增大企业的税收负担。在这方面,加速折旧法较自然损耗法尤甚,而直线法下企业税则最轻。在企业所得税实行比例税率的情况下,在固定资产使用期内,上述三种方法使折旧影响纳税金额的总账面数相同。因为不管利润在何期显现,只要利润额不变,其应负担的所得税额也就不变。但进一步分析会发现,同直线法相比,加速折旧则推后纳税期,将避免遭受提前纳税的损失。在这一点上,优化纳税的折旧方式选择顺序是:加速折旧法、直线折旧法、自然损耗折旧法。

(四)存货计价方式选择。

所谓存货,指的是一个企业为了销售或制造产品而储存的一切商品或货物。在某一特定会计期间,对于相同项目的存货,其期初存货本期内购进、生产的单位成本(或称单价)是不同的。确定存货发生后的存货成本的发生额和结余额,应按一定的方法进行计算,通过确定销货成本,进而正确确定企业的净收益。

实际工作中,期末存货的计价方法主要有先进先出法、后进先出法、平均成本法等。西方国家在市场价格比较完备的情况下,为体现稳健主义原则,广泛流行成本与市价孰低法。

下面对材料价格变动条件下,材料成本采用不同的成本计价法对企业利润和所得税的影响进行实例分析。

【案例】C 公司 2014 年购进材料情况如下所示。

2014 年,C 公司生产产品 1 万件并全部售出,单位产品市场售价为 40 元,单位产品生产耗用材料 1 千克,本月共分五次采购原材料,第一次购入的原材料为1300 千克,每千克材料成本为 15 元;第二次购入的材料为 6000 千克,每千克进价为 22 元;第三次购入 1900 千克,每千克进价为 21 元;第四次购入 1200 千克,每千克进价 20 元;第五次购入 1300 千克,每千克进价为 22 元。除材料费用外,其他费用开支每件产品 10 元,该企业所得税税率为 33%。

采用不同的材料计价方式,C 公司该年度销售产品的材料成本、销售收入、税前利润、应纳所得税额分别如下:

采用先进先出法,则:

材料成本 = 15 × 10000 = 150000(元)

销售成本 = 150000 + (10000 × 10) = 250000(元)

销售收入 = 10000 × 40 = 400000(元)

税前利润 = 400000 - 250000 = 150000(元)

应纳税额 = 150000 × 33% = 49500(元)

采用后进先出法,则:

材料成本 = 10000 × 22 = 220000(元)

销售成本 = 220000 + 100000 = 320000(元)

销售收入 = 10000 × 40 = 400000(元)

税前利润 = 400000 - 320000 = 80000(元)

应纳税额 = 80000 × 33% = 26400(元)

采用加权平均法,则:

单位材料成本 = (1300 × 15 + 6000 × 22 + 1900 × 21 + 1200 × 20 + 1300 × 22) ÷ (1300 + 6000 + 1900 + 1200 + 1300) = 20.85(元)

材料成本 = 10000 × 20.85 = 208500(元)

销售成本 = 208500 + 100000 = 308500(元)

销售收入 = 10000 × 40 = 400000(元)

应纳税额 = 91500 × 33% = 30195(元)

从上例可以看出,企业采用不同的存货计价方式,其应纳所得税额也有所不同。采用先进先出,企业所得税负最重,加权平均法次之,后进先出法最轻。这是因为,在通货膨胀环境中,后入库的存货的取得成本高于结余(库存)存货的成本,从而增大了商品销售存货的成本,减少对应所得税。平均成本法对应交所得税的影响则介于上述二者之间。可见,在通货膨胀条件下,采用后进先出法对存货进行计价有利于减轻企业所得税负担。

(五)其他有关项目的纳税期选择。

一般来说,企业各项收入、费用、损失的入账时间,政府会计制度都有明确规定,企业本身基本上没有选择余地。但有时对于同一项目的入账时间与计税期,会计制度规定与税法规定又可能存在差异。这时,税法往往表现出更大的权威性。我国《企业所得税暂行条例》第九条规定:纳税人在计算应纳税所得额时,其财务、会计处理办法同国家有关税收的规定有抵触的,应当依照国家有关税收的规定计算纳税。因此,纳税人可以在税法规定的范围内,选择有关项目的纳税期。

【案例】北京某外贸企业由于1994年年初我国汇率并轨,其所持有的外币净资产产生了一笔外汇汇兑收益。按国家有关会计制度规定,该项收益应计入企业当年损益,而按国家税收制度规定,该项收益可按直线法分5年计入企业应纳税所得额。这就是说,税法既允许企业将该项收益全部计入当年损益,也允许企业分5年摊销计税期。假如该企业经过财务预测得出,1994年企业账面会赢利,但调整后的应纳税所得额为一绝对值超过该项汇兑收益的负数,则该项收益应全部计入当年计税,否则,企业应将该项收益分5年计税,以便收取递延纳税之利。

(六)资金筹集中的纳税筹划。

对任何一个企业来说,筹资是其进行一系列经营活动的先决条件。不能筹集到一定数量的资金,就不能取得预期的经济效益。筹资作为一个相对独立的行为,其对企业经营理财业绩的影响,主要是通过资本结构的变动而发生作用的。因而,分析筹资中的税务筹划时,应着重考察两个方面:资本结构的变动是怎样对企业业绩和税负产生影响;企业应当如何组织资本结构的配置,才能在节税的同时实现所有者税后收益最大化的目标。

资本结构是由筹资方式决定的,不同的筹资方式形成不同的税前、税后资金成本。企业筹资方式主要有:向银行借款、向非金融机构或企业借款、企业内部集资、企业自我积累、向社会发行债券和股票等。

一般来说,企业以自我积累方式筹资所产生的税收负担要重于向金融机构贷款所产生的税收负担,贷款融资所产生的税收负担要重于企业间拆借所产生的税收负担,企业间拆借资金的税收负担要重于企业内部集资的税收负担。这是因为:从资金实际拥有或对资金风险负责的角度看,自我积累方法最大,企业内部集资风险最小。因此,它们承担的税负也就相应的随之变化。

从税务筹划角度看,企业内部集资和企业之间拆借资金方式产生的效果最好,金融机构贷款次之，自我积累方法效果最差。这是因为：通过企业内部融资和企业之间拆借资金，这两种融资行为涉及的人员和机构较多，容易寻求降低融资成本、提高投资规模效益的途径。金融机构贷款次之，但企业仍可利用与金融机构特殊的业务联系实现一定规模的减轻税负的目的。自我积累方式由于资金的占有和使用融为一体，税收难以分割或抵消，因而难于进行纳税筹划。

以下仅以负债筹资与股票筹资为例，对不同筹资方案的税负影响加以比较。

企业的资金来源除资本金外，主要就是负债，具体又包括长期负债和短期负债两种。其中长期负债与资本构成的关系通常称为资本结构。资本结构，特别是负债比率合理与否，不仅制约着企业风险、成本大小，而且在相当大的程度上影响着企业的税收负担以及企业权益资本收益实现的水平。

负债融资的财务杠杆效应主要体现在节税及提高权益资本收益率（包括税前和税后）等方面。其中节税功能反映为负债利息计入财务费用抵减应税所得额，从而相对减少应纳税额。在税前收益（支付利息和所得税前的收益）不低于负债成本总额的前提下，负债比率越高，额度越大，其节税效果就越显著。当然，负债最重要的杠杆作用在于提高权益资本和收益资本的收益水平及普通股的盈余（税后）方面。

（七）做好租赁的纳税筹划。

租赁作为一种特殊的筹资方式，在市场经济中运用日益广泛，租赁过程中的纳税筹划，对于减轻企业税负具有重要意义。对于承租人来说，租赁既可避免因长期拥有机器设备而承担资金占用和经营风险，又可通过支付租金的方式，冲减企业的计税所得额，减轻所得税税负。对于出租人来说，出租既可避免为使用和管理机器所需的投入，又可以获得租金收入。此外，机器租金收入按5%缴纳营业税，其税收负担较产品销售收入缴纳的增值税为低。

当出租人与承租人同属一个企业集团时，租赁可使其直接公开地将资产从一个企业转给另一个企业，从而达到转移收入与利润并同时减轻税负的目的。例如，国内某企业集团内部的甲企业某项生产线价值200万元，未出租前，该设备每年生产产品利润为24万元，所得税适用税率为33%，即年应纳税额为7.92万元（24万×33%），而乙企业承租后，在产品利润率不变的情况下，由于租金支出可以减少利润，则该企业年利润额为9万元，适用照顾性税率27%，乙企业年应纳所得税额为2.43万元（9万×27%）。因此，租赁后，该企业集团的总体税负由7.92万元降低到3.18万元（0.75+2.43），节税达4.74万元。

另外，租赁产生的节税效应并非只能在同一利益集团内部实现，即使在专门租赁公司提供租赁设备的情况下，承租人仍可获得减轻税负的好处。租赁还可以使承租者及时开始正常的生产经营活动，并获得收益。

（八）做好筹资利息的纳税筹划。

按现行财务制度，企业筹资的利息支出，凡在在建期间发生的，计入开办费，自企业投产营业起，按照不短于5年的期限分期摊销；在生产经营期间发生的，计入财务费用。其中，与购建固定资产或者无形资产有关的，在资产尚未交付使用或者虽已交付使用，但尚未办理竣工决算以前，计入购建资产的价值。

众所周知，财务费用可以直接冲抵当期损益，而开办费和固定资产、无形资产价值则必须按期摊销，逐步冲减当期损益。因此，为了实现税务筹划，经理人应尽可能加大筹资利息支出计入财务费用的份额,缩短筹建期和资产的购建周期。

八、企业投资节税方法

企业在选择投资地点时,除了要考虑基本设施、原材料供应、金融环境、技术和劳动力供应等常规因素外,不同地点的税制差别也应作为考虑的重点。

(一)投资地点的选择。

无论是国内投资还是跨国投资,均应充分利用不同地区间的税制差别或区域性税收倾斜政策,选择整体税收负担相对较低的地点进行投资,以获取最大的节税利益。例如,我国经济特区、经济技术开发区的企业所得税率一般为15%,而国内其他地区则为33%,差幅高达50%,绝对差为18个百分点。从世界范围看,有的国家或地区不征企业所得税,有的税率高达50%以上,二者相差较国内更为悬殊。由此可见,投资地点的不同选择对投资净收益的影响将是巨大的。

必须指出,衡量一个国家或一地区的税负轻重不能简单地看其课征税种的多寡,也不能以某一个税种的税负轻重作为标准。体现税收负担水平的一般指标为:(1)税收总负担率,即税收占国民生产总值或国内生产总值的比率;(2)企业(公司)所得税税率,即企业所得税税额占税前收益额的比率,这也可以从缴纳所得税后的净收益额占总收益额的比重中得到说明;(3)商品课税负担率或流转税负担率,即对商品课征的间接税占商品最终销售额的比率。

对跨国投资者,还必须考虑有关国家因同时实行税收居民管辖权和收入来源管辖权而导致对同一项所得的双重征税及相关的双边税收协定的有关收抵免的具体规定。这里,首先应区分有限纳税义务和无限纳税义务。

所谓无限纳税义务,是指纳税人向一国政府不仅要就其从该国领域内所取得的收入而且要将在其他国家取得的收入向该国缴纳有关税收,则该纳税人对该国负有无限纳税义务。如果该纳税人只就其从该国领域内取得的收入向该国缴税,则该纳税人对该国仅负有限纳税义务。无限纳税义务的负有者一般为一国的居民(公司),有限纳税义务则一般针对非居民(公司)。这样,跨国投资者对公司注册国和经营所在地的不同选择,对其总体税负水平将产生不同的影响。一般来讲,实行单一的收入来源税收管辖权的国家或地区对跨国投资的吸引力较大。

国家与国家之间通过签订双边税收协定来避免与消除国际双重征税,其方法通常有免税法、扣除法、低税法、抵免法等几种。

免税法是指一国政府对本国居民(公司)征税时,只就其来源于国内的收入征税,对其来自国外的收入放弃征税权,免于征税。这种方法是以承认非居民住国政府地域管辖权的独占为前提的。扣除法是指一国政府对其居民已纳的外国税款,允许其从来源于国外的所得中作为费用扣除,就扣除后余额征税,这种方法所形成的税收负担,虽对重复征税的程度有所缓和,但仍然重于对国内所得征税,因而不能彻底解决双重征税问题。低税法是指一国政府以其居民来源于国外的收入,单独制定较低的税率予以征收。这也是一种减轻或缓和双重征税的方法。抵免法是指一国政府对其居民来源于国外的收入征税时,同样按国内税率计税,但允许居民把已纳的外国税款,从国内应纳税款中抵扣。具体有 3 种情况：(1) 如果外国税率与国内税率相同，可以全额抵免；(2) 如果外国税率比国内税率低，只就其差额部分补征；(3) 如果外国税率比国内税率高，则按国内的税率计算抵免。

从以上分析可以看出，对跨国投资者所面临的国际双重征税，有关国家能否免除对跨国纳税人构成不同的税收负担。在上述诸种方式中，负担最重的是两国重复课征，最轻的是免税法。这就要求经理人在进行跨国投资时必须熟悉国际税收协定网络，了解有关国家之间所签订的全面税收协定中关于免除双重征税的具体内容和方式，以进行投资国别或地点的优化选择。

(二) 投资行业的选择。

同投资地点的选择相类似，投资者在进行投资时，投资国有关行业性税收优惠及不同行业的税制差别不容忽视。例如，我国现行税制关于所得税在不同行业之间税收负担的差别较大。税负最轻的如对港口码头建设的投资，税率为 15%，而且从获利年度起 5 年免税，5 年减半征税。税负较轻的如在高新技术产业开发区对高新技术产业的投资，税率为 15%，从获利年度起免征所得税 2 年，减半征税 3 年。而没有税收优惠的其他行业企业所得税税率一般为 33%，并且没有减免税期。目前世界各国都普遍实行行业性税收倾斜政策，只有处于不同经济发展阶段的国家，其税收优惠的行业重点有所差别。这一点经理人在选择投资行业时一定要加以考虑。

(三) 投资方式的选择。

从投资对象的不同和投资者对被投资企业的生产经营是否实际参与控制与管理的不同，投资可分为直接投资和间接投资。直接投资一般是对经营资产的投资，即通过购买经营资本物，兴办企业，掌握被投资企业的实际控制权，从而获取经营利润。间接投资者是指对股票或债券等金融资产的投资。这里投资者关注的重点在于投资收益的大小和投资风险的高低，至于被投资企业的经营管理权，则不被十分关注。

一般来讲，进行直接投资应考虑的税制因素比间接投资要多。由于直接投资者通常要涉及企业所面临的各种流转税、收益税、财产税和行业税等，而间接投资一般仅涉及所收到股息或利息的所得税及股票、债券资本增益而产生的资本利息等。

法人投资者在进行直接投资前还面临着收购现在亏损企业或兴建新企业的选择，其中也存在一个税务筹划问题。如果税法允许投资法人与被收购企业可以合并报表集中纳税，则其整体税负同样有所减轻。这就要求投资者依照税法的有关具体规定，结合自身状况综合决策。

间接投资依据具体投资对象的不同，可分为股票投资、债券投资及其他金融资产的投资，上述各项又可以依据证券的具体品种做进一步划分。比如债券投资，又可细分为国库券投资、金融债券投资，它所收益的税收待遇又有所差别。例如，我国税法规定，企业获取的利息收入必须按有关规定进行计税，而国库券利息收入则可在计算纳税所得时予以扣除。也就是说，利息收入必须计缴企业所得税，而国库券利息收入则可以免税。这样，投资者在进行间接投资时，除要考虑投资风险和收益等因素外，还必须考虑相关的税收规定，以便全面权衡和合理决策。

九、对企业收入的税务筹划

企业节税策略有缩小课税基础、适用较低税率、延缓纳税期限及合理归属所得年度等方法,其中各项收入的最小化及收入方法或时点的决定即为收入规划的重点所在。

按营利事业所得额计算,依《所得税法》第二十四条规定,是以本年度收入总额减除各项成本费用、损失及税金之后的纯收益为所得额。以买卖为例:

销货收入 - 销货成本 = 销货毛利

营业净利 + 非营业收益 - 非营业损失 = 纯收益额

由上述公式可以得知,影响所得(即纯收益额)的大小涉及收入、成本、费用等方面。本文拟选“收入”加以探讨。

企业的收入有营业收入(Operation Revenues)及非营业收入(Non-operation Revenues)。营业收入为企业收入的主要来源,包括经常营业的附属收入;非营业收入指与营业无关的其他收入或罕见的特殊收入。现分别说明如下:

(一)营业收入。

营业收入的节税规划有:一为收入认列“时点”的决定,二是收入计算方法的选择。一般销售收入涉及收入认列时点(即收入实现点)的问题。分期付款销货及长期工程合约,则涉及收入计算方法的选择。销货时点的决定或收入计算方法的选择,均影响所得税负的高低。

(1)销货收入。节税策略的重点在于销货时点的认定,一般而言,内销交易以“发货时”为识别标准,外销交易以“海关放行次日起 10 日内开立发票”为销货点的认列标准,企业为减少当年度收入,将上述的销货点延缓至次年度,即可达到目的。

此外,还应注意:

避免销货价格偏低,以免被稽查机关按时价调整销货价格;

有关销货退回及折让,均应取得凭证以免虚增收入;

年度计算营业收入时,属预收货款的金额,均应予以减除。

凡此均应加以注意。

(2)分期付款销货。分期付款销货损益的计算,有全部毛利法、毛利百分比法、差价摊计法及普通销货法等 4 种。上述计算的当期毛利各有不同。例如,某公司以销售电器制品为业,2015 年分期付款货收入 4000 万元,成本 3000 万元、毛利 1000 万元,毛利率为 25%,当年度共收分期价款 1600 万元。另外以现销价格计算为 3600 万元。采用全部毛利法,毛利为 1000 万元(4000 万元 - 3000 万元 = 1000 万元);采用毛利百分比法,毛利为 400 万元(1600 万元 ×25% = 400 万元);采用差价摊计法,毛利为 760 万元[(3600 万元 - 3000 万元) + 1600 万元 ×(4000 万元 - 3600 万元)÷ 4000 万元 = 760 万元];采用普通销货法,毛利为 600 万元加上已实现的利息收入(按利息法另计当年度实现的利息收入)。

上述诸法中,采用毛利百分比法为最佳策略,因为此法可将分期付款销货的利益分摊于各收款年度,从而部分营利事业所得税可延期缴纳;采用差价摊计法或普通销售货法,可将分期付款销货价格超过现金销货价格部分分摊于以后年度,也可以享受赋税延期利益,故属次之;采用全部毛利法,因分期付款销货的利益,全数列入当年所得课税,不能享受赋税期利益，故最为不利。

（二）长期工程收益

长期工程收益的计算方式有完工百分比法和全部完工法（工程完工期不满 12 个月者可适用）两种。究竟采用何种方法为佳，就节税观点而言，采用全部完工法较为有利。

全部完工法于工程完工年度始必须报缴营利事业所得税，故可获得缓缴税的利益，而完工百分比法则无此优点。

全部完工法可反映实际毛利，尤其在物价逐年上涨时，其成本及费用均因而大幅度增加，若采用完工百分比法则易造成前盈后亏的现象。

营利事业每年均不发生亏损时，宜采用全部完工法较有利，因采用全部完工法可享受延缓交纳、合并计算交纳及合并计算费用限额的利益。但营利事业若已有前五年盈亏互抵的条件，且开工前已有亏损，则以采用完工百分比法较有利。

（三）营业外收入

节税策略着重于企业资金的运用问题，也就是设法增加免税收入及避免调整增加收入。

在增加免税收入方面可采用下列措施：

剩余资金不要存入银行，宜购买政府所发行的公债，因为依公债条例的规定，其收入免交所得税；

属土地交易所得免税；

在证券交易所得停征期间，运用资金购买股票，其交易所得也属免税。

在避免被调整增加收入方面，应注意税法的相关规定，如公司的资金无息贷给股东，或公司股东、董事、监察人代收公司款项，不要当期间纳税，均应按一年定期存款利息计算利息收入课税。凡此，应随时加以注意。

（四）以外币作为记账本位币的企业税务筹划

企业所得税计算要求以人民币作为计算单位，以外币作为记账本位币的，应折合成人民币应纳税所得额后计算所得税。因此，用什么样的折算率以及在什么时间折算，就成为税务筹划的关键。

外币应纳税所得额折合成人民币的节税方法是：季度预交所得额时，采用该季度末汇率折合成人民币应纳税所得额，年度终了汇算清缴时，对已按季度预交所得额的外币所得可以不再重新折合计算，只就全年未纳税的外汇所得按年末汇率计算应纳税所得额，据此计算应纳所得税额。

【案例】某独资企业全年所得额为 140 万美元，各季度预交所得税时，应纳税所得额和所得税款如下表。

项目 次数	外币所得额	汇率	折合人民币	税率	所得税
一季度	10 万美元	5.45	54.5 万元	15%	8.175 万元
二季度	20 万美元	5.50	110 万元	15%	16.50 万元
三季度	30 万美元	5.54	166.2 万元	15%	24.93 万元
四季度	80 万美元	5.56	444.8 万元	15%	

汇算清缴应补所得税额 =［（140 − 80）×5.56 + 448.8］×15% − 49.605 = 67.155（万元）

如果该独资企业不是分季预交，而是直接年终清缴，那么120万元必须按年终较高人民币汇率来计算，其结果是折合更多的人民币应纳所得额，进而缴纳更多的税收。

这里节税的关键是用什么样的汇率计算以及在什么样的时间折算。一般来说，中国实行的是以"市场供求为基础，有管理的浮动汇率制度"。这种汇率制度一般年末人民币汇率较高，因此，分季预缴就成了重要的节税方法。

预缴所得税的方法有两种：一是按各季度的实际实现利润计算预缴所得税额；二是按上年度应纳所得额的1/4计算预缴所得税额。年终汇算清缴付，在季度预交所得税的基础上，多退少补。公式为：

汇算应补(退)企业所得税=年应纳所得额×税率-各季度预缴企业所得税合计

在实际业务中，由于不同的原因(很多纳税人不懂节税原理)，经常出现企业多缴税款的现象。企业为了避免在退税时因汇率变动(年底人民币汇率上升)导致退回外币减少，企业需要按历史汇率计算退税，这对企业节税来说也非常重要。方法是：先将应退的人民币税款按原缴税时的汇率折合成外币税款，再将外币税款按填开退税凭证当日的汇率牌价折合人民币退税。

【案例】某外国企业2013年取得一笔1000万美元的技术转让费，当时按1∶6.20汇率缴纳所得税，税率为10%。2014年经批准按15%征税，退税时汇率为1∶6.10。退税额计算如下：

2013年已纳税款为：

(1000×10%)×6.20=620万元人民币

2014年退税额款为：

[1000-(1000×15%)×6.20]/6.20×6.10=68.8万元人民币

对于企业来说，合法地减轻税负、提高企业利润是企业永恒的追求。当然只有合法地节税，才是无可指摘的。但是合法本身也是讲究技巧和方法的，因为有时合法与违法的界限是模糊的，就像一位伟人所说的："真理有的时候往前迈一小步就是谬误。"

十、销项税额的避税与反避税

销项税额是销售收入乘适用税率。增值税税率为三档，即17%、13%、0%。其中，报关出口货物的税率为零。

下列货物的税率为13%：

·粮食、食用植物油；

·自来水、暖气、冷气、热气、煤气、石油液化气、天然气、沼气、居民用煤炭制品；

·图书、报纸、杂志；

·饲料、化肥、农药、农机、农膜；

·国务院规定的其他货物。

除以上几项列举的以外，纳税人的货物、应税劳务的税率均为17%。

由于新增值税税法对适用税率做了较多的简化，并做出了上述划分标准，较好地解决了反避税问题，使混淆税率界限较为困难。这方面避税与反避税问题与消费税应税产品遇到的问题基本相同，因此这里主要谈谈实行增值税企业与实行消费税企业所不同的销售废品、下脚料收入的避税与反避税问题。

工业企业在生产过程中往往会出现废品和下脚料，并发生对其销售的业务。国家税务机关规定，企业发生的废品、下脚料销售收入，属其他业务收入范围，应依 17% 的税率缴纳增值税。因为对实行增加值的一部分，在材料购进时均已按发票载明的税额计入了进项税额科目，计算了扣除税额，所以废品、下脚料的销售收入若不做销售处理，就等于少计算了销项税额，少计算了应缴税金，而减少了税收负担。然而废品、下脚料的销售问题，易被人们看成是小问题而不予重视。但对企业来说，当废品下脚料销售业务量较大时，可以把废品、下脚料销售不做其他业务收入处理，用直接冲减生产成本或增加营业外收入的办法，逃避这部分收入应纳的增值税。

反避税的方面只能是加强税务检查。首先要了解纳税人有无废品、下脚料的销售业务，其次对下脚料、废品较多的企业要重点检查"营业外收入"账户的贷方发生额和"生产成本——基本生产成本"账户借方的红字冲销售情况。对数字可疑、摘要不详的业务，需调出计账凭证、原始凭据加以核实，将废品、下脚料收入调入其他业务收入，并补征增值税。

十一、增值税的避税与反避税

根据增值税的优惠政策和法律条文，增值税的避税要点主要有以下几个方面：

(一) 利用会计核算扩大进项税额

由于新的增值税是价外税，因此，企业对增值税要单独建立账户进行核算。

当期的应纳税额是当期销项税额大于当期进项税额的差额。因此，进项税额记账时间直接影响当期的应纳税额。企业为此产生了利用核算上的时间差进行避税的可能。企业常用的手法有：

(1) 预支材料款或其他货物款，提前取得发票，加大当期进项税额。

(2) 实际收到材料少于发票数额时不作冲销，材料或货物款按实际收到数额支付。

(3) 退料或退其他货物后，作退货账务处理的同时，不作冲减进项税额的账务处理，从而使当期进项税额大于实际进项税额，即加大扣税额，减少应纳税额。

(4) 在实际经营活动中还会出现这样的情况，货款已经支付，材料在运输或存储中发现毁损，需要供货、运输或保险公司支付损失金额，赔偿损失包括购进时支付的增值税损失。因此，企业收到赔偿金后应冲销已赔偿的增值税损失，但为减少应纳税金，企业不作冲销进项税额的账务处理。

(二) 利用进项税额避税

将非生产用货和劳务支付的进项税额算做生产用货物和劳务的进项税额：

(1) 购进固定资产的进项税额；

(2) 用于非应税项目的购进货物和应税劳务的进项税额；

(3) 用于免税项目的购进货物和应税劳务的进项税额；

(4) 用于集体福利或者个人消费的购进货物和应税劳务的进项税额；

(5) 非正常损失的购进货物的进项税额；

(6) 非正常损失的在产品、产成品所用购进货物和应税劳务的进项税额。

上述货物和劳务的进项税额按税法规定不得在当期销项税额中抵扣。但有的企业为避税,在购进时也将这部分进项税额混于生产用货物和劳务的进项税额中成生产用货物,在储存、生产过程中改变为上述用途后,不冲销该货物的进项税额,依然由当期销售税额抵扣,从而减少当期应纳税金。

(三)利用小规模纳税人避税

一般纳税人和小规模纳税人税额计算中,销售额的确定相一致,进口货物应纳税额相一致。但小规模纳税人销售货物不得使用增值税专用发票,购买货物不能收取增值税专用发票,而一般纳税人无以上限制;小规模纳税人不能享受税款抵扣权,一般纳税人享有税款抵扣权;小规模纳税人按征收率6%计算税额,应纳税额 = 销售收入 × 征收税率6%。而一般纳税人按规定税率计算税额。这样就使小规模纳税人和一般纳税人之间的相互转换有了避税的意义。

(四)利用高价增大进项税额避税

随着商品经济发展,企业间的联系日益密切,为了达到共同发展目的,互相投资、互赠、以物易物的现象越来越多,当企业存在接受实物投资的进项税额,接受捐赠的进项税额,取得以物易物的进项税额,或从"在建工程"转出的进项税额时,企业在全面权衡利弊后,可通过以高作价,多计算进项税额减少企业应纳税额。因为接受实物投资的材料和购进不同,投受双方的利益不单纯取决于材料的价款,还取决于投资分红的比例以及其他因素。投资比例为双方所接受的前提下,或其他因素为双方所接受时,企业可以通过从高作价,加大进项税额。至于接受捐赠的进项税额,因是无偿取得的,所以价格高低不影响企业自身的利益,从高作价可多计算进项税额。而在以物易物的条件下,当购进项目的适用税率高于销售项目的税率时,双方均从高作价,不影响彼此的利益,却都可以通过增加进项税额达到避税的目的。在计算由在建工程转入的进项税额时人为多摊进项税额,以达到避税的目的。

(五)挂靠低档税率避税

增值税除规定一档基本税率17%之外,还规定了一档照顾性的优惠税率13%,由此产生的避税大多数情况是企业的挂靠行为。下列货物的税率为13%:

(1)粮食、食用植物油;

(2)自来水、暖气、冷气、热气、煤气、石油液化气、天然气、沼气、居民用煤炭制品;

(3)图书、报纸、杂志;

(4)饲料、化肥、农药、农机、农膜;

(5)国务院规定的其他货物。

对以上5种货物,纳税人一般可能采用三种途径避税:一是"挂羊头,卖狗肉",打着以上五种货物的招牌,经营非优惠货物;二是通过兼营业务,扩大优惠货物在兼营中的比重,"浑水摸鱼";三是利用以上优惠的不确定部分内容,通过国务院规定的其他货物一定弹性,实施挂靠。

这种避税,只要严格审查,明确优惠的实施细则,一般来说避税的余地不大。

(六)利用下脚废料避税

工业企业在生产过程中往往会出现废品和下脚料,并发生对其销售的业务。国家税务局规定,企业发生的废品、下脚料销售收入,属于其他业务收入范围,应依17%的税率缴纳增值税。因为对实行增值税购进扣税法的企业来说,废品和下脚料的残值,是外购材料价值的一部分,在材料购进时均已按发票载明的税额入了进项税额科目,计算了扣除税额，所以，废品、下脚料的销售收入若不做销售处理，就等于少计算了销项税额，少计算了应缴税金，从而减少了税收负担。然而，废品、下脚料的销售产生的避税漏洞往往易被税务局忽视，易被人们看成是小问题不予重视。但对企业来说，当废品下脚料销售业务量较大时，便可以利用废品、下脚料销售不做其他业务收入处理，直接冲减销售总额，或增加营业外收入的办法，逃避这部分收入应缴纳的增值税。

在反避税方面，税务人员要重点检查增值税表中的各项税额是否符合国家财务制度的规定，要多留意即征即退项目、进项税额、销项税额、免抵退应退税额、实际抵扣税额等栏目信息，对于有疑问之处，可向纳税人索取发票及相关凭证仔细核对、查明。另外还要查清纳税人有无废品、下脚料业务，对于数字不明、表述不详的业务，需要对方出示计账凭证和原始凭据加以核实。

十二、材料方面的避税与反避税

提高耗用材料单价，扩大生产成本，实行实际价核算材料的企业，材料发出时，会计制度规定可采用先进先出方法、加权平均法、移动平均法、个别计价法、后进先出法计算其发出材料的实际成本。材料的计价方法一经确定，不能随意变更。但一些企业为了少纳所得税，有意加大材料耗用成本，要么通过变换材料计价方法加大材料发出成本，要么干脆不按规定的计价方法计算材料的发出成本，而是随意提高材料发出单价，多转材料成本，造成本期利润的减少而少纳所得税。

税务部门对企业进行税务检查时，若企业的材料成本上升，引起利润减少，在材料进价正常的情况下，要注意检查企业有无中途改变发出材料计价方法的问题，同时按照企业使用的各种具体的发出材料计价方法，复核验算企业结转的材料发出成本是否正确。若账面数与复核的情况不符，应按复核数与企业实际结转的材料发出成本数，计算多转材料成本的数额。扣除期末在产品和库存产成品应分摊的多转材料成本的数额。扣除期末在产品和库存产成品应分摊的多转的材料成本后，调增当年产品销售利润，补征所得税。

按计划价核算材料成本的企业，根据会计制度的规定，在计算产品成本时，必须将生产领用材料的计划成本通过“材料成本差异”的结转将其调整为实际成本。但一些企业为了减少本期利润，减少所得税应纳税额，在计算材料成本时，将材料成本差异账户作为企业调节利润的“调节阀”，在差异额和差异率上做手脚。如在核算差异额时，将材料盘盈、无主账款等应直接调增本期利润的业务记入差异账户推迟实现利润。在计算差异率时不按正确的差异率计算方法计算差异率，而是人为地确定一个差异率，超支差（蓝字）按高于正常差异率的比例结转差异，节约差（红字）按低于正常差异率的比例结转差异；也有的企业当材料成本差异为节约差时，干脆长期挂账，不调整差异账户，从而扩大生产成本，挤占利润，达到减少本期应纳所得税的目的。

税务部门对实行材料计划成本核算的企业，要注意检查、核实月终分配前后材料成本差异额是否正确，并在核实材料成本差异额、材料计划成本的基础上，复算材料成本差异率与企业所用的差异率对照，看企业结转差异是否按正确的差异率结转，有无人为地多转正差，少转负差，或长期挂账不转差异，扩大成本挤占利润的现象。凡是有上述现象的予以纠正补税，并按税收征管法的规定给予一定的处罚，以此堵住逃避税的漏洞。

材料盘盈不做收益处理，按照会计制度规定，当企业发生材料盘盈，按规定程度批准转销时，应从“待处理财产损益”账户的借方转入“管理费用”账户的贷方，抵减本期管理费用，增加利润。但企业为了减少本期应纳所得税，将材料盘盈长期挂账于“待处理财产损益”账户中，不去抵减管理费用，截留利润，逃避本期应纳的所得税。

因此税务人员应注意审查企业“待处理财产损益”账户的贷方发生额，看盘盈材料的盘点时间，了解审批情况，如是长期作为待处理挂账，就是变相截留了利润，应要求企业调账补税并给予一定的处罚。

十三、工资方面的避税与反避税

利用工资问题来避税是很多企业惯用的手法。

做假工资表，虚报冒领工资，多提福利费。个别企业为了加大成本，减少利润，减少所得税的缴纳，同时建立自己的小金库，多提福利费，弄虚作假，以假工资表的手段，用空额工资加大成本，并使提取出来的空额工资形成小金库用于一些不合理开支，同时加大了计提福利费的基数，多提福利费进一步增加了成本，截留了利润，逃避了这两部分应交所得税的缴纳。

针对这一问题，税务部门在对工资进行检查时，应将工资表上的职工人数与劳动人事部门掌握的职工人数、劳动调配手续、出勤考核记录进行核对，看是否有调出职工或虚列职工人数，加大成本的问题。一旦发现问题核实后，在调减工资的同时，调减应付福利费，补征所得税并给予处罚。

滥发加班津贴，加大成本费用开支。按照现行制度规定，节假日加班的人员可按实际加班人数、天数及国家规定的标准发给职工加班津贴。津贴标准是：计时工人节日加班发给日标准工资200%，假日加班发100%；计件工人节日加给标准工资100%，假日加班不发津贴。没有月标准工资的计件职工，按加班前12个月实际所得的平均日工资计算。一些企业在发放加班工资时，弄虚作假，不按实际加班人数、标准发放，扩大发放范围、发放标准。甚至无加班也虚发加班津贴。这样，加大了成本，减少了所得税的缴纳。

税务部门在检查企业的工资成本时，若工资成本上升幅度较大，应注意审查“应付工资”账户借方发生额的记账凭证及所附的原始凭证，了解加班津贴的发放是否属实。对工业企业要同时核对“产成品”“自制半成品”明细账，看节假日期间是否有产成品、半成品入库，若只有节假日加班而没有节假日产品入库，很可能是虚列加班津贴，问题核实后，要求企业调账并补缴所得税。对商业企业则要深入了解加班是否属实，核实加班津贴是否虚列，是否按实际加班人数、规定标准发放，对多列的津贴从工资中剔除并补交所得税。

十四、固定资产方面的避税与反避税

固定资产的安装费属于固定资产原值的组成部分，当企业购置需要安装的固定资产时，应将安置费记入固定资产原值，然后按国家规定选择一定的折旧计提办法，计提固定资产折旧，逐步收回固定资产的价值。但企业为了加速折旧，减少本期利润，少纳所得税,便将固定资产的安装费以修理费的名义直接记入"制造费用"账户,通过制造费用的分配,加大生产成本,减少本期应纳的所得税,达到避税目的。

故当企业发生需安装固定资产购进时,税务人员应认真核对固定资产明细账及有关凭证,看有无安装费这一内容。若没有,应重点审查这一时期的制造费用、管理费用等账户,核实企业是否以修理费等名义列支了固定资产的安装费。并且根据实际列支数额调整固定资产原值、固定资产折旧、本期利润等各有关账户,补征所得税。

十五、在待摊费用和预提费用上的避税与反避税

在待摊费用和预提费用上,企业同样也存在很大的避税空间。

人为缩短摊销期限。按照新会计制度的规定,待摊费用账户核算企业已经支出应由本期和以后各期分别负担的分摊期在一年以上的各项费用,如低值易耗品摊销、出租出借包装物摊销、预付保险费、应由销售产品分摊的中间产品税金、固定资产修理费用,以及一次购买印花税票和一次缴纳印花税税额较大需分摊的数额等。

然而一些企业往往利用"待摊费用"账户,调节企业的产品成本高低,不按规定的摊销期限、摊销数额,转入"制造费用""产品销售费用""产品销售税金"等账户,而是根据产品成本的高低,人为地缩短摊销期。特别是在年终月份,往往将应分期摊销的费用,集中摊入产品成本,加大摊销额,截留利润。

另外,按照新会计制度的规定,企业发生的不能全部计入当年损益,应当在以后年度内分期摊销的各项费用,包括开办费、固定资产的改良支出以及摊销期限在一年以上的其他待摊费用在递延资产账户核算。这一账户与待摊费用账户的核算内容仅是摊销期限长短的不同,其摊销方法相同,也要按费用项目的规定受益期限平均摊入"制造费用""管理费用"账户。因此当企业人为缩短摊销期限时,会截留利润,减少本期应纳的所得税。

税务人员应注意审查企业的"待摊费用""递延资产"账户的各明细账贷方发生额,审查其摊销费用的内容、数额,应摊销期限,分析其各项费用是否按规定的期限、数额摊销。对企业多摊销的费用应从有关账户中剔除,转回"待摊费用"和"递延资产"账户,调整本期利润,补征所得税。

虚列预提费用。按照新会计制度的规定,预提费用账户核算企业预提但尚未实际支出的各项费用,如预提的租金、保险费、借款利息、修理费用等。

由于预提费用是预先从各有关费用账户提取但尚未支付的费用,提取时直接加大"制造费用""管理费用""财务费用"等,却不需以正式支付凭证为依据入账,待实际支付使用后再从预提费用中列支。一些企业正是看中了这一点,为了减少本期应纳的所得税,在使用"预提费用"账户时,人为地扩大预提费用的计提范围,提高计提标准。甚至有的企业巧立名目,如提取模具费等,虚列预提费,实际上提而不用长期挂账,或通过加大"制造费用",加大本期的产品成本,或通过加大"管理费用""财务费用",直接截留利润,直接减少本期应纳的所得税。

因此,"预提费用"账户是税务部门进行纳税检查的重点。应注意检查预提费用各明细账预提的各项费用是否符合会计制度的规定,有无扩大预提费用的计提范围,并且应该对"预提费用"账户借方发生额的支付凭证,看有无以预提费用为名进行其他不合理开

支的问题。同时应审查预提费用的年终余额，因为多数预提费用年终都将支付完毕，若年终余额较大，很可能是虚列预提费用，提而不用或提高预提费标准形成的。问题核实清楚后，应将其年终余额转入企业的当年利润中，补缴所得税。

十六、高转完工产品成本上的避税与反避税

企业在一定时期内所发生的全部生产费用，既包括完工产品成本，也包括在产品成本，一般企业应于月末将汇集到“生产成本——基本生产”中的总成本，选择适合于企业成本核算对象、成本项目及成本计算方法，在完工产品和在产品之间进行分配。在总成本一定的条件下，期末在产品成本保留的多与少，直接影响完工产品成本的高低，从而影响销售成本的高低，影响企业计税利润的多少。工业企业完工产品成本计算公式如下：

完工产品期末总成本＝在产品成本＋本期发生的生产费用－期末在产品成本

公式中的期末在产品成本，一般要经过盘点数量然后按一定的成本计算求得。由于产品成本计算方法的技术性、专业性较强，一般不十分熟悉会计核算的人很难从中发现问题。因此一些企业利用这一点，在期末在产品的计算上玩弄技巧，少留期末在产品成本，多转完工产品成本，以隐蔽的方式截留利润，减少应纳所得税。

对于这类问题，进行反避税的关键是税务检查人员必须精通各种成本计算方法，在了解掌握被查单位所采用的成本计算方法的前提下，在核实在产品盘点数量的基础上，因地制宜地进行检查。即按照被查单位所选用的成本计算方法，依据在产品数量盘存表、定额成本的有关资料及基本生产明细账的有关数据，复核验算期末应保留的在产品成本和应结的完工产品成本。然后以核实的期末在产品应保留的在产品成本数减去企业账面上在产品成本的保留数，将企业多转完工产品成本的数额调减产成品账户，以保证产品销售成本的正确计算。

十七、房产税方面的避税与反避税

房产税是以房屋为征税对象，按房产价值或租金收入征收的一种税。

对纳税人用于经营活动的自有房屋，依房产原值一次减去10%～30%后的余值，按1.2%的税率征税。对纳税人出租的房屋依租金收入按12%的税率征税。

个别纳税人出租房产时，为了少纳房产税，进行避税活动，将房产出租给予本企业经营活动有联系的企业，按低于市场上同类房产的出租价格收取租金，少收取的房租通过向对方企业购买低价原材料的方法来得到补偿。这样，出租房产的一方便可以逃避一部分应纳的房产税，而承租房产的一方也可通过降低产品销售收入，逃避一部分流转税的缴纳。

因此税务部门对各种有房产出租业务的企业，应特别注意出租方与承租方企业之间的关系。若彼此间有业务联系，应审查企业间出租房产的租金价格，及购销产品的价格是否与市场价格相符，防止企业利用彼此的密切联系进行避税。

十八、车船税方面的避税与反避税

车船税是对我国境内拥有并且使用车船的单位和个人，按车船使用种类、数量、吨位，实行定额征收的一种税。

由于使用中的车船要纳税，有的企业通过办理长期停用手续，逃避纳税，未停用的车船虚报停用而不纳车船税。

另外，由于《车船税暂行条例》规定，对国家机关、人民团体、军队自用的车船，由国家财务部门拨付事业经费的单位自用的车船免税。但同时规定上述车船如出租或做营业用，照章纳税。一些国家机关、事业单位举办的附属工厂、校办企业及各种各样的公司，将本单位的免税车船用于生产经营活动，对外则称这部分车船完全用于机关、事业单位的业务活动，从而逃避车船税的缴纳。也有的机关、团体、事业单位将自己的车船出租给其他单位使用，而不就出租车船申报纳税。

为了严肃税法，防止避税逃税的现象出现，对事业单位、国家机关等车船免税的单位，凡是办有企业、公司等经济实体的，税务部门应深入实际了解其车船使用情况，正确确定征免税的车船。对各种企业申报停用的车船也应认真进行各种手续和实物的核对，防止纳税人虚报停用而逃避纳税。

十九、印花税方面的避税与反避税

印花税是对在我国境内书立、领受和使用应税凭证的单位和个人，就其书立、领受和使用的凭证征收的一种税。

由于各种经济合同的纳税人是订立合同的双方当事人，计税依据是合同所载的金额，因此个别纳税人为了进行避税、偷税活动，在签订经济合同时，双方协商，签订两份合同，只一份如实填写，据此均可少纳印花税。

对这种行为，税务部门应依据税法，一经发现予以重罚，提高税法的威慑力，使纳税人在利益与风险的权衡上，减少逃税、避税。

二十、固定资产投资方向调节税方面的避税与反避税

固定资产投资方向调节税是对在我国境内进行固定资产投资的单位和个人征收的一种税。

固定资产投资方向税实行差别比例税率。对国家急需发展的项目实行零税率，对国家鼓励发展的项目，实行5%的低税率，对国家限制发展的项目实行20%高税率，其他没列明的投资项目实行15%的税率。另外更新改造项目有别于基本建设，税率从低。

纳税人主要在税率上进行避税、偷税活动。如一些企事业单位在兴建楼堂馆所时，

为了逃避高税率，少纳固定资产投资方向调节税，巧立名目，以建设职工宿舍等名义，投资兴建楼堂馆所，或以更新改造项目为名搞基本建设。

对此税务部门应与计划、银行等有关部门加强配合，一方面在发放投资许可证明时严格审查；另一方面，在工程竣工交付使用后，应进一步核实基建用途。对更改项目也要严格审查核实，防止纳税人偷逃国家税款。

二十一、土地增值税的避税与反避税

1994 年 1 月 1 日起实施的土地增值税的纳税义务人为转让国有土地使用权、地上建筑物及其附着物（转让房地产）并取得收入的单位和个人。

土地增值税的计算公式如下：

应交土地增值税＝转让房地产所得的增值额×适用税率－扣除项目金额×速算扣除系数

上述公式中的增值额是指转让房地产所取得的收入减除规定扣除项目后的余额。收入包括货币收入、实物收入和其他收入。规定扣除项目包括以下 5 项：

取得土地使用权所支付的金额；

开发土地的成本、费用；

新建房及配套设施的成本、费用，或者旧房及建筑物的评估价值；

与转让房地产有关的税金；

财政部规定的其他扣除项目。

适用税率是根据增值额占扣除项目的比率来确定的增值额，土地增值税实行四级超率累进税率：

增值额未超过扣除项目金额百分之五十的部分，税率为百分之三十；

增值额超过扣除项目金额百分之五十、未超过扣除项目金额百分之一百的部分，税率为百分之四十；

增值额超过扣除项目金额百分之一百、未超过扣除项目金额百分之二百的部分，税率为百分之五十；

增值额超过扣除项目金额百分之二百的部分，税率为百分之六十。

税法规定以下情况可免征土地增值税：

纳税人建造普通标准住宅出售，增值额未超过扣除项目金额百分之二十的；

因国家建设需依法征用、收回的房地产。

土地增值税的避税有以下途径：

隐瞒、虚报房地产成交价格；

加大扣除项目范围或房地产购进成本和费用；

压低房地产的成交价格或提高房地产的评估价，买卖双方以其他形式互相补偿。

由于房地产的价格评估和管理由有关部门掌握，因此反避税就需要同房管部门、土地管理部门密切联合，了解房地产的市场价格，严格执行有关手续制度。纳税人未按规定缴纳土地增值税的，有关部门不得办理有关的权属变更手续。如果有关部门违反相关规定，造成纳税人漏税的，将按《中华人民共和国税收征管法》的有关规定严肃处理。

第三节　税务筹划实用表单

一、印花税纳税申报(报告)表

印花税纳税申报表如表 9－1 所示。

表 9－1　印花税纳税申报表

税款所属期限：　　　　　　　　　　　填表日期：　　　　　　　　　　　单位：元至角分

纳税人识别号：

<table>
<tr><td rowspan="4">纳税人信息</td><td>名称</td><td colspan="3"></td><td>纳税人分类</td><td colspan="4"></td></tr>
<tr><td>登记注册类型</td><td colspan="3"></td><td>所属行业</td><td colspan="4"></td></tr>
<tr><td>身份证件类型</td><td colspan="3"></td><td>身份证件号码</td><td colspan="4"></td></tr>
<tr><td>联系方式</td><td colspan="8"></td></tr>
<tr><td rowspan="3">应税凭证</td><td rowspan="2">计税金额或件数</td><td colspan="2">核定征收</td><td rowspan="2">适用税率</td><td rowspan="2">本期应纳税额</td><td rowspan="2">本期已缴款税额</td><td colspan="2">本期减免税额</td><td rowspan="2">本期补(退)税额</td></tr>
<tr><td>核定依据</td><td>核定比例</td><td>减免性质代码</td><td>减免额</td></tr>
<tr><td></td><td></td><td></td><td></td><td></td><td></td><td></td><td></td><td></td></tr>
<tr><td>购销合同</td><td></td><td></td><td></td><td></td><td></td><td></td><td></td><td></td><td></td></tr>
<tr><td>合计</td><td></td><td></td><td></td><td></td><td></td><td></td><td></td><td></td><td></td></tr>
<tr><td colspan="10">以下由纳税人填写：</td></tr>
<tr><td>纳税人声明</td><td colspan="9">此纳税申报表是根据《中华人民共和国印花税暂行条例》和国家有关税收规定填报的，是真实的、可靠的、完整的。</td></tr>
<tr><td>纳税人签章</td><td colspan="2"></td><td colspan="2">代理人签章</td><td colspan="1"></td><td colspan="2">代理人身份证号</td><td colspan="2"></td></tr>
<tr><td colspan="10">以下由税务机关填写：</td></tr>
<tr><td>受理人</td><td colspan="2"></td><td colspan="2">受理日期</td><td colspan="1"></td><td colspan="2">受理税务机关签章</td><td colspan="2"></td></tr>
</table>

本表一式三份，一份返还纳税人，一份作为资料归档，一份作为税收会计核算的原始凭证。

减免性质代码：减免性质代码按照国这税务总局制定下发的最新《减免性质及分类表》中的最细项减免性质代码填报。

二、车船税纳税申报表

车船税纳税申报表如表 9－2 所示。

表 9－2　车船税纳税申报表

税款所属期限：自　　年　　月　　日至　　年　　月　　日

填表日期：　　年　　月　　日　　　　　　　　　　　　　　单位：元至角分

纳税人识别号 □□□□□□□□□□□□□□□□□□□□

纳税人名称					纳税人身份证照类型								
纳税人身份证照号码					居住（单位）地址								
联系人					联系方式								
序号	（车辆）号牌号码（船舶）登记号码	车船识别代码（车架号/船舶识别号）	征收品目	计税单位	计税单位的数量	单位税额	年应缴税额	本年减免税额	减免性质代码	减免税证明号	当年应缴税额	本年已缴税额	本期年应补（退）税额
	1	2	3	4	5	6	7＝5＊6	8	9	10	11＝7－8	12	13＝11－12
合计	—	—	—	—	—	—			—	—			
申报车辆总数（辆）					申报船舶总数（艘）								
以下由申报人填写：													
纳税人声明	此纳税申报表是根据《中华人民共和国车船税法》和国家有关税收规定填报的，是真实的、可靠的、完整的。												
纳税人签章		代理人签章					代理人身份证号						
以下由税务机关填写：													
受理人		受理日期					受理税务机关（签章）						

本表一式两份，一份纳税人留存，一份税务机关留存。

三、城建税、教育费附加、地方教育附加税(费)申报表

城建税、教育费附加、地方教育附加税(费)申报表如表9-3所示。

表9-3　城建税、教育费附加、地方教育附加税(费)申报表

税款所属期限:自　　年　　月　日至　　年　　月　日

纳税人识别号:　　　　　　　　　　　　　　　　填表日期:　　年　　月　日

计算机代码:　　　　　　　　　　　　　　　　　　　　金额单位:元至角分

<table>
<tr><td>纳税人信息</td><td colspan="2">名称</td><td colspan="9"></td></tr>
<tr><td rowspan="3">税(费)种(税目)</td><td colspan="5">计税(费)依据</td><td rowspan="3">税率(征收率)</td><td rowspan="3">本期应纳税(费)额</td><td colspan="2">本期减免税(费)额</td><td rowspan="3">本期已缴税(费)额</td><td rowspan="3">本期应补(退)税(费)额</td></tr>
<tr><td colspan="2">增值税</td><td rowspan="2">消费税</td><td rowspan="2">营业税</td><td rowspan="2">合计</td><td rowspan="2">减免性质代码</td><td rowspan="2">减免额</td></tr>
<tr><td>一般增值税</td><td>免抵税额</td></tr>
<tr><td></td><td>1</td><td>2</td><td>3</td><td>4</td><td>5=1+2+3+4</td><td>6</td><td>7=5×6</td><td>8</td><td>9</td><td>10</td><td>11=7-9-10</td></tr>
<tr><td>城建税(增值税)</td><td></td><td></td><td></td><td></td><td></td><td></td><td></td><td></td><td></td><td></td><td></td></tr>
<tr><td>城建税(消费税)</td><td></td><td></td><td></td><td></td><td></td><td></td><td></td><td></td><td></td><td></td><td></td></tr>
<tr><td>教育费附加(增值税)</td><td></td><td></td><td></td><td></td><td></td><td></td><td></td><td></td><td></td><td></td><td></td></tr>
<tr><td>教育费附加(消费税)</td><td></td><td></td><td></td><td></td><td></td><td></td><td></td><td></td><td></td><td></td><td></td></tr>
<tr><td>地方教育附加(增值税)</td><td></td><td></td><td></td><td></td><td></td><td></td><td></td><td></td><td></td><td></td><td></td></tr>
<tr><td>地方教育附加(消费税)</td><td></td><td></td><td></td><td></td><td></td><td></td><td></td><td></td><td></td><td></td><td></td></tr>
<tr><td>合计</td><td></td><td></td><td></td><td></td><td></td><td></td><td></td><td></td><td></td><td></td><td></td></tr>
<tr><td colspan="12">以下由纳税人填写:</td></tr>
<tr><td>纳税人声明</td><td colspan="11">此纳税申报表是根据《中华人民共和国城市维护建设税暂行条例》、《国务院征收教育费附加的暂行规定》、《财政部关于统一地方教育附加政策有关问题的通知》和国家有关税收规定填报的,是真实的、可靠的、完整的。</td></tr>
<tr><td>纳税人签章</td><td colspan="3"></td><td>代理人签章</td><td colspan="2"></td><td colspan="2">代理人身份证号</td><td colspan="3"></td></tr>
<tr><td colspan="12">以下由税务机关填写:</td></tr>
<tr><td>受理人</td><td colspan="3"></td><td>受理日期</td><td colspan="2"></td><td colspan="2">受理税务机关签章</td><td colspan="3"></td></tr>
</table>

本表一式两份,一份纳税人留存,一份税务机关留存。

减免性质代码:减免性质代码按照国家税务总局制定下发的最新《减免性质及分类表》中的最细项减免性质代码填报。

税务机关收到日期:　　　　　　接收人:　　　　　　主管税务机关盖章:

四、土地使用税率表

土地使用税率表如表9－4所示。

表9－4 土地使用税率表

税务计算机代码： 单位:元至角分

纳税人名称							所属时期	年 月 季度		
行次	坐落地点	土地等级	代码	应税面积	免税面积	税率	年应纳税额	本期申报税额	其中:本期代缴税额	年免征税额
1		一级	01			10元/平方米				
2		二级	02			8元/平方米				
3		三级	03			6元/平方米				
4		四级	04			4元/平方米				
5		五级	05			1元/平方米				
6		六级	06			0.5元/平方米				
7	总计	—	—			—				

申报日期： 纳税盖章： 税务机关盖章：

五、房产税申报表

房产税申报表如表 9－5 所示。

表 9－5　房产税申报表

税务计算机代码:　　　　　　　　　　　　　　　　　　　　单位:元至角分

纳税人信息						
纳税人信息	名称		纳税人分类	单位□　个人□		
	登记注册类型		所属行业			
	身份证照类型	身份证□ 护照□ 军官证□	联系人		联系方式	

一、从价计征房产税

	房产原值	其中:出租房产原值	计税比例	税率	计税月份数	本期应纳税额	减免性质代码	减免税房产的原值	本期减免税额	本期已缴税额	本期应补(退)税额
1											
2											
3											
合计											

二、从租计征房产税

	本期应税租金收入	适用税率	本期应纳税额	本期已缴税额	本期应补(退)税额
1		4%□　12%□			
2		4%□　12%□			
3		4%□　12%□			
合计					

以下由纳税人填写:

纳税人声明	此纳税申报表是根据《中华人民共和国房产税暂行条例》和国家有关税收规定填报的,是真实的、可靠地、完整的。				
纳税人签章		代理人签章		代理人身份证号	

以下由税务机关填写:

受理人		受理日期		受理税务机关签章	

六、企业所得税月(季)度纳税申报表

企业所得税月(季)度纳税申报表如表9－6所示。

表9－6 企业所得税月(季)度纳税申报表

纳税人名称： 纳税人识别号： 单位:元至角分

<table>
<tr><th>行次</th><th colspan="2">项目</th><th>本期金额</th><th>累计金额</th></tr>
<tr><td>1</td><td colspan="2">一、按照实际利润额预缴</td><td></td><td></td></tr>
<tr><td>2</td><td colspan="2">营业成本</td><td></td><td></td></tr>
<tr><td>3</td><td colspan="2">营业成本</td><td></td><td></td></tr>
<tr><td>4</td><td colspan="2">利润总额</td><td></td><td></td></tr>
<tr><td>5</td><td colspan="2">加:特定业务计算的应纳税所得额</td><td></td><td></td></tr>
<tr><td>6</td><td colspan="2">减:不征税收入和税基减免应纳税所得额</td><td></td><td></td></tr>
<tr><td>7</td><td colspan="2">固定资产加速折旧(扣除)调减额</td><td></td><td></td></tr>
<tr><td>8</td><td colspan="2">弥补以前年度亏损</td><td></td><td></td></tr>
<tr><td>9</td><td colspan="2">实际利润额(4行+5行－6行－7行－8行)</td><td></td><td></td></tr>
<tr><td>10</td><td colspan="2">税率(25%)</td><td></td><td></td></tr>
<tr><td>11</td><td colspan="2">应纳所得税额(9行×10行)</td><td></td><td></td></tr>
<tr><td>12</td><td colspan="2">减:减免所得税额</td><td></td><td></td></tr>
<tr><td>13</td><td colspan="2">实际已预缴所得税额</td><td></td><td></td></tr>
<tr><td>14</td><td colspan="2">特定业务预缴(征)所得税额</td><td></td><td></td></tr>
<tr><td>15</td><td colspan="2">应补(退)的所得税额(11行－12行－13行－14行)</td><td></td><td></td></tr>
<tr><td>16</td><td colspan="2">减:以前年度多缴在本期抵缴所得税额</td><td></td><td></td></tr>
<tr><td>17</td><td colspan="2">本月(季)实际应补(退)所得税额</td><td></td><td></td></tr>
<tr><td>18</td><td colspan="2">二、按照上一纳税年度应纳税所得额平均额预缴</td><td></td><td></td></tr>
<tr><td>19</td><td colspan="2">上一纳税年度应纳税所得额</td><td></td><td></td></tr>
<tr><td>20</td><td colspan="2">本月(季)应纳税所得额(19行×1/4或1/12)</td><td></td><td></td></tr>
<tr><td>21</td><td colspan="2">税率(25%)</td><td></td><td></td></tr>
<tr><td>22</td><td colspan="2">本月(季)应纳所得税额(20行×21和)</td><td></td><td></td></tr>
<tr><td>23</td><td colspan="2">减:减免所得税额</td><td></td><td></td></tr>
<tr><td>24</td><td colspan="2">本月(季)实际应纳所得税额(22行－23行)</td><td></td><td></td></tr>
<tr><td>25</td><td colspan="2">三、按照税务机关确定的其他方法预缴</td><td></td><td></td></tr>
<tr><td>26</td><td colspan="2">本月(季)税务机关确定预缴的所得税额</td><td></td><td></td></tr>
<tr><td>27</td><td colspan="4">总分机构纳税人</td></tr>
<tr><td>28</td><td rowspan="4">总机构</td><td>总机构分摊所得税额
(15行或24行或26行×总机构分摊预缴比例)</td><td></td><td></td></tr>
<tr><td>29</td><td>财政集中分配所得税额</td><td></td><td></td></tr>
<tr><td>30</td><td>分支机构分摊所得税额
(15行或24行或26行×分南机构分摊比例)</td><td></td><td></td></tr>
<tr><td>31</td><td>其中:总机构独立生产经营部门应分摊所得税额</td><td></td><td></td></tr>
<tr><td>32</td><td rowspan="2">分支机构</td><td>分配比例</td><td></td><td></td></tr>
<tr><td>33</td><td>分配所得税额</td><td></td><td></td></tr>
<tr><td colspan="5">是否属于小型微利企业</td></tr>
<tr><td colspan="5">谨声明:此纳税申报表是根据《中华人民共和国企业所得税法》、《中华人民共和国企业所得税法实施条例》和国家有关税收规定填报的,是真实的,可靠的、完整的。
法定代表人(签字): 年 月 日</td></tr>
<tr><td colspan="2">纳税人公章:
会计主管:
填表日期: 年 月 日</td><td colspan="2">代理申报中介机构公章:
经办人:
经办人执业证件号码:
代理申报日期: 年 月 日</td><td>主管税务机关受理专用章:
受理人:
受理日期: 年 月 日</td></tr>
</table>

七、企业所得税年度纳税申报表

企业所得税年度纳税申报表如表9－7所示。

表9－7　企业所得税年度纳税申报表

纳税人名称：　　纳税人识别号：　　单位：元至角分

行次	类别	项目	金额
1	利润总额计算	一、营业收入（填写A101010\101020\103000）	
2		减：营业成本（填定A102010\102020\103000）	
3		营业税金及附加	
4		销售费用（填写A104000）	
5		管理费用（填写A104000）	
6		财务费用（填写A104000）	
7		资产减值损失	
8		加：公允价值变动收益	
9		投资收益	
10		二、营业利润（1－2－3－4－5－6－7＋8＋9）	
11		加：营业外收入（填写A101010\101020\103000）	
12		减：营业外支出（填写A102010\102020\103000）	
13		三、利润总额（10＋11－12）	
14	应纳税所得额计算	减：境外所得（填写A108010）	
15		加：纳税调整增加额（填写A105000）	
16		减：纳税调整减少额（填写A105000）	
17		减：免税、减计收入及加计扣除（填写A107010）	
18		加：境外应税所得抵减境内亏损（填写A108000）	
19		四、纳税调整后所得（13－14＋15－16－17＋18）	
20		减：所得减免（填写A107020）	
21		减：抵扣应纳税所得额（填写A107030）	
22		减：弥补以前年度亏损（填写A106000）	
23		五、应纳税所得额（19－20－21－22）	
24	应纳税额计算	税率（25%）	
25		六、应纳所得税额（23×24）	
26		减：减免所得税额（填写A107040）	
27		减：抵免所得税额（填写A107050）	
28		七、应纳税额（25－26－27）	
29		加：境外所得应纳所得税额（填写A108000）	
30		减：境外所得抵免所得税额（填写A108000）	
31		八、实际应纳所得税额（28＋29－30）	
32		减：本年累计实际已预缴的所得税额	
33		九、本年应补（退）所得税额（31－32）	
34		其中：总机构分摊本年应补（退）所得税额（填写A109000）	
35		财政集中分配本年应补（退）所得税额（填写A109000）	
36		总机构主体生产经营部门分摊本年应补充（退）所得税额（填写A109000）	
37	附例资料	以前年度多缴的所得税额在本年抵减额	
38		以前年度应缴未缴在本年入库所得税额	

收到日期：　年　月　日　　接收人：　　主管税务机关盖章：

八、消费税纳税申报表

消费税纳税申报表如表9－8所示。

表9－8 消费税纳税申报表

税款属时期： 年 月 日至 年 月 日 填表时间： 年 月 日 金额单位：元

<table>
<tr><td colspan="2">税务登记证代码</td><td colspan="6"></td><td colspan="3">纳税人名称</td><td colspan="3"></td></tr>
<tr><td colspan="2">法定代表人姓名</td><td colspan="2"></td><td colspan="2">经济性质</td><td></td><td colspan="2">经营行业</td><td colspan="2"></td><td colspan="1">电话</td><td colspan="2"></td></tr>
<tr><td>地址</td><td colspan="5"></td><td colspan="2">开户银行及账号</td><td colspan="3"></td><td>邮编</td><td colspan="2"></td></tr>
<tr><td rowspan="3">产品名称</td><td rowspan="3">销售数量</td><td rowspan="3">计税销售额</td><td rowspan="3">视同销售数量</td><td rowspan="3">视同销售金额</td><td rowspan="3">计税金额（计税数量）</td><td rowspan="3">税率%（税额）</td><td rowspan="3">本期准予扣除税额</td><td colspan="6">本期应纳税额</td></tr>
<tr><td>应交税金</td><td colspan="3">已交税金</td><td colspan="2">欠交税金</td></tr>
<tr><td>本期</td><td>累计</td><td>本月</td><td>累计</td><td>本月</td><td>累计</td></tr>
<tr><td>1</td><td>2</td><td>3</td><td>4</td><td>5</td><td>6＝3＋5
或2＋4</td><td>7</td><td>8</td><td>9＝6×7－8
或(2＋4)×7</td><td>10</td><td>11</td><td>12</td><td>13＝9－11</td><td>14＝10－12</td></tr>
<tr><td></td><td></td><td></td><td></td><td></td><td></td><td></td><td></td><td></td><td></td><td></td><td></td><td></td><td></td></tr>
<tr><td></td><td></td><td></td><td></td><td></td><td></td><td></td><td></td><td></td><td></td><td></td><td></td><td></td><td></td></tr>
<tr><td>合计</td><td></td><td></td><td></td><td></td><td></td><td></td><td></td><td></td><td></td><td></td><td></td><td></td><td></td></tr>
<tr><td colspan="7">以前年度欠税额</td><td colspan="2">本年度已清理欠税额</td><td colspan="5"></td></tr>
<tr><td>授权代理人</td><td colspan="6">（如果你已委托代理申报人，请填写下列资料）
为代理一切税务事宜，现授权
（地址） 为本纳税人的代理申报人，任何与本申报表有关的往来文件，都可寄与此人。
授权人签定：</td><td>声明</td><td colspan="6">此纳税申报表是根据《中华人民共和国消费税暂行条例》的规定填报的。我确信它是真实的、可靠的、完整的。
声明人签字：</td></tr>
</table>

会计主管签字： 代理申报人签字： 纳税人盖章：

以下由税务机关填定：

<table>
<tr><td>收到日期</td><td></td><td>接收人</td><td></td><td>审核日期</td><td rowspan="2">核收签字：
主管税务机关盖章：</td></tr>
<tr><td>审核记录</td><td colspan="4"></td></tr>
</table>

九、税款缴纳记录表

税款缴纳记录表如表 9－9 所示。

表 9－9　税款缴纳记录表

年　　月　　日

税款名称	缴纳税款处	标　准	上月		下月		合　计	备　注
			日期	金额	日期	金额		
合计								

十、原材料冲退税分析表

原材料冲退税分析表如表 9 – 10 所示。

表 9 – 10 原材料冲退税分析表

□关税

年　　月　　日　　□货物税

原料名称	未冲退金额	未冲退数量	本月截止数量	下月截止数量	本月进货量	本月冲退量	实际仓库存量	差额	原因及采取对策
合计									

十一、未冲退营业印花税一览表

未冲退营业印花税一览表如表9－11所示。

表9－11　未冲退营业印花税一览表

年　　月　　日

部　　门	发票号码	营业税额	印花税额	合　　计	未冲退事由	冲退记录	
						日期	备注

十二、扣缴个人所得税报告表

扣缴个人所得税报告表如表9－12所示。

表9－12 扣缴个人所得税报告表

填表日期： 年 月 日　　　　金额单位：人民币元

扣缴义务人名称（盖章）		地址		经济性质		法人代表		法人代码或身份证号码		电话	
税务登记代码		电脑编码		纳税专户开户银行		银行帐号		邮政编码		传真电话	

纳税义务人姓名	纳税人身份证（或护照）号码	所得项目	所得期间	收入额						减费用额	应纳税所得额	税率	速算扣除数	扣缴所得税税额	批准延期缴纳税额	实际扣数所得税额	欠缴所得税额		完税证字号	纳税日期	以下由税务机关填写					
				人民币	外币				人民币合计								当期	累计			预算级次	预算代码	逾期申报纳税		税款滞纳	
					货币名称	金额	外汇牌价	折合人民币															天数	罚款金额	天数	滞纳金
1	2	3	4	5	6	7	8	9	10	11	12	13	14	15	16	17	18	19	20	21	22	23	24	25	26	
合计																										

扣缴义务人声明	我声明，此扣缴申报表是根据《中华人民共和国个人所得税法》的规定填写，我确信它是真实、可靠、完整的。如有不实，我愿承担法律责任。 扣缴义务人签名（盖章）： 年 月 日	授权人声明	我授权____为本纳税人的代理申报人，其法人代表____电话____。任何与申报有关的往来文件，都可寄此代理机构。 委托代理合同号码： 授权人签号： 年 月 日	代理人声明	本纳税申报表是按照国家税法和税务机关有关规定填报，我确信是真实、合法的。如有不实，我愿承担法律责任。 代理人（代人代表）签名（盖章）： 经办人签名： 年 月 日
税务机关填写	境外税额的扣除计算：　扣除限额：　实际扣除额：　上年抵免或结转的税额：　应补缴的税额： 受理申报日期：　受理人签名：　审核申报日期：　审核人签名：　录入日期：　录入人签名：　审核记录：				

财务负责人或税务代理负责人签名：　　会计主管或税务代理主管签名：　　填表人签名：

十三、扣缴个人所得税报告表(附表)

扣缴个人所得税报告表(附表)如表9－13所示。

表9－13　扣缴个人所得税报告表(附表)

税务计算机代码:　　　　　　　　　　　　　　　　单位:元至角分

纳税人名称					所属时期	年　月		
行次	所得项目	代码	纳税人数	收入额	应纳税所得额	税率	速算扣除数	申报(缴纳)税额
1	工资、薪金所得	01			—			
2	个体工商业户的生产、经营所得	02			—			
3	承包、承租经营所得	03			—			
4	劳务报酬所得	04			—	—		
5	稿酬所得	05			—	—		
6	特许权使用费所得	06			—	—		
7	利息、股息、红利所得	07			—	—		
8	财产租赁所得	08			—	—		
9	财产转让所得	09			—	—		
10	偶然所得	10			—	—		
11	其他所得	11			—	—		
12	总　计	—			—	—		

申报日期:　　　　　　　　纳税人盖章:　　　　　　　　税务机关盖章:

十四、个人所得税扣缴义务人扣缴个人所得税报告表

个人所得税扣缴义务人扣缴个人所得税报告表如表9－14所示。

表9－14　个人所得税扣缴义务人扣缴个人所得税报告表

金额单位：人民币元

支付单位名称（盖章）				地　址					电话号码				
税务登记代码				法人代码					电脑编码		邮政编码		
姓　名	国　籍	身份证或护照号码	工作单位	通信地址	联系电话	收入额	所属时间	收入项目					备　注
								工资、薪金	承包、承租	劳务报酬	利息、股息红利	其他各项	
1	2	3	4	5	6	7	8	9	10	11	12	13	14
合计													

审核人：　　　　填表人：　　　　填表日期：　　年　　月　　日

第一联：报送主管地方税务机关

十五、个人所得税申报表

个人所得税申报表如表 9－15 所示。

表 9－15　个人所得税申报表

填表日期：　　年　　月　　日　　　　　　　　　　　　　　　　　　金额单位：人民币元

纳税人姓名		国　籍		抵华日期		职　业		在中国境内住址	______公寓______街道 县/市　　省
电　话		传真电话		电脑编码		邮政编码		在中国境内通信地址（如非上述地址）	
身份证（或护照）号码		服务单位				服务地点			

	所得项目	所得期间	收入额						减费用额	应纳税所得额	税率	速算扣除数	应纳税额	已扣税款	境外已缴税款	应补（退）税款	以下由税务机关填写					
			人民币	外币				人民币合计									预算级次	预算代码	逾期申报纳税		税款滞纳	
				货币名称	金额	外汇牌价	折合人民币												天数	罚款金额	天数	滞纳金
	1	2	3	4	5	6	7	8	9	10	11	12	13	14	15	16	17	18	19	20	21	22
境内所得																						
小计																						
境外所得																						
小计																						
合计																						

纳税人声明	我所申报的内容真实、准确，如有虚假，我愿承担法律责任。 扣缴义务人签名（盖章）： 年　月　日	授权人声明	我授权______为本纳税人的代理申报人，其法人代表______电话______。任何与申报有关的往来文件，都可寄此代理机构。 委托代理合同号码： 授权人签号： 年　月　日	代理人声明	本纳税申报表是按照国家税法和税务机关有关规定填报，我确信是真实、合法的。如有不实，我愿承担法律责任。 代理人（代人代表）签名（盖章）： 经办人签名： 年　月　日
税务机关填写	境外税额的扣除计算：　扣除限额：　实际扣除额：　上年抵免或结转的税额：　应补缴的税额： 受理申报日期：　受理人签名：　审核申报日期：　审核人签名：　录入日期：　录入人签名：　审核记录：				

十六、增值税纳税申报表(一般纳税人适用)

根据《国家税务总局关于全面推开营业税改征增值税试点后增值税纳税申报有关事项的公告》(国家税务总局公告 2016 年第 13 号)《国家税务总局关于调整增值税纳税申报有关事项的公告》(国家税务总局公告 2016 年第 27 号)和《国家税务总局关于营业税改征增值税部分试点纳税人增值税纳税申报有关事项调整的公告》(国家税务总局公告 2016 年第 30 号)规定,及增值税相关规定制定本表。纳税人不论有无销售额,均应按税务机关核定的纳税期限填写本表,并向当地税务机关申报。

表 9-16 增值税纳税申报表

填表日期: 年 月 日 金额单位:元角分

纳税人识别号			所属行业:			
纳税人名称	(公章)	法定代表人姓名		注册地址		生产经营地址
开户银行及账号		登记注册类型				电话号码
项 目		栏 次	一般项目		即征即退项目	
			本月数	本年累计	本月数	本年累计
销售额	(一)按适用税率计税销售额	1				
	其中:应税货物销售额	2				
	应税劳务销售额	3				
	纳税检查调整的销售额	4				
	(二)按简易办法计税销售额	5				
	其中:纳税检查调整的销售额	6				
	(三)免、抵、退办法出口销售额	7				
	(四)免税销售额	8				
	其中:免税货物销售额	9				
	免税劳务销售额	10				

税款计算	销项税额	11				
	进项税额	12				
	上期留抵税额	13				
	进项税额转出	14				
	免、抵、退应退税额	15				
	按适用税率计算的纳税检查应补缴税额	16				
	应抵扣税额合计	17 = 12 + 13 - 14 - 15 + 16				
	实际抵扣税额	18(如 17 < 11,则为17,否则为11)				
	应纳税额	18(如 17 < 11,则为17,否则为11)				
	期末留抵税额	20 = 17 - 18				
	简易计税办法计算的应纳税额	21				
	按简易计税办法计算的纳税检查应补缴税额	22				
	应纳税额减征额	23				
	应纳税额合计	24 = 19 + 21 - 23				
税款缴纳	期初未缴税额(多缴为负数)	25				
	实收出口开具专用缴款书退税额	26				
	本期已缴税额	27 = 28 + 29 + 30 + 31				
	①分次预缴税额	28				
	②出口开具专用缴款书预缴税额	29				
	③本期缴纳上期应纳税额	30				
	④本期缴纳欠缴税额	31				
	期末未缴税额(多缴为负数)	32 = 24 + 25 + 26 - 27				
	其中:欠缴税额(≥0)	33 = 25 + 26 - 27				
	本期应补(退)税额	34 = 24 - 28 - 29				
	即征即退实际退税额	35				
	期初未缴查补税额	36				
	本期入库查补税额	37				
	期末未缴查补税额	38 = 16 + 22 + 36 - 37				

授权声明	如果你已委托代理人申报,请填写下列资料: 为代理一切税务事宜,现授权 (地址)　　　　为本纳税人的代理申报人,任何与本申报表有关的往来文件,都可寄予此人。 授权人签字:	申报人声明	本纳税申报表是根据国家税收法律法规及相关规定填报的,我确定它是真实的、可靠的、完整的。 声明人签字:

主管税务机关:　　　　接收人:　　　　接收日期:

十七、增值税纳税申报表(小规模纳税人适用)

表9-17 增值税纳税申报表

款所属期： 年 月 日至 年 月 日　　　　填表日期： 年 月 日

纳税人名称(公章)：　　　　金额单位:元角分

应税行为(3%征收率)扣除额计算			
期初余额	本期发生额	本期扣除额	期末余额
1	2	3(3≤1+2之和,且3≤5)	4=1+2-3
应税行为(3%征收率)计税销售额计算			
全部含税收入(适用3%征收率)	本期扣除额	含税销售额	不含税销售额
5	6=3	7=5-6	8=7÷1.03
应税行为(5%征收率)扣除额计算			
期初余额	本期发生额	本期扣除额	期末余额
9	10	11(11≤9+10之和,且11≤13)	12=9+10-11
应税行为(5%征收率)计税销售额计算			
全部含税收入(适用5%征收率)	本期扣除额	含税销售额	不含税销售额
13	14=11	15=13-14	16=15÷1.05

十八、应交增值税明细表

应交增值税明细表如表 9－18 所示。

表 9－18　应交增值税明细表

编制单位：　　　　　　　　　　　　　　　　　　　　　　＿＿年＿＿月

单位：元

项　　目	行次	本月数	本年累计数
1. 年初未交数	1	*	
（多交或未抵扣数用负号填列）			
2. 销项税额	2		
出口退税	3		
进项税额转出数	4		
		5	
3. 进项税额	6		
已交税额	7		
		8	
4. 期末未交数	9	×	
（多交或未抵扣数用负号填列）			

十九、地方税收纳税申请表

地方税收纳税申请表如表 9－19 所示。

表 9－19　地方税收纳税申请表

填报日期：　　年　　月　　日　　　　　　　　　　　　　　　　　　　　计算单位：元（列至角分）

纳税人全称（盖章）			注册地址			经济类型		联系电话				传真电话				
纳税人统一代码				电脑编码				纳税专户开户银行		银行账号			邮政编号			
经营项目	税种	税目	税款所属期限（月、季、半年、年）	营业收入（增值税、消费税）总额	允许扣除金额	计税金额	计税数量	税（费）率（单位税额）	应缴纳税（费）额	批准减免税（费）额	批准延期缴纳税（费）额	实际缴纳税（费）额	代缴税（费）额	欠缴税（费）额	逾期纳税申请	
															天数	罚款金额
1	2	3	4	5	6	7	8	9	10	11	12	13	14	15	16	17
合计																
房产税附列资料	房产建筑面积	m²	其中批准减税房产面积	m²	房产原值		本期比上期增加房产原值		出租房屋面积	m²	租金收入					

纳税人声明	授权人声明	代理人声明	备注
本单位（公司、个人）所申报的各种税款真实、准确，如有虚假内容，愿承担法律责任。 法人代表（业　主）　签名： 年　月　日	我（公司）现授权______为本纳税人的代理申报人，其法人代表______电话______。任何与申报有关的往来文件，都可寄此代理机构。 委托代理合同号码： 授权人（法人代表、业主）签名： 年　月　日	本纳税申报表是按照国家税法和税务机关有关规定填报，我确信是真实、合法的。如有不实，我愿承担法律责任。 代理人（法人代表）签名： 经办人签名： （代理人盖章） 年　月　日	第一页　税务机关 第二页　纳税人存

税务机关填写	受理申报日期：　年　月　日 受理人签名：	审核申报日期：　年　月　日 审核人签名：	录入日期：　年　月　日 录入员签名：

填表说明：

一、本表适用于除个体户、双定户以外的纳税人申报营业税、城市维护建设税、教育费附加、房产税、车船税、印花税等；

二、逾期纳税申报者，按《中华人民共和国税收征收管理法》及其实施细则有关规定，由税务机关责令限期改正，并处以 2000 元以下的罚款，逾期不改正的，处以 2000 元以上 1 万元以下的罚款；

三、不按照规定期限缴纳税款的，从滞纳税款之日起，按日加收滞纳税款 5‰的滞纳金；

四、车船税的应纳税总额填于本表，车船种类本表不足填列的，则别列附表；

五、"税款所属期限"栏中车船税，房产税如按年、半年、季、月申报的应填写清楚；

六、本表一式两页，呈报征收分局，经审核后退回第二页给纳税人，作为已向税务机关申报凭据。

企业（业主）财务负责人或税务代理负责人签名：　　　　企业（业主）会计主管或税务代理主管签名：　　　　填表人签名：

二十、定期定额纳税户纳税申报卡

定期定额纳税户纳税申报卡如表9-20所示。

表9-20 定期定额纳税户纳税申报卡

纳税人全称		业主或负责人姓名	
纳税人统一代码 (业主或负责人身份证号码)		计算机编码	
注册地址		经济类型	
经营范围		邮政编码	
纳税专户银行		账　号	
联系电话		备　注	

发卡日期：　　　　　　　　　　发卡税务机关(盖章)：

核定纳税定额记录

核定纳税申报期限：　每月　日至　日到主管征收机关申报纳税							
第一次核定定额时间：　年　月　日							
核定月经营收入及应纳税(费额)							
经营收入	增值税 (%)	营业税 (%)	城建税 (%)	教育费附加 (%)	个人所得税 (带征率 %)	企业所得税 (带征率 %)	税(费) 合 计
第二次核定定额时间：　年　月　日							
核定月经营收入及应纳税(费)额							
经营收入	增值税 (%)	营业税 (%)	城建税 (%)	教育费附加 (%)	个人所得税 (带征率 %)	企业所得税 (带征率 %)	税(费) 合 计

纳税须知

一、本卡代替纳税申报表使用，纳税人必须妥善保管。如有遗失、毁损，应凭税务登记证副本和《核定"定期定额"税款纳税通知书》申请补办。

二、纳税人领取本卡后，应由业主或负责人在"纳税人声明"栏签名。

三、纳税人每次申报纳税时，只需填写"申报日期""当月实际经营收入额""纳税人签名"三栏，其余项目由税务机关计算机打印。

四、纳税人应按主管征收机关的要求在指定银行开设纳税专户，并在每月纳税申报前在纳税账户中存足应纳税额的款项。纳税人在纳税期限内向主管税务征收机关申报后，由主管税务征收机关直接从纳税银行专户中扣缴税款。

五、纳税人经营情况发生变化，主管征收机关有权按照税法的规定重新核定月经营收入额。

六、纳税人必须在税务征民机关核定的纳税申报期限内持本卡到主管征收机关申报纳税。纳税人未按规定的期限办理纳税申报，由主管征收机关根据《中华人民共和国税收征收管理法》的有关规定责令限期改正，并处以2000元以下的罚款；逾期不改正的，处以2000元以上1万元以下的罚款。

七、纳税人未按规定的期限缴纳税款，主管片收机关除责令限期缴纳外，从滞纳税款之日起，按日加收滞纳税款5‰的滞纳金。在主管税务征收机关责令缴纳税款的期限内仍未缴纳的，主管税务征收机关可书面通知纳税人的开户银行从银行存款中扣缴税款；扣押、查封、拍卖纳税人相当于应纳税款的商品、货物或者其他财产，以拍卖所得抵缴税款，并可处以不缴或少缴税款5倍以下的罚款。

二十一、纳税申报记录表

纳税申报记录表如表9－21所示。

表9－21 纳税申报记录表

纳税人声明	本人申报的实际经营收入真实准确。如有少报、隐瞒收入和其他弄虚作假行为，本人愿承担法律责任。 业主或负责人签名：

纳税申报记录

税款所属期限（月）	申报日期	当月实际经营收入额	纳税人签名	核定每月经营收入额	核定每月应纳税额	逾期申报罚款		滞纳金		受理申报日期	征收员签章
						逾期天数	金额	滞纳天数	金额		

第四节　税务筹划规范化细节执行标准

一、增值税的计算

增值税的计算公式如下：

应纳增值税额＝销项税额－进项税额

含税销售额/（1＋税率）＝不含税销售额

不含税销售额×税率＝应缴税额

增值税属于价外税，只要是一般纳税人或小规模纳税人，所购销的货物其实都是含

税的货款。因此在计算收入时都要把增值税剔除,即:

价税合计/1.17 = 不含税价款(就是含税货款中剔除增值税)

不含税价款 ×17% = 增值税(销项税或进项税)(购入时是进项税,销售时是销项税)

【案例一】

如果是一般纳税人:

购入:10000/1.17 = 不含税货款 8547.01

8547.01 ×17% = 增值税(进项税)1452.99

销售:15000/1.17 = 不含税销售额 12820.51

12820.51 ×17% = 增值税(销项税)2179.49

应交增值税 = 销项税 2179.49 - 进项税 1452.99 = 726.5

如果按货款减去税金,即不含税价款,比如进货,就是用:

含税价 10000 - 进项税 1452.99 = 不含税价款 8547.01

即增值税计算公式为:价税合计 10000/1.17 ×17% = 增值税(进项税)1452.99

【案例二】

如果是小规模纳税人:

购入时,虽然不分开进项税,但是也是含税的。只是因为规模小,国家规定不让抵扣进项税。

因此要将价税合计全部记入存货。比如上例中购入 10000,全部记到存货成本中,不剔除增值税,因为国家不允许小规模纳税人抵扣进项税。

销售时,按 3% 的征收率计算增值税,即:

价税合计/1.03 = 不含税销售额,(就是含税货款中剔除增值税)

不含税销售额 ×3% = 应交增值税。

比如上例中销售 15000。即:

15000/1.03 = 不含税销售额 14563.11

不含税销售额 14563.11 ×3% = 应交增值税 436.89

二、增值税的会计处理标准

企业应在“应交税金”科目下设置“应交增值税”明细科目。在“应交增值税”明细账中,应设置“进项税额”“已交税金”“减免税款”“出口抵减内销产品应纳税额”“转出未交增值税”“销项税额”“营改增抵减的销项税额”“出口退税”“进项税额转出”“转出多交增值税”等专栏。

企业国内采购的货物,按照专用发票注明的增值税额,借记“应交税金——应交增值税(进项税额)”科目,按照专用发票上记载的应计入采购成本的金额,借记“材料采购”“商品采购”“原材料”“管理费用”“经营费用”“其他业务支出”等科目,按照应付或实际支付的金额,贷记“应付账款”“应付票据”“银行存款”等科目。购入物发生的退货,用红笔做相反的会计分录。

【案例】甲企业购进材料购价 20000 元,进项税额 3400 元,运费 1500 元,则会计分录如下:

借：应交税金——应交增值税（进项税额）　3400
　材料采购　20000
　生产费用　1500
　贷：银行存款　24900

企业接受投资转入的货物，按照专用发票注明的增值税额，借记“应交税金——应交增值税（进项税额）”科目，按照确认的投资货物价值（已扣增值税，下同），借记“原材料”等科目，按照增值税额与货物价值的合计数，贷记“资本公积”科目。

企业接受捐赠转入的货物，按照专用发票上注明的增值税额，借记“应交税金——应交增值税（进项税额）”科目，按照确认的捐赠货物的价值，借记“原材料”等科目，按照增值税额与货物价值的合计数，贷记“资本公积”科目。

企业接受应税劳务，按照专用发票上注明的增值税额，借记“应交税金——应交增值税”科目，按照修理修配等货物成本的金额，借记“其他业务支出”“制造费用”“委托加工材料”“加工商品经营费用”“管理费用”等科目，按应付或实际支付的金额，贷记“应付账款”“银行账款”等科目。

企业进口货物，按照海关提供的完税凭证上注明的增值税额，借记“应交税金——应交增值税（进项税额）”科目，按照进口货物应进入采购成本的金额，借记“材料采购”“商品采购”“原材料”等科目，按照应付或实际支付的金额，贷记“应付账款”“银行存款”等科目。

企业购进免税农业产品，按购入农业产品的买价和规定的扣除率计算的进项税额，借记“应交税金——应交增值税（进项税额）”科目，按买价扣除按规定计算的进项税额后的数额，借记“材料采购”“商品采购”等科目，按应付或实际支付的价款，贷记“应付账款”“银行存款”等科目。

【案例】企业购进免税油料 1500000 元及辅助原料 2000 元、低值易耗品 500 元，应做会计分录：

借：应交税金——应交增值税（进项税额）　15425
　原材料　137500
　贷：银行存款　152925

企业购进固定资产，其专用发票注明的增值税额计入固定资产的价值，其会计处理办法按现行有关会计制度规定办理。

企业购入货物及接受应税劳务直接用于非应税项目，或直接用于免税项目以及直接用于集体福利和个人消费的，其专用发票已注明的增值税额计入购入货物及劳务接受的成本，其会计处理方法按照现行有关会计制度规定办理。

实行简易办法计算交纳增值税的小规模纳税企业（以下简称小规模纳税企业）购入货物及接受应税劳务支付的增值税额也应直接计入有关货物的劳务的成本，其会计处理方法按有关会计制度规定办理。

企业购入货物取得普通发票（不包括购进免税农业产品），其会计处理方法仍按照现行有关会计制度规定办理。

企业销售货物或提供应税劳务（包括将自产、委托加工或购买的货物分配给股东或投资者），按照实现的销售收入，借记“应收账款”“应收票据”“银行存款”“应付利润”等科目，按照按规定收取的增值税额，贷记“应交税金——应交增值税（销项税额）”科目，按实现的销售收入,贷记“产品销售收入”“商品销售收入”“其他业务收入”等科目。发生的销售退回,做相反的会计分录。

【案例】甲企业销售产品销售额30000元,销项税额5100元。做会计分录如下:

借:银行存款　　35100
　贷:应交税金——应交增值税(销项税额)　　5100
　　产品销售收入　　30000

【案例】某企业销售食用植物油售价200000元,销项税额26000元。做会计分录如下:

借:银行存款　　226000
　贷:应交税金——应交增值税(销项税额)　　26000
　　产品销售收入　　200000

小规模纳税企业销售货物或提供应税劳务,按实现的销售收入和按规定收取的增值税额,借记“应收账款”“应收票据”“银行存款”等科目,按规定收取的增值税额,贷记“应交税金——应交增值税”科目,按实现的销售收入,贷记“产品销售收入”“商品销售收入”“其他业务收入”等科目。

【案例】小规模纳税企业提供应税劳务获取销售额25000元。做会计分录如下:

借:银行存款　　25000
　贷:应交税金——应交增值税　　4250
　　产品销售收入　　20750

企业出口适用零税率的货物,不计算销售收入应交纳的增值税。企业向海关办理报关出口手续后,凭出口报关单等有关凭证,向税务机关申报办理该项出口货物的进项税额的退税。企业在收到货物退回的税款时,借记“银行存款”科目,贷记“应交税金——应交增值税(出口退税)”科目。出口退税后又发生的退关或者退关补交已退税款的,做相反的会计分录。

企业将自产或委托加工的货物用于非应税项目,应视同销售货物计算应交增值税(销项税额)。

企业将自产、委托加工的货物用于在建工程、集体福利等,应视同销售货物计算应交增值税,借记“在建工程”“应付福利费”等科目,贷记“应交税金——应交增值税(销项税额)”科目。

随同产品出售但计价的包装物,按规定应交纳的增值税,借记“应收账款”等科目,贷记“应交税金——应交增值税(销项税额)”科目。企业逾期未退还的包装物押金,按规定应交纳的增值税,借记“其他应付款”等科目,贷记“应交税金——应交增值税(销项税额)”科目。

企业在产品、产成品发生非正常损失,以及购进货物改变用途等原因,其进项税额应相应转入有关科目,借记“待处理财产损益”“在建工程”“应付福利费”等科目,贷记“应交税金——应交增值税(进项税额转出)”科目。属于转做待处理财产损失的部分,应与遭受非正常损失的购进货物、在产品、产成品成本一并处理。

企业上交增值税时,借记“应交税金——应交增值税”科目,做贷记“银行存款”科目。收到退回多交的增值税,做相反的会计分录。

【案例】甲企业上交增值税1700元。做会计分录如下:

借：应交税金——应交增值税（已交税金） 1700

　贷：银行存款 1700

油料加工企业上交增值税10575元。做会计分录如下：

借：应交税金——应交增值税（已交税金） 10575

　贷：银行存款 10575

小规模纳税人缴纳增值税1500元。做会计分录如下：

借：应交税金——应交增值税 1500

　贷：银行存款 1500

三、消费税的计算和会计处理

消费税采用从价与从量两种计征方法。

采用从价计征方法的，其应纳税额的计算公式为：

应纳消费税＝销售额×税率

采用从量定额计征的，其应纳税额的计算公式为：

应纳税款＝应税数量×单位税额

交纳增值税的企业，应在“应交税金”科目下增设“应交消费税”明细科目进行会计核算。

企业生产的需要交纳消费税的消费品，在销售时应当按照应交消费税税额，借记“产品销售税金及附加”科目，贷记“应交税金——应交消费税”科目；实际交纳消费税时，借记“应交税金——应交消费税”科目，贷记“银行存款”科目；发生销货退回及退税时做相反的会计分录。

企业出口应税消费品，按规定不予免税或退税的，应视同国内销售，按上述规定进行会计处理。

企业以生产的应税消费品作为投资，按规定应交纳的消费税，借记“长期投资”科目，贷记“应交税金——应交消费税”科目。

企业以生产的应税消费品换取生产资料、消费资料或抵偿债务、支付代购手续费等，应视同销售处理。

企业将生产的应税消费品用于在建工程、非生产机构等其他方面的，按规定交纳税金，按规定应交纳的消费税，借记“其他业务支出”“其他应付款”等科目，贷记“应交税金——应交消费税”科目。

企业逾期未退还的包装物押金，按规定应交纳的消费税，借记“其他业务支出”“其他应付款”等科目，贷记“应交税金——应交消费税”科目，贷记“银行存款”科目。

需要交纳消费税的委托加工应税消费品，应于委托方提货时，由受托方代扣代缴税款。受托方按应扣税款金额，借记“应收账款”“银行存款”等科目，贷记“应交税金——应交消费税”科目；委托加工应税消费品收回后，直接用于销售的委托方应将代扣代缴的消费税计入委托加工的应税消费品成本，借记“委托加工材料”“生产成本”“自制半成品”等科目，贷记“应付账款”“银行存款”等科目；委托加工的应税消费品收回后用于连续生产应税消费品，按规定准予折扣的，委托方应按代扣代缴的消费税税款，借记“应交税金——应交消费税”科目，贷记“应付账款”“银行存款”等科目。

需要交纳消费税的进口消费品，其交纳的消费税应计入该项消费品的成本，借记“固定资产”“商品采购”“材料采购”等科目，贷记“银行存款”等科目。

免征消费税的出口应税消费品应分不同情况做会计处理。

生产企业直接出口应税消费品或通过外贸企业出口应税消费品，按规定直接予以免税的，可不计算应交消费税。

外贸出口应税消费品时，如按规定实行先税后退方式的，按下列方法进行会计处理：

委托外贸企业代理出口应税消费品的生产企业，计算消费税时，按应交税额，借记“应收账款”等科目；实际交纳消费税时，借记“应交消费税”科目。收到外贸企业应税消费品出口退回的税金，借记“银行存款”科目，贷记“应收账款”等科目。

发生退关、退货而补交已退的消费税时，做相反的会计分录。代理出口应税消费品的外贸企业将应税消费品出口后，收到税务部门退回生产企业交纳的消费税，借记“银行存款”科目，贷记“应付账款”科目；将这些税退还生产企业时，借记“应付账款”科目，贷记“银行存款”科目。

发生退关、退货而补交已退的消费税，借记“应收账款——应收生产企业消费税”科目，贷记“银行存款”等科目；收到生产企业退还的税款时，做相反的会计分录。

企业将应税消费品销售给外贸企业由外贸企业自营出口的，其交纳的消费税外贸企业应按规定借记“银行存款”科目，贷记“应交税金——应交消费税”科目，企业借记“应交税金——应交消费税”科目，贷记“产品销售税金及附加”科目。

自营出口应税消费品的外贸企业，应在应税消费品报关出口后申请出口退税时，借记“应收出口退税”科目，贷记“商品销售成本”科目；实际收到出口应税消费品退回的税金时，借记“银行存款”科目，贷记“应收出口退税”科目。

发生退关或退货而补交已退的消费税时，做相反的会计分录。

四、企业所得税的计算

企业所得税原则上实行33%的比例税率。

【案例】某纺织企业2015年度产品销售收入为1000万元，产品销售成本及费用为600万元，销售税金17万元，其他业务利润50万，营业外收入40万，营业外支出20万元。请计算该企业1999年应交所得税。

【解】应纳税所得额＝产品销售利润＋其他业务利润＋营业外收入－营业外支出＝产品销售收入－产品销售成本及费用＋其他业务利润＋营业外收入－营业外支出＝1000－600－17＋50＋40－20＝453（万元）。

应交所得税＝453×33%＝148.99（万元）。

【案例】某企业被主管税务机关核定为按季交纳企业所得税的单位。该企业第一、二、三季度计算的企业应纳所得税分别为33万元、33.3万元、29.7万元。在第四季度由于遇到不可抗拒的自然灾害，季度利润亏损100万元。该企业年度终了如何同主管税务机关办理所得税结算？

【解】年度应纳税所得额：

33 ÷33% +33.3 ÷33% +29.7 ÷33% -100

=100 +110 +90 -100

=200(万元)

年度应纳所得税 = 应纳税所得额 × 税率

=200 ×33% =66(万元)

企业已纳所得税 =33 +36.3 +29.7 =99(万元)。

主管税务机关应退还企业多交的所得税 33 万元(99 -66)。

五、企业所得税的会计处理

核算和反映企业应交所得税的会计科目是“应交税金——应交所得税”“利润分配——应交所得税”。

当企业核算应交所得税时,借记“利润分配——应交所得税”科目,贷记“应交税金——应交所得税”科目;当企业向税务机关交纳税时,借记“应交税金——应交所得税”科目,贷记“银行存款”等科目。

当企业自查或由税务机关检查发现企业隐瞒销售收入,乱列成本和费用,漏计有关项目利润等不正确核算行为,进而影响应交所得税核算的准确性时,区分以下两种情况调整有关账户。

企业尚未编制决算报表,则借记“固定资产”“原材料”“应付福利费”“盈余公积”等科目,贷记“本年利润”科目;借记“利润分配——应交所得税”科目,贷记“应交税金——应交所得税”科目。

企业已编制决算报表,则借记“盈余公积”科目,贷记“利润分配——未分配利润”科目;借记“利润分配——未分配利润”科目,贷记“应交税金——应交所得税”科目,再贷记其他科目。

当企业因迟交税款等违章行为受到了滞纳金、罚款、罚金等处罚时,这部分滞纳金、罚款、罚金等不得从利润中列支,而应通过借记“盈余公积”科目核算和反映。

六、外商投资企业与外国企业所得税的计算

外商投资企业和外国企业所得税的计算公式为:

应纳所得税 = 应纳税所得额 × 税率

应纳税所得额 = 销售(营业)利润 + 其他业务利润 + 营业外收支净额 + 其他损益净额 - 按规定可弥补的以前年度的损额

外商投资企业的企业所得税和外国企业就其在我国境内设立的从事生产、经营的机构、场所的所得应纳企业所得税,税率为 30%,另外再按应纳税所得额的 3% 计征地方所得税。

外国企业在我国境内未设立机构、场所,而有来源于我国境内的利润、利息、租金、特许权使用和其他所得,或者虽设立机构、场所,但上述所得与其机构、场所没有实际联系

的，按10%的税率计征所得税。

在确定和计算出应纳税所得额后，选用普通税率或优惠税率计算应纳税额。应纳税额属政策性减免的，报经税务机关批准后可少交或免交税款。当外商投资企业遇到困难时，可向税务机关申请批准减免税，如获批准，就可免交或少交所得税。

【案例】某外商投资企业在第一、二、三季度的累计应纳税所得额分别40万元、70万元、100万元，年度终了的年应纳税所得额为120万元。请计算在每个季度应预缴的所得税以及年终汇算清缴（企业所得税率为33%）时应补/退的企业所得税额。

【解】第一季度应预缴所得税 = 第一季度实现的纳税所得额 × 税率 = 40 × 33% = 13.2（万元）。

第二季度应预缴所得税 = 两个季度累计实现的应纳税所得额 × 税率 - 第一季度已缴的所得税 = 70 × 33% - 13.2 = 9.9（万元）。

第三季度应预缴所得税 = 三个季度累计实现的应纳税所得额 × 税率 - 第一、二季度已预缴的所得税 = 100 × 33% -（13.2 + 9.9）= 33 - 23.1 = 9.9（万元）。

年度应交所得税 = 该年度应纳税所得额 × 税率

= 120 × 33%

= 39.6（万元）

年度终了应补交的所得税 = 39.6 -（13.2 + 9.9 + 9.9）= 6.6（万元）。

该企业在年度终了后的3个月内应再向税务机关补交6.6万元所得税，完成全年度应纳所得税任务。

七、外商投资企业与外国企业所得税的会计处理

外商投资企业所得税的会计处理与企业所得税的会计处理相同，即当企业计提税金时，借记“利润分配——应交所得税”科目，贷记“应交税金——应交所得税”科目，贷记“银行存款”科目。

企业年终汇算清缴，应由税务机关退补税款时，用红字记账：

借：应交税金——应交所得税（红字）

　贷：银行存款（红字）

八、关税的会计处理

关税的计算公式为：

应纳税额 = 关税完税价格 × 适用关税税率

关税主要采用比例税率，具体分为进口货物税率、出口货物税率及入境物品税率三部分。

关税的减免税主要包括：对部分进出口货物规定的减免税保税货物及暂准进口的货物暂减免税；协定规定的减免税；实际并未或并非进出口货物的损失或损坏的进口货物的减免税；小额物品的免税；国际组织赠送物品及货样的免税。此外，还包括特定减免和

临时减免税。这些内容本书前面已做讲述,在此不予赘述。

关税的会计处理。

关税的会计处理分以下几种情况:

自营进口业务。进口物资时,借记“进口商品采购——自营进口”科目,贷记“应交税金——进口关税”科目。

企业缴纳关税时,借记“应交税金——进口关税”科目,贷记“银行存款”等科目。

代理进口业务。外资企业代理进口时应代付进口关税,借记“应交税金——进口关税”科目,贷记“银行存款”等科目。

向委托单位收取该项税款时,借记“银行存款”等科目,贷记“应交税金——进口关税”科目。

专项进口业务。计算应纳税款时,借记“专项外汇进口销售”科目,贷记“应交税金——进口关税”科目。

交纳关税时,借记“应交税金——进口关税”科目,贷记“银行存款”等科目。

九、城市维护建设税的计算与会计处理

(一)城市维护建设税的计算。

应纳税款=计税依据×税率

=(实缴增值税额+实缴消费税额+实缴营业税额)×税率

城市维护建设采用地区差别比例税率,税率表如下:

纳税人所在地	税率(%)
在市区的	7
在县城、镇的	5
不在市区、县城或镇的	1

(二)城市维护建设税的会计处理。

企业按实际缴纳的增值税、消费税、营业税三税合计金额计算城市维护建设税时,借记“产品销售税金及附加”“税金及附加”“经营税金及附加”“营运税金及附加”“运输税金及附加”“工程结算税金及附加”“营业成本”等科目,贷记“应交税金——应交城市维护建设税”科目。

十、资源税的计算与会计处理

资源税的应纳税额,按照应征资源税产品的课税数量和规定的单位税额计算。应纳税计算公式为:

应纳税额=课税数量×单位税额

资源税采取定额税率,从量征收。

对资源税国家规定了具体的税目和其相应的税额幅度。具体的税额由省、直辖市、自治区自行制定，各省、直辖市、自治区无权修改税目和税额幅度，税目和税额幅度和调整由国务院决定。

减征或免征资源税情况有：

开采原油过程中用于加热、修井的原油免税；

纳税人开采或者生产应征资源产品过程中，因意外事故或者自然灾害等原因遭受重大损失的，由省、自治区、直辖市人民政府酌情决定减税或免税；

国务院规定的其他减税、免税项目。

纳税人的减税、免税项目，应当单独核算课税数量；未单独核算或者不能准确提供课税数量的不予减税或免税。

【案例】某省矿务局××××年10月份对外销售煤炭1000吨，该矿务局所在省份规定，煤炭适用资源税，定额税定额为2.00元/吨。试计算该矿务局当月应纳的资源税额。

【解】应纳税额=1000吨×2.00元/吨=2000(元)。

【案例】某省是产盐区，该省某盐厂在前年共销售盐5000吨(其中固体盐4000吨，液体盐1000吨)。该省规定固体盐适用的资源税定额为每吨25元，液体盐定额为10元/吨。请计算该盐厂的年应纳税额。

【解】该盐厂该年度应纳资源税额为：

4000吨×25元/吨+1000吨×10元/吨

=100000元+10000元=110000(元)

资源税的会计处理分为以下几种情况：

月末，企业计算应缴纳的资源税时，做如下会计分录：

借：产品销售税金及附加

　贷：应交税金——应交资源税

企业缴纳资源税时，做如下会计分录：

借：应交税金——应交资源税

　贷：银行存款

【案例】某煤矿某年1月份对外销售煤炭500吨，该省规定煤炭适用的资源税的定额为2.00元/吨。请计算该矿当月应纳资源税，并进行会计处理。

【解】该矿应纳税额=500吨×2.00元/吨=1000(元)

账务处理如下：

计算应交纳的资源税时：

借：产品销售税金及附加　　　　1000元

　贷：应交税金——应交资源税　　1000元

实际缴纳资源税时：

借：应交税金——应交资源税　　1000元

　贷：银行存款　　　　　　　　1000元

十一、土地增值税的计算与会计处理

1. 土地增值税的计算。

土地增值税的应纳税额是用土地增值额减扣减项目后的余额乘以适用税率。其计算公式为：

应纳税额=(土地增值额-扣除项目总额)×适用税率

土地增值税实行四级超率累进税率：

·增值额未超过扣除项目金额50%的部分,税率为30%；

·增值额超过扣除项目金额50%未超过扣除项目金额100%的部分,税率为40%；

·增值额超过扣除项目金额100%未超过扣除项目金额200%的部分,税率为50%；

·增值额超过扣除项目金额200%的部分,税率为60%。

有下列情形之一的,免征土地增值税：

(1)纳税人建筑普通标准住宅出售,增值额未超过扣除项目金额20%的；

(2)因国家建设需依法征用、收回的房地产。

2.土地增值税的会计处理。

在计算提取土地增值税时,做如下会计分录：

借:经营税金及附加

　贷:应交税金——应交土地增值税

在缴纳土地增值税时,做如下会计分录：

借:应交税金——应交土地增值税

　贷:银行存款

【案例】某房地产开发公司销售居民住宅楼一幢,取得收入1000万元,而其中购买建楼的土地使用权、建筑成本和其他税费合计为400万元。请计算该房地产开发公司应纳的土地增值税额并做账务处理。

【解】(1)首先计算增值额：

1000万元-400万元=600(万元)

(2)增值税超过扣除项目的百分比：

(600-400)/400×100%=50%

经计算增值额超过扣除项目百分比没有超过50%,因此适用30%的税率。

(3)应纳税额为:(600-400)×30%=60(万元)

账务处理如下：

计提土地增值税时,做如下会计分录：

借:经营税金及附加　　　　　　　60万元

　贷:应交税金——应交土地增值税　60万元

交纳土地增值税时,做如下会计分录：

借:应交现金——应土地增值税　　　60万元

　贷:银行存款　　　　　　　　　60万元

第三部分

当家理财

——筹资、投资与资本运营管理

第10章　利在险中求
——财务风险管理

第一节　财务风险管理工作要点

一、投资风险分析的内容

由于固定资产投资决策涉及的时间较长，对未来的收益和成本都很难进行准确预测，或多或少存在着不确定性。这种不确定性可能给投资项目带来一定程度的风险。

如果投资风险比较大，足以影响投资方案的选择，那么，在决策时就要进行投资风险分析，财务工作人员应根据前面所介绍的风险预测，预测出风险程度来调整折现率或现金流量，剔除投资风险对决策的影响。

二、用资本资产定价模型来调整折现率分析法

用资本资产定价模型来调整折现率。这种方法是把企业总资产风险分为两部分：可分散风险和不可分散风险。可分散风险可以通过投资组合或企业的多元化经营来消除，那么，在进行投资决策时，值得注意的风险只是不可分散风险，其风险的大小是由 p 值来测量的。

根据资本资产定价模型，投资项目按风险调整的折现率可按下列公式计算：

$$K_j = R_F + \beta_j \times (K_m - R_F)$$

式中：K_j——项目 j 按风险调整的折现率；

R_F——无风险折现率；

β_j——项目 j 的不可分散风险的 β 系数；

K_m——所有项目平均的折现率或必要报酬率。

三、用风险报酬率模型来调整折现率分析法

用风险报酬率模型来调整折现率。在第3章讨论风险报酬率时已分析过，一项投资的总报酬率可分为两部分：无风险报酬率和风险报酬率，因此，投资项目按风险调整的折现率可根据下列公式计算：

$$K_i = R_F + b_i V_i$$

式中：K_i——项目 i 按风险调整的折现率；

R_F——风险报酬率；

b_i——项目 i 的风险报酬系数；

V_i——项目 i 的变异系数。

现举例说明如何用这一方法进行投资风险决策。

例：某公司现有甲、乙两个投资方案可供选择，其所需投资额分别为 20000 元和 30000 元，项目使用年限为 8 年。无风险报酬率为 6%，甲项目的风险报酬系数为 10%，乙项目的风险报酬系数为 12%。两个项目在未来的现金流入量如表 10－1 所示。

表 10－1　甲、乙项现金流量表

单位：元

经济情况	甲项目		乙项目	
	概　率	现金流入量	概　率	现金流入量
繁荣	0.2	5000	0.3	8000
一般	0.7	4000	0.5	6000
疲软	0.1	2000	0.2	4000

根据上述资料，按风险调整折现率法的决策方法如下：

1. 计算投资方案的期望值：

$$E_{甲} = 5000 \times 0.2 + 4000 \times 0.7 + 2000 \times 0.1 = 4000$$

$$E_{乙} = 8000 \times 0.3 + 6000 \times 0.5 + 4000 \times 0.2 = 6200$$

2. 计算投资方案的标准差：

$$\delta_{甲} = \sqrt{(5000-4000)^2 \times 0.2 + (4000-4000)^2 \times 0.7 + (2000-4000)^2 \times 0.1}$$
$$= 775$$

$$\delta_{乙} = \sqrt{(8000-6200)^2 \times 0.3 + (6000-6200)^2 \times 0.5 + (4000-6200)^2 \times 0.2}$$
$$= 1400$$

3. 计算投资方案的变异系数：

$$V_{甲} = \frac{775}{4000} = 0.194$$

$$V_{乙} = \frac{1400}{6200} = 0.226$$

4. 确定风险调整折现率：

$$K_{甲} = 6\% + 10\% \times 0.194 = 7.94\%$$

$$K_{乙} = 6\% + 12\% \times 0.226 = 8.71\%$$

5. 计算投资方案的净现值：

$$NPV_{甲} = 4000 \times PVIFA_{7.94\%,8} - 20000 = 3040(元)$$

$$NPV_{乙} = 6200 \times PVIFA_{8.71\%,8} - 30000 = 4695(元)$$

计算结果表明，乙方案的净现值大于甲方案的净现值，故应选择乙方案。

按风险调整折现率法，对风险大的项目采用较高的折现率，对风险小的项目采用较低的折现率，简单明了、便于理解，因此，被广泛采用。但这种方法把时间价值和风险价值混在一起，人为地假定风险随时间的推延而逐年加大，这是不合理的。

四、确定当量分析法

确定当量法是指把不确定的各年现金流量，按一定的系数（约当系数）折算为大约相当于确定的现金流量的数量，然后利用无风险贴现率来评价风险投资项目的决策分析方法。

确定当量系数是指不确定的1元现金流量相当于确定的现金流量的金额。投资风险越高，确定当量系数越小。在进行评价时，可根据各年现金流量风险的大小，选取不同的确定当量系数，取值范围从1到0，风险越小的年份，确定当量系数越大。如投资初始年的确定当量系数为1，往后随着预测的肯定性程度减弱，现金流量风险增大，确定当量系数逐渐变小。

采用确定当量法按风险调整现金流量，关键问题在于确定当量系数的选取。它一般由经验丰富的财务人员凭主观判断确定，敢于冒险的决策者会选用较高的确定当量系数，而不愿冒险的投资者可能选用较低的系数。为了防止决策者的偏好或主观判断不同而造成决策的失误，有的公司根据变异系数来确定约当系数，因为变异系数是衡量风险大小的指标，用它来确定约当系数是合理的。

现举例说明确定当量法的应用。

例：某公司拟进行一项投资，各年的现金流量和决策者确定的约当系数如表10-2所示，无风险折现率为6%，试分析这项投资是否可行。

表10-2 某公司各年现金流量与约当系数表

单位：元

年 份	0	1	2	3	4
现金流量	100000	30000	40000	50000	40000
确定当量系数	1	0.95	0.9	0.8	0.75

根据以上资料，计算该项目的净现值：

$$
\begin{aligned}
NPV &= 0.95 \times 30000 \times PVIF_{6\%,1} + 0.9 \times 40000 \times PVIF_{6\%,2} + 0.8 \times 50000 \times PVIF_{6\%,3} \\
&\quad + 0.75 \times 40000 \times PVIF_{6\%,4} - 100000 \\
&= 0.95 \times 30000 \times 0.943 + 0.9 \times 40000 \times 0.890 + 0.8 \times 50000 \times 0.840 + 0.75 \times 40000 \times 0.792 - 100000 \\
&= 16276（元）
\end{aligned}
$$

以上按风险程度对现金流量进行调整后，计算出的净现值为正数，故该项目可以进行投资。

确定当量法是用一个确定当量系数调整折现计算公式的分子来考虑风险的，而按风险调整折现率法却是同一个风险附加率调整折现计算公式的分母来考虑风险，这是两种方法的主要区别。确定当量法虽然克服了按风险调整折现率法夸大远期风险的缺点，但是，如何准确、合理地确定约当系数却是一个难题。

五、决策树分析法

决策树分析法是通过现金流量概率树，分别计算各现金流量的净现值，并按联合概率计算期望净现值来评价投资项目的一种方法。主要适用于每年现金流量不独立的投资项目的评价。

例：某投资项目的现金流量和概率分布如表 10－3 左边所示，资金成本为 10%，试对投资项目进行评价。

1. 计算各序列现金流量的净现值：

$$NPV_1 = 50000 \times PVIF_{10\%,1} + 60000 \times PVIF_{10\%,2} + 70000 \times PVIF_{10\%,3} - 100000$$
$$= 50000 \times 0.909 + 60000 \times 0.826 + 70000 \times 0.751 - 1000000$$
$$= 47580（元）$$

$$NPV_2 = 50000 \times 0.909 + 60000 \times 0.826 + 40000 \times 0.751 - 100000$$
$$= 25050（元）$$

其他各序列计算过程从略。净现值计算结果如表 10－3 右边所示。

2. 计算各序列的联合概率：

$$P_{m1} = 0.60 \times 0.70 \times 0.30 = 0.126$$
$$P_{m2} = 0.60 \times 0.70 \times 0.50 = 0.210$$

其他各序列计算过程从略。联合概率计算结果如表 10－3 右边所示。

表 10－3 投资项目评价表

单位：元

第一年年初		第二年年初		第三年年初		第四年年初		各序列现金流量		
初始投资 NCF_0	概率 P_0	现金流量 NCF_1	概率 P_1	现金流量 NCF_2	概率 P_2	现金流量 NCF_3	概率 P_3	序列 i	净现值 NPV_1	联合概率 P_{mi}
-100000	1.0	50000	0.60	60000	0.70	70000	0.30	1	47580	0.126
						-40000	0.50	2	25050	0.210
						30000	0.20	3	17540	0.084
				40000	0.30	50000	0.60	4	16040	0.108
						-40000	0.30	5	8530	0.054
						30000	0.10	6	1020	0.018
		40000	0.40	50000	0.80	40000	0.70	7	7700	0.224
						60000	0.30	8	22720	0.096
				30000	0.20	45000	0.60	9	-5065	0.048
						35000	0.40	10	-12575	0.032

3. 计算期望净现值。可按下列公式：

$$\overline{NPV} = \sum_{i=1}^{n} NPV_i \cdot P_{mi}$$

式中：$\overline{NPV}$——期望净现值；

NPV_i——第 i 个现金流量序列的净现金；

P_{mi}——第 i 个现金流量序列的联合概率。

将表 10－3 右边各序列的净现值和联合概率代入上式，得：

$$\overline{NPV} = 47580 \times 0.126 + 25050 \times 0.210 + \cdots + (-12575) \times 0.032$$
$$= 18201(元)$$

计算结果表明：该项目的期望报酬额为 18201 元。在 10 个序列中，净现值为负数的只有 2 个，占 20%，其联合概率只有 0.08（0.048 + 0.032）。可见该项目的风险不大，可以进行投资。

第二节 风险管理规范化制度

一、投资预算报告模板

总经理办公室：

关于本公司在技术改造中决定增设××吨油压生产线和监控系统的投资问题，有关部门已提出三个投资方案（见表 10-4）。现对这 3 个方案（以下简称甲、乙、丙方案）的净现值做如下计算和分析比较。

甲方案一次投资 10 万元，有效使用期为 4 年，期末无残值；乙、丙方案一次投资均为 20 万元，有效使用期均为 5 年，乙期末有残值 5000 元，丙无残值。三个方案的利率均为 18%。

表 10-4 投资方案比较分析表

单位：元

有效使用期	甲方案			乙方案			丙方案		
	净利	折旧	每年现金净流量合计	净利	折旧	每年现金净流量合计	净利	折旧	每年现金净流量合计
1	40	25	65	50	39.9	89.9	20	40	60
2	40	25	65	50	39.9	89.9	20	40	80
3	40	25	65	50	39.9	89.9	50	40	90
4	40	25	65	50	39.9	89.9	10	40	100
5	—	—	—	50	39.9	89.9	40	40	80
合计	160	100	260	250	199.5	449.5	250	200	450

（一）甲方案：

查 1 元的年金现值表，4 年、18% 的年金现值系数为 2.69。

未来报酬的总现值：每年现金净流量折成的现值 = 65000 × 2.69 = 174850（元）。

净现值 = 未来报酬总现值 - 投资额总现值 = 174850 - 100000 = 74850（元）

（二）乙方案：

查 1 元的年金现值表，5 年、18% 的年金现值系数为 3.127；查 1 元的现值表，5 年、18% 的复利现值系数为 0.437。

未来报酬总现值 = 每年现金净流量折成现值 + 残值折成现值

= 89900 × 3.127 + 5000 × 0.437 = 281117 + 2185 = 283302（元）

净现值：未来报酬总现值 − 投资额 = 283302 − 200000 = 83302（元）

（三）丙方案：

因为 1 ~ 5 年现金净流量不等，不能采用与甲、乙两个方案类似的年金法，应按普通复利计算。查 1 元的现值表，复利现值系数分别为：1 年，18%、0.847；2 年，18%、0.718；3 年，18%、0.609；4 年，18%、0.516；5 年，18%、0.437。每年现金净流量折成现值如下。

第 1 年：60000 × 0.847 = 50820（元）

第 2 年：80000 × 0.718 = 57440（元）

第 3 年：90000 × 0.609 = 54810（元）

第 4 年：140000 × 0.516 = 72240（元）

第 5 年：80000 × 0.437 = 34960（元）

未来报酬的总现值 = 50820 + 57440 + 54810 + 72240 + 34960 = 270270（元）

净现值 = 270270 − 200000 = 70270（元）

通过上述计算，可以看出，甲、乙、丙三个方案净现值均为正数，都有可行性。如果不考虑投资时间长短及投资额多少，则乙方案最优；如果考虑这两个因素，则甲方案为最优。我们的意见也是以采用甲方案为好。

以上测算，仅供参考。

××公司财务部

××××年×月

二、投资回报预测报告模板

××总经理：

为搞好公司主要产品的更新换代、满足市场需要，技术科、设备科等有关部门在研究权衡从哪一国引进电气植绒布生产线为好的问题。总会计师为节省投资并能使产品较快地打入国际市场，从而尽快地回收投资，曾将日、德两国厂商的报价和有关资料交给我们，要求财会人员从投资回收期长短的角度，加以对比分析，并向您提出自己的意向或看法。为此，我们围绕引进设冬投资回收期的问题，对日、德两国厂商提供的材料，认真进行了测算和分析。现将测算结果和论证意向，报告如下。

（一）对引进设备投资回收期的测算。

按技术科取得的日、德两国厂商材料，其报价折合人民币分别为 260 万元和 240 万元。根据对相关资料与市场前景的分析，可得出二者的创利情况与投资回收期情况（如表 10 − 5 所示）。

表 10－5　创利情况与投资回收期情况

厂商	台数	年生产能力（米）	厂商报价（折合人民币万元）	年销售收入（万元）	年税后利润（万元）	投资回收期（年）
日本××公司	5	350000	260	455	50	5.2
德国××公司	5	350000	240	465	51	4.7

根据以上所列数据计算，日、德两国厂商生产线的投资回收期分别为：

按日本厂商报价计算的投资回收期 $=\frac{260}{50}=5.2$（年）

按德国厂商报价计算的投资回收期 $=\frac{240}{51}=4.7$（年）

（二）对引进设备投资回收期的分析与论证。

从以上计算的几个数据中，可以清楚地看出，不仅日、德两国厂商的报价有区别，而且在销售收入、年税后利润、投资回收期等几个方面都有一些区别。

1. 投资回收期不同。日本××公司生产线的投资回收期为 5.2 年；德国××公司生产线的投资回收期为 4.7 年。两个厂商的设备在投资回收期上尽管都是高效益型的，但两者毕竟还是有些差别的，德国××公司的产品优于日本××公司的产品。

2. 销售收入不同。从机械性能上看，按技术科提供的资料，也是德国××公司的产品稍好于日本××公司的产品。据我们按出口商品作价标准计算，仅产品光洁度一项，在销售收入上即可形成 2% 左右的差别。

3. 在创利水平上也稍有不同。由于销售收入略有不同，因而在年税后利润总额上，两者也相差 2%，还是德国××公司提供的产品略高于日本××公司的产品。

4. 另据业务伙伴提供的信息，他们公司自××××年引进德国××公司提供的生产线以后，运转情况良好，生产的高档产品已畅销加拿大、美国、意大利、瑞典、挪威、丹麦等国，出口创汇产品则超过 40% 以上；该公司计算的引进设备投资回收期也是四年多。

5. 德国××公司的信誉好于日本××公司，在纺织机械制造水平上也不低于日本××公司。

（三）对决策的建议。

综合以上几点情况，我们认为，如厂商报价无较大的变化，还是以引进德国××公司的产品为好。但是，即使最后选定引进德国厂商的设备，亦应在洽谈中尽量少花钱，并在到岸期限上提出明确要求，以便加速公司技术改造的进程。另据我们从销售部得到的市场调查材料，目前高档植绒布不论在国内市场还是在国际市场均属畅销商品，如引进设备能提早到货投产，即可早见效益。因此，在您决策时，两国厂商的到货期，亦应作为一个因素加以考虑。

以上意见，仅供参考。

××公司财务部

××××年×月

第三节　风险管理实用表单

一、损益表

损益表如表 10－6 所示。

表 10－6　损益表

单位：　　　　　　营业所：　　　　　　日期：

会计科目	月	月	月	本季合计
销货总额				
1. 工厂				
2. 国内厂商				
3. 国外厂商				
销货退回				
销货折让				
销货净额				
销货成本				
销货毛利				
营业费用				
1. 运费				
2. 邮电费				
3. 水电费				
4. 出差费				
5. 交通费				
6. 交际费				
7. 修缮费				
8. 文具印刷				
9. 杂费				
10. 书报杂志				
11. 薪金支出				
12. 职工福利				
13. 租金支出				
14. 佣金支出				
15. 呆账损失				
16. 保险费				
17. 广告费				
18. 折旧				
营业净利				

营业所主管：　　　　　　　　制表：

二、比较损益表

比较损益表如表 10 - 7 所示。

表 10 - 7 比较损益表

年 月 日

比　　较 比　　较	本　月		上　月		预　算		较上月		较预算	
	金额	%	金额	%	金额	%	金额	%	金额	%

批准：　　　　复核：　　　　制表：

三、各年度损益比较表

各年度损益比较表如表 10－8 所示。

表 10－8 各年度损益比较表

年度	85	86	87	88	89	90	91	92	93	94	备注
上半年	固定成本										
	变动成本										
	平均单价										
	平衡销量										
下半年	固定成本										
	变动成本										
	平均单价										
	平衡销量										
全　年	固定成本										
	变动成本										
	平均单价										
	平衡销量										

四、损益计划实绩报告表

损益计划实绩报告表如表 10－9 所示。

表 10－9　损益计划实绩报告表

年　　月　　日　　　　　　　　　　　　单位:元

主要科目		月		月	
		月计	累计	月计	累计
必要纯利润	计　划				
	实　绩				
容许营业外损失	计　划				
	实　绩				
必要经营外收益	计　划				
	实　绩				
必要营业利润	计　划				
	实　绩				
容许营销费用	计　划				
	实　绩				
容许销售费用	计　划				
	实　绩				
容许管理费用	计　划				
	实　绩				
必要销售利润	计　划				
	实　绩				
容许销售成本	计　划				
	实　绩				
必要销售额	计　划				
	实　绩				

五、损益平衡计算表

损益平衡计算表如表 10－10 所示。

表 10－10　损益平衡计算表

部门名称:　　　　　　　　　　　年　　月　　日　　　　　　　　　单位:元

成本项目＼月份	1	2	3	4	5	6	7	8	9	10	11	12	合计
固定费用													
营销费用													
折　　旧													
间接人工													
其他杂费													
变动成本													
直接材料													
间接物料													
动力费													
加班费													
奖　　金													
生产数量													
单位变动成本													
生产金额													
平均单价													
平衡产量													
利　　润													

六、月份各批号损益汇总表

月份各批号损益汇总表如表10－11所示。

表10－11 月份各批号损益汇总表

年 月 日 单位:元

		1	2	3	4	5	6	7	8	9	10	11	12	13	14	15	合计
批号																	
品外规格																	
客户名称																	
销货数量																	
销货金额																	
运费佣金																	
本批成本	原料																
	物料																
	工资																
	制造费用																
制造成本																	
毛利																	
销管费用																	
净利																	
净利率																	
占总净利比率																	

七、部门损益实绩表

部门损益实绩表如表 10－12 所示。

表 10－12　部门损益实绩表

单位：元

项目 \ 部门别			合计				台北营业所							
			目标	%	实绩	%	目标	%	实绩	%	目标	%	实绩	%
①总销售额			250000	100	253000	100	100000	100	112000	100				
扣除额	退货		12000		13530		5000		5500					
	折价		12500		12490		6000		6300					
	折扣		12500		13030		14800		15800					
	②计		37000		39050		14800		15800					
③销货净额①－②			213000		214500		85200		96200					
④进货原价			165000		166042		67200		75200					
⑤毛利③－④			47500	19	48108	19	18000		21000					
⑥部门固定费用	营业费	运费	1250		1139		490		494					
		油费	2500		2785		980		1207					
		其他	1000		886		392		749					
	人事费		7750		7850		3038		3238					
	计		12500	5	12660	5	4900		5688					
⑦公摊总公司费用			25000	10	25320	10	10000		10128					
⑧部门经费计⑥＋⑦			37500	15	37890	15	14900		15816					
⑨利益⑤－⑧			10000	4	10128	4	3100		5184					

八、各部门损益计算表

各部门损益计算表如表 10－13 所示。

表 10－13　各部门损益计算表

年　月　日　　　　　　单位:元

	项目店,部门			合　计	备　注	
	总销售额					
	折让额					
	销售净额					
按售价计	期初库存					
	进　货					
	小　计					
	期末库存					
按成本计	期初库存					
	进　货					
	小　计					
	期末库存					
	销货成本					
	毛　利					
	人工费					
	管理费					
	冲销损益额					
	营业外收益					
	营业外费用					
	其　他					
	店铺、部门损益					

九、经济效益分析表

经济效益分析表如表 10－14 所示。

表 10－14　经济效益分析表

年　　月　　日　　　　　　　　单位:元

<table>
<tr><td colspan="2">建造名称</td><td colspan="2"></td><td colspan="3">建造类别:扩建　新建成　改善</td></tr>
<tr><td colspan="2">产品名称</td><td>规格</td><td>单位</td><td>数量</td><td colspan="2">说明</td></tr>
<tr><td colspan="2"></td><td></td><td></td><td></td><td colspan="2" rowspan="4">本工程预计　年　月起
至　年　月止
计　月完成</td></tr>
<tr><td colspan="2"></td><td></td><td></td><td></td></tr>
<tr><td colspan="2"></td><td></td><td></td><td></td></tr>
<tr><td colspan="2"></td><td></td><td></td><td></td></tr>
<tr><td colspan="2">摘要</td><td>附表</td><td>年预计经济效益</td><td>审核后经济效益</td><td>差异</td><td>审核说明</td></tr>
<tr><td colspan="2">甲:收益项目</td><td></td><td></td><td></td><td></td><td rowspan="25"></td></tr>
<tr><td colspan="2">1. 增加产量</td><td></td><td></td><td></td><td></td></tr>
<tr><td colspan="2">2. 节省人工</td><td></td><td></td><td></td><td></td></tr>
<tr><td colspan="2">3. 节省物料</td><td></td><td></td><td></td><td></td></tr>
<tr><td colspan="2">4. 节省费用</td><td></td><td></td><td></td><td></td></tr>
<tr><td colspan="2">5. 品质改进</td><td></td><td></td><td></td><td></td></tr>
<tr><td colspan="2">6. 增加效率</td><td></td><td></td><td></td><td></td></tr>
<tr><td colspan="2">合计</td><td></td><td></td><td></td><td></td></tr>
<tr><td colspan="2">乙:支出项目</td><td></td><td></td><td></td><td></td></tr>
<tr><td colspan="2">1. 变动成本</td><td></td><td></td><td></td><td></td></tr>
<tr><td colspan="2">2. 固定成本</td><td></td><td></td><td></td><td></td></tr>
<tr><td colspan="2">3. 财务费用</td><td></td><td></td><td></td><td></td></tr>
<tr><td colspan="2">4. 销管费用</td><td></td><td></td><td></td><td></td></tr>
<tr><td colspan="2">5. 其他</td><td></td><td></td><td></td><td></td></tr>
<tr><td colspan="2">合计</td><td></td><td></td><td></td><td></td></tr>
<tr><td colspan="2">经济效益净额</td><td></td><td></td><td></td><td></td></tr>
<tr><td rowspan="7">投资概算金额</td><td>厂房设备</td><td></td><td></td><td></td><td></td></tr>
<tr><td>机械设备</td><td></td><td></td><td></td><td></td></tr>
<tr><td>电仪设备</td><td></td><td></td><td></td><td></td></tr>
<tr><td>公共设备</td><td></td><td></td><td></td><td></td></tr>
<tr><td>公用设备</td><td></td><td></td><td></td><td></td></tr>
<tr><td>土地</td><td></td><td></td><td></td><td></td></tr>
<tr><td>合计</td><td></td><td></td><td></td><td></td></tr>
<tr><td colspan="2">投资比率</td><td></td><td></td><td></td><td></td></tr>
<tr><td colspan="2">投资回收时间</td><td></td><td></td><td></td><td></td></tr>
</table>

制表:　　　　　　　　审核:

十、边际利益及利益管理表

边际利益及利益管理表如表 10 - 15 所示。

表 10 - 15　边际利益及利益管理表

年　　月　　日　　　　　　　　　　　　　　　　单位:元

制品名	单价	当月销售额			前期转入		当月制造		该月转入额		销售成本	制造边际利益	边际利益率%
		数量	单价	金额	数量	金额	数量	金额	数量	金额	金额		

十一、部门盈亏管理计划表

部门盈亏管理计划表如表 10－16 所示。

表 10－16　部门盈亏管理计划表

年　　月　　日　　　　　　　　　　单位:元

部门别		1. 销售总额	2. 变动费用	3. 边际利益	4. 销售固定费用	5. 部门直接利益	6. 回收总额
销售部门合计	计　划						
	实　绩						
	达成率						
本公司	计　划						
	实　绩						
	达成率						
本公司第一科	计　划						
	实　绩						
	达成率						
本公司第二科	计　划						
	实　绩						
	达成率						
分　店（一）	计　划						
	实　绩						
	达成率						
分　店（二）	计　划						
	实　绩						
	达成率						

注:①达成率 = 实绩/计划 × 100%。

②变动费用是变动制造成本、运费及燃料车辆费等的合计。

③边际利益 = 1. 销售总额 － 2. 变动费用。

④销售固定费用是工资、销管固定费用及利息费用等的合计。

十二、盈亏统计表

盈亏统计表如表 10－17 所示。

表 10－17 盈亏统计表

年 月 日 单位:元

项 目	金 额		备 注
	小 计	合 计	
上期未分派盈余(或未弥补亏损)			
本期纳税纯益(或本期纯损)			
调整项目			
分派项目(或弥补项目)			
法定盈余公积			
特别盈余公积			
各项准备			
股 利			
本期未分派盈余(或未弥补亏损)			

第四节　风险管理规范化执行细节标准

一、回收期限法

一般来说,企业都希望投资的本金越快收回越好。因此,在一些中小企业,财务经理在投资决策时,他们最常用的方法之一就是判断几年能收回成本。因为对于这些企业来说,收回期限法简便易用,也不用确定什么“贴现率”“资金加权成本”等,而且这种方法虽然不是很科学,但实用性非常强。因此,在实践中这种判断标准很受一些企业的青睐。

假如A项目,投资600万元,每年收回现金100万元,则这项投资能在6年内收回;另外一个B项目,投资400万元,每年收回现金80万元,这样5年即可收回投资。因此,若用回收期限法衡量,则B项目优于A项目,企业会弃A而择B。

在美国有60%的企业采用回收期限法作为资金运用判断的标准。当然,这种方法也有其弱点,那就是未考虑到总回收收益的大小。例如A项目每年收入100万元,多于B项目的80万元,每年多收回的20万元可用于再投资获取收益,而回收期限法并没有考虑年回收资金的再投资收益,这样,就产生了另一种称为折现回收法的判断方法,这个方法其实是期限回收法的改良方法。

二、报酬率分析法

报酬率分析法就是把各个资金运用方案按报酬率的大小依次排列,从高到低,选择投资方案进行投资。当然,一是资金数量必须够用,若资金不够,则把排在后面的项目砍掉;二是报酬率至少高于融资的利率,否则即使资金充裕也不对其加以考虑。

利用这种方法的核心就在于算出每个方案的投资报酬率,例如A项目的每年报酬率为100/600=16.67%,B项目为80/400=20.00%。从投资报酬率来说,B项目优于A项目。当然,若企业的贷款利率不到16.67%,如10%左右或更低,A项目也完全可以纳入投资计划。

第 11 章　张弛有度，收放自如
——货币资金管理

第一节　货币资金管理工作要点

一、货币资金管理的工作对象

什么是资金，这个问题并没有固定的答案，通常人们只会把现金及银行存款视为资金。公司的银行存款主要指活期存款，它与现金均是支付工具。一般来说，公司现金使用有严格的管理规定，主要用来进行小额、零星的支出；而银行存款用来进行大额支出。银行的转账服务、票据的使用使公司的收付行为十分便利。严谨地说，资金是财产及物资价值的货币表现。在一定意义上说资金是货币，在这些货币背后，代表着一系列的物质。拥有资金就拥有对物的支配权。资金的运动实质上就是物的运动。现在随着货币市场与资本市场的发展，企业如果暂时有资金富余可以寻找新的出路——有价证券。有价证券具有变现能力强、变现损失较小的优点。因此，也有人将之视为资金的最佳后备军，换句话说，广义的资金也包括有价证券。

那么，什么是营运资金呢？对于这一概念目前主要有两种说法，一种定义认为营运资金是：应收账款 + 存货 - 应付账款，这里将在应收、应付票据放入应收、应付账款的范畴中。

另一种定义是实践中的做法，即把营运资本定义为资产减去流动负债。因此，在这个定义下，营运资金表示企业现金、有价证券、应收账款和存货方面的投资减去用于流动资产筹资的流动负债。管理好营运资金具有很重要的意义，对中小企业来说尤其如此。

中小企业可以通过租赁厂房和设备，使其在固定资产方面投资最小化，但它们不可能避免在现金、应收账款和存货方面的投资。因此，流动资产（即现金、应收账款、存货的总和）对中小企业的管理者有重要的意义。而且中小企业要进入长期资本市场很困难，也就是说，它难以通过向社会公众发行股票、债券的方式筹集资金，所以它必须依靠商业信用和短期银行贷款，这两方面反过来又会增加流动负债，从而减少了营运资金。

营运资金的第一种定义也可理解为企业所要负担的营运资金。应收账款和存货会挤占资金，而应付账款相当于借入资金。一般来说，当业务发展时，因为应收账款与存货的增加额会超过应付账款的增加额，所以营业收入增加时，营运资金的必要额一般也会增加，有时即使营业额不变，也会因应收账款周转期延长而需要增加营运资金的情况。

二、持有现金的适度标准

这里所说的现金是指广义的现金，包括货币现金与银行存款。公司与个人一样，持有现金的基本动机有4方面。

1. 交易动机

持有现金的基本动机是要使企业能够处理日常业务——购买与销售。不同的行业对现金的需求比例是不同的。在零售行业，销售额随机性比较大，大量的交易实际上是通过货币进行的，这种大量交易行为的发生，也许会很突然，这就导致企业对现金的需求起伏不定。所以零售行业一般需要较多的现金。

2. 预防动机

预防动机所需现金额与公司对资金流动的预测能力有关。如果预测能力高，则用来预防突发事件的现金需求就少一些；另一个主要因素就是用短期票据借入新资金的能力。而这主要取决于公司同银行以及其他信贷渠道关系的好坏。这点很容易理解，如果企业经常借贷无门，最好还是多留点现金以备不时之需。

3. 更新设备的需要

这点与个人持有现金的动机不同。公司购入机器，每年通过提取折旧基金，来分期摊销购入机器所花的成本。折旧基金主要是现金，等机器折旧完后，这一大笔现金就又可以用来更新设备了。因为现在更新设备的现金需求越来越大，所以，公司在更新设备前往往需要有大额现金准备用以更新设备。这时管理人员要警惕的是别被大额现金蒙骗了眼睛，以至于大手大脚，把钱都花出去了，收回就不容易，若再导致设备得不到及时更新，就会影响企业的长期竞争能力。

4. 补偿余额要求

所谓补偿性余额要求也就是银行要求公司在银行账户最少存上某笔满足最低数额的存款，这在外国是一种制度性规定。中国现在商业银行竞争激烈，对存款十分重视。因此，商业银行对各自客户的存款也均虎视眈眈，虽无明确规定，但常有"以贷促存"等现象。

对于公司而言是必须拥有足够的现金的，因为拥有较充足的现金储备对公司自身而言，存在如下好处：

获取交易的折扣，交易折扣里面隐藏的利率成本是很高的。因为资金周转不灵而未享受到现金折扣是资金调度的重大失败。"2/10，n/30"这是一种常见的付款条件。意思是在10天内付款，有2%的折扣，在10天以后，30天内付清没有折扣。30天是约定期限，30天外付款即是违约，不能得到折扣，那就意味着在这20天内运用这笔现金而付了2%的费用。以年度为基础，计算利息成本如下：

成本 = 折扣率%/（100% - 折扣率%）×365/（最后付款期 - 折扣期）= 2/98 ×365/20 = 37.23%

由此可见，还是很高的年利率，因此，持有充足的现金以享受现金折旧是非常合算的。

流动比率和速动比率是信贷分析中的关键项目。良好的流动比率与速动比率可以维持公司的商业信誉。而这又可以使公司以比较优惠的条件从供应商赊购到商品，使公司向银行借款较为顺利。

流动比率与速动比率理想与否主要与各行业平均值相比。不同行业的均值不一样，因此要求也就不同。不过一般来说，流动比率大于2，速动比率大于1较为理想，这样的公司也才被视为较安全的公司。

充足的现金有利于捕捉随时可能出现的商业机会。

公司应保持足够的现金以应付紧急状况，如火灾或竞争对手的推销活动等。

一个企业至少到底需要多少现金呢？这并没有一个标准的模式，只能给出一个大概的回答，可以模仿流动比率和速动比率的计算公式，计算一下现金比率，即可以代表公司应付紧急事态时的支付能力。它也表示了偿还流动负债，公司已准备了多少现金。一般来说，现金比率越高，表示支付能力越高。但是企业所筹措的资金，只要是以现金、银行存款的方式存在，就不能说明所筹资金得到了有效利用。所以不能简单地下结论说，现金比率越高越好。而且拥有高额现金，也不能绝对地说有充分的支付能力，除了对现在的负债要准备偿付外，对将来可能发生的负债也要准备偿还，这点也不容忽视。虽然不能说出准确数字，但这里有一个规律：对资金收支预测准确，临时融资能力强的公司，现金比率低点没关系，反之亦然。

三、节省现金的小窍门

对于企业而言，现金收入包括营业现金收入和其他现金收入，主要有产品销售收入、设备出租收入、证券投资的收入等。现金支出包括营业现金支出，如材料采购支出、工资支出、管理费用支出、销售费用支出、财务费用支出等；其他现金支出包括厂房、设备投资支出、税款支出、债务偿还支出、股利支出、证券投资支出等。对于企业而言，现金管理的目的就是保证企业生产经营所需现金；现金管理的内容主要包括现金流量的管理、对现金需求的估算和估算现金与实际现金的差额管理。

加速收款、延迟还款是企业现金流量管理的要诀。企业购入原材料进行生产加工，然后转入销售环节至卖出的时间内，若购入和卖出均为信用交易，则不发生现金流量，但在企业卖出产品后，应付款项一般会先于应收款项列入现金管理的日程，因为应收账款控制主动权在彼，应付账款控制主动权在此。支付投资与应收款项的时间间隔越短，企业的现金库存压力就越小，即应付款项拖后，应收款项提前，这样能使企业占用的短期资金减少，提高资金利用率。比如，A 企业在 1 月份购入原材料，2 月份加工完毕投入市场，3 月份将商品出售。1 月份赊购产生应付账款 30 万元，于 4 月 1 日到期，3 月份赊购商品产生应收账款 35 万元，于 6 月 1 日到期。则在 4 月 1 日，企业若有库存现金 30 万元就必须清偿，直到 6 月 1 日，企业才能弥补这项现金支出。而 30 万元现金两个月的利息费用将为 $300000 \times 8\% \times 2/12 = 4000$ 元（以市场平均年利率为 8% 计算），若企业应收账款于 4 月 10 日到期，则利息费用将为 $300000 \times 8\% / 12 \times 10/30 = 667$ 元。由此可见早收款的妙用，同理亦如晚还款。

控制支出是现金管理的又一法则。控制支出包括对购货支出控制和人员工资的控制，但这都有一定限度，难以持续利用此种手段来保证现金周转。为使现金利用率达到最高，许多企业都运用“操纵浮支”和“透支制度”。所谓操纵浮支就是企业根据银行存款收支的时间差，使企业向银行开出的支票总金额超过其存款账户上结存的余额。

因为企业开出支票时，银行还没有把支票从企业资金业存款账户中注销，而在这同时，另一笔收入将先期进入银行存款，所以这与“开空头支票”不同，不属于透支。与此相应的是，喜欢风险的财务经理与银行协议，在其银行存款不足其支出时，由银行为其借款，并规定最大限额，以此减少现金占用率，但也造成了较高的利息支出。

临时性的小额资金周转，也可通过短期筹款渠道进行，如增发普通股、发行债券、向银行贷款等。

另外，还应当学习进行现金估算与实际现金的差额管理，即企业根据将要发生和以往的现金收支数量，及现金的日常控制对当期所需现金余额做出的估算；实际现金即指当期事实发生现金收支余额。当估算现金额低于实际现金时，企业就要用上面讲过的一定策略；当估算现金高于实际现金时，再存现金出现盈余或过多，如何利用这个差额来获利就成为资金运用的关键，一般来说，这个差额较小的，可以进行短期证券投资。对我国企业来说，有以下几种：

· 国库券。

· 可转让存单。

· 银行承兑汇票。

· 企业股票和债券。

四、定好资金管理目标

不同的财务工作者具有不同的思想和理财方式，正如每个家庭的理财方式千差万别一样。就公司内部工资水平相同的职员而言，其工资分配有很大差异，有的职员将大部分资金用于生活支出，而伙食费、娱乐费少；有的职员将大部分资金用于投资股票市场，争取高风险的高收益；有的职员将大部分工资用在购买债券，进行储蓄上。

三种人有三种不同的结果，前一种人会一直过着安逸的生活，尽管他们的财富与同期人相比会相对减少，在别人的住房面积扩大 2 倍时，他仍会住在原有的一间房中。第二种人宁可生活上先吃点苦，愿接受风险谋求自己财富的增加，他们的生活水平一般没有下降的趋势，因为底线已很低，财富会保持不变或增长。第三种人追求稳健，他们的财富会不断积累，但是难以登峰造极，只会达到中等偏上的水平。每个家庭的理财方式的效果，在短期内是看不出来的，大约过了二三十年之后人们之间的差距会很明显，正所谓“性相近、习相远”。

公司或企业的资金管理目标，常要受到公司总的经营目标的限制，如果公司管理者思想开放，挑战性强，很可能他的公司经营方式也较为激进，将绝大部分资金用于生产经营，而将少量资金留做流动资产。

公司的资金分为长期资金和短期资金。短期资金是指供短期（一般为 1 年以内）使用的资金。一般来说，短期资金主要用于现金、应收账款、材料采购、发放工资等，可以在短期内收回。

长期资金是指供长期（一般在 1 年以上）使用的资金。一般来说，它主要用于新产品的开发和推广、生产规模的扩大、厂房和设备的更新，常常需要几年甚至几十年才能收回。

从资金成本上看，长期资金成本会高于短期资金成本。激进型的经营者往往倾向于使用较多的短期资金，较少的长期资金。公司的资产按表现形态来看，有固定资产、流动资产。流动资产以期限划分为长期流动资产和短期流动资产。激进型的经营者会用短期资金融通部分长期流动资产和固定资产，从而减少资金成本。

说其为激进型，源于其做法导致风险很大。一般来说，在其他情况不变的条件下，公司所用资金的到期日越短，其不能偿付本金和利息的风险越大；反之，资金的到期日越长，公司的融资风险就越小。

比如，公司准备增建厂房，财务部门用1年短期借款来融通这笔资金，在1年后债务到期时，房屋可能还未建完，即使建完，也可能装修还未完成，还不能出售收回资金，这时，财务部就必须要借新债，还旧债。如果某些因素使借款人拒绝提供新贷款，公司又必须偿还旧债，这将会使公司面临不能偿还到期债务的风险；而若使用长期资金融通，则可能避免这种局面。

如用8年期的长期债券来融资，正常情况下，8年内由该项目发生的现金流入应足能清偿债务。如果用普通股来融资，则风险会更小。除上述不能按时清偿的风险之外，不同偿还期限的融资方法，在利息成本上也有很大的不确定性。如果采用长期债务融资，公司应明确知道整个资金使用期间的利息成本；而短期借款在一次归还后，下次借款的利息成本为多少显然不知道。若市场处于波动频繁时期，短期利率变动很大，则利息成本的不确定性，也减少短期借款的风险。

综上所述，这种风险构成了激进型经营的风险。与激进型经营相对，还存在着一种保守型经营，保守型经营者往往将长期资金的一部分用于短期流动资金，满足流动资金的短期融通需要。这样做风险比较小，但是成本较高，会使企业的利润减少。除两者之外，还存在一种中庸型的经营者，即长期资金用于融通长期流动资产和固定资产，短期资金用于融通短期流动资产。

五、把握资金运动的特点

西方的一些企业，往往从表面上看起来运转良好，货物很畅销，但突然之间破产，这常常是由于其没有好好把握资金运动的特点。

有的人会将资金运动理解为财务人员的事，如果财务人员能做好资金调度，公司就不会出现资金紧张，这种看法不可取。商品的生产、销售和中间的各个环节都要靠企业各部门共同协调。如果生产部门出了问题，销售部门就难以完成任务；若销售部门不景气，货物积压，就难以取得充足资金使生产部门运转。资金运动和整个企业的生产、销售运动密不可分。

从销售部门角度看，其销售量若有增加，往往会认为现金回流增加，而生产部门认为生产量增加必引导收入增加，而在票据兑现以前企业周转现金必会因增加产量投入过高而导致不足，若此时发生资金困境是可以理解的，本文开头所说的例子就可以做此解释，往往经营良好的企业在扩大经营规模时因资金不足导致“技术性破产”。从财务部门看，若产量和销售量增加，产生短期内应付票据增加，长期应收票据增加，从而使短期资金出现不足现象。在这种情况下，就要增加流动资产，或者增加筹资能力。

若销售量减少，商品不适销，或者销售部门付出努力不足，导致库存增加，则表现在财务上会出现应收款项减少的趋势；若保持生产额度不变，相同情况下，也会出现资金周转困难；若生产额度缩小，则会出现整个企业的生产规模下降趋势。

牵一发而动全身，许多企业都只重视企业的财务部门，这不是因为财务部门比其他部门重要，而是因为财务部门的账目可以表现出各部门的经营运行状况。企业作为一个整体，各部门联动性很强，财务上出问题往往不是或不仅是财务部门的原因，而是其他部门的原因。因为资金运动具有这些特点，我们可以据此判断资金的增减，合理逃避风险。

六、预知资金增减的方法

一般来说，每个企业都有大部分固定的往来客户，其付款日期基本上全固定在每月的某几日，公司的业务员可按时去收账；如果用票据，就转入银行账户，大体也是每个月的固定日期。就支出方面看，进货支出一般也会固定在某几日，发给职员的工资，也占支出金额的很大一部分，此外，水电费、税款也在固定的日期交付。这些款项的运转，月月如此，一般不会有很大的变动，通过观察这些固定款项的运转规律，可以帮助我们预知企业资金的增减时日。但这些款项在金额上也会有增减，为了强化资金周转，有必要了解公司收入、支出情况。

对照收入支出款项交结日期，如果自己公司付款日和向客户的收款日在同一天，资金周转就比较简单。事实上，付款日往往集中在某几天，而收款日常常不定期，所以在收款取得以前，如果不提前准备好资金，就无法应付支出。相反，若付款日迟于收款日，每次收款大体能抵下次付款，则可轻松应付资金周转，将本月的资金变化同资金计划相对照就可提前获取资金增减的信息。

七、准确适当的库存现金

当然有人会说“钱越多越好”，对于企业来说，当然是现金、银行存款越多越好。单独考虑这个问题时，这种答案是对的。但假设公司流动资产总额一定，那库存现金、银行存款究竟需要多少呢？现金、银行存款过少时，肯定会影响周转，不过企业赢利靠资金转化为存货，转化为商品，转化为应收账款，最后收回资金并获利。若资金保留过多，赢利资产（原材料、存货等）过少会影响企业的赢利能力。这是经常困扰资金管理者的两难问题。

在分析之中，常常把流动资产——存货看作流动资产。它主要包括库存现金、银行存款、短期投资、应收账款和应收票据，其中，库存现金 + 银行存款 + 短期投资叫作保守速动资产。因此，衡量企业的变现能力主要有 3 个比率：

1. 流动比率 = 流动资产/流动负债

2. 速动比率 = 速动资产/流动负债

3. 超级速动比率 = 超级速动资产/流动负债

即使是短期投资，如股票、债券、与资金（库存现金 + 银行存款），还是不一样的，它的变现也还需要一些时间。当然，金融市场越发达，短期投资的变现速度就越快。应付紧急事态主要依赖的仍然是资金。因此，要考察企业应付紧急事态的能力，还得有资金比率，即

资金比率 =（库存现金 + 银行存款），即流动负债。

因此,要确定的就是恰当的资金比率。资金是企业为了进行经营活动必不可少的资产。资金比率的含义是,为了偿还流动负债已准备了多少银行存款和现金?一般来说,资金比率越高,表明企业的支付能力越强。但对于企业来说,筹措来的资金以现金、存款的方式存在,因此不能说该比率越高越好;而且不能说企业拥有高额现金、存款就一定是有了足够的偿债能力。对企业来说,不仅流动负债要偿还,长期负债也会慢慢到期需要偿还的,而且对将来可能发生的负债也要准备偿还。

因此,对于现金、存款多少为宜,只能是一个较含糊的回答:在确保周转之下,减少不必要的现金、存款,提高资金的利用效率。保存现金、存款很重要的一个目的是用来偿还到期的流动负债。因此,多少现金、存款为宜还是保持一个适当的资金比率。

当然,实际运作是如此复杂,企业一般很难完全做到上述要求,所以不少企业有的用下面讲的"中庸之道"。这种方法很正确,很实用,即在确保周转之外,将一部分现金、存款用于证券投资,属于短期投资,作为"防护墙",其他的剩余资金就可以较放心大胆地去利用了。金融市场越发达,证券变现速度越快,这种方法越值得采用。这时采用的比率就是保守速动比率。有时候,企业的资金需求与营业额的扩大有明显的比例关系,这时就可以考察保守流动资产与营业额的比率关系。在日本,这个比率被形象地称为"手头流动性比率"。

若手头流动性比率为2,表示企业目前手头的可以迅速用于支付的流动资金为月营业额的2倍。这个比率的最佳值是多少也没有一个精确的答案。日本某公司的老板说过,该公司以"两个50%"为目标,即市场上占有率50%,自有资本比率50%。他对于他所追求的自有资本比率与手头流动性比率解释如下:

"我们的公司,现在并无向外借款,自有资本比率也超过70%,但我认为并没有始终保持自有资本7~8成的必要,虽然有较大的投资计划时,公司也会考虑借款,但即使在那种情形下,若公司没充裕的自有资本,公司不会做断然的投资。"

"我们的公司以储备3个月的营业额可手头流动作为经营目标之一(也就是追求手头流动性比率为3)。"

八、慎用周转资金

所谓周转资金,就是弥补资金缺口的资金,它有时会减少,有时会增加,恢复或超过原来的数量,在周转资金较长一段时间保持较高余额的时候,有些企业就会心动起来,打周转资金的主意,如用于炒股、用于购买原材料等。这种做法其实不太妥当。

在企业手头上的钱用完之后,就无法应付各项支出了。这时若有人提出"钱够吗?我这里有一笔账要付",财务部门就很麻烦了。因此,不要有将手头上的资金全部用完的错误想法。有些单身汉过的就是"发薪后第一周是贵族,一周后是贫民"的生活。但对于企业来说这样做是非常危险的事情,因为在下次销售货款收回之前,企业主要靠的就是手头的资金维持运营。

为了防止上述情况的发生,做资金周转计划是一个好方法,公司可以预先做好资金周转计划(这在第6章有介绍),提前计划好资金的收支,将某笔资金何时并如何应用提前计划好。这肯定会减少随便使用手头资金的倾向。因为企业知道资金用途之后,就会有意识地保存这笔资金；若企业不知道某笔资金有什么用的话，挪用的冲动肯定会比较强烈。这就如一个计算机爱好者为了买计算机，袋中有钱也能捂住不花，为了心爱的计算机抵制各种消费的诱惑。若无此买计算机的预期计划，那各种诱惑的诱惑力太大了，就很可能花了再说。

九、现金收支的“长袖善舞”

对于企业来说，无不希望企业在收入现金时越多越好，在支出现金时能合理地拖延。这里有一些技巧可以推荐给大家。在掌握了这些方法后，相信对企业灵活周转资金会有一些裨益。

这些方法看起来都不起眼，也没什么大道理，但在实践中努力去尝试，能极大地改善企业的资金周转状况。

它们主要分为以下几种方法。

1. 提高应收账额回收过程的程序性

销售部门对赊销情况应有详细的记录，应建立严谨的工作程序，应将应收账款的任务指派到人，以免相互推诿。应有一个预告系统，也就是销售部门在应收账款到期前就把快到期的应收账款资料打出来，提前进行电话报告，而不能靠对方主动，到期时再临时通知。工作要主动，否则即使对方有钱可付，愿意付，但对方肯定没有付款的积极性，因此，建立一套严密的可行的应收账款回收工作程序是有实用价值的。

2. 采用集中银行法

这种方法适用于销售网络较广的企业，如现在彩电企业、摩托车企业、VCD 企业，销售网络遍布全国，如何把销售款尽快调回总部统筹进行资金周转就是一个很大的问题。这些企业在收集资金的过程中可能需要通过不少的银行机构，设计一个科学的资金回收体系是加速现金收入的要点。

3. 设立资金收集系统

在这个现金收集系统中，资金流向安排是很灵活的，核心思想就是让大中小客户、地理远近不一的客户的资金都能通过适当的途径尽快地汇集在企业总部中。主办银行指与企业主要来往的银行，由它作为企业的“资金汇集池”是比较合理的。

4. 做好销售服务

企业所以在一些营业活动比较集中的区域，每天的资金流入量比较大的区域，租用邮局的信箱，要求客户将支票寄往指定信箱，再委托往来银行每天派人开箱取出支票放账，然后银行将支票复印件及有关文件送交公司。这种方法省却了企业收取支票和送取支票的环节。对于销售收入数量较大，且流量分布时间较长的企业来说，这是一个加快现金回收的方法；对于收入集中在某个时间区域的企业，用不着这种方法。在结算中，若支票占比例很小，这种方法也就没有吸引力。随着支票在企业业务结算中的比例上升，这种方法也随之有较大的应用意义。

5. 减少不必要的银行账户

保留太多的银行账户，这无疑是让一部分现金收入有个“栖息”之地。户头太多的话，总的来看，滞留在这些账户上的现金也是一个可观的数字。因此，削去不重要的银行账户，能减少资金汇到的路程，节约时间，就能减少滞留资金，加速现金收集，而且账户减少，能方便财务部门的管理，使财务部门周转金更方便。

除了以上方法之外，企业也可以采用一些其他的方法。其他方法包括数额较大的汇款单、支票优先存入银行，有时数额较大的支票可不遵循平常资金上缴通道，直接由总部交银行入账。有时这种方法真能解燃眉之急。此外，减少存货，处理滞存货，也对加快企业现金收入有所帮助。

十、现金的“铁腕控制”

这里的现金是指企业的库存现金。在财务管理混乱的企业中，连库存现金也会不翼而飞，这样的企业是没有发展前途的。对于很多企业来说，现金管理并不是很理想，因此，对现金收支要有“铁腕控制”。

健全的现金内部控制制度是对一个企业财务部门最起码的要求，健全的资金控制制度能防止资金浪费、贪污等现象的发生。健全的现金控制系统才能保证企业会计记录的可靠性和正确性。因此，企业管理者要对现金收支进行“铁腕控制”。

第一，现金收入、支出舞弊方法及控制。

单独窃取现金是很容易发现的，只要核对一下库存现金额与现金账户余额就会知道。所以，现金舞弊相伴而生的是在会计凭证和会计报表中的掩饰作假。

不良职员侵占公司现金一般会从现金销售及回收应收账款中入手。一是侵吞现金销货收入的方法一般干脆不予入账，二是以低于实际销货收入的数额入账，如卖了 80 元，说只卖了 60 元，其中 20 元就入个人腰包了。在一些小型雇员极少且缺乏会计制度的私营企业中，这方面问题较严重。

它们可以采取如下“铁腕”控制手段：

销售员与出纳共同参与每笔交易，销货员开发票，客户将发票并随同货款交出纳人收讫，出纳再给发票盖章，这个人工费用在一般情况下是能省的，随便去商店看一下，就可以知道这种工作流程。

使用收银机并记录现金销货交易，这也是一种解决方法，但这种方法的漏洞在于客户需发票或纸带时，收银员就有机会了，因此应配之以鼓励顾客索取发票或收银纸带。

第二，从应收账款回收现金环节存在的舞弊方式主要有：

挪用货款后，拆东墙补西墙，例如业务员挪用 A 企业货款后，将 B 企业货款说成延迟收到的 A 企业货款，把 C 企业的货款说成 B 企业延迟收到的货款。等无“东墙”可补时，业务员往往给企业带来了极大的损失。

在赊销时少记销货金额，但开具足额的应收款项向客户收款。

贪污现金，修改银行现金余额调节表。

偷取企业汇款单，取款后不入账。

收到应收账款不入账，直接修改应收账款记录。

这时的“铁腕”控制手段如下：

收款员收到货款后立即入账，企业设专人（最好不与收款员同一部门）不定期核对客户积欠的货款。

鼓励客户使用转账支票付款。

由出纳现金记账员之外的专人拆收寄来的支票、汇款单，并编制现金收入清单。

每天的现金收入超过寄存现金限额的多余部分，当日送到银行存起来。

不让现金收入记账员同时记录总账、应收账款，应收票据等账户。

销货发票的签发、记账、编制现金收入清单、现金的报销、送存银行等业务员，尽可能由不同人员担任。

第三，现金支出的薄弱环节及控制现金支出的薄弱环节主要有3个：

伪造支票和修改支票金额，这种做法往往是避开了正常的授权和核准程序并伪造印章或偷盖印章。

盗用支票或现金，然后故意将现金支付日记簿加错，造成人为误差。

违规与供应商勾结，收回扣。

第四，窃取支付给他人的现金或支票。

这个方法常用的办法是伪造应付账款的客户名，或重复使用报销单据，或未领的工资股利。

应该指出，在现金支出舞弊中，违规多收回扣这种方法是最防不胜防的。

这时的“铁腕”控制手段是：

指定保管现金及记账之外的专人定期编制银行现金余额调节表。

支票授权程序应非常严格，最好应经两位以上主管签章才生效。

尽量以转账支票付款。

单据未经专人核准后不得付款。

误开的支票应立即盖“作废章”并严格保管，不得随意丢弃。

十一、资金主管主要工作内容

1. 严格遵守财务管理制度，忠于职守、坚持原则、工作认真、钻研业务、严格管理、团结协作。

2. 负责财务部资金运作方面的管理与操作。

3. 负责全企业的现金和转账票据的收付工作，当天收入的现金和转账票据要在当天下午下班前送往银行，不得积压和延迟。

4. 按规定结出每天借款发生额累计总数和当天余额，并做到日清日结。

5. 每月核对银行对账单，并做出《未到账调整表》，调整账目，与总分类账核对。

6. 管理和督导日常的外币兑换储蓄业务，包括对每个员工具体的检查、督导、培训，发现问题及时向财务部经理汇报。

7. 每天根据账簿的发生额和余额，编制《现金及银行存款收付日报表》，送财务部经理审阅。

8. 对办理报销的单据，除按会计审查程序重新审核外，还需经财务部经理审批后才予付款，凡不按规定程序签批的单据，一律拒绝付款。

9. 严格遵守现金管理制度和支票使用制度，库存现金按规定限额执行，不得挪用库存现金，不得以白条抵库。

10. 严格执行外汇管理制度，不得违章代办兑换手续，也不得私自套换外币。

11. 与银行外汇管理部门联系，办理有关结算事项，承担出国人员外汇领取的有关手续事项。

12. 抽查各部门出纳员的库存现金和各收款员、售货员的业务周转金，并做出检查报告呈报经理审阅。

13. 做好每天的业务预测，以准备足够的备用金，必要时向经理提供资料，申请暂借备用金。

14. 不定期检查各出纳员的尾箱库存，确保钱账相符。

15. 严格遵守企业各项规章制度，以身作则，带领所属员工努力做好财务工作，并加强对所属员工的业务培训，提高业务工作水平和工作质量。

十二、资金管理员主要工作内容

1. 填制和管理企业的记账凭证，负责办理银行贷款、还款及调汇业务。

2. 负责管理企业大笔拆借款账务处理，并负责催收本息。

3. 负责催收、清理银行拨付的各项往来账款，对长期欠账户要查明原因，及时采取措施。

4. 按月认真核查所管账户发生金额的正确性，发现问题及时予以解决。

5. 加强对固定资产和流动资金的日常管理，及时掌握流动资金的使用和周转情况，定期向部门主管汇报工作情况。

6. 每季与固定资产保管员核对账目、实物，做到账账、账物相符，若发现问题，应查明原因，及时解决。

7. 以上月各营业部门收入为基数，每月按规定计提和交纳各种税金，并报送有关税务表格。

第二节　货币资金管理规范化制度

一、资金管理制度模板

□ 目的

第一条　为加强对公司系统内资金使用的监督和管理，加速资金周转，提高资金利用率，保证资金安全，特制定本规定。

□ 管理机构

第二条　资金管理由财务部负责管理，在财务总监领导下，办理各二级公司以及公司内部独立单位的结算、贷款、外汇调剂和资金管理工作。

第三条　结算中心具有管理和服务的双重职能。与下属公司在资金管理工作中是监督与被监督、管理与被管理的关系，在结算业务中是服务与被服务的客户关系。

□ 存款管理

第四条　公司内各二级公司除在附近银行保留一个存款户，办理小额零星结算外，必须在财务部开设存款账户，办理各种结算业务，在财务部的结算量和旬末、月末余额的比例不得低于80%，10万元以上的大额款项支付必须在财务部办理。特殊情况需专题报告，经批准后，方可保留其他银行结算业务。

□ 借款和担保业务管理

第五条　借款和担保限额。集团内各二级公司应在每年年初根据董事会下达的利润任务编制资金计划，报财务部，财务部根据公司的年度任务、经营发展规划、资金来源以及各二级的资金效益状况进行综合平衡后，编制总公司及二级公司定额借款，全部借款的最高限额以及为二级公司信用担保的最高限额，报董事会审批后下达执行。年度中，财务部将严格按照限额计划控制各二级公司借款规模，如因经营发展、贷款或担保超出限额，应专题报告说明资金超限额的原因，以及新增资金的投向、投量和使用效益，经财务部审查核实后，提出意见，报财务部，经董事会审批追加。

第六条　集团内借款的审批。

（一）凡集团内借款金额在万元以内的，由财务部审查同意后，报财务总监审批。

（二）借款金额在万元以上的，由财务部审查，财务总监加签同意后报董事长审批。

第七条　担保的审批。

（一）各二级公司向银行借款需要总公司担保时，担保额在万元以下的，由财务总监审批。

（二）担保额在万元的，由财务总监核准，董事长审批。

（三）担保额在万元以上的，一律由董事长审批，并经董事长办公会议通过。借款担保审批后，由财务部办理具体手续。

（四）对外担保，由财务部审核，财务总监和总裁加签后报董事长审批。

□ 其他业务的审批

第八条　领用空白支票。

（一）在财务部办理结算业务时，可以向财务部领用空白支票，每次领用数量不得超过5张，每张空白支票限额不得超过万元。

（二）领用空白支票时，必须在财务部有充足的存款。

第九条　外汇调剂。

集团内各二级公司的外汇调剂由财务部统一办理，特殊情况需自行调剂的，一律报财务部审批，审批同意后，方可自行办理。

第十条 利息的减免。

(一)凡需要减免集团内借款利息，金额在____元以内的，由财务部审查同意，报财务总监审批。

(二)金额超过____元，必须落实弥补渠道，并经分管副总经理加签后，报董事长审批。

□ 资金管理和检查

第十一条 财务部以资金的安全性、效益性、流动性为中心，定期开展以下资金检查和管理工作，并根据检查情况，定期向总经理、董事长专题报告。

(一)定期检查各二级公司的现金库存状况。

(二)定期检查各二级公司的资金的结算情况。

(三)定期检查各二级公司在银行存款和在财务部存款的对账工作。

(四)对二级公司在资金部汇出的万元以上大额款项进行跟踪检查或抽查。

□ 统计报表

第十二条 各二级公司必须在每月 1 日前向财务部报送旬末在银行存款、借款、结算业务统计表，财务部汇总后于每月 2 日前报总经理、董事长。财务部要及时掌握银行存款余额，并且每两天向财务总监报一次存款余额表。

二、资金预算编制制度模板

□ 目的及依据

第一条 为提高本公司经营绩效及配合财务部统筹及灵活运用资金，以充分发挥其经济效用，各单位除应按年编制年度资金预算外，并应逐月编列资金预算表，以便达成资金运用的最高效益，特制定本制度。

□ 资金范围

第二条 本办法所称资金，系指库存现金，银行存款及随时可变现的有价证券而言。为定期编表计算及收支运用方便起见，预计资金仅指现金及银行存款，随时可变现的有价证券则归属于资金调度的行列。

□ 作业期间

第三条 资料提供部门，除应于年度经营计划书编订时，提送年度资金预算外，应于每月 24 日前逐月预计次 3 个月份资金收支资料送会计部，以利汇编。

第四条 会计部应于每月 28 日前编妥次 3 个月份资金来源运用预计表按月配合修

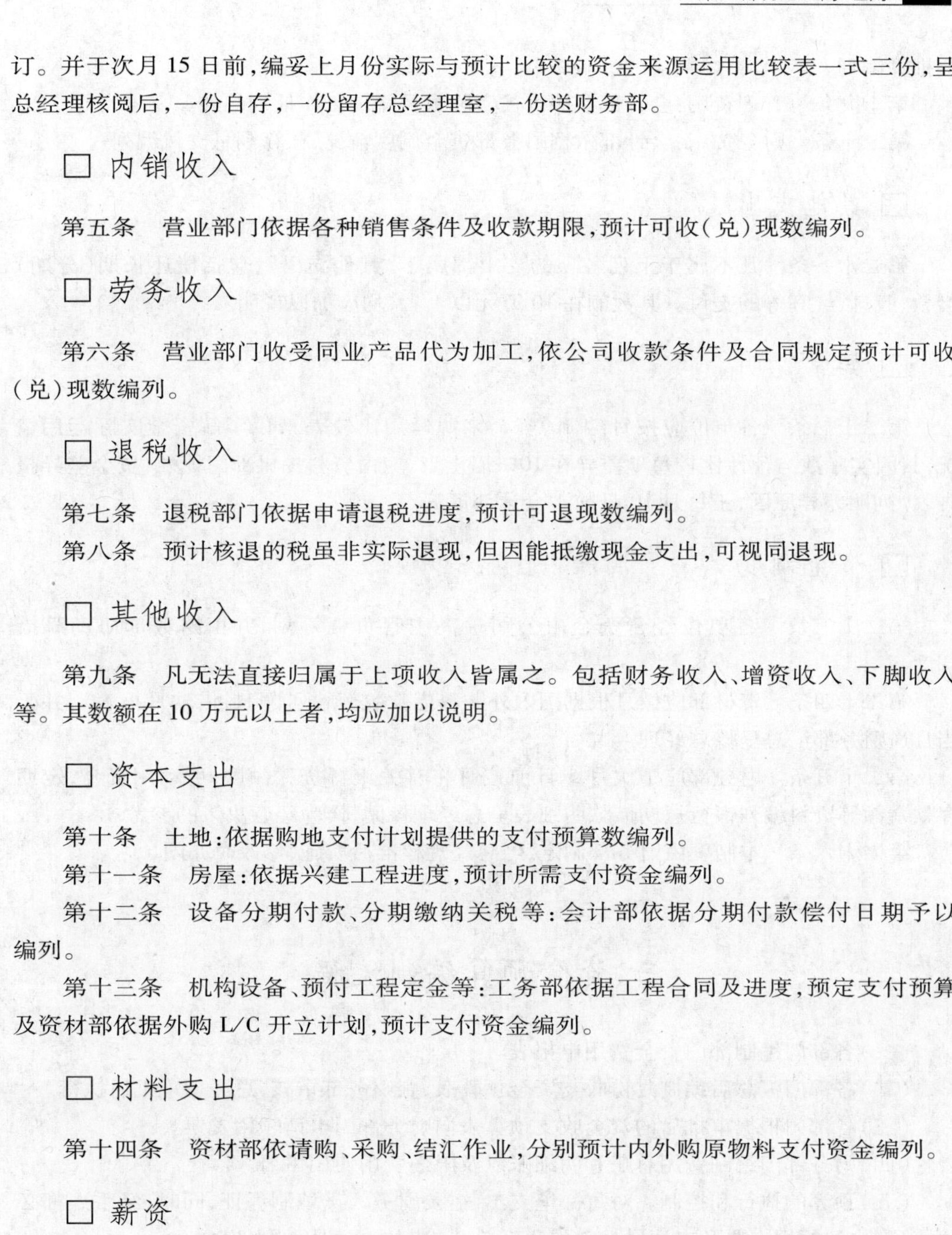

订。并于次月15日前,编妥上月份实际与预计比较的资金来源运用比较表一式三份,呈总经理核阅后,一份自存,一份留存总经理室,一份送财务部。

□ 内销收入

第五条　营业部门依据各种销售条件及收款期限,预计可收(兑)现数编列。

□ 劳务收入

第六条　营业部门收受同业产品代为加工,依公司收款条件及合同规定预计可收(兑)现数编列。

□ 退税收入

第七条　退税部门依据申请退税进度,预计可退现数编列。

第八条　预计核退的税虽非实际退现,但因能抵缴现金支出,可视同退现。

□ 其他收入

第九条　凡无法直接归属于上项收入皆属之。包括财务收入、增资收入、下脚收入等。其数额在10万元以上者,均应加以说明。

□ 资本支出

第十条　土地:依据购地支付计划提供的支付预算数编列。

第十一条　房屋:依据兴建工程进度,预计所需支付资金编列。

第十二条　设备分期付款、分期缴纳关税等:会计部依据分期付款偿付日期予以编列。

第十三条　机构设备、预付工程定金等:工务部依据工程合同及进度,预定支付预算及资材部依据外购L/C开立计划,预计支付资金编列。

□ 材料支出

第十四条　资材部依请购、采购、结汇作业,分别预计内外购原物料支付资金编列。

□ 薪资

第十五条　会计部依据产销计划等资料及最近实际发生数,斟酌预计支付数编列。

□ 经常费用

第十六条　外协工缴:外协经办部门应参照外协厂商的约定付款条件等资料,斟酌预计支付数编列。

第十七条　制造费用:会计部依据生产计划,参考制造费用有关资料及最近实际发生数,斟酌预计支付数编列。

第十八条　推销费用:营业部依据营业计划,参照以往月份推销费用占营业额的比例推算编列。

第十九条　管理费用:会计部参照以往实际数及管理工作计划编列。

第二十条　财务费用:会计部依据财务部资金调度情况,核算利息支付编列。

□ 其他支出

第二十一条　凡不属于上列各项的支出都属于“其他支出”,包括偿还长期(分期)借款、股息、红利等的支付。其数额在10万元以上者,均应加以说明。

□ 异常说明

第二十二条　各单位应按月编制《资金来源运用比较表》,以了解资金实际运用情况,其因实际数与预计比较每项差异在10%以上者,应由资料提供部门填列《资金差异报告表》列明差异原因,于每月10日前送会计部汇编。

□ 资金调度

第二十三条　各单位经营资金由公司最高主管负责筹划,并由财务部协助筹措调度。

第二十四条　资材部应按月根据国内外购料借款数额编列《购料借款月报表》,并于当月送财务部汇总呈核总经理。

第二十五条　财务部应于次月5日前按月将有关银行贷款额度,可动用资金,定期存款余额等资料编列银行短期借款明细表呈总经理核阅,作为经营决策的参考。

第二十六条　本制度由财务部制定,经总经理核准后实施,修改时亦同。

三、资金预算编制流程

(一)各部门编制部门资金费用申报表。

(二)各部门汇总后编制月份收支资金预算表,报财务部审核,总经理审批后执行。

(三)各部门根据审批后的资金收支预算表向财务部门申请领用支票。

(四)财务部门编制费用总账和明细账以及限额费用使用手册。

(五)预算的执行和控制。对每一笔支出,需要财务人员填制凭证,同时,经手人都必须填写《申请领用支票及申请付款工作联系单》,控制成本费用的发生。

(六)预算调整。各部门要求追加用款时要填写《月度用款追加计划申请表》,总经理审批通过后,方可加入预算范围内。

(七)财务部门根据资金使用总账和明细账编制资金实际使用汇总表。

(八)预算的考评。月末对限额费用使用手册进行汇总,得到资金费用使用汇总表,随后将汇总表和预算进行比较,找出两者的差异,并进一步分析差异形成的原因,报财务总监审核,总经理办公会议审核。

四、现金管理制度模板

第一条　“现金收支表”上的收入金额，是指由财务部汇入各单位银行账户内的金额，支出金额则仅指各单位的费用。各单位应支付的一切费用，包括可控制费用与不可控制费用，均应自财务部汇入的金额中支付。

第二条　各单位的可控制费用统一于每月月底前由财务部就下月份各单位的费用概算一次（必要时分次）汇入各单位的银行账户内备支。

第三条　各单位的收入款项除财务部汇入的款项外，一律不得自行挪用单位内收回的应收账款（包括现金及支票收回的应收账款），应依账款管理办法的规定，悉数寄回总公司财务部。

第四条　现金收支旬报表的填写应一次复写两联，第一联于每旬第 1 日（即每月 1 日、11 日、21 日）中午以前就将上旬收支逐项编制妥，连同费用科目的正式收据或凭单呈单位主管签核后，以限时转送或寄送财务部；第二联由各单位自行汇订成册，作为费用明细账，并凭此于月底当天填制《费用预算分析表》。

第五条　现金收支旬报表上的编号系指费用的笔项而言，采用每月一次连续编号方式，月内的每月编号应相互衔接并连续编至当月月底止，次月 1 日再行重新编号。

第六条　现金收支旬报表上科目栏中类别的填写，是指依所发生的各项费用其分属类别，分别以“营”或“服”或“管”等字表示，其性质区分如下：

（一）营业费用：凡属营业人员（包括营业主任及外务人员）所发生费用。

（二）服务费用：凡属服务人员（包括服务主任及服务人员）所发生的费用。

（三）管理费用：凡营业费用及服务费用外所发生的一切费用。

第七条　现金收支旬报表上科目栏中的“名称”是指各项费用的科目名称，其明细如下：

（一）营业费用：即营业人员（包括营业主任及外务员）所发生的下列诸费。

1. 汽车诸费：营业人员汽油、机油、过桥费、停车费等。

2. 旅费：营业人员计程车费及营业员因业务之需所付的差旅费。

3. 公共关系：凡营业人员因业务上应酬所需支付的费用。

4. 薪工津贴：营业人员薪资（包括本薪、机车津贴、交际津贴、成交奖金、加班及值班费等）。

5. 坏账：账款尾数无法收回，或倒账公司损失。

6. 名片：营业人员所印名片。

（二）服务费用：即服务人员（包括服务主任及服务员）所发生下列诸费。

1. 汽车诸费：服务人员所支的汽油、机油、过桥费、停车费等。

2. 旅费：服务人员所支的计程车费及服务人员因服务的需要所支的差旅费。

3. 公共关系：服务人员因服务上的需要所支的交际费。

4. 薪工津贴：服务全体同仁的薪资（包括本薪、机车津贴、绩效奖金、加班及值班费等）。

5. 坏账：账款尾数无法收回者。

6. 名片:服务全体同仁所印的名片。

7. 工具:单价在 100 元以下的工具费。

(三)管理费用:即营业费用及服务费用外所发生的费用。

1. 汽车诸费:营业人员及服务人员外所支付的汽油、机油费等。

2. 旅费:营业人员及服务人员外所支付的计程车费或出差旅费。

3. 运费:装载货物所支付的费用。

4. 文具用品:购买日常所用的文具纸张等所支费用。

5. 清洁费用:雇用清洁公司打蜡所支的费用及其他费用。

6. 邮票:邮寄函件及包裹的邮资及购邮票等所支费用。

7. 电话费:业务上的长途电话及市区电话费用。

8. 电报费:因业务上的需要而拍发电报所支费用。

9. 电力费:用电所支付的费用。

10. 自来水费:用自来水所支付的费用。

11. 修理费:汽车修理及保养费等。

12. 人事广告费:刊登招员启事等所支费用。

13. 报纸杂志:订阅报纸杂志所支付的费用。

14. 固定薪资:营业人员及服务人员外的薪资。

15. 公共关系:营业人员及服务人员外所支付的交际费。

16. 租金支出:房屋的租金。

17. 税捐:支付营业印花税。

18. 其他变动费用:未能列入该分类科目的费用。

第八条 上述所列项目,会计员应按其性质区分(即营业费用、服务费用、管理费用等)妥予分类报支,不得相互混淆。

第九条 各单位与总公司间如有代收或代支事项发生时一律以《内部联络函》联系,其作业规定如下:

(一)各单位代总公司或其他分公司收款时应于收款的当日以《内部联络函》述明代何单位收款,代收现金应先换购汇票,若代收票据须注明代收票据内容,并连同票据一起寄送总公司财务部,由财务部负责通知被代收单位入账的同时将入账情形回复代收单位。被代收单位接获财务部的通知时,应即于当天的《收款及成交奖金明细表》上加入该笔账款,增加其收款总额,并将入账情形回复财务部。

(二)各单位代总公司支付款项时(如押金、权限内购入的生财器具及服务部汽油或单价在 100 元以上的工具、油墨等)不得记入现金收支旬报表,应另行备忘登记,应于每旬寄《现金收支旬报表》时,另以内部往来联络函将所代支的款项明细及总额述明后连同单据一并寄送总公司财务部,由财务部凭此汇入该笔款项。若为紧急代支事项必须立即处理时,除以电话通知财务部电汇处理外,仍应填具《内部往来联络函》述明以资凭证。

(三)总公司代各单位支付费用款项时(如预付房租等),应由财务部于每月 25 日前以联络函通知被代支单位依虚收虚付方式在其《现金收支旬报表》上的"收入金额"栏内加入该笔款项,同时在"支付金额"栏内直接登入该笔费用款项以增加账面的收入金额与费用金额。

第十条 各单位全体员工的借支总额在 3000 元以内者,得经单位主管核准后由首存现金中先行借支，并限于每月10日发薪时一次扣回，其借支总额超过3000元者，应依权责划分逐笔专案报备核准后，始得由财务部汇寄支付。

第十一条　每月月底当天，各单位会计员应凭留存之当月份该单位《现金收支旬报表》，依费用类别分别统计其当月份各项费用的总额，详填于《费用预算分析表》中呈单位主管，就费用中的各项费用其实际与预算的差异详加分析。

第十二条　《费用预算分析表》一式两联，各单位应于每月3日前将此表（两联一起）连同《直线单位经营绩效评核表》一并寄送总公司业务部，由业务部据以查核与《直线单位绩效评核表》所填的费用数字无误后，即转送财务部复核并呈具所属副总经理填具总评后，第一联由财务部留存，据以分析全公司费用差异，第二联寄回各单位存查。

第十三条　《费用预算分析表》上的费用率是指当月份的费用与营业额的百分比，"本月费用预算"一栏之计算公式如下：

1. 本月"营业费用"预算 = 上月营业费用 ×（1 ± 本月营业收入增长率）。

2. 本月"服务费用"预算 = 上月服务费用 ×（1 ± 本月服务收入增长率）。

3. 本月"管理费用"预算 = 上月管理费用 ×（1 ± 本月营业及服务总收入增长率 ×20%）。

第十四条　本办法由财务部呈总经理核准公布后实施，修订亦同。

五、现金及有价证券业务处理流程

□ 现金及有价证券会计业务范围

第一条　本公司及所属机构现金及有价证券的管理，除法令另有规定外，悉依本程序的规定办理。

第二条　所称现金系指库存现金、银行存款、即期支票及到期票据而言。

第三条　所称有价证券系指政府债券、公司债券及公司股票而言。

第四条　所称现金及有价证券的会计业务，系指现金预算、现金支出、有价证券收付、登记报告等事项。

第五条　各机构有关现金及有价证券的出纳，保管与移转事务应由出纳部分办理。

第六条　各机构的现金，除供日常零星支付所需定额的库存现金外，均应存入银行。

第七条　各机构的各项收入，外币部分应存入政府指定的银行，有价证券应由总机构集中管理。

第八条　各机构的库存现金及有价证券应由会计部门负责随时或定期派员抽查盘点。

第九条　各机构因资金运用，购入政府债券。购入公司股票应报请总公司核准后办理债券及其他公司股票者签报，由公司集中保管。

第十条　各行库的银行支票，应由其负责人或其授权人、主办会计人员、主办出纳人员会同盖章。

□ 现金预算

第十一条　现金的支出，应由会计部门编列预算，切实执行，如因事实需要必须变更时，须由会计部门主管签请总经理核准修正。

第十二条　现金预算应力求配合业务部门的需要，以使财力经济有效运用为原则，并分为年度预算及分期或分月预算。

第十三条　现金预算，依业务计划、固定资产建设改良及扩充计划举债及偿债计划、资金周转投资计划、资金调度计划及盈余的分配等编制。

第十四条　每期或每月终了，应将现金实际收支数与预算数，分析比较，列报有关财务的调度的层级主管参考。

□ 现金收付

第十五条　出纳部门应根据会计部门合法的收支传票执行收付，但下列各项不在此限。

（一）营业收入，收款时，由业务部门指定专人办理收款及报解事宜。

（二）凡情况特殊来不及由会计部门编送收入传票时，应先由出纳部门执行收款，收款当日即送会计部门，据以补编收入传票，完成收款程序。

第十六条　出纳部门执行收款时，应查核，其须发给统一发票或收据者有无具备，才能收款。付款时，其须取得收据者，应向收款人索取后始得给付款项，并在凭证上加盖“付讫”章。

第十七条　出纳部门对于付款不得故意拖延，如无正当理由不得超过 3 天，除对员工的薪、工、旅费，公务上的借款或内部报销及对外付款在 1000 元以下的小额款项外，应开发抬头划线支票，其金额满 1 万元者，除抬头划线外，并注明“本票据禁止背书转让”字样。

第十八条　出纳部门收入的支票，经银行交换入户者，方视为“收讫”，收入的支票发生退票时，应由出纳部门根据银行退票理由单通知业务部门或经办部门向债务人催收，并通知审计部门处理。开出的支票如尚未交付受款人，不得视为“付讫”。

第十九条　出纳部门对收支传票届满两周，尚无法执行收付时，应通知会计部门处理。

第二十条　出纳部门将付款支票层送各级主管盖章时，应检附有关的支出传票，并于传票上注明银行存透账号、支票号码及支付金额。

第二十一条　凡将 A 银行存款提存 B 银行，或将银行存款提还透借户，或由银行存款户中提补库存现金时，均应经负责财务调度主管核准后，由出纳部门填单，或书面通知会计部门，编制记账凭证后予以办理。

□ 有价证券收付

第二十二条　出纳部门对各项有价证券，应根据合法的记账凭证执行收付，如因情况特殊，先由出纳部门根据核准文件直接收付时应立即填单或书面通知会计部门补编记账凭证。记账凭证经执行收付后，收付有价证券人员及主管出纳人员，应于记账凭证上签章，以示收讫或付讫。

第二十三条　出纳人员收到各项有价证券，以存放银行保险箱保管为原则。关于银行保险箱开启的印鉴，应由各机构负责人或其授权人、主办会计人员、主办出纳人员会同盖章。

第二十四条　出纳部门应随时注意各项有价证券到期日期，按期兑取本息后，即填单或书面通知会计部门，编制记账凭证。

□ 登记及报告

第二十五条　出纳部门，每日收支完毕，登记"现金簿""银行存透明细账"后，应编制《现金及银行存款日报表》，连同该日收支传票，于翌日送会计部门。

第二十六条　银行对账单应直接送会计部门核对，并编制调节表。

□ 周转金设置与收付

第二十七条　总公司及所属机构有关部门，视其业务需要，应呈准设置周转金，其金额由各有关部门会同会计部门报请总经理核定。

第二十八条　周转金的动用应由各部门主管核定。

第二十九条　经管周转金的部分，应设置周转金收支登记单，根据原始凭证登记。

第三十条　周转金的支出，以原设置目的范围为限，不得做其他用途。

第三十一条　周转金于年终时应一次退回会计部门，必要时于翌年再向会计部门续借。

第三十二条　周转金的经营情况，应由会计部门不定期派员检查，并将检查结果签报主管核阅。

第三十三条　经管周转金人员，应尽管理职责，如因玩忽职守而致公司蒙受损失，应负赔偿责任，有关主管人员并受连带处分。

第三十四条　周转金如奉总公司之命令撤销时，原请领部门应将周转金立即缴回。

□ 出纳人员

第三十五条　凡办理现金票据及有价证券的出纳及保管人员，应遵守下列各项规定：

（一）应由编制内正式职员充任，不得由试用人员或工人办理。

（二）不得兼任福利、工会机构有关会计、财务及主计等职务。

第三十六条　经管现金、票据及有价证券人员应尽管理之责，如因玩忽职守而致公司蒙受损失时，应负赔偿责任，有关主管人员并受连带处分，如有挪用库存、侵占公款等不法行为者，除要求赔偿，依法追究办理外，其直接主管并应受连带处分。

六、流动资金管理制度模板

第一条　流动资金既要保证需要又要节约使用，在保证按批准计划供应营业活动正常需要的前提下，以较少的占用资金，取得较大的经济效果。

第二条　要求各业务部门在编制流动资金计划时，严格控制库存商品，物料原材料的占用资金不得超过比例规定，即经营总额与同期库存的比例按 1:2 的规定。

第三条　超储物资商品，除经批准为特殊储备者外，原则上不得使用流动资金，只能压缩超储的商品、物料以减少占用流动资金。

第四条　要严格遵守不得挪用流动资金进行基建工程的规定。

第五条　使用的基本要求。

（一）在符合国家政策和公司董事会、总经理的要求前提下，加速资金周转，扩大经营，减少流动资金的占用。

（二）对商品资金的占用，应本着勤俭节约的精神，尽量压缩。

（三）严格控制家具、用具的购置。

（四）要加速委托银行收款和应收款项的结算，减少对流动资金的占用。

（五）各业务部门每月上报经济业务报表的同时，上报流动资金使用效率的实绩，即流动资金周转次数和流动资金周转一次所需的天数。

七、经费支出管理制度模板

第一条　本公司所有的部门经费必须按批准的报销数列为经费开支。

第二条　本公司所有的补助费、周转金应按实际拨补数，以批准的预算和银行支付凭证列为经费支出。

第三条　本公司所有购入的固定资产列为经费支出，记入固定资产和固定资金科目。

第四条　本公司所有因购入办公用品和材料所发生的费用，直接列为经费支出，但单位较大、数量大宗的应通过库存材料核算。

第五条　本公司所有拨放的各项补助款和无偿慈善投资，应依据受补助和受支援单位开来的收据列为经费支出。

第六条　本公司所有员工工资、津贴、补贴、福利补助等，必须根据实有人数和实发金额，取得本人签收的凭证列为经费支出，不得以编制定额、预算计划数字列支。

第七条　员工福利费按照规定标准计算提存，直接列为经费支出，并同时将提存从经费存款户转入其他存款户，以后开支时，在其他存款中支付。

第八条　其他各项费用，均以实际报销的数字列为经费支出。

八、固定资金管理制度模板

第一条　本公司所有部门（包括下属子公司及分公司）必须贯彻节约使用固定资金，充分利用已置的固定资产的原则。

第二条　本公司所有部门（包括下属子公司及分公司）必须配合财务人员每月核算固定资金利润率，季度检查、年终清算考核各部门（包括下属子公司及分公司）使用固定资金的效果。

第三条　本公司实行部门(包括下属子公司及分公司)独立核算,推行固定资产有偿占用制度,即按各部门(包括下属子公司及分公司)拥有的固定资产实绩,摊缴占用费,摊缴费率按国家规定执行,促使各部门(包括下属子公司及分公司)充分发挥固定资产的效能,压缩固定资金的使用。

第四条　未经工程部及总经理室审批,不得私自购置设施设备。

第五条　未经批准进行采购,财务部不予报销费用。

九、支票管理制度模板

第一条　本公司所有未用完的支票,必须于当日交回财会部门注销,以防止支票丢失或被盗。

第二条　本公司所有支票的使用必须贯彻随签发、随盖章的原则,不得事先盖章备用,以防支票遗失和被盗。

第三条　财务部门必须设专人负责保管空白支票和支票印鉴。

第四条　本公司所有的支票的购买及使用工作必须由专人负责,并建立支票登记本,按照支票号码逐一进行登记。

第五条　财务工作人员对已签发出的支票,要及时催报注销,并定期核对。如在核对时发现丢失短少,必须及时查找,同时向领导汇报。

第六条　本公司所有人员在借用支票时一般不超过两张,如有特殊情况必须征得部门主管及财务经理的共同认可,但最多不得超过 5 张。

第七条　本公司所有已用的支票应于当日将支票存根和原始凭证一并交回财会部门,如有遇特殊情况必须征得部门主管及财务经理的共同认可,但在 3 天内必须报账。

第八条　财会部门对借出的支票必须行使随时督促报账的义务,在接到交回的支票存根时,要及时核对号码并注销。

第九条　本公司所有人员必须妥善保管所借支票,不得随便乱改。保管和签发支票要按规定办理,否则发生支票丢失而使公司遭受损失的,要追究当事人的责任,并根据情况赔偿部分或全部经济损失。如有故意更改支票谋求私利者,公司将视情况追究其刑事责任。

第十条　本公司所有人员在支票使用过程中一旦发现支票丢失或被盗,应及时向公司汇报,并且迅速到银行办理挂失手续,在最小限度内减少损失。

第十一条　本公司所有支票在签发时,用途项内容填写要真实、齐全,字迹要清晰,不得更改大小写金额。

第十二条　本公司财务人员在支票管理工作中严禁有以下情况出现,如一旦发现,将坚决追究当事人责任。

1. 签发空头支票。

2. 签发远期或空期支票。

3. 将支票出租、出借或转让给其他单位和个人使用。

4. 将支票做抵押。

5. 签发印鉴不全、印鉴不符的支票。

第十三条 本公司所有支票金额起点为100元。

第十四条 本公司所有支票有效期为5天，背书转让地区的转账支票付款期为15天（自签发的次日算起，到期日遇假日顺延）。

第十五条 本公司所有支票在签发时应使用碳素墨水填写，没有按规定填写，被涂改冒领的，由此而造成公司损失的，由签发人负责。

第十六条 本公司所有支票在使用过程中不得更改大小写金额和收款人姓名，其他内容如有更改，必须由签发人加盖章并预留银行印鉴。

第十七条 过期、作废支票要按号订在原始凭证序号中，妥善保管，不准将支票乱扔乱放。

第十八条 本公司所有人员在领用支票时应事先将支票登记好，填写收款单位、支票用途、支票号码、预计用款金额等，由经手人在挂支单上签字或盖章，同时逐项登记日期，支票号码、款项用途、用款限额，并由借用人签字。财务人员在签发支票时，必须填写好日期、抬头、用途，金额大、小写，遇有特殊情况，也必须填写日期、抬头用途。

第十九条 在公司采购事项处理中，财务人员应根据采购员提出的进货品种、数量，按照采购权限，确定资金使用限额，采购员必须在规定的资金限额内严格掌握使用。遇到特殊情况需要超过使用限额时，要事先与财务人员联系，经财务人员同意后才能使用。否则造成银行“空额”影响用款或发生银行罚款时，由使用人负责。

第二十条 采购员采购商品回到公司后，应持供货单位发货票按核算组填制挂支单（挂支单必须按规定的内容填写），并于当日进行清理，由于客观原因当日不能挂支时，应及时向财务人员报告实际使用数额，以便掌握资金。“使用限额”当日有效。如当日未能使用而次日需继续使用时，须与财务人员重新研究确定限额。

第二十一条 支票开好后，采购员必须将存根数字和支票票面数字核对相符。支票存根必须按规定填写单位名称、金额、款项用途。

第二十二条 公司营业部财务人员要及时清理挂支，督促营业部门及时转账（本市不得超过5天，外埠不得超过15天），发现逾期挂支时，要及时查询，发现问题及时上报。

十、发票管理制度模板

第一条 为加强企业发票和资金往来专用发票的管理，结合企业具体情况，制定本制度。

第二条 根据业务需要，所需要发票和资金往来专用发票由行政部向税务部门提出申请，编制购买计划，凭税务部门核发的《发票和资金往来专用票购领凭单》，到税务部门购买。

第三条 各部门对发票实行专人管理，领取发票由专人负责，责任到人，财务部设发票管理台账，由领用人签字。

第四条 不准转借、转让发票，发票只准本单位的开票人按规定用途使用。

第五条 发票启用前，应先清点，如有缺联、少份、缺号、错号等问题，应整本退回。

第六条 填开发票时，应按顺序号，全份复写，并盖单位发票印章。各栏目内容填写应真实、完整，包括客户名称、项目、数量、单位、金额。未填写的大写金额单位应划上“○”符号封项；作废的发票应整份保存，并注明“作废”字样。

第七条　购买、自印、发出时，要对数并按号码顺序登记，以便备查。按季向所在税务部门报送“企业使用发货票和资金往来专用发票情况报表”。

第八条　企业会计组对营业部门使用的发票，要核定固定本数，原则上每个营业部门一本，并以旧发票到会计室换取新发票。

第九条　严禁超范围或携往外市使用发票；严禁伪造、涂改、撕毁、挖补、转借、代开、买卖、拆本和单联填写。

第十条　开具发票后，如发生销货退回情况需开红字发票的，必须收回原发票，并注明“作废”字样或取得对方有效证明。

第十一条　使用发票的部门和个人应妥善保管发票，不得丢失；如发票丢失，应于丢失当日用书面报告财务部，再由财务部上报处理。

第十二条　如因发票管理不善而发生税务部门罚款，公司将直接追究有关部门和人员的经济责任。

十一、退票管理制度模板

第一条　《退票通知书》由信用科填发，业务人员收到后应先行核对并于 3 日内将回执联填妥后寄信用科。

第二条　业务人员收到退票通知书后应于 15 日内（客票应即时）前往洽收，并将结果填写《退票洽收报告》寄回信用科，否则若发生问题，概由业务人员负责，如未能如期洽收，应先函告信用科并说明拟往洽收的日期，以确保时效，维护企业的权益。

第三条　退票洽收若是换票，新开的票期不得超过退票通知书填发日期 45 天，否则计算收款成绩时，扣减该票金额的 80%，超过 75 天则扣减 100%。

十二、提取现金的工作细则

当公司业务需要现金使用时，出纳应该按照有关规定到开户银行提取现金。取款的工作细则如下：

1. 填写现金支票。

现金支票的填写要求是：

（1）必须使用碳素墨水或蓝黑墨水，用钢笔填写。

（2）严格按照支票排定的号码顺序填写。

（3）书写要认真，不能潦草。

（4）将实际出票日期作为签发日期。

（5）坚决杜绝补填或预填日期行为。

（6）收款人姓名必须与印鉴名称一致。

（7）在填写金额时如有错误，不能做出涂改，应作废重填。

(8)在用途栏中如实填写。

(9)签章必须与银行预留印鉴相符。

(10)支票背面要有取款单位或取款人背书。

2. 填制取款凭证并向开户银行窗口提交。取款人持现金支票到开户银行后,向开户银行申请。

3. 银行受理后,领取领款对号单或号牌。

4. 持领款对号单或号牌到银行出纳窗口领取现金。

5. 认真清点所领取现金,核对无误后离开。

6. 应及时将现金存入保险柜内。

7. 编制记账凭证。

8. 根据审核无误的记账凭证登记现金日记账。

十三、财务出纳及资金利息处理规则

第一条　本公司所有现金及银行存款收入与支出等作业本处理业务悉遵守本规则。

第二条　零用金设立采用定额制,经管权赋予出纳。

第三条　本公司所设置的零用金额度由财务经理报告,总经理核定。

第四条　零用金保管员凭支付证明单付款进行零用款项的支付,同时审核该支付证明单是否符合规定。

第五条　在零用金的补充时,零用金保管员必须填制一式两份的《零用金补充申请单》,一份留存档案,一份连同所有支出凭证并呈会计部门请款。

第六条　本公司所有支付事项(除零用金外),由会计部门根据原始凭证编制支出传票,分额度不同分呈主管及总经理核定后支付。

第七条　经总经理核准后,会计编制的支出传票,出纳人员根据该传票办理现金、票据的支付,登记及移转。

第八条　会计部门严格审核本公司所有支出凭证(除零用金外),审查事项主要包括支出内容与金额是否与实际相符,领款人的印鉴是否相符,如有疑问应先查询后方能支付。

第九条　本公司所有支出凡一次支付未超过1000元者由零用金支付外,其余一律开抬头画线支票支付。

第十条　本公司所有货款及费用的支付,出纳人员必须将本支票或现金交付收款人或厂商,本公司人员不得代领,如有特殊情况,必须经总经理批准并签字认可。

第十一条　本公司出纳人员不得受理任何要求先行支付后补手续的支付事项。

第十二条　出纳人员在支付款项时必须在支出传票上加盖领款人印鉴,付讫后加盖付讫日期及经手人戳记。

第十三条　有关运费及外汇结汇款等各项费用支出款,收款人员必须如实填写《请款单》,并附输入许可证复印件,送交财务部门以“预付”或“暂付”方式制票转出纳办理支付。

第十四条　本公司各项支出付款期限如下:

1. 国内付款：每月 20 日付款一次（星期日及例假日顺延），以原始凭证经核后于付款日前 5 个工作日送达财务部门为限。

2. 经常发生的费用按照惯例期限办理，每天支付的内部员工费用，以原始凭证齐全并经核准者为限。

3. 薪工资的付款定于每月 5 日支付。

第十五条　本公司所有支付项目如有扣缴情况时，应将代扣款项于次月 10 日前填写相关报缴书向公库缴纳，并以复印件附于传票后。

第十六条　凡有扣缴税款及免扣缴应申报情事的，会计部门应于次年元月底前填写政府规定的凭单向稽征机关申报，并将正、副本交各纳税义务人。

第十七条　薪资的支付，应由人力资源部根据考勤表编制《薪资表》，于付款期限之前一日送交财务部门。

第十八条　营销部收到货款后，应将所收货款及时解缴出纳，出纳应将解缴凭证送交会计部门，并据以编制传票。

第十九条　本公司所有依法应扣缴的所得税款及依法应贴用印花税票，若因主办人员的疏忽发生漏扣、漏报、漏贴或短扣、短报、短贴等情事导致遭受处罚者，以及劳工保险费的滞缴，其滞纳金及罚金应由主办人员及其直属主管负责赔偿。

十四、现金盘点制度模板

第一条　本公司财务部在现金盘点前，必须由出纳员将现金集中起来存入保险柜。

第二条　出纳员编制《库存现金盘点报告表》必须根据现金实存数，同时分币种面值列示盘点金额。

第三条　在盘点保险柜的现金实存数的同时编制《库存现金盘点报告表》，分币种面值列示盘点金额。

第四条　日后盘点资产负债表时，应调整至资产负债表日的金额。

第五条　核对盘点金额与现金日记账余额，如有差异，应查明原因，并做出记录或适当调整。

第六条　在盘点过程中如发现冲抵库存现金的借条、未提现支票、未报销的原始凭证，应在《库存现金盘点报告表》中注明或做出必要的调整。

第三节　货币资金管理实用表单

一、现金收支日报表

现金收支日报表如表 11 －1 所示。

表 11 －1　现金收支日报表

日期：　　年　　月　　日　　　　　　　　　　　　　　　　部门：

日期		收支类别	摘　要	收　入	支　出
月	日				
总　计					

经理：　　　　　　　　审核：　　　　　　　　填表：

二、现金收支预算表

现金收支预算表如表 11－2 所示。

表 11－2　现金收支预算表

日期：　　年　　月　　日　　　　　　　　　　　　　　　　部门：

日　期	现　金			存　款			存　款		
	本日收入	本日支出	本日余额	本日存入	本日提款	本日余额	本日存入	本日提款	本日余额
转入									
1									
2									
3									
4									
5									
6									
7									
8									
9									
10									
11									
12									
13									
14									
15									
16									
17									
18									
19									
20									
21									
22									
23									
24									
计									

三、现金存款日记表

现金存款日记表如表 11 －3 所示。

表 11 －3　现金存款日记表

日期：　年　月　日　　　　　　　　　　　　　　部门：

财务处	经理	审核	制表

制表：　年　月　日

销货收入		其他收入		转账收入		借入款项		已动用借款	
项目	金额	项目	金额	项目	金额	项目	金额	项目	金额
直接外销		利息收入							
现销		退税收入							
票据兑现		其他							
合计		合计		合计		合计		合计	
本月累计		本月累计		本月累计		本月累计		本月累计	

资本支出		原料支出		费用支出		转账支出		还款支出		可动用支出	
项目	金额	项目	金额	项目	金额	项目	金额	项目	金额	项目	金额
		小计									
合计		合计		合计		合计		合计		合计	
本月累计		本月累计		本月累计		本月累计		本月累计		本月累计	
上日结存			本日收入			本日支出			本日结存		

四、资金调度日报表

资金调度日报表如表 11－4 所示。

表 11－4　资金调度日报表

银行名称						
借款名称						卡号
日期	摘要	抵押品名称	借款额度	借款偿还金额	未偿金额	未用额度

五、银行借款登记卡

银行借款登记卡如表 11－5 所示。

表 11－5　银行借款登记卡

年　　月　　日

期目	付款	项目	月　日	月　日	月　日	月　日	月　日	月　日
收入金额	应收票据	已收						
	应收票据	预计						
	押汇收入	预计						
	押汇收入	预计						
	贴现贷款	预计						
	其他借款	预计						
支付金额	资本支出	已开票						
	资本支出	预计						
	材料支出	已开票						
	材料支出	预计						
	薪资支出	预计						
	制造费用	已开票						
	制造费用	预计						
	销管费用	已开票						
	销管费用	预计						
	财务支出	预计						
收入金额		预计						
支付金额		预计						
差额								
现金银行存款								

总经理　　　　　　　　经理　　　　　　　　会计填表

六、资金调度表

资金调度表如表 11－6 所示。

表 11－6　资金调度表

年　　月　　日

项目	实际数		预计数		比较增减		差异原因说明	备　注
	金额	%	金额	%	金额	%		
								※凡实际数与预计数比较，每项差异在 10% 以上者，均应由资料提供部门列明差异原因，于每月 10 日前就上月份数填送会计部 ※本表由会计部填列实际数、预计数、比较增减后送给资料提供部门说明差异原因

七、资金差异报告表

资金差异报告表如表 11－7 所示。

表 11－7 资金差异报告表

年 月 日

<table>
<tr><td colspan="3">现金库存金额类别明细</td><td>前日余额</td><td>本日收入额</td><td>本日支出额</td><td>本日余额</td></tr>
<tr><td>金 额</td><td>数 量</td><td>金 额</td><td rowspan="3"></td><td rowspan="3"></td><td rowspan="3"></td><td rowspan="3"></td></tr>
<tr><td>100 元</td><td></td><td></td></tr>
<tr><td>50 元</td><td></td><td></td></tr>
<tr><td>20 元</td><td></td><td></td><td colspan="2" rowspan="2">相关传票数量</td><td rowspan="2">现金收入 张</td><td rowspan="2">现金支付 张</td></tr>
<tr><td>5 元</td><td></td><td></td></tr>
<tr><td>1 元</td><td></td><td></td><td rowspan="8">点钞明细</td><td>来 源</td><td>事 由</td><td>金 额</td></tr>
<tr><td></td><td></td><td></td><td></td><td></td><td></td></tr>
<tr><td></td><td></td><td></td><td></td><td></td><td></td></tr>
<tr><td></td><td></td><td></td><td></td><td></td><td></td></tr>
<tr><td></td><td></td><td></td><td></td><td></td><td></td></tr>
<tr><td></td><td></td><td></td><td></td><td></td><td></td></tr>
<tr><td></td><td></td><td></td><td></td><td></td><td></td></tr>
<tr><td></td><td></td><td></td><td></td><td></td><td></td></tr>
<tr><td></td><td></td><td></td><td rowspan="8">备注</td><td colspan="3" rowspan="8"></td></tr>
<tr><td></td><td></td><td></td></tr>
<tr><td></td><td></td><td></td></tr>
<tr><td></td><td></td><td></td></tr>
<tr><td></td><td></td><td></td></tr>
<tr><td>计</td><td></td><td></td></tr>
<tr><td>假 钞</td><td>件</td><td></td></tr>
<tr><td>合 计</td><td></td><td></td></tr>
</table>

总经理： 经理： 科长： 复核： 制表：

八、现金银行存款结存表

现金银行存款结存表如表 11－8 所示。

表 11－8　现金银行存款结存表

年　月　日

银行	昨日结存	收　入	支　出	本日结存	备　注

主管：　　　　　　　　　　制表：

九、现金与银行存款逐日登记表

现金与银行存款逐日登记表如表 11 －9 所示。

表 11 －9　现金与银行存款逐日登记表

年　　月　　日

日　期	现　金			存　款			存　款		
转　入									
1									
2									
3									
4									
5									
6									
7									
8									
9									
10									
11									
12									
13									
14									
15									
16									
17									
18									
19									
20									
21									
22									
23									
24									
25									
26									
27									
28									
29									
30									
31									
计									

十、应收账款控制表

应收账款控制表如表 11 －10 所示。

表 11 －10　应收账款控制表

年　　月　　日　　　　　　　　　　单位:元

厂商	上月应收账款	本月出资	月末减项				本月底应收账款
			回款	退款	折让	合计	
合计							

核准:　　　　　　　复核:　　　　　　　制表:

十一、付款登记表

付款登记表如表 11－11 所示。

表 11－11 付款登记表

付款期： 年 月 日 页次：

验收单号	企业名称	摘要	支付金额	领款日期	领款章	备注	企业领款单

十二、预付款申请表

预付款申请表如表 11－12 所示。

表 11－12　预付款申请表

年　　月　　日

日期：＿＿＿＿＿＿

申请部门：　　　　□采购料

□订金（尚未开发票）

□分批交货暂支票

金　额：＿＿＿＿＿＿

说　明：

冲销日期：＿＿＿＿＿＿

经理：＿＿＿＿主管：＿＿＿＿申请人：＿＿＿＿

会计：＿＿＿＿冲账：＿＿＿＿

第四节 货币资金管理规范化细节执行标准

一、出纳直接收款工作细则

出纳人员根据有关收款凭据办理收款事宜，收款的工作细则如下：

1. 查看收款依据是否齐备。

2. 审核现金来源是否合乎相关法律与规定。

3. 当面清点现金，做到收付两清。

4. 根据相关规定开具收款凭据，并将"现金收讫"印鉴加盖在收款凭据和收款依据上。

5. 编制记账凭证。

6. 根据审核无误的记账凭证登记现金出纳账。

二、假币的处理规范

1. 单位的财会出纳人员，在收付现金时发现假币，应立即送交附近的银行鉴别。

2. 单位发现可疑币不能断定其真假时，发现单位不得随意加盖假币戳记和没收，应向持币人说明情况，开具临时收据，连同可疑币及时报送中国人民银行当地分支鉴定。经人民银行鉴定，确属假币时，按发现假币后的处理方法处理；如果确定不是假币时，应及时将钞票退还持币人。

3. 发现假币，应立即就近送交银行鉴定，并向公安机关和银行举报及提供有关详情，协助破案。

三、损伤人民币的处理规范

残缺人民币是指有的人民币由于某种原因明显缺少了一部分的票币，称为残缺人民币。

依据中国人民银行颁布的《残缺人民币兑换办法》的规定，凡残缺人民币属于下列情况之一者，可持币向银行营业部门全额兑换：

(1)票面残缺部分不超过五分之一，其余部分的图案、文字能照原样连接的。

(2)票面污损、熏焦、水湿、油浸、变色、但能辨别真假，票面完整或残缺不超过五分之一，票面其余部分的图案、文字能照原样连接的。

凡残缺人民币属于下列情况的，可半额兑换：票面残缺五分之一以上至二分之一，其余部分的图案、文字能照原样连接的，应持币向银行营业部门照原面额的半数兑换。但不得流通使用。

凡残缺人民币属于下列情况之一的，不予兑换：

（1）票面残缺二分之一以上的。

（2）票面污损、熏焦、水湿、变色不能辨别真假的。

（3）故意挖补、涂改、剪贴、拼凑、揭去一面的。

不予兑换的残缺人民币由中国人民银行收回销毁，不得流通使用。

及时回收市场流通中的损伤、残缺人民币，保持人民币的整洁，维护国家货币的信誉，需要企事业单位、广大群众、银行等各方面的配合。不论是单位还是个人，如果留有不宜流通的损伤、残缺人民币，不要再次使用或对外找付，应挑拣、粘补整理好，随时送存银行或办理兑换。

四、出纳员点钞的基本规范

点钞方法主要有手工点钞和机器点钞两种。一般企事业单位使用的主要还是手工点钞方法。常见的手工点钞方法有：手持式单指单张点钞法、手持式单指多张点钞法、手持式四指拨动点钞法、手持式五指拨动点钞法、手按式单张点钞法、手按式双张点钞法等。

手持式单指单张点钞法是最常用的点钞方法之一。其基本操作要领如下：左手持票，手心向下，拇指按住钞票正面的左端中央，食指和中指在钞票背面，与拇指一起捏住钞票；左手无名指自然卷曲，捏起钞票后小拇指伸向钞票正面压住钞票左下方；左手中指稍用力，与无名指、小拇指一起紧卡钞票；左手食指伸直，拇指向上移动，按住钞票的侧面，将钞票压成瓦形；左手将钞票从桌面上擦过，钞票翻转，拇指借从桌面上擦过的力量将钞票撑成微开的扇面并斜对自己面前；右手三个指头沾水，用拇指尖向下捻动钞票右下角，食指在钞票背面配合拇指捻动；用右手无名指将捻起的钞票往怀里弹，边点边记数；点钞时注意姿势，身体挺直，眼睛和钞票保持一定距离，两手肘部放在桌面上。

手按式单张点钞法也是最常用的点钞方法之一。其基本操作要领如下：将钞票横放在桌面上，正对自己；用左手无名指、小拇指按住钞票的左上角；用右手拇指托起部分钞票的右下角；右手食指捻动钞票，每捻动一张，左手拇指即往上推动送至左手食指、中指之间夹住，即完成了一次点钞动作，以后依次连续操作。

五、出纳支付款项的程序

本公司支付款项的付款程序，悉依照下列步骤办理。

1. 内购、工程发包款：应根据统一发票、普通凭证，以及收到货物、器材的验收单并附请购单，经有关单位签章证明及核准，送交会计部门开具传票。

2. 预付、暂付款项:应根据合同或核准文件,由经办单位填写请款单,注明合同文件字号,呈报核准后送交会计部门开具传票。

3. 一般费用:应根据发票、收据或内部凭证,经有关主管签章证明及核准,始得送交会计部门开具传票。

4. 会计部门应根据原始凭证开具传票。

5. 会计部门开具传票时,应先审核原始凭证是否符合税务法令及公司规定的手续,然后办理。

6. 传票经主管及总经理核准后,送交会计部门转出纳办理支付工作。

六、现金收款凭证复核内容及标准

本公司出纳人员在办理每笔现金收入前,必须复核现金收款凭证,以确保收款凭证的合法性、真实性和准确性,主要复核内容如下:

1. 现金收款凭证的填写日期:现金收款凭证的填写日期应为编制收款凭证的当天,不得提前或推后。

2. 现金收款凭证的编号:有无重号、漏号或不按日期顺序编号等情况。

3. 现金收款凭证记录的内容是否真实、合法、准确,摘要栏的内容与原始凭证反映的经济业务内容是否相符。

4. 使用的会计科目是否正确。

5. 复核收款凭证的金额与原始凭证的金额是否一致,原始凭证大小写金额是否相符,有无印章。

6. 复核收款凭证"附单据"栏的张数与所附原始凭证张数是否相符。

7. 收款凭证的出纳、制单、复核、财务主管栏目是否有签名或盖章。

七、现金付款凭证复核内容及标准

本公司出纳人员在办理每笔现金支出前,必须复核现金付款凭证,以确保付款凭证的合法性、真实性和准确性,主要复核内容如下:

1. 对于涉及现金和银行存款之间的收付业务,只填制付款凭证,不填制收款凭证。如将当日营业款送存银行,制单人员根据现金解款单(回单)编制现金付款凭证,借方账户为银行存款,贷方账户为现金,不再编制银行存款收款凭证。

2. 发生销货退回时,如数量较少,且退款金额在转账起点以下,需用现金退款时,必须取得对方的收款收据,不得以退货发货票代替收据编制付款凭证。

3. 从外单位取得的原始凭证如遗失,应取得原签发单位盖有有关印章的证明,并注明原始凭证的名称、金额、经济内容等,经单位负责人批准,方可代替原始凭证。

八、现金收付凭证的审核程序

本公司出纳人员在进行所有现金收付凭证工作时都要进行认真的核对，主要复核内容如下：

1. 审核现金收付是否符合现金管理制度规定。

2. 审核经济业务是否真实，有无批准人、经办人签章。

3. 进行原始凭证技术性审核，即规定项目是否填写齐全，数字是否准确，手续是否完备。

九、增值税专用发票的管理、使用细则

1. 对本公司购领的增值税专用发票，应视同现金管理一样，建立账簿，严格领、发、存手续。

2. 销售给其他单位和个人均不得开具专用发票。一般纳税人到商店购买商品，如需开具专用发票，必须出示盖有一般纳税人认定专章的税务登记证副本，由商店会计室负责办理。

3. 填开给购货方的发票注意事项。

(1)要填列单位名称，购销双方的税务登记号。

(2)交易价格与税款分别填列。

(3)专用发票金额栏是不含税的金额，若为含税价格则应用下列公式换成不含税价格。不含税价格 = 含税价格/1 + 增值税率。

(4)金额栏与税额栏合计必须与价税合计栏(大写)相等。

(5)按照规定专用发票的开户银行及账号栏和购销双方的电话号码也要填写清楚。

4. 厂家开具的专用发票有以下情形之一者不得入账：

(1)没有填列售货方或购货方增值税纳税人登记号码。

(2)填列的纳税登记号与购货方或销货方的真实号码不相符。

(3)单联填写或上下联金额，增值税额等内容不一致。

(4)交易价格与税款计算有差错。

(5)适用税率与税款计算有差错。

(6)抵扣联没有加盖规定的印章。

以上规定、采购、合同、物价、财会各个环节都要认真执行，严格把关，避免疏漏。

十、发票和资金往来专用发票的管理办法

1. 企业会计室应责成专人对营业部的发票领取、使用、保管等情况进行经常性的检查核对。

2. 企业会计室对营业部门交来的旧发票，按日、号码归类整理打捆，妥善保管。

3. 发票、资金往来专用发票存根保管期为5年。销毁发票存根，必须造册登记，并向所在税务部门提出书面申请，经税务部门批准后，方可销毁。

4. 商店营业部门变动时，财会人员和营业部门主任应将未使用和已使用的发票收回，并交商店财会人员注销，统一管理。

十一、内部员工借支规定

本公司财务人员在进行内部员工借支工作时，必须以如下规定为操作守则。

1. 员工因公出差，填写差旅费申请表，经部门负责人审批，按财务部门审定的额度借支差旅费（其额度通常按出差地点的远近和出差天数、运输工具加以确定），出差完毕回单位后一周内必须到财会部门办理报销手续，逾期不报视为挪用公款处理。

2. 员工因公受伤须到外地治疗，可借支差旅费，借支和报销手续同上。

3. 员工因病住院治疗，允许借支医药费（最高限额为一次××××元），由本人填写内部借款单，经领导审批，方可借支。出院后应及时将支票存根及医药费收据送交财务部报销，按规定标准核销医药费，应由个人负担的医药费，少则当即付清，多则由个人填写还款计划，由财务部门按月从其工资中扣还。

十二、识别真假人民币的方法

水印观察法——真人民币的水印，不论是固定水印，还是满版水印，都是在造纸过程中做在纸张中的，将人民币平放时，一般看不出水印的迹象。但只要迎光透视，均可看到纸币中含有层次丰富、立体感强的水印。而假币一般没有水印，即便有也是用印模后盖上去的，平放时有水印轮廓。迎光透视时，有的反面看不清楚，有的则特别明显，其水印图案结构简单，无立体感，且图像失真。

真币对照法——真人民币的各种颜色光泽鲜亮、图案轮廓清晰、层次分明、立体感强、印制精细，迎光透视时，可看到正面右侧有一条上下贯通的黑色金属线。而假币由于粗制滥造，多数票面颜色浑浊、色泽灰暗。

手感触摸法——现行流通的纸币5元以上的，都采用了凹印技术，用手指反复触摸币面主要图案及“中国人民银行”字样，真币有凹凸感，假币同部位则没有这种感觉。

紫光检测法——将真币置于紫光灯下，票面颜色无刺眼现象；假币则出现刺眼的蓝

白光。但用这种方法检测时，有时个别真币由于接触过肥皂粉等，也会出现刺眼的蓝白光。因此，用紫光检测时还须观察其他特征。

红色百元人民币简单识别法——将100元币钞正面左下方的100字样，对着亮光正侧面观看，凡是变色的（正面垂直角度观察是绿色的，侧面倾斜一定角度观察则是蓝色的）应是真币；反之，则是假币。现在，银行还发现，红色百元假币也有“100”变色字样，但色泽比较模糊，制作比较粗糙，感觉像撒上去了荧光粉。

笔试水印法——用薄纸蒙在钞票的水印部位，用较软的铅笔在纸上相应部位轻轻地摩擦，在薄纸上显现出水印图像轮廓的才是真的。

尺量钞票尺寸法——人民币的每一种券别都有固定的大小尺寸，用尺一量，不规范者必假无疑。如第五套人民币的票幅为：1元券，130mm×63mm；2元券，145mm×63mm；5元券，135mm×63mm；10元券，140mm×70mm；20元券，145mm×70mm；50元券，150mm×70mm；100元券，155mm×77mm。其中50元券和100元券的票幅，1990年版和1980年版相同。

使用验钞机——用机器检测，一般可与点钞相结合，机器查验，一般是查验钞票的荧光反应。人民币用纸是无荧光反应的，但某些部位用的油墨中有荧光反应，如第四套人民币1990年版中50元券和100元券，其中汉语拼音“WUSHI”“YIBAI”和阿拉伯数字“50”“100”都有荧光反应。该有的没有或不该有的有了，都是假人民币。这种类型的机器多为小型简易式的，价格便宜，企、事业单位出纳部门购置比较实用。

第12章　把钱花在刀刃上
——财务成本管理

第一节　财务成本管理工作要点

一、成本管理的基本工作内容

成本管理的基本工作内容如下：

1. 制定产品标准成本。
2. 对企业生产的产品的实际成本进行分析。
3. 对实际成本与标准成本的差距进行分析，提出降低产品成本的方案。
4. 通过制定合理的制度与标准对营业费用进行控制。
5. 通过模拟与预测对销售费用进行控制。
6. 对成本控制情况进行考核与评价。

二、成本核算的工作流程

成本核算的工作流程如下：

（一）生产成本核算总流程。

费用核算→费用归集与分配→产品成本核算→产成品入库→产成品发出。

（二）生产部门日常费用报销流程。

审核原始凭证完整、合法、金额正确、原始凭证与支出证明单是否一致→审核并更正原始凭证按规范粘贴和折叠→审核审批手续是否完备→审核部门费用支出进度（如超计划额度，可拒绝报销）→编制记账凭证→涉及现金的凭证传出纳岗，不涉及现金的凭证传主管岗复核。

（三）其他核算流程。

1. 水（电）费。

收受出纳岗传来的水（电）费委托收款凭证→分出非生产用水（电）发票→将生产用水（电）发票传生产部相关岗位换取增值税票→编制记账凭证→传主管岗复核。

2. 审核原辅材料领用。

每月 1 日收受材料审核岗传来的当月原材料领料汇总表、记账凭证→对照领料单审核材料发出汇总表→对照汇总表审核记账凭证→传主管岗。

（四）制造费用及辅助生产归集与分配流程。

1. 生产质保费用。

结账后第三日查询并打印当月制造费用——生产部（含分管领导）/质保部（含分管领导）科目时段余额表→向生产部统计岗取得各车间产量工时→编制生产费用（含分管领导）、质保部费用（含分管领导）分配表→编制记账凭证→传主管岗复核。

2. 车间制造费用。

车间制造费用由财务系统自动结转，并生成记账凭证。

3. 辅助生产成本。

结账后第三日查询并打印当月辅助生产成本科目时段余额表→传辅助生产车间核算员进行辅助生产分配→根据辅助生产车间核算员编制的辅助生产分配明细表编制记账凭证→传主管岗复核。

（五）生产成本核算流程。

1. 基本生产成本的归集。

检查制造费用、辅助生产成本是否结转完毕→检查工资分配、原材料领用、产成品发放凭证是否已编制→结账后第三日打印各车间生产成本汇总表及制造费用汇总表→传各车间成本核算员。

2. 产品成本核算。

由车间成本核算员根据当月车间生产的产品品种数量、各产品耗用的工时及成本岗提供的生产成本汇总表等，将车间当月生产成本在完工产品、在产品和半成品之间，完工产品、半成品品种之间进行分配，结账后第四日编制产品成本计算表交成本核算岗。

3. 产成品入库。

（1）审核产成品明细账。

定期审核仓库产成品、自制材料账→核对入库单（第④联）数量与仓库管理员登记的明细账借方数一致→取下入库单（第④联）→分车间分品种暂时保存。

（2）审核成本计算表。

检查车间成本核算员编制的成本表→核对完工产品、半成品数量和入库单（第④联）数量一致→根据成本计算表及入库单（第④联）编制记账凭证→传主管岗复核。

（3）编制产成品平均成本表。

将每月完工产品成本资料输入《产品平均成本表》，以便动态直观地反映各产品成本变动情况。

（4）登记仓库产成品（自制材料）明细账借方金额。

根据已审核成本计算表，将入库产成品、自制材料、成本金额登记在仓库产成品、自制材料明细账借方。

4. 计算加权平均单价。

产成品（自制材料）加权平均单价 = 本期收货金额 + 期初结余金额本期收货数量 + 期初结余数量，为本期产成品发出单价。

5. 退货入库。

货物退回，根据销售部开具红字销售单，由销售核算岗按中转库上月各品种加权平均单价及退货数量计算出退货金额，并将品种、数量、单价、金额等资料编表汇总，本岗根据其汇总表，编制记账凭证。

6. 产成品出库。

审核仓库产成品明细账登记的发出数量→抽出产成品发出凭证并编制分类汇总→计算发出金额(其金额 = 数量 × 产成品加权平均单价)→在仓库明细账中登记发出金额→凭汇总表编制记账凭证→传审核岗审核。

7. 结仓库产成品明细账。

仓库明细账审核登记完毕,结出各产品余额,督促仓库管理员与实物核对,并将账本余额分类汇总与财务账核对。

8. 盘点。

每半年组织对仓库实物盘点一次→督促仓库管理员编制盘存表→及时提供盘点结果→协助仓库管理员报告有关问题事项→根据公司处理决定编制记账凭证。

第二节　财务成本管理规范化制度

一、生产成本管理制度模板

第一条　财务部门受总经理和财务总监的直接领导,是生产成本管理的主管部门,其职能是:根据公司的生产经营决策,全面负责本公司的生产成本管理工作。

第二条　根据全面预算管理与定额成本管理的基本内涵,按照归口管理的原则,确立生产管理部门、装配部门、人力资源部门和物资供应部门为生产成本的专业管理部门。

第三条　生产成本管理分工。

(一)财务部门。

1. 严格执行国家有关成本管理的方针、政策、法律、法令、法规、条例与制度。根据集团公司下达的预算管理要求,编制年度生产成本预算。

2. 根据集团公司下达的目标成本计划,测算公司目标成本控制指标。

3. 按照公司的机构设置,对各费用项目进行分解承包。对各费用承包部门及责任人进行考核。

4. 参与专业生产成本有关各项费用、消耗定额的制定与完善。

5. 根据国家有关方针、政策、法律、法令、法规条例与制度,及时制定、修订与完善生产成本管理制度,并贯彻执行。

6. 负责生产成本的综合分析,找出生产成本的升降原因,提出降低成本的建议与措施。

7. 负责生产基地的成本核算和管理。

(二)生产管理部门。

1. 根据公司的要求和安排,编制生产计划并组织实施。

2. 负责月度各车间、半成品库的盘点工作。

3. 统计报送有关经济技术指标。

(1)每月生产月报表。

(2)每月盘存资料。

(3)月度生产计划。

(4)生产月度综合统计分析。

4. 负责检修计划的编制与实施,向财务部门提交检修用工与检修费用情况。

5. 配合财务部门、原料仓库进行日常消耗材料的管理,各车间、各工序根据日产及材料消耗定额实行定额资金管理和限额领料制度。

(三)人力资源部门。

1. 负责各部门、各车间每月实际用工及工资费用的管理。

2. 负责全司各部门的工时定额测算、计件单价测算。

3. 负责劳动保护费用的管理。

4. 负责劳动保险金、教育经费、福利费等方面费用的管理。

(四)物资供应部门。

1. 负责各种消耗材料的采购。

2. 负责组织内部材料计划价格的制定与调整。

第四条 生产成本的预算编制。

(一)生产成本预算编制程序。

各有关部门按照预算编制的要求,在每年的 11 月向财务部门提供下一年度及每月的成本预算资料,财务部门于每年 12 月编制下一年度成本预算,经总经理审查后,于 12 月底上报董事长,经批准后贯彻执行。

(二)生产成本的预算编制分工。

财务部门负责组织全公司生产成本预算的编制。与生产成本有关的各专业管理部门按照职责分工,分别负责生产技术经济指标的制定、分管专业和生产成本的预算编制。

(三)生产成本的预算编制要求。

财务部门根据公司预算管理要求,结合上年度的成本实际完成情况,以及公司下达的年度定额成本计划及本公司的实际情况,编制本年度生产成本预算。

(四)生产预算的调整。

造成的生产计划的调整而影响生产技术指标的变动,因集团公司因素而引起的成本增减,财务部按有关程序申请调整预算。月度生产计划、各项生产技术指标的调整文件或资料,专业管理部门应及时提交财务部。

第五条 生产成本的控制。

(一)按照全面预算管理的要求,建立定额成本管理体系。

(二)进行归口分级管理,明确各部门的职责与权限。进行生产费用的测算和事后生产费用指标的分解与下达和生产成本预算的调整。

(三)全面预算在生产计划下达后,财务部门结合采购计划、材料价格、工资预算、销售计划和水、电、气消耗等另行编制。

第六条 生产成本预算的考核。

(一)按照全面预算管理的要求,建立定额成本管理的监督体系。确立总经理为目标成本管理的第一负责人。

（二）确立由生产部长、财务部长以及与生产成本管理相关的各部门负责人组成目标成本监督小组。

（三）各专业部门按照目标成本管理的要求，对所管理的费用项目要进行事前控制，确保目标的实现。

（四）财务部门按照成本习性，对生产基地目标成本管理工作负有业务指导与监督义务。对于出现的一般问题，财务部部长直接解决，解决无效时报总经理解决。

第七条　生产成本核算。

（一）产品核算原则以中华人民共和国《企业会计准则》为准，核算方法以《股份制会计制度》为准。

（二）成本核算报告以财务报表形式编制，报表分月报、季报、年报三种。

第八条　生产成本分析。

（一）生产成本分析，由财务部门组织专业管理部门进行，按分工开展各项工作。

（二）成本分析采取灵活多样的形式，即将全面分析与专题分析，专业分析与群众分析，事前、事中与事后分析，定期分析与不定期分析相结合。

（三）事后的生产分析是向总经理进行书面报告的最主要的形式，财务部门的成本分析报告应于月度 8 日、季度 8 日、年度 10 日内完成。

（四）各专业管理部门分管指标的分析分别于月度 30 日内以书面形式提交财务部门。

（五）月度主要分析生产成本与经济技术指标的偏差，季度主要进行专题分析，半年或年度分析主要进行成本综合分析，既要与上年同期比，又要与年度目标成本计划比。

（六）分析的目的是：揭示成本管理中存在的薄弱环节，充分暴露矛盾，制定降低成本的具体措施，保证目标成本的实现。

（七）按月、季、年召开成本分析会议，就成本管理中出现的问题制定整改措施，做出相应决议，定人、定事、定日期，并指定有关部门会后检查与总结，成本分析会议可结合经济活动分析会进行。

第九条　本制度由财务部门制定，经总经理审批后自颁布之日起执行。

二、成本核算细则

□ 总则

第一条　为规范公司成本核算工作，提高成本核算的准确性与及时性，制定本细则。

第二条　公司的控股子公司可自行制定成本核算办法，报公司批准后执行。

□ 成本开支范围

第三条　为生产商品和提供劳务而发生的直接材料、直接工资、其他直接支出和制造费用计入制造成本。

（一）直接材料：是指生产商品产品和提供劳务过程中所消耗的，直接用于产品生产，构成产品实体的原料及主要材料、外购半成品以及有助于产品形成的辅助材料和其他直接材料。

(二)直接工资:是指在生产商品产品和提供劳务过程中,直接参加产品生产的工人工资以及按生产工人工资总额和规定比例计算提取的职工福利费。

(三)燃料及动力:是指直接用于产品生产的外购燃料和水、电、气、冷动力费用。

(四)制造费用:是指应由产品制造成本负担的,不能直接计入各产品成本的有关费用,主要是指各生产车间管理人员的工资、奖金、津贴、补贴,员工福利费,生产车间房屋建筑物、机器设备等的折旧费,租赁费(不包括融资租赁费),修理费、机物料消耗、低值易耗品摊销,取暖费(降温费),水电费,办公费,差旅费,运输费,保险费,设计制图费,试验检验费,劳动保护费,修理期间的停工损失以及其他制造费用。

第四条　下列各项支出不得计入成本。

(一)资本性支出,即购置和建造固定资产和其他资产的支出。

(二)对外投资的支出。

(三)无形资产受让和开发支出。

(四)违法经营罚款和被没收财产损失。

(五)税收滞纳金、罚金、罚款。

(六)灾害事故损失有赔偿的部分。

(七)各种捐赠支出。

(八)各种赞助支出。

(九)分配给投资者的利润。

(十)国家规定不得列入成本的其他支出。

□ 成本核算的任务、原则

第五条　公司成本核算的任务。

(一)认真执行国家有关成本开支范围和费用开支标准,合理归集与核算生产经营过程中发生的各项费用,正确计算产品成本并根据公司内部经营管理需要和有关部门的要求,及时准确地提供成本报告和有关分析资料。

(二)监督成本费用发生的合规性和合理性。

(三)促进企业改善经营管理,降低生产耗费,提高经济效益。

第六条　成本核算工作的原则。

(一)按照统一领导、分级管理的原则,建立健全适应市场竞争和内部管理需要的成本费用核算体制。

(二)开展成本费用核算工作,加强对二级核算单位以及班组成本核算的组织与管理。

(三)成本费用核算工作必须在不断加强与完善各项基础管理工作的前提下进行,使成本费用的核算具有可依靠的基础。

(四)成本费用计算期应与会计核算期一致,规定为每年1月1日到12月31日和每月1日至当月末。计入当月成本的费用要素消耗和产品产量的起止日期须与成本计算期保持一致,不得提前和延后。

(五)成本核算必须坚持权责发生制的原则,应真实、准确地反映特定会计期间的成本水平的经营成果。

（六）成本核算须划清本期成本与下期成本的界限、在产品与产成品的界限、各种产品之间的成本界限。

（七）根据计算期内完工验收入库的产品数量、实际消耗和实际价格，计算产品的实际成本，不得以估计成本、目标成本代替实际成本。按计划成本、定额成本进行核算的，应在月末调整为实际成本。

（八）遵循"谁受益谁承担费用"的原则确定成本核算对象，对生产和经营过程中发生的各项费用，应设置成本费用账册，以审核无误手续齐备的原始凭证为依据，对成本项目在各成本核算与管理对象间进行分配，做到真实、准确、完整、及时。

（九）公司成本核算中的各项具体方法（包括材料计价、价差调整、费用分配方法、完工产品和在产品成本计算等），前后各期必须一致，不得随意变更。如需变更，应报经主管部门批准，并将变更的原因及其对成本费用和财务状况的影响，在当期的会计报告中加以说明。

□ 生产费用的分类、归集、分配

第七条　生产费用按经济内容（或性质）分类称为生产费用要素。

（一）外购材料：指为进行生产经营而耗用的一切从外部购进的原材料及主要材料、半成品、辅助材料、包装物、修理用备件和低值易耗品等。

（二）外购燃料：指为进行生产经营而耗用的一切外部购进的各种燃料，包括固体、液体和气体燃料。

（三）外购动力：指为进行生产经营而耗用的由外部购进的各种动力。

（四）工资：指应计入生产费用的员工工资。

（五）计提的员工福利费：指按照工货总额的规定比例 14% 计提的员工福利费。

（六）折旧费：指各生产单位房屋建筑物、机器设备等固定资产按照规定的折旧率计算提取的折旧费用。

（七）修理费：指按照确定并备案的提存率预提的房屋建筑物、机器设备等各类固定资产的大、中、小修理费用或直接计入生产费用的修理费用。

（八）利息支出：指应计入生产费用的银行借款利息支出减利息收入后的净额。

（九）税金：指应计入生产费用的各种税金，包括房产税、车船使用税、土地使用税、印花税等。

（十）其他支出：指不属于以上各要素的费用支出，如物耗和非物耗等。

第八条　生产费用按经济用途分类称为成本项目。

公司成本项目规定，生产费用主要包括：

（一）直接材料：直接用于生产构成产品实体的各种原料、主要材料和外购半成品以及有助于产品形成并具有消耗定额的辅助材料，包括包装物。

（二）燃料及动力：直接用于产品生产的外购和自制的各种燃料和动力。

（三）工资及福利费：直接参加产品生产的员工工资以及按规定比例计提的员工福利费。

（四）制造费用：指各单位为组织和管理生产所发生的各种费用，包括：

1. 工资：指车间生产员工以外的管理人员、辅助员工、勤杂人员的工资。

2. 员工福利费：指按上述人员工资的 14% 提取的员工福利费。

3. 折旧费：指车间使用的各类固定资产提取的折旧费。

4. 修理费：指车间维修各类固定资产和低值易耗品所发生的修理费用。

5. 办公费：指车间发生的文具、纸张、印刷品等办公费用。

6. 水电费：指车间非工艺过程用水和照明用电的费用。

7. 取暖费用：指车间应分担的采暖费用，不包括支付员工取暖费津贴。

8. 租赁费：指车间从外部租入各种固定资产和工具而支付的租金。

9. 差旅费：指车间因公外出的各种差旅费、市内交通费。

10. 机物料消耗：指车间非直接用于产品、劳务的一般消耗材料，不包括修理费用、劳动保护用品等。

11. 保险费：指车间应负担的财产保险费。

12. 低值易耗品摊销：生产车间耗用的通用工具、生产用具、仪器等。

13. 劳动保护费：车间为保证劳动安全发生的各项费用，包括应由制造费用开支的各项劳动保护措施费、劳动保护装置维护费、防暑降温费、劳动保护用品费等，不包括增加固定资产的劳动安全防护措施支出。

14. 季节性修理期间的停工损失。

15. 运输费：车间内部运输所发生的费用和运输部门为车间提供的劳务费用。

16. 外部加工费：指车间产品零部件委托外公司加工协作的费用。

17. 试验检验费：指不能直接计入为鉴定某种产品质量而发生的产品的试验费、原材料、成品及半成品的检验费用、理化试验、质量监控等费用。

18. 设计制图费：指对产品和工艺进行科研、设计所发生的费用。

19. 其他：指不属于以上项目的其他应计入制造费用的支出。

第九条　生产费用归集与分配的原则。

（一）按产品品种设置成本核算对象，对难以直接计入的间接费用要按合适的标准，在公司包括主营业务、其他所有产品之间分配。企业的产品包括全部的主营业务、其他业务和劳务协作。

（二）凡能直接计入各生产线、各作业、各产品的费用均应直接计入。

（三）凡不能直接计入各生产线、各作业、各产品的费用，应采用与费用形成有直接关系的分配标准进行分配。

（四）分配标准一经确定，不得随意变动。

第十条　购入材料的成本。

（一）生产过程中实际消耗的外购材料的成本包括买价、外地运杂费、保险费、大宗材料的市内运杂费、运输途中的合理损耗和入库前的挑选整理费用等，但不包括购进材料增值税和购进免税农产品按规定的扣除率计算的进项税额。

（二）购进材料直接用于非应税产品的，应按包括进项增值税在内的全部支付价款全额计入材料成本。

（三）进口材料的采购成本应包括国外进价、进口税金。

第十一条　材料费用的归集与分配。

（一）月终未报账的材料，按计划价办理暂估入库，于材料报账时冲回。

（二）采用公司内计划价格进行材料日常核算，月终将耗用材料的计划价调整为实际价格。材料的实际价格与计划价格的差异,使用当月实际差异率,按材料类别或品种核算。其中,主要原材料按品种核算,辅助材料、备品备件、包装物、低质易耗品按材料类别核算。

(三)材料稽核员根据领料单,将属于直接构成产品实体的材料,计入制造部生产成本;不能直接计入产品实体的,计入领用部门制造费用。成本核算员将直接计入产品实体的材料按材料稽核员转来的《材料领用单》,以材料核算价分配到各工序、各产品,并将材料成本调整为实际成本。

(四)月末车间材料员负责将已领未用的材料办理"假退库"手续。

第十二条 动力费用的归集与分配。

(一)动力包括水、电、蒸汽、冷、压缩空气等,分外购、自制两种。自制动力以及需经本单位辅助车间处理后使用的外购动力,均应作为辅助生产核算。

(二)动力费用根据计量仪表记录的实际耗用数量进行核算。没有计量仪表的,应由动力部门或有关部门确定的合理的分配标准,作为分配动力费用的依据。

(三)动力费用的核算要划清生产用和非生产用的界限,内供和外供的界限。

第十三条 工资及福利费用的归集与分配。

(一)应当支付给员工的各项工资,应按国家有关规定列入工资总额。各项工资性支出都应按照手续完备的原始凭证进行核算和汇集。

(二)按照规定的工资制度、工资标准和工资等级,依据有关的原始凭证,正确计算应付工资和实发工资。

(三)依据国家有关规定计算、提取和支付员工福利费,不得擅自改变计提比例。每月应付员工的全部工资和提取的员工福利费,按部门、车间进行汇集与分配,分别计入有关科目中。

第十四条 固定资产的折旧费。

(一)固定资产的折旧费根据确定的折旧年限和折旧率,按月提取,分类计入各有关科目。固定资产的折旧率应按集团公司的统一会计政策确定,报集团公司财务部门备案,不能随意变动。

(二)公司购置或竣工验收交付试生产的固定资产,都要按经审计确认的资产原值(或估计原值)入账并计提折旧;对长期不用或不需要用的资产要及时办理封存手续;对已交付使用,但尚未办理竣工决算的工程要自交付使用之日起,按照工程预算、造价或工程成本等资料,估价转入固定资产,并据以计提折旧。竣工决算办理完毕以后,按决算数调整原固定资产估价和已提折旧,以保证成本水平的真实性与合理性。

第十五条 待摊和预提费用。

(一)待摊费用是指本月发生,但应由本月及以后各月产品成本和期间费用共同负担的费用。待摊费用应按费用的受益期确定分摊期限,但应在 1 年内摊销完毕。摊销期限在 1 年以上的待摊费用应在"递延资产"科目核算。

(二)预提费用是反映预先分月计入成本费用,但由以后各月支付的费用,预提费用的期限也应按受益期确定。为了使各月成本费用水平均衡,应编制各项预提费用预算分月计入产品成本。实际发生的费用与预提的费用的差额应计入费用支付期的有关成本费用项目。

(三)根据公司的实际情况,待摊费用和预提费用应包含如下内容。

1. 新建、扩建企业或车间一次大量领用的低值易耗品。

2. 数额较大的固定资产修理费用。

3. 一次支付的固定资产的租金和租入固定资产的改良支出。

4. 企业发生的数额较大、应分期计入产品成本的用于新产品、新技术、新工艺的研究开发费。

5. 按规定应分期计入产品生产成本的技术转让费。

6. 一次性支付的财产保险费。

7. 按季度(或延期)支付的流动资金借款利息支出。

8. 停产检修期间的费用,可以在当年内分月摊销。

9. 其他经营主管部门批准的待摊、预提费用。

第十六条 制造费用。

(一)制造费用按照生产车间和规定的费用项目进行汇集。

(二)对于应由某一成本核算对象单独负担的制造费用,应直接计入。对于应由一个以上成本核算对象共同负担的制造费用,按各成本核算对象的定额工时比例分配计入。

(三)各月发生的制造费用应当全部由当期完工产品负担。

□ 成本核算方法

第十七条 产品成本核算的基本程序。

(一)对生产过程中发生的生产费用,按成本核算对象和成本项目分别归集,对直接构成产品成本的直接计入,间接费用按一定的分配标准在产品之间分配。

(二)计算在制产品成本。

(三)计算产品的制造成本。

第十八条 辅助生产车间的生产费用按辅助生产车间提供的产品、劳务、作业的种类和成本项目进行汇集和分配。

(一)辅助生产车间的劳务、作业成本,按各车间提供的劳务作业量,以计划单位成本,分配给受益单位。

(二)辅助生产车间按水、电、气、冷及维修等为成本核算对象,并按成本项目归集生产费用。

(三)辅助生产车间为提供劳务而发生的费用,扣除车间自用的部分外,应当全部分配给生产车间和管理部门,不得截留。

(四)辅助生产为各单位提供的产品及劳务,应分别计算实际成本。实际总成本与转给各受益单位的实耗量和计划价格计算的总成本之间的差异,公司财务部门统一分配,计入当期产品成本及管理费用。

第十九条 成本计算方法。

(一)根据产品的生产特点,对产品的直接材料按工序采用逐步结转法进行核算,燃料动力、工资及福利费、制造费用等采用按产品产量及一定的分配标准在各品种之间进行分摊核算。

(二)根据产品的生产特点,采用品种法核算,各生产线分别按配置工序、包装工序核算。直接材料按领用的品种直接计入该产品的生产成本,动力、直接人工、制造费用按品种类别及一定的分配标准分摊核算。

(三)月末在制品只结存原材料,动力、直接人工、制造费用等当月发生的其他费用全部由当期完工产品分摊,不留余额。

第二十条　按照生产产品的品种为成本核算对象并按成本对象设置成本计算表汇集生产费用,每月的生产费用就是该产品的总成本,再除以当月实际产量,就是该产品的单位成本。

第二十一条　在制品成本和产成品成本。

(一)公司制造部门应设置台账,登记在制品的加工数量、完工数量、废品数量,转出数量和结存数量,并定期进行实地盘点。在制品的盘盈、盘亏按规定报批计入“管理费用”。

(二)根据在制品的实际结存数量和折合成本量正确计算在制品成本。在制品成本月末只留直接材料成本。

(三)制造部门对已完工的产品应及时办理验收交库手续。产成品的收发结存数量,必须在年度内定期与实物进行核对盘点,对产成品的盘盈、盘亏计入“管理费用”。

(四)产品月末按照在制品的完工程序折合为约当产量,再根据约当产量与完工产量的比例,计算在制品和完工产品的成本。

□ 附则

第二十二条　本办法由公司财务部门负责解释,经公司总经理审批后,从下发之日起执行。

三、分批成本会计管理制度

□ 总则

第一条　为保证本公司成本核算的正确性,提高成本控制的可操作性,本公司采取分批成本计算方式来计算产品的成本。本制度的所有理论依据来自于公司会计处理准则。

第二条　本公司的主导产品电解式电容器为本制度的产品对象。该产品的成本是指在产品制造过程所发生的一切费用支出,包括制造产品所需提供的原物料、劳务及其他开支。

第三条　本产品的计算均以 PC(个)为单位,金额以元为准,单位成本以小数点以后二位为准。在财务结算期间每月计算一次。

第四条　财务部门在进行成本管理时需要生产部门与人事部门的配合,人事部门应于次月 5 日前将各部门的薪金资料报送会计部门,生产部门应每日将原材料领用报表、生产报表价报送会计部门作为计算成本依据。

第五条　本产品成本的计算会计部门应做出单位成本的分析,以供生产部门参考,同时可以作为管理者决策的依据。在计算过程中,如有超量耗用原材料、人工或费用发生重大差异时,应查明原因,提出报告。

□ 材料成本

第六条　铝箔、铝端子、电解纸、衬垫、铝壳、塑胶管作为本产品生产成本中的直接材料项目，计入产品成本。

第七条　电解液、脱脂剂作为本产品生产成本中的物料项目，计入产品成本。

第八条　机械修理用料、金属五金材料、工具类、电器材料作为本产品生产成本中的间接材料项目，计入产品成本。

第九条　本产品材料成本的计算以加权平均法作为计算方法。

第十条　在计算本产品的材料成本时，其新购进材料价格除其货款外，运费、保险费、关税等其他附加费用均应计入材料成本。

第十一条　为保证本产品成本会计管理的有效性，材料领用及退回均应填具领、退料单办理进退料手续，同时领、退料凭证应依规定填写并经有关主管核准。发料人员应将领料、退料或发货单据加以连续编号，于次日送交会计人员登入存货账。仓库部门每月 5 日前应将上月的收发存月报表按材料、产品分类报送会计部门核对。

□ 人工成本

第十二条　本产品的人工生产成本包括支付员工的基本工资、加班费、奖金及各项津贴补助、福利、劳动保险支付等。

第十三条　在生产部门直接从事生产操作、现场维护及现场管理人员所产生的人工成本，作为直接人工成本依其重点产品分摊率分别摊入该产品成本内。

第十四条　服务部门员工及主管级人员所产生的人工成本，作为间接人工成本分别计入产品成本以作为制造费用一部分。

第十五条　会计部门以人事部门《薪金发放表》为依据区分直接人工成本和间接人工成本，并编制转账传票登账。

□ 制造费用

第十六条　制造费用发生时应按其性质根据有关原始凭证编制记账凭证，并记入制造费用明细分类账，而各项费用于每月终了结总后编制《费用汇总比较表》。

第十七条　服务部门每月的费用除计入《费用汇总比较表》外，并依《人工费用分摊基准表》分摊计算。

□ 成本计算

第十八条　成本计算包括原材料成本计算、直接人工成本计算、制造费用成本计算。

第十九条　成本计算依据的资料包括《生产月报表》、《薪金发放表》、《原材料收发存月报表》和《费用汇总比较表》等。

□ 成品生产成本计算办法

第二十条　由生产管理部门设定各成品的材料标准耗损率、直接人工与制造费用分摊率和现有机台、人员配备月标准产量等。

第二十一条　会计人员根据生产管理部门设定的标准产量制定出整个企业的标准材料成本、标准直接人工与标准制造费用，并按生产管理部门规定的损耗率、分摊率以产品标准成本表分别设定出各产品的单位标准生产成本。

第二十二条　每年视原料、直接人工及制造费用实际变动状况予以修正产品标准成本表。

第二十三条　会计人员每月根据实际直接人工与制造费用的资料编制《费用总比较表》，汇总统计当月发生的制造成本，并按《基准单位成本分摊计算表》分摊计算各月的基准单位直接人工及制造费用；依据生产管理部门仓库管理人员编制的《原材料收发存月报表》的资料核对会计库存账并统计当月各类材料耗用金额；以《基准单位成本分摊计算表》分摊计算各月基准单位材料成本。

第二十四条　会计人员最后将该月依《基准单位成本分摊计算表》计算得出的基准单位材料、直接人工与制造费用成本计入《产品生产成本计算表》各基准单位成本栏内，经《材料耗用分摊基准表》及《人工费用分摊基准表》设定的各规格的直接人工、制造费用视材料的分摊率分别计入成本计算分摊率栏内，并以此计算材料、直接人工及制造费用的单位成本，成为该产品的实际制造单位成本。

□ 统制账户及报告

第二十五条　企业成本账户与普通账户采用合一总账制，在总账中设统制科目，控制成本明细分类账。

第二十六条　各总账上的科目，其月底余额应与相关的各成本明细账余额的总和相符合。

第二十七条　成本会计报告的内容与普通会计报告内容相互联系的，应互相核查，其编制应以会计簿的记录为依据。

第二十八条　本制度呈总经理核准后实施。

四、分步成本会计管理制度

□ 总则

第一条　为保证本公司成本核算的正确性，提高成本控制的可操作性，本公司采取分步成本计算方式来计算产品的成本。本制度的所有理论依据来自于公司会计处理准则。

第二条　成本是指在产品制造过程中所发生的一切费用支出，包括制造产品所需提供的原物料、劳务及其他开支。每月底计算成本一次。

第三条　本公司成本计算采用分步成本制，本制度所称成本，是指产品生产过程中所有支出，包括直接材料、直接人工及制造费用。

第四条　本公司各类成本或费用，依权责发生制入账。成本单位应视实际需要设置各种辅助账，包括原材料明细分类账、在制品明细分类账、制成品明细分类账、制造费用明细分类账，只受总分类账各统制账户的统制。

第五条　一律将本公司产品数量与成本金额计算至小数点以后两位为止，第三位四舍五入。

第六条　生产过程中，不可能完全避免损坏，其损坏部分成本由完好产品负担。

第七条　生产过程中，因意外事故发生损坏，其所耗用成本一概以非常损失处理。

□ 材料

第八条　材料的请购、订购、领用、保管、退料、盘盈（亏）及废料等的处理，依照本公司材料管理办法办理。

第九条　成本室依请购单、收料单及进货发票编制传票，其分录为：借：原材料，贷：应付账款，并将数量及金额分别记录于“材料明细分类账”中。

第十条　各部门领用材料时，应填发“领用单”，注明领料部门、品名、规格、用途，并经主管签章后，方可向仓库领料。仓库根据领用单发料，发料数量不得超过核准数量。

第十一条　领用单一式三联，第一联领料部门存查，第二联仓库留存，第三联送交成本室。成本根据领用单统计汇编“材料领用汇总表”，并编制传票，其分录为：借：在制品——直接材料、制造费用——间接材料，贷：原材料，并据以登录在“材料明细分类账”各账户的发生数量栏。

第十二条　材料领用的计价方法，按账面成本采用加权平均法，其公式为：

上月底结存总价 + 本月进料总价/上月底结存数量 + 本月进料数量 = 本月单价

第十三条　直接材料指凡直接供给产品制造所需而能直接计入产品成本的原料。

第十四条　间接材料指凡间接用于产品制造，但并未形成产品本质或虽形成产品本质，但所占成本比例很小或不便计入产品成本的原材料。

第十五条　采用不定期盘点办法对材料进行盘点，由成本室会同有关人员进行。盘点时应填制《盘点单》三联，第一联仓储室留存，第二联成本室留存，第三联置于材料存放处所。成本室应于盘点后 15 日内，编制《材料差异报告表》三联，第一联送仓储室，第二联成本室留存，第三联为编制票的凭证，并记入材料明细分类账。

第十六条　材料盘损应由仓储室出具报告，说明短少原因，并由上级主管追究责任。

第十七条　“材料明细分类账”与“总分类账”的材料统领科目，平时数额可不相等。但于月底成本室应与会计室对账核实后，才能开始计算材料的单位成本。

□ 人工

第十八条　人工是指直接或间接参加生产而支付的一切报酬。管理及市场部门的人员薪金，属管理及销售费用，不在人工范围内。

第十九条　计入产品成本的人工可分为：

1. 直接人工：凡从事直接生产的员工报酬，能直接计入各产品的成本之内的，都属于直接人工。

2. 间接人工：从事行政、研究等工作，不直接从事生产的员工报酬及不能或不便直接计入产品成本的，都属于间接人工。

第二十条　总务室应设置“出勤卡”，每人每月一张，由人事室管理统计，据以编制薪金表两份。一份送成本室，一份由领款人签单存于人事室，并于第二年 1 月 30 日编好扣缴凭单后送会计室。

第二十一条　本公司员工均应于到职前，填妥“扶养亲属表”，由人事室收存，作为扣缴薪金所得税依据。于每次付薪时依法扣缴所得税，并于次月10日前缴纳税务机关。

第二十二条　成本室根据薪金表计算各生产部门及服务部门的直接人工及间接人工成本，并编制传票。其分录为，借：在制品——直接人工及制造费用——间接人工，贷：应付费用，并登录“在制品明细分类账”“制造费用明细分类账”及“应付费用明细账”。

□ 制造费用

第二十三条　制造费用是指生产过程中，除直接原料、直接人工外，所发生的一切其他费用，包括间接材料、间接人工及其他费用等。

第二十四条　为便于计算产品成本，制造费用应分为分摊费用与直接费用。凡总部及技术部门的制造费用，一概按特定的分摊基础及方法，将其分摊于各生产中心。各生产中心摊列的费用，称为分摊费用。凡生产部门本身直接发生的费用，称为直接费用。

第二十五条　制造费用发生时，应详加分析其发生的原因及用途，并分别归纳于应负担部门。凡能确定其归属部门时，应于传票中注明其成本中心；凡属共同性的费用，应按合理的分摊基础，分摊至各产品中。

第二十六条　凡按实际发生金额计算成本属不合理的费用，成本室应予合理分摊，计算该月份应分摊的金额，并列入制造费用项下。其传票分录为，借：××费用，贷：预估应付款。

第二十七条　费用分摊的基础按下列方式办理：

1. 服务部门费用以下列为基础摊入各成本中心：

(1)供电费用：按各成本中心实际耗电量分摊。

(2)给水费用：按各成本中心实际用水量分摊。

(3)供汽费用：按各成本中心实际耗用量分摊。

(4)原动力费用：按各成本中心的机器使用空气压量分摊。

2. 总务部门及其他辅助部门之费用按各成本中心员工人数分摊。

第二十八条　每月底，成本室应根据“制造费用明细分类账”编制《制造费用汇总表》及《制造费用分摊表》，显示各服务部门制造费用摊入各成本中心的内容与确实数字。其传票分录为，借：在制品，贷：制造费用，并登录于“在制品明细分类账”及“制造费用明细分类表”中。

第二十九条　前项分摊基础方法，应视实际情况变化修正。

□ 成本计算与记账上报

第三十条　生产部门应于次月3日前，递交生产月报表。生产月报报表一式两联，第一联自存，第二联送成本室。

第三十一条　成本室根据全组报表，编制原材料、在制品、制成品的收发存明细表。

第三十二条　成本室根据《耗用直接材料明细表》、“制造费用”及《直接人工汇总分摊表》计算制成品及在制品的单位成本及总成本，并编制《成本计算表》。

第三十三条　成本室再根据会计室编制的《销货明细表》编制《产品规格损益表》。

第三十四条　成品的单位成本采用加权平均法。

第三十五条　成本室根据成本计算表编制传票。其分录为，借：产成品，贷：在制品，并登录于“在制品明细分类账”及“制成品明细分类账”中。

第三十六条　成本室根据“收发存明细表”核对发票后，编制传票。其分录为，借：销售成本、制造费用，贷：产成品。

第三十七条　成本室于每月结算完成后，应将其有关成本报表汇送会计室。

五、成本控制建议书书写模板

××董事会：

近年来，我公司生产的××控产品销量下降、竞争力减弱的直接原因在于成本居高不下，经与国内外同类、同规格商品比较，我公司产品的价格都高于广东和上海等地的同类产品。

对此，为了降低该产品价格，当务之急就是从日常成本控制入手，逐步扭转成本过高的局面。结合本公司实际，建议采取以下方式加强日常成本控制。

（一）建立健全生产耗用材料控制制度，尤其应对材料库存数量和金额制定出最高库存限额标准。

长久以来，公司耗用材料没有得到应有的控制，不登记、重复登记的现象已经影响到了正常的生产经营。

（二）建议实行成本标准控制。

这种控制可从两方面进行：一是劳动定额标准，即制定劳动作业时间标准以及单位时间的产量；二是成本预算标准。凡是制定了岗位责任的，均应按业务量制定出相应的费用支出预算，在执行中如有超过预算的，要单独办理追加预算的报批手续。

（三）建议实行反馈控制。

即在成本控制过程中，应强调反馈责任，建立反馈制度。各有关部门应定期向公司生产管理部报送《成本计划执行情况报告》、《材料消耗定额执行情况报告》和《预算差异因素分析报告》等，以考核各岗位业绩，评议奖罚。

（四）建议实行制度上的控制。

即根据有关的财务会计制度，结合我公司的经营情况，制定出有关成本控制的制度，如《材料节约奖励办法》、《物资出入库制度》和《计件超额奖励办法》等。这些制度的建立，可以在控制成本以及保证标准成本的执行上起到积极作用。

（五）应定期对现有的生产材料耗用定额进行修订，以杜绝材料耗用上的损失和浪费。

现阶段所用的材料耗用定额偏高，仅铜料一项耗费量就十分惊人。现有定额每件产品耗铜料0.5千克，但是经我们实地检测得知，每件产品实际耗用铜料为0.35千克，责任心强的工人的耗费量仅为0.3千克。若按每月产量两万件计算，每月可节约铜料3000千克，节约金额可达2.4万元。由于材料消耗定额偏高，工人们在操作中不注意铜料的节约、大料加工成小料，损失浪费很大。有的员工用铜料加工各种民用品，也有个别人将结余的铜料据为己有。故我们建议尽早修订材料消耗定额，使之合理化，既不浪费，又可满足产品用料要求。对于材料消耗超定额部分应限额议价处理，以增强有关生产岗位的责任感。

（六）加强产品质量检测。

将废品率降至0.5%以内，直至无废品。

（七）在健全和完善公司内部银行资金管理核算的基础上，进一步完善公司内部购料制度。

实行一手钱、一手货、钱货两清的核算制度，以杜绝材料消耗上的损失和浪费。

以上建议，请领导审议。

财务部

××××年××月××日

六、成本控制报告书书写模板

××集团总公司：

近几年，由于物价上涨和刚性支出的增加，靠公司自我消化的增支因素明显增多，我公司的负担日益沉重，效益也呈现连年下滑的态势。对此，我们采取了在目标成本确定后实施生产经营全过程成本控制的对策，推动“双增双节”的深入开展，仅在××××年就产生直接经济效益××万元。现将我们的做法报告如下。

（一）实行目标成本分解，加强成本的事前控制。

1. 通过量—本—利分析，按已确定的目标成本值×××万元制订出全年的成本控制计划，并按成本控制计划的指标要求制定出各种优质产品所需原材料、燃料、动力等消耗定额和可变性费用支出的标准。

2. 根据已经确定的定额消耗指标，把可实现的目标成本按部门分解成分指标，下达到各部门。

3. 各部门按照总部下达的指标，结合实际情况进行指标的第二次分解，将分指标分解到本部门的班组、机台和个人。

这样，就将目标成本指标控制工作具体化，即场部控制大指标，车间控制分指标，班、机台、个人控制小指标，形成一个指标“横到边，纵到底”的层层分解、层层落实、层层控制、层层考核的有机整体。

（二）加强目标成本的事中控制。

在实际工作中，我们还运用一些简单易行的科学管理方法，对生产经营进行全过程的成本控制。

1. 对供应过程的控制。

在保证正常生产的前提下，加强材料采购、材料保管、材料发放的控制方法。

（1）按“ABC管理法”进行物资管理。

（2）按“三比采购”的原则进行材料采购，努力降低材料采购成本。

（3）实行限额领料制度，加强材料发放的控制。

2. 加强生产过程的控制。

（1）修订不合理的定额。主要是加强定额管理，我公司原来执行的费用控制定额是在整顿时制定的。近几年，由于客观情况有较大的变化，原来的定额已远远适应不了现代化管理的要求。为此，我公司相继修订了《××公司财务管理制度》、《××公司费用开支实施办法》及《目标成本管理手册》等，对物资消耗定额、劳动定额、设备完好率、工时修理定额和可变性费用定额都做了合理的调整。同时，还结合经营承包责任制制定出严密的管理制度，来保证各项定额的执行。

(2)加强能源管理，降低能源消耗。(略)

(3)加强工具、用具管理，实行工具、用具费用包干使用办法。(略)

(4)实行"两费分离承包"办法，努力降低生产部门的成本。所谓"两费分离承包"，就是将部门的全部生产费用分解为固定费用、变动费用，对固定费用、变动费用分别计算、分别考核、分离承包。

(5)大力开展修旧利废活动，提高材料利用率，降低产品成本。公司积极开展修旧利废活动，努力堵塞一切漏洞，对边角余料多次"量体裁衣"，合理使用；对报废机器设备进行零、部件更换等修旧利废措施。全厂共成立修旧利废点 12 个，由 24 人进行修复工作，两年共节约费用 10 余万元。

(6)建立健全各组经济核算制度，加强生产组的成本控制。各组经济核算工作的好坏，直接影响目标成本的实现。因此，我公司相应建立各组经济核算板、个人修旧利废板及个人工具使用情况进度板，并号召全体员工大力开展节约活动，同时还将其与承包责任制相联系。这样既增强了员工勤俭节约的自觉性，又提高了公司的经济效益。

3. 加强销售环节的控制。为了使目标成本计划能够顺利实施，××月末，公司在不考虑固定成本变化的基础上再一次运用量—本—利分析法，分析变动成本的控制情况与目标成本的差距。××××年初，目标成本总额为 3323 万元，目标固定成本为 2228.2 万元，目标单位产品变动成本为 9.50 元/吨，单位产品售价为 63.13 元/吨。××××年×月末共产 59.7 万吨，发生变动费用为 608.3 万元。将××生产情况与目标成本值进行量—本—利分析比较，从而得出：在不考虑固定成本变化的基础上，×月末的变动成本实际发生额(608.3 万元)比按目标单位变动成本总额(9.50×59.7=567.2 万元)超支41.1 万元。这就要求我公司在下半年的经营管理过程中，必须抓住各项费用支出的控制，只有这样才能达到目标成本的要求。

(三)加强目标成本管理的事后控制。

目标成本管理不仅要进行事前控制、事中控制，还要进行事后控制。在目标成本管理的事后控制中，我公司致力于目标成本的信息反馈和分析工作，找出问题，及时制定改进措施，使目标成本管理具体化、系统化和科学化。

总之，我公司通过实行全面经营管理，全过程成本控制，已取得了令人满意的成绩，并拟在此基础上进一步加以完善，以便使公司的经济效益能够继续保持较高的水平。

××公司
××××年××月××日

第三节　财务成本管理使用表单

一、产品生产成本表

产品生产成本表如表 12－1 所示。

表 12－1　产品生产成本表

年　　月　　日

品名			
规格		收率	
每吨数量		目标批量	

类别		项次	成本项目	单位	单价	理论			现状			目标			成本差异						说明
															理论与现状			目标与现状			
						单位用量	金额	%	单位用量	金额	%	单位用量	金额	%	单位用量	金额	%	单位用量	金额	%	
原料成本		1																			
		2																			
		3																			
		4																			
		5																			
		6																			
		7																			
		8																			
		9																			
		10	小计																		
工缴成本	变动费用	11	电力费																		
		12																			
		13	小　计																		
	固定费用	14	直接人工																		
		15	折　旧																		
		16	修护费																		
		17	他部摊入																		
		18																			
		19	小　计																		
	工缴成本合计																				
	制造成本合计																				

核准:　　　　　　　　复核:　　　　　　　　制表:

二、生产成本核算表

生产成本核算表如表 12－2 所示。

表 12－2　生产成本核算表

制造号码：　　　　　　　　　　　　　　　　　　　　　　　　制造完工日期：

产品名称：　　　　　规格：　　　　　出产数量：　　　　　单位：

缴库通知编号：

耗用原料直接原料	原料名称	规格	领料单号码	单位	数量	单价	金额	耗用材料直接物料	原料名称	规格	领料单号码	单位	数量	单价	金额
	合计								合计						

直接人工					已分配制造费用			成本汇计		单位成本	
制造单位	日期	工时数	工资率	金额	工时数	分摊率	金额	项目	金额	金额	备注
								直接原料			
								直接物料			
								直接人工			
								已分配制造费用			
合计								合计			

缴库记录			出货记录				备注	
缴库日期	缴库单号	缴库数量	日期	厂商	发票号码	数量		

核准：　　　　　　　　　　　复核：　　　　　　　　　　　制表：

三、成品汇总表

成品汇总表如表 12－3 所示。

表 12－3　成品汇总表

年　　月　　日

日期	生产成本单号数	品名	数量	成品（借）	生产材料（贷）	人工（贷）	生产费用（贷）
合　计							

四、成品差异汇总表

成品差异汇总表如表 12－4 所示。

表 12－4　成品差异汇总表

年　　月　　日

生产通知号码	产品名称	生产数量	原料成本			物料成本		人工成本		生产摊费		售价	毛利	
			估计	实际	差异%	估计	实际	估计	实际	估计	实际		估计	实际
合　计														

五、月份各批号成本分析比较表

月份各批号成本分析比较表如表 12－5 所示。

表 12－5　月份各批号成本分析比较表

年　　月　　日　　　　　　　　　　　　单位:元

批号	品名规格	客户名称	数量	单位	单价	运费佣金	净价	单位成本					毛利	销管	费用	净利润	备注		
								原料	物料	工资	制费	合计					超用料	效率	亏损原因

六、制造成本及利润计划表

制造成本及利润计划表如表12－6所示。

表12－6 制造成本及利润计划表

年 月 日 单位:元

项目		月		月		月		月		月		合计	
		金额	构成	金额	构成	金额	构成	金额	构成	金额	构成	金额	构成
××制品	生产额												
	原料额												
	人工费												
	物料费												
	折旧												
	造成成本												
	制造利润												
××制品	生产额												
	原料额												
	人工费												
	物料费												
	折旧												
	造成成本												
	制造利润												
××制品	生产额												
	原料额												
	人工费												
	物料费												
	折旧												
	造成成本												
	制造利润												
××制品	生产额												
	原料额												
	人工费												
	物料费												
	折旧												
	造成成本												
	制造利润												

七、直接人工及制造费用比较表

直接人工及制造费用比较表如表 12 - 7 所示。

表 12 - 7　直接人工及制造费用比较表

年　月　日

科　目	现状	目标	比较差异	单位成本	说　明
直接人工					
变动制造费用					
高压热水					
冷却水					
电力费					
折　旧					
机械修护费					
消耗费用					
业务费用					
摊销费用					
其他费用					
制造费用合计					
生产成本合计					
工作时间(分)					
每分钟成本					
每分钟分摊的固定成本					

八、销售费用设定表

销售费用设定表如表 12－8 所示。

表 12－8　销售费用设定表

部门：　　　　　　　　　　年　　月　　日　　　　　　　　单位：元

科目		年实发数	年费用额	各月费用拟定数											
				一月	二月	三月	四月	五月	六月	七月	八月	九月	十月	十一月	十二月
变动费用	外销费用														
	内销费用														
	小计														
固定费用	用人费用														
	间接人工														
	教育训练费														
	服装费														
	设备费用														
	折旧														
	修护费														
	保险费														
	税金														
	租金支出														
	业务费用														
	交际费														
	邮电费														
	交通费														
	文具印刷														
	杂项购置														
	差旅费														
	伙食医药费														
	水电费														
	其他费用														
	广告费														
	呆账损失														
	样品赠送														
	其他														
	小计														
合计															

九、管理费用设定表

管理费用设定表如表 12－9 所示。

表 12－9　管理费用设定表

部门:　　　　　　　　　　　年　　月　　日　　　　　　　　单位:元

科　　目	年实发数	年费用额	各月费用拟定数											
			一月	二月	三月	四月	五月	六月	七月	八月	九月	十月	十一月	十二月
用人费用														
间接人工														
训练及服装费														
设备费用														
折　旧														
修护费														
保险费														
税　金														
租金支出														
业务费用														
交际费														
书报杂志														
杂项购置														
差旅费														
伙食费														
医药费														
水电费														
运　费														
杂　费														
其他费用														
董事报酬														
劳务报酬														
自由捐赠														
各项摊提														
合　计														

十、财务费用设定明细表

财务费用设定明细表如表 12 - 10 所示。

表 12 - 10　财务费用设定明细表

年　　月　　日　　单位:元

项　　目		每元成本原料用量(kg)	单　　价(元/kg)	每日金额(元)	周转日数	积数	利率	利息(元)	计算说明
原料库存利息									
成品利息									
在制品利息									
应收账款利息									
设备利息									
合计									

第四节　财务成本管理规范化细节执行标准

一、产品成本核算品种法执行标准

1. 按产品的品种设置成本计算单，在计算单中按成本项目（直接材料、直接工资、制造费用）设置专栏，对于有月初在产品成本的产品，还应在产品成本计算单中登记月初在产品的成本。

2. 根据生产过程中发生的各项费用的原始凭证和有关资料，编制各种费用分配表，设置"基本生产成本明细账""产品成本计算单""辅助生产成本明细账""制造费用明细账"等。

3. 根据"待摊费用明细账"和"预提费用明细账"，编制"待摊费用和预提费用分配表"，并登记"制造费用明细账"和"生产成本——辅助生产成本明细账"等。

4. 将"生产成本——辅助生产成本明细账"上所归集的费用，按各种产品和各单位的耗用量，编制《辅助生产费用分配表》分配辅助生产费用。

5. 将"制造费用明细账"上所归集的费用，采用一定的方法，在生产的各种产品之间进行分配，编制《制造费用分配表》并登记到设置的"生产成本——基本生产成本明细账"和各种《产品成本计算单》上。

6. 如果月末没有在产品，则本月发生的生产费用就全部是完工产品成本；如果月末有在产品，而且数量很大时，则应采用一定的方法，将生产费用在完工产品和期末在产品之间进行分配，从而计算出完工产品成本，并在《产品成本计算单》中结转。

7. 根据各成本计算单中计算出来的本月完工产品成本，汇总编制《完工产品成本汇总计算表》，计算出完工产品的总成本和单位成本，并在"生产成本——基本生产成本明细账"中进行结转。

二、产品成本核算分批法执行标准

1. 会计部门根据产品的批次或订单开设产品成本计算单，在计算单内按规定的成本项目设置专栏，汇集发生的各项生产费用。

2. 发生各项费用时，根据有关的原始凭证等资料，编制各种费用分配表，进行费用分配。直接发生的材料费用和工资费用直接计入各种产品成本计算单的"直接材料"和"直接工资"项目中，发生的制造费用则应先归集在"制造费用明细账"中。

3. 月末时，将归集在"制造费用明细账"中的制造费用，采用当月分配法或累计分配法进行分配，分别计入各种产品成本计算单中的"制造费用"项目中。

4. 月末如果有完工的产品，应采用适当的方法，计算出完工产品成本和月末在产品成本。

三、产品成本核算分步法执行标准

在分步法下，连续加工式的生产，由于生产过程较长，过程中的各步骤可以间断，月终计算成本时，各步骤均有在产品，因此要将费用在半成品（最终步骤为产成品）和在产品之间进行分配，各步骤的半成品及其成本是连续不断地向下一步骤移动的，各步骤成本的结转采用逐步结转和平行结转两种方法，逐步结转法还可分为综合结转和分项结转，综合结转需要进行成本还原，分项结转则不必进行成本还原。平行结转法适用于不需要分步计算半成品成本的企业。平行结转法对上一步骤的半成品成本不进行结转，只计算每一步骤中应由最终完工产品成本负担的那部分份额，然后平行相加即可求得最终完工产品的成本。在连续式复杂生产的企业中，半成品具有独立经济利益的情况下，成本计算不宜选择平行结转分步法，应采用逐步结转分步法。

所谓连续结转分步法，就是将上一步骤半成品的成本，随着半成品实物的转移，从上一步骤成本计算单转入下一步骤成本计算单中，来连续计算半成品成本和最后步骤的产成品成本。

在实际工作中，半成品实物有的在步骤间直接转移，有的通过半成品仓库收发。前者的半成品成本可以随实物的直接转移而在上下步骤的成本计算单中直接转移。后者通过仓库收发，则应通过"自制半成品"科目核算，入库时按照半成品的实际成本做借记"自制半成品"科目，贷记"生产成本——基本生产成本"科目的会计分录；在下一步骤领用时，应按半成品发出的计价方法，计算领用半成品的实际成本后，做借记"生产成本——基本生产成本"科目，贷记"自制半成品"科目的会计分录。"自制半成品"科目也属于生产费用类科目。

平行结转分步法也称为"不计算半成品成本法"。主要用在大量大批多步骤生产，如机械制造业半成品的种类较多，管理上不要求提供各半成品成本资料的情况下采用。对连续加工方式和平行加工方式都适用，尤其适宜用于平行装配加工方式生产的产品成本计算，如眼镜、家用电器、机床、制鞋、轮胎等工业生产，但也可用于连续（顺序）加工方式生产的产品成本计算。其特点如下：

1. 各步骤完工半成品成本不需要在步骤之间进行结转，因此不需要计算"转出完工半成品成本"。

2. 各步骤的成本计算单中，只登记本步骤发生的生产费用。期末在产品成本应为广义在产品成本，即正在加工中在产品成本（狭义在产品费用）和尚未最后加工成产成品的半成品成本，包括存放在仓库的半成品、存放在以后各步骤的半成品和在后面各步骤正在加工在产品中的半成品成本。也就是说，步骤费用划分为用于产品部分的费用（即份额）和用于尚未最后加工成产成品部分的费用（即广义在产品费用）。

在步骤中，月末在产品仅是加工中的在产品（狭义）数量，而成本却是广义在产品费用，两者不一致，这是平行结转法的最大特点。

四、产品成本核算分类法执行标准

1. 根据产品所用原材料和工艺技术过程的不同，将产品划分为若干类，按照产品的类别开立产品成本明细账，按类归集产品的生产费用，计算各类产品的成本。

2. 选择合理的分配标准，分别将每类产品的成本在同类各种产品之间进行分配，计算每类产品内各种产品的成本。产品成本核算的定额法，是反映和监督生产费用和产品成本脱离定额的差异，把产品成本的计划、控制、核算和分析结合在一起，加强成本管理而采用的一种成本计算方法。

五、产品成本核算定额法执行标准

采用定额法计算产品成本，必须首先制定单位产品的原材料、动力、工时等消耗定额，并根据各项消耗定额和原材料的计划单价、计划的工资率（计划每小时生产工资）或计件工资单、制造费用率（计划每小时制造费用）等资料，计算单位产品的各项费用定额和单位产品的定额成本。产品定额成本的制定过程，也是对产品成本进行事前控制的过程；产品的消耗定额、费用定额和定额成本的确定，既是对生产耗费、生产费用进行事中控制的依据，也是月末计算产品实际成本的基础，还是进行产品成本事后分析和考核的标准。

第13章　守护企业存续的“生命线”——利润中心管理

第一节　利润中心管理工作要点

一、营业利润核算工作要点

营业利润是企业主要的利润来源，营业利润核算的主要工作依据是：营业利润是主营业务收入减去主营业务成本和主营业务税金及附加，减去营业费用、管理费用和财务费用加上其他业务利润后的金额。

其中需要注意2点：

1. 主营业务利润是指主营业务收入减去主营业务成本和主营业务税金及附加后的金额。

2. 其他业务利润是指企业主营业务之外其他日常活动产生的利润。

二、利润总额核算工作要点

利润总额核算的工作依据是：利润总额等于营业利润加上投资收益、补贴收入、营业外收入，减去营业外支出后的金额。

在实际工作中应注意以下3点：

1. 投资收益等于企业由于对外投资活动所取得的收益减去发生的投资损失和计提的投资减值准备后的净额。

2. 补贴收入是指企业按规定实际收到退还的增值税，或依据国家规定的补助定额，按销量或工作量等计算并按期给予的定额补贴，以及属于国家财政扶持的领域而给予的其他形式的补贴。

3. 营业外收入和营业外支出是指企业发生的与其生产经营活动无直接关系的各项收入和各项支出。营业外收入包括固定资产盘盈、处置固定资产净收益、处置无形资产净收益和罚款净收入等。营业外支出包括固定资产盘亏、处置固定资产净损失、处置无形资产净损失、债务重组损失、计提的无形资产减值准备、计提的固定资产减值准备、计提的在建工程减值准备、罚款支出、捐赠支出、非常损失等。

三、净利润核算工作要点

净利润是指利润总额减去所得税后的金额。

所得税是指企业应计入当期损益的所得税费用。

第二节　利润中心管理规范化制度

一、利润中心管理条例模板

第一条　年初时总裁室下达各部门的利润指标和经营指标，各部门必须按计划完成。遇特殊情况影响任务完成时，必须说明原因，取得总裁批准后，才能核减指标。

第二条　经企业平衡下达的各部门费用开支额或费用水平，各部门务必用于扩大营业额，争取资金周转次数的增加来降低费用水平，不得突破企业下达的费用额。

第三条　各部门使用的原材料和出售商品的购进，必须事前做出计划，确定合理的库存和购进适销对路的商品，防止资金积压。

第四条　各部门应缴企业财务部门的利润，不得迟于月后10天。

第五条　各部门应负责利润的明细核算，根据有关凭证，正确计算销售收入、成本、费用、税金及利润。

二、企业利润中心制度模板

□ 总则

第一条　本办法制定利润中心有关的基本精神、组织原则、管理方式、资产划分及酬金分配等基本事项。

第二条　本企业推行利润中心制度，旨在激励员工发挥自主自发精神，工作更加勤奋，使全体股东获得更多的投资报酬，出力员工获得合理的酬金，借以提高敬业的精神，从而加速企业的成长与发展。

第三条　利润中心制度的推行，各部（中心）均要制定必须达成的年度赢利目标，施以分层负责，从而最大限度地发挥各级人员个人的潜力，更要注重整体管理，这样就能发挥以企业为主体的团队精神。

□ 组织原则

第四条　利润中心组织系统。(略)

第五条　根据公司业务及管理的需要,将公司分成管理、经销、直销 3 个事业部,各事业部设经理一名,全权负责各部门的经营。

第六条　直销事业部之下,设独立工作的若干利润中心,依其所定的方针及分配的赢利目标,经营该利润中心所属资源,执行赢利活动。

第七条　总公司设秘书室、稽核室、人事室、计算机室、总务部、会计部、财务部,支援利润中心的经营。

1. 全企业文书收发及资料由秘书室统筹管理。

2. 稽核室负责分析各部的经营管理状况,研究更新经营管理方式,协助各部提高其生产力,并协助推行年度经营计划,企业章则制度,各部室办事细则及新产品开发投资项目计划的审核。

3. 人事室统一掌管全企业有关人事资料、考勤、招聘并支援协助各部的人力。

4. 各部有关的经营统计资料由计算机室掌管统计分析。

5. 全企业共通性的庶务工作由总务部统筹管理与规划。

6. 会计部除统筹掌管与记载全企业的各类账务外,并按月分别提供各中心的资产负债及盈余损益等经营分析所需的各项资料。

7. 财务部除掌管企业金钱、证券等统收统支外,并协助各部的财务调度工作。

□ 管理方式

第八条　公司最高主管为总裁,总裁执行公司年度投资报酬率目标的全盘经营工作。

第九条　各事业部负责人(经理)秉承总裁的指示,指挥所属利润中心,负责执行各部的年度赢利目标,如不能达到赢利目标,应自行让贤或另调他职。

第十条　管理事业部的费用应计入商品成本内,并加上合理的利润,做内部计价转拨于经销、直销事业部。

第十一条　如经营所需,各事业部可经总裁批准,向管理事业部贷款。贷款的计息方式如下:

1. 各事业部所需周转金的利息以月息计算。

2. 各事业部为增添生产器具而贷款,以月息计收利息。

第十二条　每月 10 日以前,管理事业部列报各事业部的资产负债表及损益表,供各事业部负责人及总裁决策之用;同时列报各所属中心的成本费用,用做事业部负责人管理的依据。

第十三条　各事业部一切对外的承诺、签约等事项,均由管理事业部代表统筹办理(营业活动除外)。

第十四条　各事业部对人事任免、调动、核薪及有关从业人员福利等事项,均有参与决定权,但要依公司的规定,由管理事业部统筹办理并发布。

第十五条　商品有关手续。

1. 订货流程。订货人(店长或经销商负责人)开立订货单→事业部主管核准→总裁核备→管理部备货。

2. 送货流程（管理部主动配销的流程亦同）。管理事业部（物料）开立送货单→管理事业部主管核准→送货单连同商品点发→管理事业部点收→送货单签收→管理事业部。

3. 退货流程。退货单位开立退货单→退货单位主管核准→退货单连同故障品运回管理事业部点收→退货单签回事业部。

4. 上列的订货单、送货单、退货单均要顺日期、顺编号，当日送出，不得积压。

5. 事业部商品销货或退回，要按统一发票管理办法及营业税法的规定办理。

第十六条　财务会计事务办理规定。

1. 原则上各事业部有关现金与票据的收付，均集中于管理部财务单位办理；对于零星开支，各事业部可设定周转金额，凭单据先予支付，每周列清单报销一次。各中心的周转金额视业务需要另定。

2. 管理部财务单位每日应按事业部所属各中心就已执行的收支传票，分别编制库存现金日报表。

3. 支出原始凭证均须由事业部经手人签章及其主管的核章，才能支付，其金额在3000 元以上者均须由事业部负责人核定。

4. 各事业部财务不独立，但每月及会计年度终了，要分别计算盈亏。

5. 事业部相互间商品的调拨，由拨出部门开立《事业部物品调拨单》。该单一式三联，拨入、拨出部门各存一联，另一联送财务会计单位保存，按成本登记入账金额，不计算“内部利益”。

□ 资产划分

第十七条　各部（中心）成立之初，均依下列方式分配资产与负债：

1. 总企业的现金由各中心申请贷为周转金，账面划拨后，现金由财务部门统一保管。

2. 设备依各部（中心）实际所需，划分于各部。

3. 材料、半成品、成品依实存量拨归各部（中心）。

4. 土地除各部占用及需要的空地处，划归财务部门。嗣后各部使用时，计收租金或重行划归该部。

5. 将企业现有的负债，依资产与负债比例分配于各部（中心）。

6. 各部不需要的资产（设备）统归总务部处理，除成品外，非经总经理批准，不得自行变卖。

第十八条　各部为争取更多利润而需要新添设备时，可拟订计划经总经理批准后，向财务部门贷款，利息按第十一条计算。

□ 奖励及分配

第十九条　年度终了结算盈余时，应按盈余先减除所得税，税后剩余额优先弥补上年度亏损，再计提公积金，然后方可发放股息、从业人员奖金等。

第二十条　各事业部应得的从业人员奖金，由各事业部经理全权分配。

第二十一条　原则上应于次年 2 月底前，发放各事业部当年度结算的奖金。

第二十二条　任何部门均不得以任何理由在年度进行中，以预支或暂支名义发放奖金。

第二十三条　各事业部经管财物于年终盘点时，如发现有短缺，需在发放奖金时扣回。

第二十四条　有关事业部的目标编定及绩效评估另依有关规定办理。

□ 附则

第二十五条　本制度呈总裁核准后实施。

三、营业收入、利润及分配管理制度

第一条　确认营业收入，必须以企业各项服务已经提供，同时已经收回相应的足额价款或取得收取价款的合法证据为标志。

第二条　营业收入按实际价款计算，发生的各种折扣、回扣冲减当期营业收入。各级领导应严格按规定的折扣权限签单。需对外付出佣金的，应由经办部门以书面报告的形式向主管领导请示，经同意再报经总经理批准后才可以支付，如需代领，代领人应由主管领导认定。

第三条　企业的一切营业性收入均需经财务部门收入账核算，各收银点当日收到的现金、支票、信用卡消费单等票据经夜间核算员核准后，于次日上午全部上交财务部门；各营业部门预收的包餐、包房定金也应及时如数上交财务部门。

第四条　营业收入应按照配比的原则记账，与同期发生的营业成本、营业费用、营业税金及管理费用、财务费用一起反映，预收的房租等应按预付期分期计入当期营业收入中。

第五条　严格按照国家法令计提各项税金、基金，并按时纳税。

第六条　企业的利润总额计算公式为：

利润＝营业收入＋投资净收益＋营业外收入－营业税金－营业成本－营业费用－财务费用－管理费用－营业外支出－汇兑损失

(1)营业外收入包括：固定资产盘盈和出售净收益、罚款净收入、礼品折价收入、因债权人原因确实无法支付的应付款项及其他收入。

(2)营业外支出包括：固定资产盘亏和毁损、报废、出售净损失、赔偿金、违约金、罚款、捐赠以及其他支出。

第七条　按照企业规定，全年应上交的利润按年计划数分4个季度预交，到年终结算时经年审后，再多抵少补，保证全年计划数。

第八条　企业每年交纳所得税后的利润，按照财务制度的规定，依下列顺序分配：

(1)支付各项税金的滞纳金、罚金和被没收的财物损失。

(2)弥补上一年的亏损。

(3)按企业和企业总经理室规定的比例，提取法定盈余公积金和公益金。

(4)按企业规定的金额，上交未分配利润。

第九条　企业的公益金只能用于职工住房的构建、集体福利设施支出等项开支，且预先应通过总经理室批准。

第三节　利润中心管理实用表单

一、各利润中心内部往来利息表

各利润中心内部往来利息表如表 13－1 所示。

表 13－1　各利润中心内部往来利息表

中心名称　　　　　　　　　　　　　　　　　　　　年　　月　　日　　　　　　　页次

日期		凭证号码	借方金额	贷方金额	计息日数	利息		结余	日期		凭证号码	借方金额	贷方金额	计息日数	利息		结余
月	日					借方	贷方		月	日					借方	贷方	

审核：　　　　　　　　　　　　　　　　记录：

二、各利润中心周转中心分析表

各利润中心周转中心分析表如表13－2所示。

表13－2　各利润中心周转中心分析表

年　月　日　　　　单位:元

利润中心 / 奖金类别	A	B	C	D	E	F	G	合计
现金								
应收账款								
应收票据								
成品								
在制品								
原料								
辅料								
短期投资								
合计								

三、利润中心资金预计表

利润中心资金预计表如表 13 –3 所示。

表 13 –3　利润中心资金预计表

年　　月　　日　　　　　　　　　　　　单位:元

项目 \ 日期			月　日	月　日	月　日	月　日	月　日	月　日
收入金额	应收票据	已收						
	应收票据	预计						
	押汇收入	预计						
	销售收入	预计						
	贴现贷款	预计						
	其他借款	预计						
支付金额	资本支出	已开票						
	资本支出	预计						
	材料支出	已开票						
	材料支出	预计						
	薪资支付	预计						
	制造费用	已开票						
	制造费用	预计						
	销管费用	已开票						
	销管费用	预计						
	财务支出	预计						
收入金额预计								
支付金额预计								
差　额								
现金银行存款								

总经理:　　　　　　经理:　　　　　　会计:　　　　　　填表:

四、利润中心产销能力比较表

利润中心产销能力比较表如表 13－4 所示。

表 13－4　利润中心产销能力比较表

年　　月　　日

说　　明		计算式					
A	直接员工						
B	员工人数						
C	生产设备						
D	固定资产						
E	资本额						
F	营业额						
G	生产额						
H	每人生产额	G ÷ A					
I	每人营业额	F ÷ B					
J	资本劳力比	E ÷ A					
K	直接员工比	A ÷ B					
L	生产设备比	C ÷ B					

每人生产额	资本劳力比	直接员工比	生产设备比
中心	中心	中心	

五、利润中心财务状况比较表

利润中心财务状况比较表如表 13－5 所示。

表 13－5　利润中心财务状况比较表

年　　月　　日

说　　明						
半成品存量						
制成品存量						
原料存量						
物料存量						
余废料存量						
应收账款						
应收票据						
合　　计						
应付账款						
应付票据						
借　　款						
合　　计						

六、利润中心资金支出计划表

利润中心资金支出计划表如表 13 －6 所示。

表 13 －6 利润中心资金支出计划表

年 月 日 单位:元

中心 金额 项目						
材料款项						
直接人工支付						
制造费用						
资金支出						
短期借贷偿付						
长期借款偿付						
固定资产添置						
利息支付						
合计						

七、利润中心往来支出金额表

利润中心往来支出金额表如表 13－7 所示。

表 13－7　利润中心往来支出金额表

月份　　　　　　　　　　　　　　　　　　　　　　　　　　页次

日期		内部凭单号码	款项					
月	日							

八、利润中心资产负债表

利润中心资产负债表如表 13－8 所示。

表 13－8　利润中心资产负债表

年　月　日　　　　　　　　单位:元

说　明						合　计
固定资产						
设备折旧						
流动资产						
原　料						
物　料						
半成品						
制成品						
应收票据						
应收账款						
合　计						
其他资产						
应付账款						
应付票据						
其　他 应付账						
借　款						
合　计						
净　值						
上期净值						
本期利润						

九、利润中心损益表

利润中心损益表如表 13－9 所示。

表 13－9　利润中心损益表

年　月　日　　单位:元

说　明											合计	
	金额	%	金额	%	金额	%	金额	%	金额	%	金额	%
销售额												
退回折让												
原料成本												
物料成本												
人工成本												
折　旧												
间接物料												
间接人工												
动力水电												
消耗费												
维修费												
劳保费												
制造费用												
制造成本												
上期半成品												
本期半成品												
本期制品成本												
上期成品												
本期成品												
销货成本												
毛　利												
销管费用												
净　利												

十、利润中心费用分摊表

利润中心费用分摊表如表 13 - 10 所示。

表 13 - 10 利润中心费用分摊表

年 月 日

说 明	分摊方式及标准									合计	
		金额	%	金额	%	金额	%	金额	%	金额	%

十一、利润中心奖金分配表

利润中心奖金分配表如表 13－11 所示。

表 13－11　利润中心奖金分配表

单位：　　　　营业所：　　　　　　　　　年　　月至　　年　　月

明　细		金　额	备　注
本季净利	年　月份净利		
	年　月份净利		
	年　月份净利		
	本季累计总净利		
弥补以前累计亏损			
本季可以分配的净利			
减：呆账损失			
本利润中心实际损益			
本利润中心权益			
本利润中心实发奖金数			
本利润中心本次发放金额			
分配明细	利润中心保留基金(10/30)		
	总公司同仁分享(2/30)		
	利润中心主管(2/30)		
	利润中心同仁(10/30)		
	利润中心福利金(2/30)		
	总公司福利委员会(4/30)		
本利润中心本季保留奖金			

标准：　　　复核：　　　财务科：　　　营业主管：　　　制表：

十二、利润中心营业分析表

利润中心营业分析表如表 13－12 所示。

表 13－12　利润中心营业分析表

年　　月　　日　　　　　　　　单位:元

科　　目	金额(小计)	%	金额(小计)	%	备注
营业收入:					
食品收入	3852000	90			
饮料收入	428000	10	4280000	100	
营业成本:					
食品成本	1540800				
饮料成本	179760		1720560	40	
营业毛利润			2559440	60	
销售费用:					
人事费用	533000	12.5			
员工福利	55200	1.3			
营业费用	362000	8.5			
税金支出	530720	12.4			
折旧摊销	186959	4.4	1677879	39.1	
营业净利润			891561	20.9	
加:服务收入			340000	7.9	
本部门直接净利润			1224680	28.8	
减:部经现室分摊	54546	1.3			
拓展部分摊	152034	3.6			
管理部分摊	102639	2.4			
财务部分摊	65986	1.5	375205	8.8	
本部门净利润			849475	19.9	

十三、利润中心投资明细表

利润中心投资明细表如表 13－13 所示。

表 13－13　利润中心投资明细表

年　　月　　日　　　　　　　　单位:元

科目代号	会计科目	细　目	金　额	备　注
1201	土地		9167721	
1202	房屋及设备		10379279	
1203	机械及设备		6088000	
1301	开　办　费		2000000	
1208	建筑物装修	装　修	2000000	
		装修设计费	500000	
1212	各项设备	音　响	2000000	
1210	餐饮设备	厨　具	1100000	
		冷冻柜	800000	
		椅　子	1500000	
		桌　子	1000000	
		餐　具	900000	
		布　巾	150000	
		厨房备品	315000	
	合　计		37900000	

第四节　利润中心管理规范化细节执行标准

一、利润分配工作流程

利润分配工作流程如下：

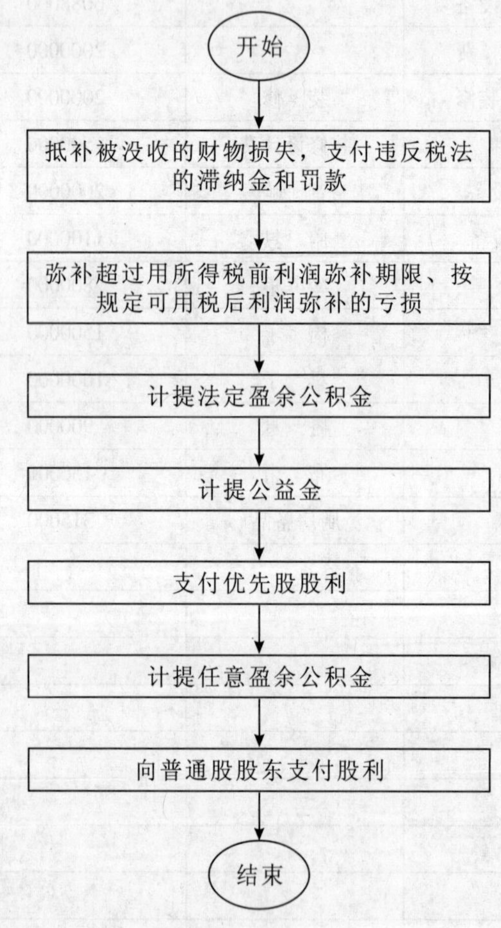

二、利润分配核算工作标准

“利润分配”账户用来反映企业利润的分配和历年利润分配后的结余数。该账户下应设置“提取法定盈余公积”“提取任意盈余公积”“提取公益金”“应付股利”“未分配利润”和“盈余公积补亏”等明细账户。该账户年末贷方余额即为历年积存的未分配利润，借方余额即为未弥补亏损数。

（一）用盈余公积金弥补亏损时：

借：盈余公积

　贷：利润分配——其他收入

（二）提取盈余公积和法定公益金时：

借：利润分配——提取法定盈余公积

　　　　　　——提取法定公益金

　　　　　　——提取任意盈余公积

　　　　　　——提取储备基金

　　　　　　——提取企业发展基金

　贷：盈余公积——法定盈余公积等相应明细科目

（三）计算应分配给股东的现金股息或利润时：

借：利润分配——应付优先股股息

　　　　　　——应付普通股股息

　贷：应付股利

（四）外商投资企业用利润归还投资时：

借：利润分配——利润归还投资

　贷：盈余公积——利润归还投资

（五）外商投资企业从净利润中提取职工奖励及福利基金时：

借：利润分配——提取职工奖励及福利基金

　贷：应付福利费

（六）已批准分派股票股利时：

借：利润分配——转做资本（或股本）的普通股股利

　贷：实收资本（或股本）

（七）根据股东大会或类似机构批准的利润分配方案，调整批准年度会计报表相关项目的年初数，调整增加的利润分配时：

借：利润分配——未分配利润

　贷：盈余公积

调整减少的利润分配时：

借：盈余公积

　贷：利润分配——未分配利润

（八）分配股票股利或转增资本时：

借：利润分配——转增资本（或股本）的普通股股利

　贷：实收资本（或股本）（股票面值）

　　资本公积——股本溢价（实际发放的股票股利金额与股票面值总额的差额）

（九）按规定用税前利润归还各种借款时：

借：利润分配——归还借款的利润

　贷：盈余公积——任意盈余利润

（十）按规定留给企业的单项留利时：

借:利润分配——单项留用的利润

贷:盈余公积——任意盈余公积

(十一)按规定补充流动资本时:

借:利润分配——补充流动资本

贷:盈余公积——补充流动资本

企业年终结账后发现的以前年度会计事项,如果涉及以前年度损益的,也应在“利润分配——未分配利润”账户核算。调整增加的上年利润或调整减少的上年亏损,借记有关账户,贷记“利润分配——未分配利润”账户;调整减少的上年利润或调整增加的上年亏损,则做相反的会计分录。年度终了,除“未分配利润”明细账外,“利润分配”账户中的其他明细科目应无余额。

例如,甲企业当年利润总额400万元,所得税率为40%,该企业尚有未弥补的亏损20万元,按规定可用当年税前利润进行弥补。税后利润按10%提取盈余公积金,5%提取公益金,向投资者分利76万元,会计分录如下:

1. 将本年利润转入“利润分配”账户时:

借:本年利润　4000000

贷:利润分配——未分配利润　4000000

2. 假设甲企业的计税利润也为400万元(应税利润和会计利润相同),应缴所得税160万元(400×40%)时:

借:所得税　1600000

贷:应交税金——应交所得税　1600000

3. 提取法定盈余公积(2400000×10%)时:

借:利润分配——提取法定盈余公积　240000

贷:盈余公积——一般盈余公积　240000

4. 提取公益金(2400000×5%)时:

借:利润分配——提取法定盈余公积　120000

贷:盈余公积——公益金　120000

5. 向投资者分利76万元时:

借:利润分配——应付利润　760000

贷:应付利润　760000

6. 将利润分配的其他明细账户余额转入“未分配利润”明细账户时:

借:利润分配——未分配利润　1120000

贷:利润分配——提取法定盈余公积　240000

——提取法定盈余公积　120000

——应付利润　760000

经上述分配后,“未分配利润”明细账户借方累计数为112万元,贷方累计数为400万元(本年利润转入),余额为贷方108万元,属未分配的利润。

三、投资收益核算工作标准

投资收益,是指企业对外投资、购买债券、股票所获得的收益,扣除投资损失和计提的投资减值准备后的数额。

投资收益包括对外投资分得的利润、股利和债券利息，投资到期收回或者中途转让取得款项高于账面价值的差额，以及按照权益法核算的股权投资在被投资单位的增加的净资产中所拥有的数额等。

进行投资收益的核算，需设置“投资收益”总账，并按投资收益的种类设置明细账。其核算要点是：

（一）企业取得投资收入时：

借：银行存款、长期投资等

　贷：投资收益

（二）债券到期收回本息时：

借：银行存款

　贷：长期投资或短期投资等投资收益

（三）企业转让、出售股票、债券时：

1. 如果实收款大于实际成本，则：

借：银行存款等

　贷：短期投资或长期投资等投资收益

2. 如果实收款小于实际成本，则：

借：短期投资或长期投资等投资收益

　贷：银行存款

（四）收回其他投资时，其收回的投资与投出资金的差额，做增减投资收益处理。

（五）期末将“投资收益”账户转入“本年利润”账户，结转后该账户无余额。

四、营业利润核算工作标准

利润的形成是由一定期间收入类账户与成本费用类账户配比而得，这里需注意净利润总额计算结果是否正确。

利润总额 = 营业利润 + 投资净收益 + 补贴收入 + 营业外收入 - 营业外支出

主营业务利润 = 主营业务收入 - 主营业务成本 - 主营业务税金及附加

营业利润 = 主营业务利润 + 其他业务利润 - 营业费用 - 管理费用 - 财务费用

净利润 = 利润总额 - 所得税

各收入、费用损益类账户结转至“本年利润”账后，损益类账户期末无余额，但损益类账户结转的时间因结转方法不同而有所不同。现行制度规定，企业可采取账结法，也可采用表结法。采取账结法，企业应于月份终了将损益类账户余额转入“本年利润”账户，通过“本年利润”账户结出本月利润或亏损净额及本年累计损益。如采取表结法，每月结账时，损益类账户的余额无须结转，只有到年终时，才将各账户余额转到“本年利润”账户。采用表结法时，每月只需要结出损益类账户的本年累计余额，并将其逐项填入损益表有关项目，然后减去上月本表中的本年累计额，就可算出本月利润或亏损。

五、利润总额核算工作标准

企业应设置“本年利润”账户，用来核算本年度内实现的利润（或亏损）总额。期末，企业应将各收益类账户的余额转入“本年利润”账户的贷方，将各成本、费用类账户的余额转入“本年利润”账户的借方。转账以后，“本年利润”账户如为贷方余额，反映本年度自年初开始累计实现的净利润；如为借方余额，反映本年度自年初开始累计发生的净亏损。年度终了，企业应将“本年利润”账户的全部累计余额转入“利润分配”账户，如为净利润，借记“本年利润”账户，贷记“利润分配”账户；如为净亏损，做相反会计分录。年度结账后，“本年利润”账户无余额。

例：某公司在1999年度决算时，各损益账户12月31日余额如下：

科目名称	结账前余额（元）
产品销售收入	90000（贷）
产品销售税金及附加	4500（借）
产品销售成本	50000（借）
产品销售费用	2000（借）
管理费用	8500（借）
财务费用	2000（借）
其他业务收入	9400（贷）
其他业务支出	7400（借）
投资收益	1500（贷）
营业外收入	3500（贷）
营业外支出	1800（借）
所得税	8500（借）

根据上述资料，企业应做如下会计处理：

（1）结转产品销售收入：

借：产品销售收入　90000

　贷：本年利润　90000

（2）结转产品销售税金、成本和期间费用：

借：本年利润　67000

　贷：产品销售税金及附加　4500

　　产品销售成本　50000

　　产品销售费用　2000

　　管理费用　8500

　　财务费用　2000

(3)结转其他业务收支:

借:其他业务收入　9400

　贷:本年利润　　9400

借:本年利润　　　7400

　贷:其他业务支出　7400

(4)结转投资净收益:

借:投资收益　　1500

　贷:本年利润　1500

(5)结转营业外收支:

借:营业外收入　3500

　贷:本年利润　3500

借:本年利润　　1800

　贷:营业外支出　1800

(6)结转本年所得税费用:

借:本年利润　　8500

　贷:所得税　　8500

(7)计算并结转本年净利润:

本年利润借方发生额 = 4500 + 50000 + 2000 + 8500 + 2000 + 7400 + 1800 + 8500 = 84700(元)

本年利润贷方发生额 = 90000 + 9400 + 1500 + 3500 = 104400(元)

净利润 = 104400 - 84700 = 19700(元)

借:本年利润　19700

　贷:利润分配——未分配利润　19700

六、股利分配核算工作标准

企业分配给股东的股利一般有现金股利和股票股利两种。现金股利是以现金支付给股东的股利,企业宣布分配股利时,借记"利润分配——应付股利"账户,贷记"应付股利——普通股股利"账户。以银行存款支付股利时,借记"应付股利——普通股股利"账户,贷记"银行存款"账户。"应付股利"是负债账户,贷方登记经股东会议确定应付的股利数,借方登记实际支付的股利数。

股票股利是股份有限公司所专用的,是指公司用增发股票的形式分给股东的股利,实质上是将公司的盈余公积转增股票资本,可以按票面价值发行,也可以高于票面价值发行。用盈余公积分配股票股利时,如按票面发行,则借记"盈余公积"账户,贷记"利润分配——盈余公积"账户;借记"利润分配——应付股利"账户,贷记"应付股利"账户。实际分配股票股利时,借记"应付股利"账户,贷记"实收资本"账户。按大于票面价格发行时,其差额贷记"资本公积"账户。现分别说明如下:

1. 按股票票面价格发行股票股利。

(1)宣布分配股票股利时,做会计分录如下:

借:盈余公积

贷:利润分配——盈余公积

借:利润分配——应付股利

贷:应付股利——普通股股利

(2)实际分配股票股利时,做会计分录如下:

借:应付股利——普通股股利

贷:实收资本——普通股

2. 按大于票面价格发行股票股利。

(1)宣布分配股票股利时,做会计分录如下:

借:盈余公积

贷:利润分配——盈余公积

借:利润分配——应付股利

贷:应付股利——普通股股利

资本公积

(2)实际分配股票股利时,做会计分录如下:

借:应付股利——普通股股利

贷:实收资本——普通股

第14章　进对门找对钱
——筹资管理

第一节　筹资管理工作要点

一、筹资管理的工作内容

筹资管理主要包括筹资渠道管理和筹资方式选择。

筹集资金的渠道是指企业取得资金的来源。筹集资金的方式是指企业取得资金的具体形式。

企业管理者要想确定最理想的资金来源结构,就必须对各种筹资渠道和筹资方式的特点加以研究。因为同一渠道的资金可以用不同的方式取得,而同一筹资方式又可适用于不同的筹资渠道。

二、筹资的主要方式

1. 政府投资

政府对企业的投资是国有企业的主要资金来源,在各种资金来源中占有重要地位。

2. 借贷

企业借贷资金主要是指企业向各商业银行申请的借款。这是企业筹资的主要渠道。另外,借贷资金还包括企业向非银行金融机构,如信托投资企业、租赁企业、保险企业及民间金融组织借入的资金。

3. 企业之间的资金拆借

在生产经营过程中,企业往往有部分暂时闲置的资金,甚至可在较长时间内腾出部分资金,如未动用的企业留用利润等,可在企业之间相互调剂利用。随着横向经济联合的发展,企业间资金联合的资金融通有了广泛发展。其他企业投入资金包括联营、入股、债券及各种商业信用,既有长期的稳定的联合,又有短期的临时的融通。其他企业投入资金往往同本企业的生产经营活动有密切联系,有利于促进企业间的经济联系,开拓本企业的经营业务。这种资金渠道得到了广泛利用。

4. 利用员工资金和民间资金

企业员工和城乡居民的投资,都属于个人资金渠道。企业员工入股可以增强员工归属感,激发员工的工作积极性。此外,有些企业向非本单位员工发行股票、债券,这一资金渠道在盘活闲置资金方面具有重要的作用。

5. 企业自留资金

企业自留资金主要是指企业留用的，用做企业的生产发展基金、新产品试制基金、后备基金、员工福利基金、员工奖励基金的利润，其中前三项在一定条件下可转化为生产经营资金。随着企业经济效益的提高，企业自留资金的数额将日益增加。

6. 国际资本市场资金

国际资本市场筹资已成为当今企业筹资的重要方式，越来越多的企业都选择在海外上市，也有越来越多的资金投入国际资本市场。

三、筹资的主要渠道

1. 发行股票

发行股票即企业通过发行股票进行筹资。这是企业筹集长期资金的重要方式。

2. 发行债券

发行债券即企业通过发行债券进行筹资。这是企业筹集资金的又一重要方式。

3. 银行借款

银行借款即企业向银行申请贷款，通过信贷进行筹资。

4. 租赁

租赁是出租人以收取租金为条件，在契约或合同规定的期限内，将资产出让给承租人使用。现代租赁是企业解决资金来源的一种筹资方式。按其性质的不同，租赁可分为经营性租赁和筹资性租赁两种。

5. 联营

与筹资直接有关的联营，主要是原有企业吸收其他投入资金和若干企业联合出资建立的合资经营企业。兴办合资经营企业，能够集中多方面资金，扩大经营范围，甚至建立规模较大的经济联合体；还可以同时进行技术、劳力、土地、资源等多种生产要素的联合，发挥各方面的优势，增强企业的活力和竞争能力。

6. 商业信用

商业信用是指商品交易中以延期付款或预收货款进行购销活动而形成的借贷关系，是企业之间的直接信用行为。其主要形式有先取货后付钱和先付钱后取货两种形式。它是企业筹集短期资金的一种方式。

7. 企业内部积累

企业内部资金的筹资方式，主要是利用企业留存收益即盈余公积金、公益金、未分配的利润等。另外，西方国家的企业也有利用变卖企业资产筹资和利用企业应收账款筹资的方式。

第二节 筹资管理规范化制度

一、企业筹资管理制度模板

□ 总则

第一条 为规范公司经营运作中的筹资行为，降低资本成本，减少筹资风险，以提高资金运作效益，依据相关规范，结合公司具体情况，特制定本制度。

第二条 本制度适用于公司总部、各子公司及各分公司的筹资行为。

第三条 本制度所指的筹资，是指权益资本筹资和债务资本筹资。

权益资本筹资是由公司所有者投入以及以发行股票方式筹资；债务资本筹资是指公司以负债方式借入并到期偿还的资金，包括短期借款、长期借款、应付债券、长期应付款等方式筹资。

第四条 筹资的原则。

(一)遵守国家法律、法规。

(二)统一筹措，分级使用。

(三)综合权衡，降低成本。

(四)适度负债，防范风险。

第五条 资金的筹措、管理、协调和监督工作由公司财务部统一负责。

□ 权益资本筹资

第六条 权益资本筹资通过吸收直接投资和发行股票两种筹资方式取得。

(一)吸收直接投资是指公司以协议等形式吸收其他企业和个人投资的筹资方式。

(二)发行股票筹资是指公司以发行股票方式筹集资本的方式。

第七条 公司吸收直接投资程序。

(一)吸收直接投资必须经公司股东大会或董事会批准。

(二)与投资者签订投资协议，约定投资金额、所占股份、投资日期以及投资收益与风险的分担等。

(三)财务部负责监督所筹集资金的到位情况和实物资产的评估工作，并请会计师事务所办理验资手续，公司据此向投资者签发出资报告。

(四)财务部在收到投资款后应及时建立股东名册。

(五)财务部负责办理工商变更登记和企业章程修改手续。

第八条 吸收投资不得吸收投资者已设有担保物权及租赁资产的出资。

第九条　筹集的资本金,在生产经营期间内,除投资者依法转让外,不得以任何方式抽走。

第十条　投资者实际缴付的出资额超出其资本金的差额(包括公司发行股票的溢价净收入)以及资本汇率折算差额等计入资本公积金。

第十一条　发行股票筹资程序。

(一)发行股票筹资必须经过股东大会批准并拟订发行新股申请报告。

(二)董事会向有关授权部门申请并经批准。

(三)公布公告招股说明书和财务会计报表及附属明细表,与证券经营机构签订承销协议。定向募集时向新股认购人发出认购公告或通知。

(四)招认股份,缴纳股款。

(五)改组董事会、监事会,办理变更登记并向社会公告。

第十二条　公司财务部建立股东名册,其内容包括股东姓名、名称、住所及各股东所持股份、股票编号以及股东取得股票的日期等。

□ 债务资本筹资

第十三条　债务资本的筹资工作由公司财务部统一负责。经财务部批准分支机构可以办理短期借款。

第十四条　公司短期借款筹资程序。

(一)根据财务预算和预测,公司财务部应先确定公司短期内所需资金,编制筹资计划表。

(二)按照筹资规模大小,分别由财务部经理、财务总监和总经理审批筹资计划。

(三)财务部负责签订借款合同并监督资金的到位和使用,借款合同内容包括借款人、借款金额、利息率、借款期限、利息及本金的偿还方式以及违约责任等。

(四)双方法人代表或授权人签字。

第十五条　公司短期借款审批权限。

短期借款采取限额审批制,投资限额标准如下(超过限额标准的由公司董事会批准):

(一)财务部经理审批限额:10 万元。

(二)财务总监审批限额:50 万元。

(三)总经理审批限额:100 万元。

第十六条　在短期借款到位当日,公司财务部应按照借款类别在短期筹资记簿中登记。

第十七条　公司按照借款计划使用该项资金,不得随意改变资金用途,如有变动必须经原审批机构批准。

第十八条　公司财务部及时计提和支付借款利息并实行岗位分离。

第十九条　公司财务部建立资金台账,以详细记录各项资金的筹集、运用和本息归还情况。财务部对于未领取利息单独列示。

第二十条　公司长期债务资本筹资包括长期借款、发行公司债券以及长期应付款等方式。

第二十一条　公司长期借款必须编制长期借款计划使用书,包括项目可行性研究报告、项目批复、公司批准文件、借款金额、用款时间与计划以及还款期限与计划等。

第二十二条　长期借款计划由公司财务部经理、财务总监和总经理依其职权范围进行审批。

第二十三条　公司财务部负责签订长期借款合同,其主要内容包括贷款种类、用途、贷款金额、利息率、贷款期限、利息及本金的偿还方式和资金来源、违约责任等。

第二十四条　长期借款利息的处理。

(一)筹建期间发生的应计利息计入开办费。

(二)生产期间发生的应计利息计入财务费用。

(三)清算期间发生的应计利息计入清算权益。

(四)构建固定资产或无形资产有关的应计利息,在资产尚未交付使用或者虽已交付使用但尚未办理竣工决算之前,计入构建资产的价值。

第二十五条　公司发行债券筹资程序。

(一)发行债券筹资应先由股东大会做出决议。

(二)向国务院证券管理部门提出申请并提交公司登记证明、公司章程、公司债券募集办法以及资产评估报告和验资报告等。

(三)制定公司债券募集办法,其主要内容包括公司名称、债券总额和票面金额、债券利率、还本付息的期限和方式、债券发行的起止日期、公司净资产、已发行尚未到期的债券总额以及公司债券的承销机构等。

(四)同债券承销机构签订债券承销协议或包销合同。

第二十六条　公司发行的债券应载明公司名称、债券票面金额、利率以及偿还期限等事项,并由董事长签名、公司盖章。

第二十七条　公司债券发行价格可以采用溢价、平价、折价 3 种方式,公司财务部保证债券溢价和折价采用直线法合理分摊。

第二十八条　公司对发行的债券应置备公司债券存根簿予以登记。

(一)发行记名债券的,公司债券存根簿应记明债券持有人的姓名、名称及住所、债券持有人取得债券的日期及债券编号、债券总额、票面金额、利率、还本付息的期限和方式以及债券的发行日期。

(二)发行无记名债券的,应在公司债券存根簿上登记债券的总额、利率、偿还期限和方式以及发行日期和债券的编号等。

第二十九条　公司财务部在取得债券发行收入的当日,即应将款项存入银行。

第三十条　公司财务部指派专人负责保管债券持有人明细账,并组织定期核对。

第三十一条　公司按照债券契约的规定及时支付债券利息。

第三十二条　公司债券的偿还和购回在董事会的授权下由公司财务部办理。

第三十三条　公司未发行债券必须由专人负责管理。

第三十四条　其他长期负债筹资方式还包括补充贸易引进设备价款和融资租入固定资产应付的租赁费等形成的长期应付款。

第三十五条　由公司财务部统一办理长期应付款。

□ 公司筹资风险管理

第三十六条　公司应定期召开财务工作会议,并由财务部对公司的筹资风险进行评价。

公司筹资风险的评价准则如下：

(一)以公司固定资产投资和流动资金的需要决定筹资的时机、规模和组合。

(二)筹资时应充分考虑公司的偿还能力,全面衡量收益情况和偿还能力,做到量力而行。

(三)对筹集来的资金、资产、技术具有吸收和消化的能力。

(四)筹资的期限要适当。

(五)负债率和还债率要控制在一定范围内。

(六)筹资要考虑税款减免及社会条件的制约。

第三十七条 公司筹资效益的决定性因素是筹资成本,这对于选择评价公司筹资方式有重要意义。公司财务部采用加权平均资本成本最小的筹资组合评价公司资金成本,以确定合理的资本结构。

第三十八条 筹资风险的评价方法采用财务杠杆系数法。财务杠杆系数越大,公司筹资风险也越大。

第三十九条 公司财务部应依据公司经营状况、现金流量等因素合理安排借款的偿还期以及归还借款的资金来源。

□ 企业筹资策略

第四十条 企业筹资要综合考虑：

(一)资金量大小。

(二)资金期限长短。

(三)资金来源。

(四)资金的债权性或股权性质。

(五)对企业权力结构的影响。

(六)融资关系稳定性并使融资成本最小化。

第四十一条 运用财务杠杆,追求最佳企业资产负债比例。

(一)由于债务性质的资金,其利息支出可在企业财务费科目下列支。由于该项成本减少收入而达到合理减税,能提高股东权益投资收益率,所以适度举债是明智的。目前,我国民营企业负债过低,经营过于保守,应加大借债力度。

(二)不论企业经营状况好坏,债务资金偿还是硬性化。过度负债会增加企业经营风险。目前,我国国有企业大多负债过高,应降低负债到合理范围。

第四十二条 企业要根据发展战略规划、投资计划、运营情况预测,制订短、中、长期资金需求计划,依此确定筹资总体方案,选择合理的融资结构。

第四十三条 企业首先应提高内部资金使用效率,以减缓对外融资压力。

第四十四条 企业应考虑资本、劳力、技术等要素之间的协同作用和替代弹性,增加其他要素的投入,以减少资金需求或现金流量,如：

(一)以土地使用权或固定资产投入,减少现金投入。

(二)以融资租赁降低现金投资。

(三)易货贸易(实物交易)。

(四)股权互换。

（五）以政府特殊许可（有含金量）降低项目成本。

（六）无形资产作价。

（七）补偿贸易。

（八）运用特许经营。

第四十五条　增加企业抵押品，放大负债能力企业优化现有资产结构，提高资产质量，增大可供抵押、担保的资产规模，尤其要以小博大，通过企业较小资本控制社会较大资本，以实质控有许多企业，资产的所有权，支配权，放大负债能力，融通企业发展所需巨量资金。

第四十六条　企业群体统一财务管理。

（一）统一对外筹措资金，统借统还，以获得贷款优惠，便利，降低风险。

（二）统一提供信用担保，信托，租赁，保险。

（三）统一银行开户，有效监控下属企业资金流向。

第四十七条　建立财务顾问（融资顾问）制。

按照国际惯例，企业融资都要聘请财务顾问指导。

（一）企业聘请常年融资顾问（财务顾问）单位，该单位主要为企业融资辅助策划、制订方案、代理融资、承销包销证券等。

（二）目前，国内财务顾问可从证券公司、投资银行、信托基金管理公司、投资管理公司、会计师事务所、财务咨询公司等金融服务机构中选择。

第四十八条　与金融结合。

从国内外企业发展过程和经验看，产业资本和金融资本结合是必然趋势。对大型企业塑造金融功能的方案如下：

1. 建立稳固银企关系。

企业对原有融资网络进行优化，以一个主要银行为依托，形成融资主渠道，在此基础上再开拓辅助、新的融资渠道。

实行主办银行制和贷款额度授信管理，通过银企长期性契约，形成利益共同体。

2. 引入金融机构入股。

企业在建立股份制时，吸纳金融机构投资入股，或者将现有债权转为股权，建立与金融机构的产权关系，以享有金融机构对企业的优先优惠支持。

根据现行商业银行法律，商业银行不能对企业投资参股。非银行性的金融机构可对企业投资参股，如信用合作社、保险公司、信托公司、证券公司、基金管理公司、财务公司等。

3. 对金融机构参股。

对银行或非银行性金融机构进行参股，作为金融机构股东，通过影响力获得金融机构的优先支持。有实力的企业集团可以通过对金融机构的控股，使之纳于集团范围。

4. 企业与金融机构互相参股。

企业与金融机构相互参股或环状持股，形成最为密切的产权关系。

□ 附则

第四十九条　本制度由财务部制订，解释权、修改权归财务部。

第五十条　本制度由财务部制订，报总经理办公会议审核，经总经理审批后执行。

二、企业资本金筹集制度模板

第一条　企业应当按照法律、法规和合同、章程的规定，及时筹集资本金，可以一次或分期筹集。一次性筹集的，从营业执照签发之日起 6 个月内筹足。分期筹集的，最后一期出资应当在营业执照签发之日起 3 年内缴清，其中第一次投资者的出资不得低于 15%，并且在营业执照签发之日起 3 个月内缴清。吸收的无形资产（不含土地使用权）的出资不得超过企业注册资金的 20%，情况特殊的经审批后最多不超过 30%。

第二条　企业筹集的资本金，必须聘请中国注册会计师进行验资并出具验资报告，由企业据以发给投资者出资证明书。

第三条　企业筹集的资本金，在生产经营期间内，投资者除依法转让、按规定经有关部门批准增资或减资之外，不得以任何方式抽走。按照出资比例或者合同、章程的规定，分享企业利润和分担风险及亏损。

第四条　企业在筹集资本金活动中，可以向投资者收集超资本金额，包括股份有限公司发行股票的溢价部分及可以接受捐赠的财产，这些都作为资本公积入账。另外，对资产评估确认价值或合同、协议约定价值与原账面净值的差额等，可计入资本公积。

第五条　对于外商投入资本因出资的币种与企业记账本位币不一致，要按收到出资当日的市场汇价折合资本投资额，发生的汇率折价差额，也计入资本公积。

三、股票事务处理制度

□ 总则

第一条　本公司股票事务的处理，除依据有关法令及本公司与证券交易所股份有限公司所定契约，及本公司章程的规定外，悉依本办法办理。

第二条　本公司股票事务，由本公司股务科办理。

□ 印鉴

第三条　本公司股票应依照姓名条例，使用本名，填盖印鉴卡，如属法人，应使用法人全衔，填盖印鉴卡，送本公司存查，然后股东向本公司办理有关股票事务时，即以此印鉴为凭。

第四条　股东申请掉换新印鉴时，应填送《更换印鉴备案书》及《持有股票清单》加盖新旧印鉴，并填盖新印鉴卡，一并交本公司存查，嗣后即以此新印鉴为凭。

第五条　股东原印鉴遗失、毁灭或被盗窃时，应立即通知本公司，同时填送《印鉴挂失更换申请书》及《持有股票清单》，并在本公司所在地或股东住所所在地的日报，连续刊登印鉴遗失作废声明 3 天，将所刊报纸的全份及乡镇区公所发给的《印鉴证明书》，填送新印鉴卡交本公司存查。本公司自收到新印鉴卡之日起一个月内无人提出异议，即予换用新印鉴卡，并注销旧卡。

□ 过户及换票

第六条　股票转让过户，应由出让人与受让人分别在股票背面加盖印鉴，并填具"股票转让过户通知书"，由受让人送本公司办理过户手续，非经本公司盖章不生效力，受让人如为新股东时，并依第三条的规定填盖印鉴卡。

第七条　股东死亡，继承人申请过户时，应由继承人填送《股票继承过户申请书》，并在股票背面受让人栏加盖继承人印鉴，检同身份证、其他继承人同意书、全户户籍誊本、印鉴证明书、遗产税缴清证明书、其他有关继承人股权的证明文件等，向本公司办理继承过户手续。如为新股东并依第三条规定填盖印鉴卡。

第八条　调换股票应由股东填送《换发股票通知书》加盖原印鉴，检同股票送本公司换发。

□ 股票挂失

第九条　股票遗失、毁灭或被窃时，应立即由股东填送《股东挂失申请书》，交本公司登记，同时由股东在本公司所在地及遗失损毁地，各刊登通行日报连续公告 3 天声明作废，随即填送《遗失股票补发申请书》并刊登启事的报纸及本人身份证，原印鉴送本公司办理。保证商号的资本额，不得少于担保时挂失股票的市场价格。如由本公司股东担保，则保证人的股权在两个月内，不得少于担保时挂失股票的股数。本公司接受前项申请书，应审认其最后登启事之日起经两个月后，无人提出异议，即予填发新股票。

第十条　股东之股票及印章均遗失者，应申请管辖法院依法裁判确定后，持凭裁判证明文件填送《印鉴挂失更换申请书》及《遗失股票补发申请书》后再向本公司申请补发新股票及更换印鉴。

第十一条　股票挂失后，所有应领未领却已到期的股利，均暂停发给，经本公司核发新股票后，再行补发。

□ 质权设定

第十二条　股票的质权设定，应由出质人与质权人填送《质权设定通知书》，由双方于股票背面及通知书上盖章，检同股票交本公司登记，未经本公司登记的股票质权，对本公司不生效力。

第十三条　股票质权消灭时，应由出质人及质权人填送《股票质权撤销登记通知书》由双方于股票背面于通知书上盖章，检同股票送本公司为质权撤销的登记。如质权消灭未经本公司登记者，本公司对该项质权认为继续存在。股票质权所担保的债权已届清偿期，质权人如未受清偿而依法处分股票时，应由质权人及因此而取得股票所有权人，分别在股票背面加盖印鉴，并填具《股票转让通知书》检同股票及合法处分的证明票文件一并送本公司办理过户登记，申请登记股票之质权于过户手续办妥后销毁。

□ 发放股利

第十四条　本公司每届发放股利，应将发放股利的日期、地点分别通知各记名股东，并依法在报刊公告。

第十五条　股东领取股利时应在收据上加盖存记印鉴。

第十六条　股东如因故未能前来本公司指定地点领取股利时，应将股利收据填妥，加盖印鉴，寄本公司，经查验无误后发放，途中，如有遗失，本公司可代为查询。

□ 附则

第十七条　股东户籍地址，以股东印鉴卡所载为准，如有变更，应随时以书面填具《股东更换住址通知书》通知本公司。

第十八条　股东洽询或办理股票事务，凡以书面提出者，均应加盖原印鉴。

第十九条　本办法经本公司董事会议通过后施行，修正时亦同。

第三节　筹资管理实用表单

一、企业筹资成本分析表

企业筹资成本分析表如表14－1所示。

表14－1　企业筹资成本分析表

年　　月　　日　　　　　　　　单位：元

对比分析期 项　目	××××年	××××年	差　量
主权融资（所有者权益） 负债融资 融资总额			
息税前利润 减：利息等负债融资 成本 税前利润 减：所得税 税后利润 减：应效特种基金 提取盈余公积金 本年实现的可分配利润			
本年资本（股本）利润率			
本年负债融资成本率			

二、企业筹资需求分析表

企业筹资需求分析表如表 14－2 所示。

表 14－2　企业筹资需求分析表

年　　月　　日

项　　目	上年期末实际(元)	占销售额的比例(%)	本年计划(元)
资产			
流动资产			
长期资产			
资产合计			
负债及所有者权益			
短期借款			
应付票款			
应付款项			
预提费用			
长期负债			
负债合计			
实收资本			
资本公积			
留存收益			
股东权益			
融资需求			
总计			

三、企业融资结构弹性分析表

企业融资结构弹性分析表如表 14－3 所示。

表 14－3　企业融资结构弹性分析表

年　　月　　日

项　目		年初数	年末数	差异
弹性融资	流动负债 长期借款 应付债券 未分配利润 盈余公积 (公益金部分) 弹性融资合计			

续表

项　目		年初数	年末数	差异
非弹性融资	长期应付款 实收资本 资本公积 盈余公积 （非公益金部分） 非弹性融资合计			
总融资	融资合计			
弹性	资本结构弹性			

填写说明：资本结构弹性＝弹性融资合计÷融资合计。

四、银行短期借款明细表

银行短期借款明细表如表14－4所示。

表14－4　银行短期借款明细表

截止时间：

单位：万元

序号	贷款银行	贷款种类	贷款额度	利率	期限	已动用额度	尚可动用额度	备注

制表：　　　　科长：　　　　经理：

五、股东一览表

股东一览表如表 14 －5 所示。

表 14 －5　股东一览表

年　　月　　日

姓　　名	性　别	出生日期	住　　址	所有股权	金　　额

六、股东印鉴表

股东印鉴表如表 14－6 所示。

表 14－6　股东印鉴表

<table>
<tr><td>印鉴式样</td><td>附　　记：
住址：
户籍：
身份证号码：
出生日期：　　　年　月　日
电　　话：
本卡启用日期：　　　年　月　日</td></tr>
</table>

证券主管：　　　　　　　　　　　　　　　　印鉴卡主管人：

七、发行股票申请表

发行股票申请表如表 14－7 所示。

表 14－7　发行股票申请表

<table>
<tr><td colspan="2">企业名称</td><td colspan="3">（盖章）</td><td colspan="2">负责人姓名</td><td colspan="2"></td></tr>
<tr><td colspan="2">地　　址</td><td colspan="3"></td><td colspan="2">电　　话</td><td colspan="2"></td></tr>
<tr><td colspan="2">企业性质</td><td colspan="2"></td><td>员工人数</td><td></td><td colspan="2">银行账号</td><td></td></tr>
<tr><td colspan="2">工商登记证字号</td><td colspan="4"></td><td colspan="2">批准日期</td><td></td></tr>
<tr><td colspan="2">企业注册资金额</td><td colspan="4"></td><td colspan="2">自有资金总额</td><td></td></tr>
<tr><td colspan="2">上级主管部门</td><td colspan="7"></td></tr>
<tr><td colspan="2">申请发行额</td><td colspan="4"></td><td colspan="2">每股面额</td><td></td></tr>
<tr><td rowspan="4">股票</td><td colspan="8">每股　　元</td></tr>
<tr><td rowspan="3">分配办法</td><td colspan="4">甲种：只计红利，不计股息</td><td colspan="3" rowspan="3">若经营失利，投资者共负有限经济责任，但以投资额为限</td></tr>
<tr><td colspan="4">乙种：股息年利率　%，股息红利</td></tr>
<tr><td colspan="4">合计不超过投资额的 15%</td></tr>
<tr><td colspan="9">个人收入股息、红利按规定由企业代扣代缴个人所得税调节税 20%</td></tr>
<tr><td colspan="2">申请理由</td><td colspan="7"></td></tr>
<tr><td colspan="2">上级主管部门意见</td><td colspan="2">（盖章）</td><td colspan="2">初审银行意见</td><td colspan="3">（盖章）</td></tr>
<tr><td colspan="2">分行复审意见</td><td colspan="2">（盖章）</td><td colspan="2">银行主管处审批</td><td colspan="3">银（　）第　号
批准日期：　年　月　日</td></tr>
</table>

八、股票认购书

股票认购书如表 14－8 所示。

表 14－8　股票认购书

编号：

本人自愿认购________企业发行的股票____股，每股____，共计____元。

请予办理。

此致。

××信托投资企业

认购人：

身份证明：

地址：

时间：

××信托投资企业

代收股款临时收据____编号

今收到________认购________企业股票____股

每股____元，共计股款：____待股票发行后根据公告日期凭本收据隽带身份证明书和图章调换股票

时间：　　经收单位公章：　　经收人印章：

填表说明：

第一联：交购股人收执。

第二联：做收入传票附。

第三联：存根。

九、股票调换申请书

股票调换申请书如表 14－9 所示。

表 14－9　股票调换申请书

票面股数	字　号　别	股　票　号　码	张　数	股　数
××股		第　　号		
××股		第　　号		
××股		第　　号		
合　计			××张	××张

申请人（股东）：

住址：

以上各栏由申请人分别填写：

原印鉴

十、股票调换内容

股票调换内容如表 14－10 所示。

表 14－10 股票调换内容

票面股数	字号别	股票号码	张数	股数
××股		第　号		
××股		第　号		
××股		第　号		
合计			××张	××张

卡别	股东			异动日期			凭证号码
	地区	股东代码	检算	年	月	日	

计算中心	机器操作室		资料控制室		
财务处	经理	主任	登记	有否质押	核对印鉴

第四节　筹资管理规范化细节执行标准

一、筹资业务审批执行标准

第一条　筹资管理人员应定期进行企业经营情况的分析，根据企业的资金预测编制筹资计划。

第二条　筹资管理人员的筹资计划应经过董事会的审批，董事会会同法律顾问和财务顾问审核筹资计划的合理性和可行性。

第三条　董事会的审核结果应进行书面记录，一方面是控制程序的需要，同时，董事会纪要也是证券监督管理委员会要求实施的资料之一。

第四条　企业筹集资金应该按国家法律、法规及××服务行业财务制度规定，可一次或分期筹集。

第五条　企业资金的筹集可采用向银行贷款、向其他单位临时借款、向内部职工筹集等方式。当企业的经营规模扩大时，经总经理室决定，投资者增加投资额也是一种方式。

第六条　企业根据需要可用原有的固定资产做抵押，向银行或其他单位借款，但向银行贷款时应通过企业总经理室批准。

第七条　借款余额不得超过企业的实收资本，重大项目或借款余额已超过实收资本的20%以上的借款，应单独做出可行性报告报经总经理室批准。

第八条　对各方筹集的资金，应严格按借款合同规定的用途使用，不许挪为他用。

第九条　资金使用应严格按审批权限及规定程序办理，大额开支一般要事先列入财务计划，并应附有经济效益预测资料。

二、筹资申请书写作标准

筹资申请书写作标准如下：

××银行：

为了提高市场竞争力，丰富产品结构，满足广大消费者需求，我公司在本年度新产品研制与开发中，成功开发出××新产品，并进行了完善的后期制作与市场分析，本产品已经经过国家权威部门认证，并取得了相关专利证明。本产品具有以下几个特点。

1. 产品拥有广泛的市场前景。根据调查显示，国内生产同类产品的只有两家公司，年产量仅××个，而国内需求量则为××个，缺口为××个。同时，本产品在质量、性能上完全可以超越现有市场中的同类产品，在此基础上完全可以开拓国外市场，故已完全具备了新产品开发的市场条件。

2. 产品利润率高。本产品市场销售价格每个××~××元,而其原料的成本每个只有××元。如年产量达到××个,即可创税利××万元,利润率相当可观。

3. 产品原料有保证。该产品的原料××,本公司每年可生产××个,如提取率按××%计算,可生产××个。因此原料供应也是有充分保证的。

4. 产品投资较少,建设工期短。该产品借××车间××××年一次大修机会进行技术改造,建设期只用×个月,预计在××××年××月××日即可投产。项目总投资仅需××万元,属于投资少、见效快项目。

5. 产品还款能力强。该产品每年可实现经济效益××万元,年内即可增加经济效益××万元。

总之,本公司的××新产品属于科技开发项目,有投资少、工期短、见效快、效益高、还债能力强等特点,基本具备科技开发贷款资格。

现特向贵行申请给予科技开发贷款××万元,保证在××××年×季度末全部还清,望予以支持,以确保该开发项目能如期投产创利。

××有限公司

××××年×月×日

三、筹资预算报告书写标准

(一)情况说明。

为了提高市场竞争力,丰富产品结构,满足广大消费者需求,我公司在本年度新产品研制与开发中,成功开发出××新产品,并进行了完善的后期制作与市场分析,本产品已经经过国家权威部门认证,并取得了相关专利证明。为使本产品尽快上市产生利润,现将该产品相关筹资预算加以说明。

(二)固定资产投资估算。

1. 工程费用。主要包括厂房建设费、辅助工程费用(包括××、××、××等)、公共工程(包括给排水、通信、电气、工艺外管等)、服务工程费用和工具及生产器具购置费,估算为××万元。

2. 其他费用。包括土地使用费、建设单位管理费、技术转让费、生产员工培训费、勘察设计费、联合试运转费、办公和生活家具购置费、城市基础设施配套建设费等。根据国家规定的费率和标准估算为××万元。其中土地使用权由合资方入股,价值为××万元。

3. 相关税费。根据有关固定资产方向调节税的规定,按本项工程全部投资完成额的××%纳税,该部分估算为××万元。

(三)流动资金估算。

本项目采用扩大指标法估算,参照同类生产企业流动资金占用和周转情况,正常年份所需流动资金按每百元销售收入占用××元计算,正常年份所需流动资金××万元(其中投产后第一年需××万元,第二年需××万元,第三年需××万元)。

项目投资由固定资产投资和流动资金构成,经测算,本项目投资总额××万元,其中固定资产投资××万元，流动资金××万元（逐年投入）。

（四）资金筹措方式与筹资成本。

1. 项目总资金筹措和筹资成本。本项目总投资××万元，自有资金××万元，由总公司拨付。土地使用权和已建房屋作价××万元；建行贷款××万元，年利率××%；总公司系统内各分公司集资××万元，年利率××%；尚有××万元需自筹或申请银行贷款。项目总资金成本为年利率××%。

2. 固定资产投资资金筹措和筹资成本。项目固定资产投资总额××万元；自有资金××万元；土地使用权和已建房屋作价××万元；申请银行贷款××万元，年利率××%；总公司系统内部集资××万元，年利率××%；尚有××万元需追加银行贷款加以解决。固定资产投资筹资成本为年利率××%。

3. 流动资金筹措和筹资成本。项目建成后正常年份所需流动资金××万元，按生产负荷逐年投入。项目自有资金××万元，由总公司拨付。其余尚需公司自筹或申请银行贷款，第一年需××万元，第二年需××万元，第三年需××万元。

××公司财务部

××××年××月××日

四、项目筹资可行性分析报告书写标准

（一）项目提出的背景。

1. 项目建设的必要性。

为使本公司的产品结构丰富化，更加适应现代市场竞争环境，经公司研发部门历时两年的研究，××项目经过了董事会的论证，具备了运营基础。该项目的市场前景可观，在一定意义上可以使公司上更上一个台阶，并且，在该项目的成功运作之后，本公司可以通过该项目形成广泛的品牌效应，获得更强的市场认知。可以说，该项目是近年来公司最具潜力、最具前景的项目之一。

2. 项目建设资金的筹措。

××××年××月，本项目正式向国家有关部门报送了项目建议书。本项目改为采用股东贷款的方式筹措注册资金以外，总投资以内的资金，即中外双方按各自在合作公司注册资本中所占的比例，分别筹措并各自担保注册资本以外的资金。

具体做法是，中外双方首先以各自的资产为抵押向金融机构贷款，再将此贷款借给中外合作公司用于项目建设。这样，由于合作公司的中外双方分别成为第一债务人，负有第一位的偿债责任，项目的成功与否与本贷款的偿还在法律上没有直接关系，完全取决于中外双方的经营情况，也就是说这种贷款方式对中外双方是完全追索的。如果本项目未能达到预期的收益，中外双方必须以各自的资产来偿还贷款。

由于股东贷款增加了其承担的风险，外方同时要求增加收益，这样，项目的最终产品的价格会受到影响，而且中方按比例筹措贷款也存在着一定困难。但由于当时情况的制约，不可能利用项目融资方式。在这种情况下，经中外双方协商，同意修改合作协议书，将项目融资的内容改为股权融资，明确中外双方各自在合作公司注册资本中的比例。但是，中外双方也达成了一个协议，即双方贷款保证不是双方本项目以外的资产，而是利用

在××供热厂中的比例，以项目资产和所得合同权益作为还款保证。这样，××××年，有关部门批准了××供热厂的项目建议书，总投资××××万美元，由××市热力公司和美国××公司共同出资，建立中外合作经营企业，合作期限为合作企业正式成立之日起××年。注册资本××××万美元，中方所占注册资本比例为××%，外方占××%。注册资金以外的××××万美元，由中外双方按各自的比例分别筹措并自行担保（即通常所说的股权融资）。

在项目进行前期准备和上报可行性研究报告期间，一些情况发生了变化，本项目的合作方××公司由于其总公司投资策略的改变，××××年××月正式提出终止与中方的合作。同时，天然气××工程迅速得以实施，使××市利用清洁燃料改善环境质量成为可能。这样，拟将本项目建设内容改为建设天然气燃气轮机联合循环热电厂，并将外方合作者改为××公司。项目建设规模初步确定为发电能力××~××兆瓦，供热能力××焦/小时，年耗气量在××亿立方米左右。总投资估算为×亿美元，其中注册资本为××××万美元，中方占××%，外方占××%。注册资本以外的××万美元采用项目融资方式解决。

（二）项目融资与股权融资方式的比较。

1. 项目融资与股权融资的含义。

（1）项目融资的含义。项目融资是一种特定的融资方式，它是利用项目未来自身的现金流量为担保条件的无追索权或有限追索权的融资或贷款。

项目融资有以下几个基本特征：

①至少有项目发起方、项目实体和贷款方三方参与。

②资金提供方（如贷款银行、债券购买人）主要依靠项目本身的资产和未来的现金流量作为资金偿还的保证。

③项目融资是一种无追索权或有限追索权的融资方式，即如果将来无力偿还借贷资金，债权人只能获得项目本身的收入与资产，但对项目发起人的其他资产基本无权染指。

（2）股权融资的含义。股权融资是指一个项目的投资双方各自以自己的资产为担保向金融机构贷款的融资方式，提供贷款的金融机构享有对贷款人的资产的无限追索权。

2. 项目融资与股权融资有关技术指标的比较。

（1）贷款利率。项目融资的贷款利率大体为××%~××%；股权融资的贷款利率大体为××%~××%。

（2）贷款期限。项目融资一般为8~12年（包括建设期）；股权融资一般为5~7年（包括建设期）。

（3）偿债资金来源。项目融资仅限于项目的未来收益和项目资产；股权融资偿债资金来源较多。

（4）融资文件的复杂程度。项目融资的文件比较复杂；股权融资的文件相对比较简单。

（5）律师费用。项目贷款融资部分的律师费用取决于合伙人的水平高低、项目前期的工作时间等因素，一般为×××万~××××万美元；项目文件部分的费用为××万~×××万美元，总体上为×××万~××××万美元。股权贷款融资部分的律师费用如果不需要转贷文件，和项目融资大体相同。

（6）保险。项目融资保险与股权融资相同，主要包括建设者一切险、财产险、锅炉和机械设备故障险、责任险、运营中断险和政治风险等。

（7）项目担保。项目融资与股权融资都需要担保。

（8）偿债准备。项目融资一般要求有6个月的偿债准备期。股权融资不要求以保留一定数量现金存款的形式储备，但在项目现金流量不足以满足偿债要求时，股东应以自有资金清偿债务。因此对于项目本身，费用与项目融资相同，如果股东贷款需要再融资，则需建立偿债准备金。

五、公开发行股票申请书书写标准

中国人民银行××市分行：

本公司经市体改委批准，于199×年×月正式成立，并且具备了向社会发行股票的条件。按董事会提出的股票发行方案和××市会计师事务所注册会计师的验证评估，进审的新公司发行股票的数额、对象、时间分别为：

（一）股票种类：普通股××万股。

（二）股票面值：每股面值××元。

（三）股票发行起止日期：××××年×月×日至×日。

（四）股票发行对象：社会个人、内部职工。

（五）股票代理发行公司：××证券公司、××证券公司。

现将经××市会计师事务所验证认同的股票发行报告书随文送上5份，请予审查批准。

附件：

××百货集团股份有限公司股票发行报告书

（一）公司概况。

1. 公司名称：××百货集团股份有限公司

英文名称：××

2. 注册地址：××市××路（邮编：×××××）

英文地址：××

3. 公司高级管理人员

董事长：×××

副董事长：×××

董事：×××　×××　×××　×××　×××　×××

监事长：×××

监事：×××　×××　×××　×××

总经理：×××（法定代表人）

总会计师：×××（高级评估师）

高级管理人员平均每人持股数××股，按公司规定，在任职期间不得转让。

4. 公司其他情况

（1）所属行业：××批零兼营商品流通企业。

（2）主管部门：××市第一商业局。

(3)成立日期:××××年×月,营业执照编号:××××。

(4)在员工人数:××人。

(5)公司面积:建筑面积××平方米,营业面积××平方米,仓储面积××平方米。

(6)公司对外投资单位:××大酒店、××路分店。

(7)公司咨询电话:×××××××××。

5. 股本结构

注册资本:××万元;实收股本:××万元。其中,国家股××万元,法人股××万元。另有个人股××万元,待发行。

6. 股票发行计划

(1)股票种类:普通股××万股。

(2)股票面值:每股面值××元。

(3)股票发行起止日期:××××年×月×日至×日。

(4)股票发行对象:社会个人、内部职工。

(5)股票代理发行公司:××证券公司、××证券公司。

7. 业务经营方式

零售、批发、代销、生产、加工、咨询、培训、设计、海外贸易。

8. 经营范围

主营:日用百货、针纺织品、服装鞋帽、五金交电、搪瓷器皿、烟酒、粮油食品、钟表眼镜、文化办公用品、家具装潢、家用电器、仪器仪表、机械、计量器具、黄金首饰、工艺美术品。

兼营:油漆、颜料、劳动保护用品、汽车零部件、摩托车及零部件、通信设备、橱窗出租广告。

行业延伸:运输、房地产、餐饮、旅游、生产、科研、金融、海外贸易。

(二)公司组织状况。

1. 公司沿革

××集团股份有限公司原为××百货商店,创立于××××年×月×日。40多年来,商店不断扩大经营规模,向多功能、外向型发展,并于××××年×月×日正式挂牌成立了××集团公司。××××年×月×日经××市人民政府体改委(××××)第××号文批复,同意××集团公司改制为股份有限公司。

2. 公司组织机构(略)

3. 经公司董事会讨论决定,将于××××年×月下旬召开公司创立暨第一次股东代表大会,具体地点另见××证券报。

(三)公司近三年的经营业绩。

1. 经济效益

本公司以经销名(名牌)、优(优质)、新(新产品)和中、高档商品为经营特色,以"一流商品、一流环境、一流服务"为奋斗目标,与国内外××家单位建立长年业务往来,各项主要经济指标长年名列全国第×,并年年有新的突破。销售收入从20世纪五六十年代的每十年翻一番、70年代的七年翻一番,到80年代的三年翻一番。××××年实现销售收入××亿元,××××年实现销售收入××亿元,实现利税××万元。××××年预计在部分商场改造装修的情况下,仍可再创全国零售商业销售收入、利税总额第×名的成绩。

2. 社会效益

在经济效益连年递增的同时，公司还十分重视社会服务效益，对消费者和采购单位昼夜提供方便。在铺面、商场中心设有“经理服务台”，为顾客购买提供咨询和处理投诉事宜；对本市顾客购买的大件商品，代为送货上门；商店还设有各类修理部、小修小改服务处、储蓄所等，为顾客提供了很多的方便服务。因而公司曾获得“××市先进企业”“国家二级企业”“物价、计量、质量、服务信得过单位”“重合同守信用单位”“××市质量管理奖”“全国用户满意奖”等多项荣誉称号，在社会各界树立了良好的企业形象。

(四)公司财务状况。

1. 验资报告：××会计师事务所××字(××××)第××号

经我所检查验证结果，贵公司投资方截止到××××年×月×日分别投入资本如下：××百货商店以国有资产作价人民币××万元，折股投入并经××市国有资产管理局审核同意。社会法人股股本人民币××万元。

上述股本总计人民币××万元，已由××证券公司注入中国工商银行××分理处××账号内，贵公司于××××年×月×日分别记入“股本”和“公积金”账户。

据此，我所认为贵公司投资各方认缴资本已如数缴足。

××会计师事务所　　　　注册会计师×××

××××年×月×日

2. 资产评估报告书：××字(××××)第××号

现将资产评估结果报告如下：评估前资产账面总金额为××万元，扣除负债账面总金额××万元，则评估前净资产为××万元。经过评估后净资产为××万元，比评估前升值××万元，升值率为××%。

××会计师事务所　　　　注册会计师×××

××××月×日

3. 资产评估确认书：××市国有资产管理局以(××××)××号文件对上述资产评估予以确认

4. 查账报告：

××字(××)××号、××字(××××)第××号查账报告详见附表。

××会计师事务所　　　　注册会计师×××

××××年×月×日

5. 财务报表说明：

(1)会计年度：公历制×月×日至×月×日。

(2)应收款××万元；应收款票据一年之内金额为××万元；应收账款××万元，半年以内××万元，一年以下××万元。三年以下××万元；专项应收款××万元，其中，基建暂付款××万元。预付款××万元。

(3)存货：

存货名称	存货金额	计价方法
库存材料	××万元	按实际进价计价
低值易耗品	××万元	按实际进价计价
商品	××万元	按实际进价计价
合计	××万元	按实际进价计价

(4)固定资产:房屋建筑物原值××万元,净值××万元,年综合折旧率××%;设备原值××万元,净值××万元,年综合折旧率××%。

(5)在建工程:××万元。

(6)公司税金:××年×月~×月税率,零售增值率××%,城建税××%,房产税××%,车船使用税每辆××元。

(五)公司后三年发展规划。

1. 公司发展规划:

据对公司后三年销售情况的预测,商品销售收入××××年可达××亿元,××××年可达××亿元。

2. 资本的投向:

投资方向	投资额	工程周期	投资回收期
中日合资××有限公司	××万元	计划××年	建成后××年
××路分店	××万元	计划××个月	建成后××年
××商厦	××万元	计划××个月	建成后××年
××路分店	××万元	已竣工	建成后××年

(六)后三年效益预测鉴证报告

1. 赢利预测:

(1)赢利预测基准。

以××××年销售收入××万元为基准,根据历年商店财务资料,考虑物价指数上升幅度,综合有关科室的预测,××××年销售递增速度为××%,预计销售收入可达××万元;××××年销售递增速度为××%,预计销售收入可达××万元;××××年销售利润率预测为××%,可赢利××万元。

(2)赢利预测假设。

①销售额的假设:××××年~××××年销售收入平均递增速度为××%,××××年销售递增速度预测为××%,预计销售收入可达××万元。

②销售利润率的假设:××××年利润率为××%,××××年利润率预测为××%,预测利润为××万元。××××年×月~×月赢利××万元,但从下半年起,因有部分商场按计划要进入修理改造及设备更新阶段,对利润总额有所影响。

2. 后三年的税后利润分析:单位:万元

	××××年	××××年	××××年
利润总额	××	××	××
所得税(××%)	××	××	××
税后利润	××	××	××

3. ××××年度每股税后赢利和资产预测:

(1)每股税后利润数=××万元÷××万股

=×××元

(2)每股净资产额=××万元÷××万股

=×××元

(3)资产报酬率=(××÷××)×××%

=××%

经过审核，××会计师事务所认为，××集团股份有限公司××××年～××××年的年度经济效益预测所依据的会计原则和采用的计算法，基本符合我国现行有关法律、法规和制度的规定。

附表：资产负债表（略）

损益表（略）

查账报告（略）

××百货集团股份有限公司

董事长：×××

200×年×月×日

六、股票上市申请书书写标准

××证券交易所：

经中国证监会证监发字（20××）××号文和证监发字（20××）××号文批准，我公司××万社会公众股于1996年8月1日、2日在广东惠州市采用与储蓄存款挂钩的发行方式（即全额预缴，比例配售，余额转存）顺利发行成功；发行后，我公司于××月××日下午在××市召开了创立大会，并已在国家工商行政管理局办理了注册登记。我公司公众股的股权登记工作也已完成。

（一）概况。

我公司是在××股份有限公司全资附属企业整体改组的基础上，由××实业股份有限公司、××企业发展公司、××建设总公司、××建设总公司、××机械总公司5家单位共同发起，以募集方式设立的股份有限公司。

本公司前身为××厂，该厂原系全民所有制企业，始建于××××年××月。该厂是国家定点生产各类起重机的专业厂。××××年在全国同行业中被国务院首批命名为国家二级企业，工厂位于历史名城××省××市，地处高速公路中段，交通十分便利。该厂的主导产品是单、双梁桥式起重机和单、双主梁门式起重机。目前产品共19个系列、1000多个规格品种，产品主要用于铁路货运站、港口、码头、造船、冶金铸造、油田、水利工程、大型电站等国民经济基础行业的建设，生产规模在全国名列第二位，自1992年以来，综合经济效益指数连续4年名列全国同行业第一名。××××年中国企业形象认证委员会授予“中国最佳企业形象AAA级”称号。

（二）股权结构。

本次社会公众股发行后，我公司的股权结构如下：

股本类别	股本（万股）	占总股本的比例（%）
发起人法人股	3750	75
社会公众股	1250	25
总股本	5000	100

（三）股票上市条件。

按照《中华人民共和国公司法》和《股票发行与交易管理暂行条例》等国家有关法律、法规的规定，我公司股票已具备公开上市的条件。

1. 我公司股票是经中国证监会批准，已经向社会公开发行的。

2. 我公司的总股本为人民币5000万元。

3. 开业时间已在3年以上，且最近3年连续赢利。

4. 持有股票面值在人民币1000元以上的股东超过1000人，向社会公开发行股份占总股本的比重为25%。

5. 最近3年内无重大违法行为，财务会计报告无虚假记载。

因此，本公司特申请××股票在贵所上市交易，请予批准！

××股份有限公司

××××年××月××日

七、公司股票上市推荐书样式

××证券交易所：

经中国证监会证监发字(20××)××号文和证监发字(20××)××号文批准，中联建设装备股份有限公司(以下简称“中联建设”)××万股社会公众股于20××年××月××日、××日在××省××市采用与储蓄存款挂钩的发行方式(即全额预缴，比例配售，余款转存)顺利发行成功；××股票的股权登记等上市前的准备工作已完成。××证券公司(以下简称我公司)作为××股票的上市推荐人，特推荐其股票在××证券交易所市交易。

(一)××公司概况。

××公司是经国家经济体制改革委员批准，在××实业股份有限公司全资附属企业整体改组的基础上，由××实业股份有限公司、××企业发展公司、××对外建设总公司、××材料工业建设总公司、××机械总公司等共同发起，以募集方式设立的股份有限公司。

目前产品共19个系列、1000多个规格品种，产品主要用于铁路货运站、港口、码头、造船、冶金铸造、油田、水利工程、大型电站等国民经济基础行业的建设，生产规模在全国名列第二位，自20××年以来，综合经济效益指数连续4年名列全国同行业第一名。

(二)××公司的股权结构。

本次社会公众股发行后，中联建设的股权结构如下：

股本类别	股本(万股)	占总股本的比例(%)
发起人法人股	3750	75
社会公众股	1250	25
总股本	5000	100

(三)××股票上市的可行性。

根据《中华人民共和国公司法》和《股票发行与交易管理暂行条例》的规定，××股票已具备公开上市的条件。

1. ××股票是经中国证监会批准，已经向社会公开发行的。

2. ××公司的总股本为人民币5000万元。

3. 开业时间已在3年以上，且最近3年连续赢利。

4. 持有股票面值在人民币 1000 元以上的股东超过 1000 人，向社会公开发行股份占总股本的比重为 25%。

5. 最近三年内无重大违法行为，财务会计报告无虚假记载。

因此，我公司郑重推荐××股票在贵所上市交易。

××证券公司

××××年××月××日

八、股票筹资实施工作标准

股票是股份公司为筹集主权资金而发行的有价证券，是持股人拥有公司股份的凭证，它代表持股人在股份公司中拥有的所有权。股票按股东权利和义务的不同，有普通股和优先股之分。

普通股是股份公司发行的具有管理权而股利不固定的股票，是股份制企业筹集权益资金的最主要方式。

（一）普通股的特点。

1. 普通股股东对公司有经营管理权。

2. 普通股股东对公司有赢利分享权。

3. 普通股股东有优先认股权。

4. 普通股股东有剩余财产要求权。

5. 普通股股东有股票转让权。

（二）普通股的发行价格。

普通股的发行可以按照公司情况采取两种方法：一是按票面金额等价发行；二是按高于票面额的价格发行，即溢价发行。

公司始发股的发行价格与票面金额通常是一致的，新股的发行价格则需根据公司赢利能力和资产增值水平加以确定，主要有以下 4 种：

1. 以未来股利计算每股价格 = 预期股利 ÷ 利息率 = 票面价值 × 股利率 ÷ 利息率，公式中的利息率最好使用金融市场平均利率。

2. 以市盈率计算。

每股价格 = 每股税后利润 ÷ 合适的高盈率

3. 以资产净值计算。

每股价格 = 资产总值 - 负债总值 ÷ 投入资本总额 × 每股面值

4. 以公司收益能力计算。

每股价格 = 平均利润 ÷ 资本利润率 ÷ 投入资本总额 × 每股面值

（三）普通股筹资的优缺点。

1. 普通股筹资的优点。

（1）没有固定的股利负担。

（2）资金可永久使用。

（3）筹资风险小。

（4）能增加公司的信誉。

(5)能增强公司经营灵活性。

2. 普通股筹资的缺点。

(1)资金成本较高。

(2)新股东的增加,导致分散和削弱公司控股权。

(3)有可能降低原股东的收益水平。

九、债券筹资实施工作标准

国有企业、股份公司、责任有限公司只要具备发行债券的条件,都可以依法申请发行债券。

(一)债券发行。

债券的发行方式有委托发行和自行发行。委托发行是指企业委托银行或其他金融机构承销全部债券,并按总面额的一定比例支付手续费。自行发行是指债券发行企业不经过金融机构直接把债券售给投资单位或个人。

(二)发行要素。

1. 债券的面值。债券面值包括两个基本内容:币种和票面金额。币种可以是本国货币,也可以是外国货币,这取决于债券发行的地区及对象。票面金额是债券到期时偿还债务的金额。票面金额在债券上,固定不变,到期必须足额偿还。

2. 债券的期限。债券从发行之日起至到期日之间的时间称为债券的期限。

3. 债券的利率。债券上一般都注明年利率;利率有固定的,也有浮动的。面值与利率相乘即为年利息。

4. 偿还方式。债券的偿还方式有分期付息、到期还本及到期一次还本付息两种。

5. 发行价格。债券的发行价格有 3 种:一是按债券面值等价发行,等价发行又叫面值发行;二是按低于债券面值折价发行;三是按高于债券面值溢价发行。

(三)债券筹资的优缺点。

1. 债券筹资的优点。

(1)债券利息作为财务费用在税前列支,而股票的股利需由税后利润发放,利用债券筹资的资金成本较低。

(2)债券持有人无权干涉企业的经营管理,因而不会减弱原有股东对企业的控制权。

(3)债券利率在发行时就确定,如遇通货膨胀,则实际减轻了企业负担;如企业赢利情况良好,由财务杠杆作用导致原有投资者获取更大的利益。

2. 债券筹资的缺点。

(1)筹资风险高。

(2)限制条件多。

(3)筹资数量有限。

第15章　生财有道
——投资管理

第一节　投资管理工作要点

一、企业投资项目界定

企业投资项目包括：

1. 固定资产(厂房,设备)投资。

2. 新产品中工业性试验。

3. 技术引进。

4. 改建、扩建、技术改造。

5. 科技研发。

6. 对外短期投资(股票,债券)。

7. 对外长期投资(土地、物业、实业、商贸)。

8. 环保投资。

9. 控股性合资,联营。

10. 企业兼并,收购。

11. 资产经营投资。

12. 公关、广告、促销、捐赠计划。

13. 营销网络建设或特许经营。

14. 人力资源培训计划。

15. 其他项目。

16. 以上内容的综合性项目。

二、企业投资管理体制及权限

(一)组织机构。

1. 母公司级。

方案1:董事会成立专门投资委员会。

负责对全公司投资项目的管理,该机构常设。适用于董事会实体机构,公司权力集中在董事会的场合。

方案2:总经理领导下的投资项目决策会议。

定期或不定期对投资项目进行审批。该会议机构是非常设的,适用于公司权力在总经理的场合。

投资管理机构主要负责制定公司投资战略、规划、计划并负责审批。

2. 职能机构。

企业内部一般设立投资部。负责整个企业的投资项目考察、开发、遴选,可行性论证,组织评估,报批等日常管理活动。

投资部采用项目小组制。项目经理负责项目管理全过程。项目组应由技术、经济、市场、产品、营销、财务、建筑等有关人员组成。

3. 子公司级。

视情况可以设立投资部。一般限制子公司的投资权限,以免投资失控、重复投资、重复建设、分散投资,从而不能实现总体战略意图或打乱计划。

为分散投资风险和调动下属公司投资积极性,投资项目可以安排到下属企业,或吸引下属企业共同投资。

(二)投资体制。

企业应形成投资项目开发、论证评估、投资决策、监督实施、运作管理五位一体的管理体制。

1. 投资项目开发。

由母公司或子公司投资部对收集各类投资项目信息遴选之后,成立专门项目小组负责项目开发。

2. 论证评估。

(1)投资部门项目小组进行项目可行性论证,设计优化项目方案。

(2)邀请企业内外部专家对投资项目进行评估。

3. 投资决策。

由企业投资决策会议对备选项目进行决策,决定对投资项目的审查批准意见。

4. 监督实施。

(1)成立项目实施筹备小组,实际操作投资项目。

(2)企业财务、审计等部门监督投资项目建设过程,提高投资质量,控制投资总额。

5. 运作管理。

(1)一般投资项目以项目责任制形态运营。

(2)项目建成后,划转其他部门进行正常运作状态下的管理。

(三)投资权限。

一般而言,企业总部上收投资决策权,统一投资审批。可能的形式有:

方案1:绝对上收投资权。

无论投资多大,凡需对外投资,一律经企业一级审批,下属单位一律无权决定投资项目。

方案2:相对上收投资权。

企业可以授权下属单位有限额______万元人民币以下投资项目的审批自主权,限额以上均由企业总部审批,且下属审批投资项目必须报企业总部备案。

三、企业投资管理要点

1. 关于对外投资比例。

根据《公司法》规定，除投资公司、控股型公司外，一般公司对外投资累计不得超过其净资产的50%以上。因此，其策略有：

(1) 重要控股，参股子公司收购为全资子公司或分公司。

(2) 对非重要的子公司出让股份。

(3) 扩大公司注册资本金（或净资产规模）。

(4) 企业注册为投资控股型公司。

2. 建立企业投资项目库。

(1) 企业必须建立权威的备选投资项目库。

(2) 项目库中的投资项目不是原生态的项目，而是经投资部筛选、开发、方案组合，优选加工之后策划好的项目。一经决策，能够马上付诸实施。

(3) 企业不能让资金等项目。资金富余时手忙脚乱地找项目，会导致项目成功率低；而应该让项目等资金，引导资金，创造资金需求。

3. 确定合理的投资结构。

(1) 投资在公司分布。

①多少放在全资子公司。

②多少放在控股子公司。

③多少放在关联公司。

(2) 投资在产业分布。

①多少放在现有主体产业。

②多少放在潜在主导产业。

③多少放在风险投资。

(3) 投资在区域分布。

①多少放在公司总部。

②多少放在各地区（总部）。

③多少放在海外。

4. 投资效益评估。

(1) 传统的投资项目评估侧重在财务指标上：

①投资收益率 = 年平均赢利/投资额。

②投资回收期 = 投资额/年平均赢利。

③净现值法。

④折现系数法。

(2) 评述：

①常规项目评估可按这些规范化的评估程序进行。

②对新经济增长点项目，应该容忍其“有前景的近期亏损”。

③对营销投资，可能要以市场占有率最大换取利润最大。

④对政府行为导向的公益性、基础性项目,以社会效益换经济效益,从而获得政府在项目之外的其他优惠补偿政策。

第二节 投资管理规范化制度

一、企业投资计划书模板

第一部分 企业简介与经营目标。

(一)企业介绍。

××有限公司始建于1992年9月,注册资金100万元人民币,是集科研、开发、应用、生产、销售、服务于一体的综合性民营企业,企业所有制性质为有限责任公司。本企业的母企业原本从事食品冷冻及肉类食品加工,从事房产销售,因经营得法,使企业业务由销售而转入多种经营阶段。目前本企业正积极筹设M酒店,从事餐饮方面的业务,使企业走向多元化的经营路线。

(二)M酒店的营业描述。

M酒店计划建设在本市××区的黄金地段,作为一座地上12层、地下3层的商业星级酒店,其营业项目除包括6家餐厅,56间豪华套房,160件标准套房外,还包括国际厅与商务俱乐部以及KTV娱乐厅。

(三)M酒店的有利条件。

1.优越的地理位置。

M酒店位于本市最集中的商务区,周边有大量的写字楼与购物商厦,是本市最繁荣的商务地段。

2.交通流量与人流量大。

(1)汽车方面:有对面立体停车场,可同时停放约1000辆汽车。

(2)公共交通方面:有10个线路的公共汽车可到达饭店。

(3)行人方面:估计每天约有8万人次经过。

3.最佳营业组合。对该项目是否值得投资及其获利能力如何进行分析。

据专家对一些大饭店做经营财务的比率分析研究后得出结论为:现代化的饭店经营,其标准的资产周转率应为0.7,而目前已达0.7以上的饭店,其营业收入中,餐饮收入与客房收入的比例为3:1,这与目前××饭店的收入比例恰好吻合。可见饭店经营的组合已与以往大不相同,餐厅的投资必须大于客房的投资。这说明M酒店的投资组合是正确的。

(四)M酒店的经营目标。

1.短期目标。

(1)使M酒店成为本地区最具特色、档次较高的饭店,在菜肴、房间、服务方面有较高质量。

(2)配合俱乐部的成立,举行企业界人士的各种娱乐活动。

(3)配合 M 酒店的经营,逐渐发展与之相关的企业的投资,从纵线的扩充到横向的扩展,最后配合发展为一个多元的企业机构。

2. 长期目标。

(1)由于饭店经营所累积的经验,可以发展最新的连锁权制度,推广中式餐饮,最后成为一个中式餐饮的国际性企业。

(2)广集人才,设立智囊团。对于具有市场前途而目前经营不善的企业,不但提供企业诊断,还提供资金,进行整顿,以控股企业的方式做横向发展,以达到多元化的经营目标。

(五)M 酒店的筹备经过与开张日期。

1. 开始筹备日期:××××年×月。

2. 目前筹备人员:52 人(未含本企业支援人员)。

3. 试营业日期及地点。

××××年×月×日(星期×)××分馆(含企业网球场、夏威夷厅及江浙馆)。

×月×日(星期×)咖啡厅、西餐厅、粤菜厅及客房部。

×月×日(星期×)台菜厅、川菜厅及湘菜厅。

×月×日(星期×)其他单位。

×月×日(星期×)及×月×日(星期×)正式开张。

4. 员工训练时间。

一律为试营业期前一个月。

(六)M 酒店的营业分类。

1. 本部。

(1)地下二楼:员工餐厅、冷藏室、变电室。

(2)地下一楼:1300 平方米台菜厅。

(3)一楼:饭店大厅及 800 平方米的咖啡厅。

(4)二楼:400 平方米西餐厅及商业中心办公室。

(5)三楼:400 平方米粤菜厅及 450 平方米国际宴会厅(楼高二层的设计)与 100 平方米会议室。

(6)四楼:400 平方米个别餐室(12 间)及 120 平方米多功能厅。

(7)五楼:500 平方米湘菜厅及 250 平方米文化艺术厅。

(8)六楼:500 平方米川菜厅。

(9)七楼:俱乐部(附设小型咖啡厅、健身房、蒸汽室、会议室)。

(10)八楼至十二楼:127 间高级套房。

2. ××分馆。

(1)两面球场,一面练习场及三面红土球场。

(2)1500 平方米的江浙菜厅。

(3)650 平方米的夏威夷厅。

(4)大型宴会厅。

第二部分　投资计划与经费明细。

M 酒店的投资经费统计如下:

1. 土地:基地土地共 1800 平方米,其耗资约 133610 元。

2. 建筑费用:计划饭店建筑使用 11560 平方米,计地上 11 层,地下 2 层建筑费用共需 136390000 元。

3. 机械设备与公共设施:含冷气、水电、电梯、煤气系统等,计约 800000 元。

4. 饭店设备及营业用品:含客房、餐厅及厨房的所有设备、营业用品,计约 13000000 元。

5. 装修:本馆及和平分馆的装修,计约 50000000 元。

6. 开张前费用(开办费):

(1)训练费 4000000 元

(2)宣传广告费 4000000 元

(3)开张前薪金 4000000 元

(4)餐饮及其他用品 2000000 元

(5)开张典礼及赠品 2000000 元

(6)其他开支(开支费) 1000000 元

合 计 17000000 元

7. 经营资金约需 1004000000 元。

8. 总计经费 1338323610 元。

第三部分 相关财务报表(略)。

二、企业投资管理制度模板

□ 总则

第一条 为规范公司投资行为、加强公司投资管理、保证资金运营的安全性、提高资金的收益性、提高资金运作效率,根据外部规范与公司具体情况,特制定本制度。

第二条 本制度适用于总公司、各子公司及分公司的投资行为。

第三条 在本制度中,投资分对外投资和对内投资两部分,具体叙述如下。

1. 对外投资:将货币资金及经资产评估后的房屋、机器、设备、物资等实物,以及专利权、商标权和土地使用权等无形资产作价出资,进行各种形式的投资活动。

2. 对内投资:利用自有资金或从银行贷款进行基本建设、技术更新改造,以及购买和建造大型机器、设备等投资活动。

第四条 本公司所有投资项目都要以充分有效地利用闲置资金或其他资产进行适度的资本扩张,获取较好的收益,确保资产保值增值为准则。

第五条 本公司所有的投资行为都必须遵守国家法律、法规,符合国家产业政策,符合公司的发展战略,并且在任何情况下都不能影响主营业务的发展。

□ 对外投资

第六条 对外投资可分为短期投资和长期投资,具体表述如下。

1. 短期投资主要指购买股票、债券、国债等短期投资行为。

2. 长期投资主要有以下 3 种：

(1) 出资与公司外部企业及其他经济组织成立合资或合作制法人实体。

(2) 与境外公司、企业和其他经济组织开办合资、合作项目。

(3) 以参股的形式参与其他法人实体的生产经营。

第七条　本公司所有投资项目都本着投资业务的职务分离原则，具体表述如下。

1. 投资计划编制人员与审批人员分离。

2. 负责证券购入与出售的业务人员与会计记录人员分离。

3. 证券保管人员与会计记录人员分离。

4. 参与投资交易活动的人员与负责有价证券盘点工作的人员分离。

5. 负责利息或股利计算及会计记录的人员与支付利息或股利的人员分离，并尽可能由独立的金融机构代理支付。

第八条　本公司所有短期投资项目依照以下程序进行。

1. 财务部编报资金状况表。

2. 证券资金部分析人员编报短期投资计划。

3. 公司的财务部经理、财务总监和董事会审批该项投资计划。

第九条　本公司所有短期投资项目都必须登记在册，分别注明短期证券类别、数量、单价、应计利息及购进日期等项目。

第十条　在证券保管工作中，至少由两名以上人员共同控制，不得一人单独接触有价证券，证券的存入和取出必须详细记录在证券登记簿内，并由在场的经手人员签名。

第十一条　公司购入的短期有价证券必须在购入当日记入公司名下。

第十二条　有价证券的盘点工作由公司财务部和证券资金部按照以下程序执行。

1. 证券保管员和会计人员进行月终盘点时，按照下列程序执行。

(1) 盘点前必须将截至当月最后一天的证券登记入账，并结出结存额。

(2) 实地清点实物，核对卡片。

(3) 编制该月的《有价证券盘点表》。

2. 财务部根据《有价证券盘点表》进行复核。

3. 年度截止时，根据公司盘点指令，组织人员全面清点，编制《有价证券盘点表》，并由公司财务部负责人参加监盘。

第十三条　财务人员必须对每一种证券制作相应的明细账表，并编制月度证券投资和盈亏报表。

第十四条　财务人员必须对每一种债券制作相应的明细账表，并编制月度债券折、溢价摊销表。

第十五条　在每笔投资收到的利息、股利后，财务人员必须及时入账。

第十六条　长期投资按投资项目分为新项目投资和已有项目增资，具体描述如下。

1. 新项目投资是指投资项目经批准立项后，按批准的投资额进行的投资。

2. 已有项目增资是指原有的投资项目根据经营需要，在原批准投资额的基础上增加投资的活动。

第十七条　本公司任何对外长期投资项目必须严格遵照以下程序。

1. 首先确定投资目的，相关人员对投资环境进行考察。

2. 投资主管人员对投资进行调查研究，并编制投资意向书。

3. 编制项目投资可行性研究报告，并上报财务部和总经理办公室。

4. 编制项目合作协议书。

5. 办理报批手续。

6. 制定有关章程和管理制度。

7. 监控项目实施运作及其经营管理。

8. 反馈投资项目进展情况及经验。

第十八条　本公司所有对外长期投资项目的批准权限属于总公司或由总公司转报董事会，各分公司、子公司无对外投资权。

第十九条　本公司所有经批准后的对外长期投资项目，不得随意增加投资；如确需增资，必须重报投资意向书和可行性研究报告。

第二十条　本公司所有对外长期投资兴办合营企业时，合营合作方必须具备以下条件。

1. 要有较好的商业信誉和较强的经济实力。

2. 能够提供合法的资信证明。

3. 根据需要提供完整的财务状况、经营成果等相关资料。

第二十一条　本公司所有对外长期投资项目在确定立项后必须编制《投资意向书》，该《投资意向书》必须说明以下内容。

1. 投资项目的名称技改投资要达到的目的。

2. 投资项目的投资规模和资金来源。

3. 投资项目的经营方式。

4. 投资项目的效益预测。

5. 投资的风险预测。包括汇率风险、市场风险、经营风险和政治风险。

6. 投资所在地（国家或地区）的市场情况、经济政策。

7. 投资所在地的外汇管理规定及税收法律、法规。

8. 投资合作方的资信情况。

第二十二条　本公司所有国（境）外投资项目在操作时必须提供以下资料。

1. 有关投资所在国（地区）的现行外汇投资的法令、法规、税收规章及外汇管理规定。

2. 投资所在国（地区）的投资环境分析、合作伙伴的资信状况。

3. 投资外汇资金来源证明及投资回收计划。

4. 本国驻外使馆及经参处对项目的审查意见。

5. 本国外汇管理部门要求提供的其他资料。

第二十三条　投资意向书（立项报告）报总公司批准后，对外投资部门应委托专业机构编制可行性研究报告。项目可行性研究报告的主要内容如下。

1. 概述。

（1）项目提出的背景，项目投资的必要性及其经济意义。

（2）项目投资可行性研究的依据和范围。

2. 市场预测及投资规模。

（1）国内外市场需求预测。

（2）国内现有类似企业的生产经营情况的统计。

(3)项目进入市场的生产经营条件及经销渠道。

(4)项目进入市场的竞争能力及前景分析。

3. 投资估算及资金筹措。

(1)项目注册资金及生产经营所需资金。

(2)资金的来源渠道、筹集方式及贷款的偿还办法。

(3)资金回收期的预测。

(4)现金流量计划。

4. 项目的财务分析。

(1)项目前期开办费及建设期间各年的经营性支出。

(2)项目运营后各年的收入、成本、利润和税金测算,投资收益率、净现值及资产收益率等财务指标的分析。

5. 项目敏感性分析及风险分析。

(1)项目所涉及的敏感性区域。

(2)项目运作的社会风险和经济风险。

第二十四条 本公司所有对外投资项目在项目可行性研究报告报总公司批准后,编制项目合作协议书(合同)。项目合作协议书(合同)的主要内容如下。

1. 合作各方的名称、地址及其法定代表人。

2. 合作项目的名称、地址、经济性质、注册资金及其法定代表人。

3. 合作项目的经营范围和经营方式。

4. 合作项目的内部管理形式、管理人员的分配比例、机构设置及实行的财务会计制度。

5. 合作各方的出资数额、出资比例、出资方式及出资期限。

6. 合作各方的利润分成办法和亏损责任分担比例。

7. 合作各方违约时应承担的违约责任及违约金的计算方法。

8. 协议(合同)的生效条件。

9. 协议(合同)的变更、解除的条件和程序。

10. 出现争议时的解决方式及所适用的法律。

11. 协议(合同)的有效期限。

12. 合作期满时财产清算办法及债权、债务的分担。

13. 协议各方认为需要的其他条款。

项目合作协议书(合同)由总公司法定代表人签字生效,或者由总公司法定代表人授权委托代理人签字生效。

第二十五条 对外长期投资协议签订后,办理出资、工商和税务登记及银行开户等工作。

第二十六条 本公司所有对外投资项目按照以下原则确定对外投资价值及投资收益。

1. 以现金、存款等货币资金方式向其他单位投资的,按照实际支付的金额计价。

2. 以实物、无形资产方式向其他单位投资的,按照评估确认或者合同、协议约定的价值计价。

3. 公司认购的股票,按照实际支付款项计价。实际支付的款项中含有已宣告发放但尚未支付股利的，按照实际支付的款项扣除应收股利后的差额计价。

4. 公司认购的债券，按照实际支付的价款计价。实际支付款项中含有应计利息的，按照扣除应计利息后的差额计价。

5. 溢价或者折价购入的长期债券，其实际支付的款项（扣除应计利息）与债券面值的差额，在债券到期以前，分期计入投资收益。

6. 公司以实物、无形资产向其他单位投资的，资产重估确认价值与其账面净值的差额计入资本公积金。公司以货币资金、实物、无形资产和股票进行长期投资，对被投资单位没有实际控制权的，应当采用成本法核算，并且不因被投资单位净资产的增加或者减少而变动；拥有实际控制权的，应当采用权益法核算，按照在被投资单位增加或者减少的净资产中所拥有或者分担的数额，作为公司的投资收益或者投资损失，同时增加或者减少公司的长期投资，并且在公司从被投资单位实际分得股利或者利润时，相应增加或减少公司的长期投资。

7. 公司对外投资分得的利润或者股利和利息，计入投资收益，按照国家规定缴纳或者补缴所得税。

8. 公司收回的对外投资与长期投资账户的账面价值的差额，计入投资收益或投资损失。

第二十七条　本公司所有对外投资按照以下原则处理对外长期投资的转让与收回事项。

1. 出现或发生下列情况之一时，公司可以收回对外投资。

（1）按照章程规定，该投资项目经营期满。

（2）由于投资项目经营不善，无法偿还到期债务，依法实施破产。

（3）由于发生不可抗力而使项目无法继续经营。

（4）合同规定投资终止的其他情况的出现或发生。

2. 出现或发生下列情况之一时，可以转让对外长期投资。

（1）投资项目已经明显有悖于公司经营方向的。

（2）投资项目出现连续亏损且扭亏无望、没有市场前景的。

（3）由于自身经营资金不足急需补充资金的。

（4）总公司认为有必要的其他情形。

3. 对外长期投资转让应由总公司财务部会同对外投资部提出投资转让书面分析报告，报总公司批准。

4. 对外长期投资收回和转让时，相关责任人员必须尽职尽责，认真做好投资收回和转让中的资产评估等项工作，防止公司资产流失。

第二十八条　公司累计对外投资不得超过公司净资产的50%。

□ 对内投资

第二十九条　本公司所有对内投资按照以下程序操作。

1. 编制投资项目可行性研究报告。

2. 编制投资项目初步设计文件。

3. 编制基本建设及技术更新改造年度投资建议计划。

4. 按本制度规定的权限办理报批手续。

第三十条　对内投资采取限额审批制，超过限额标准的由董事会批准。

第三十一条　可行性研究报告的编制。

1. 公司项目承办单位要在充分的调查研究、必要的勘察及科学实验的基础上，对建设项目建设的必要性、技术的可行性和经济的合理性提出综合研究论证报告。

2. 承担可行性研究工作的单位必须具有相应的资格。

3. 建设项目可行性研究报告的编制办法和内容按国家有关规定执行。

4. 建设项目可行性研究报告由公司财务部按本制度规定的权限报批。未经批准，不得擅自改变建设项目的性质、规模及标准；如需改变，必须报原审批机构审批。

第三十二条　初步设计文件的编制。

1. 项目承办单位根据批准的可行性研究报告委托有资格的单位进行工程初步设计。

2. 初步设计必须以批准的可行性研究报告为依据，不得任意修改和变更建设内容、扩大建设规模或提高建设标准。初步设计概算总投资一般不应突破已批准的可行性研究报告投资控制数。概算总投资如超过已批准的可行性研究报告投资控制数的10%，必须重新报批可行性研究报告。

3. 经批准的初步设计文件，如确需进行设计修改和概算调整，必须由原初步设计文件编制单位提出具体修改及调整意见，经建设单位审查确认后报原批准单位批准。

第三十三条　年度计划和统计。

1. 各分支机构所有新建、续建基本建设及技术更新改造项目，必须编报基本建设及技术更新改造年度投资建议计划。

2. 年度投资建议计划于每年9月底前报总公司审批。总公司于每年1月底前下达当年基本建设及技术更新改造年度投资计划。

3. 凡列入公司基本建设及技术更新改造年度投资计划的投资项目，不需要再行办理审批手续，当年新增加的基建及技改项目，必须按规定的投资限额办理报批手续，并增补列入当年的投资计划。

4. 编制年度计划时，除应认真填报有关的计划表外，还要有必要的说明，数据要准确、文字要精练。

5. 各分支机构必须严格执行总公司下达的年度投资计划，不得自行调整；如确需调整，必须履行报批手续。

6. 各分支机构必须及时、准确地向总公司报送基本建设及技术更新改造统计报表。

第三十四条　竣工验收。

1. 基本建设和技术改造工程完工后，项目承办单位应及时办理竣工验收手续。一般由公司财务部协同项目承办部门组织竣工验收。

2. 工程竣工验收参照有关国家标准执行。

3. 对于工程竣工资料及验收文件，财务部和项目承办单位应及时归档。

□ 投资管理机构

第三十五条　公司有关归口管理部门或分支机构为项目承办单位，具体负责投资项目的信息收集，项目建议书及可行性研究报告的编制，项目申报立项和实施过程中的监督、协调，以及项目竣工后的评价工作。

第三十六条　公司财务部负责投资效益评估、技术经济可行性分析、资金筹措、出资手续办理及对外投资资产评估结果的确认等。

第三十七条　对专业性较强或较大型投资项目,其前期工作应由专门项目可行性调研小组来完成。

第三十八条　公司法律顾问和审计部门负责对项目的协议、合同及章程的法律主审。

第三十九条　公司分支机构的对外投资活动必须报总公司批准后方可进行,各分支机构不得自行办理。

□ 附则

第四十条　本制度由财务部编制,解释权、修改权归财务部。

第四十一条　本制度经公司董事会讨论决定后,自公布之日起实施。

三、短期投资业务会计管理制度模板

第一条　本公司的短期投资项目如果是以现金购入而发生的,在计算投资成本时,按实际支付的全部价款,包括税金、手续费等相关费用。但实际支付的价款中包含已宣告发放但尚未领取的现金股利,或已到付息期但尚未领取的债券利息,应当单独核算,不构成短期投资成本。

第二条　如发生以下情况,则以下列方法计算短期投资成本:已存入证券公司但尚未进行短期投资的现金,先作为其他货币资金处理,待实际投资时,按实际支付的价款或实际支付的价款减去已宣告但尚未领取的现金股利,或已到付息期但尚未领取的债券利息,作为短期投资成本。

第三条　短期投资持有期间所获得的利息或现金股利,实际收到时作为投资成本收回,冲减短期投资账面价值(除取得时已记入应收项目的利息或现金股利外)。

第四条　投资者投入的短期投资,计算短期投资成本时,以投资各方确认的价值为标准。

第五条　因为短期债券的随时可变现的原因,短期债券投资不单独核算持有期间的债券利息。取得短期债券投资时,对于分期付息到期还本债券利息,应记入"应收利息"科目内,实际收到时,应借记"银行存款"科目,贷记"应收利息"。

第六条　企业进行证券投资所支付的价款中,若包括已宣告发放而未支取的股利或利息(指分期付息、到期还本的债券)应从投资成本中扣除,作为应收股利或应收利息处理。

第七条　企业购入的债券,应按购入成本入账。债券的购入成本不是债券的面值,而是包括买价、手续费和佣金在内的各项支出。一般来说,企业在发行日或付息日购买的债券,实际支付的价款中不含应计利息,实际支付的价款即为购入成本,应根据实际支付的价款,借记"短期投资"科目,贷记"银行存款"等科目。如果在两次付息日之间或发行日后购入债券,则应根据具体情况分别处理。

第八条　短期股票投资持有期间内,有可能获得现金股利,实际收到时作为投资成本的收回,冲减短期投资账面价值。根据接受投资企业宣告发放的现金股利,借记"应收股利”科目，贷记“短期投资”科目。取得短期股票投资时，已记入“应收股利”科目的已经宣告但尚未领取的现金股利实际收到时，应借记“银行存款”科目，贷记“应收股利”科目，不冲减短期投资账面价值。

第九条　短期债券投资，到期收回本息时，亦应根据取得本息收入与账面价值的差额，确认当期投资收益。已计提的跌价准备，应根据计提的方法，分别处理。

第十条　企业根据生产经营对资金的需要，或继续持有短期投资不能给企业带来经济利益，应将持有的短期债券、股票投资转让、出售。转让、出售短期投资时，可能由于市价上涨而取得收益，也可能由于市价下跌而发生损失。通常按转让、出售短期投资所取得的收入与短期投资账面价值的差额确认为当期投资损益。处置短期投资时，短期投资跌价准备待期末时再予调整。

第十一条　企业出售股票、债券等短期投资时，其结转的短期投资成本，可以按加权平均法、先进先出法、后进先出法、个别计价法等方法计算确定出售部分的成本。部分出售某项短期投资时，应按该项投资的总平均成本确定其出售部分的成本。企业计算出售某项短期投资时，应按该项投资的总平均成本确定其出售部分的成本。企业计算出售短期投资成本的方法一经确定，不得随意变更。如需变更，应在会计报表附注中予以说明。

四、长期投资业务会计管理制度模板

第一条　企业以股权作为对外投资并对受资企业已构成控制权时，其该项长期投资（股票投资）应采用权益法核算。

第二条　企业对外投资对于受资企业不构成控制权时，其长期投资应采用成本法核算。

第三条　企业溢价购入债券，其溢价额应在持有期内在“投资收益”中平均分摊完毕，债券到期时，其账面价值应等于面值。

第四条　企业以固定资产、无形资产、原材料及货币资金等资产向其他单位进行投资时，应按“长期投资——其他投资”科目进行核算。

第五条　企业应通过“长期投资——债券投资”来核算反映长期债券投资，购入债券时，按实际支付的款项记入该科目的借方，贷记“银行存款”等科目，若企业在两次付息日之间购入债券，则实际支付的款项中包括应计利息，应将其记入“长期投资——应计利息”科目。

第六条　长期投资可能增值，也可能减值，会计人员应当定期或于每年年末，对长期投资进行逐项检查。如果由于市价持续下跌或被投资单位经营情况恶化导致其收回金额低于账面价值者，应计提长期投资减值准备。

第七条　对于折价购入的长期债券的企业（投资者）来说，折价是对后各期少得利息收入的一种预先补偿。这部分补偿价值等于面值与折价购入价值之间的差额。

五、投资项目档案管理制度模板

为加强本公司系统各投资项目的档案管理，特制定本管理办法。

（一）“投资项目”是指：

1. 因本公司参与投资或合作而产生的赢利性建筑工程。

2. 因本公司参与投资或合作而设立的生产经营性企业。

（二）建筑工程的各种文件资料由房地产开发公司负责建档和保管，生产经营性企业的文件资料由公司总部执委会投资发展室负责建档和保管。以下各条规定均指第二类投资项目文件资料的管理。

（三）全部档案按类、目划分归纳，根据公司档案现状，设以下4类档案：

1. 全资投资项目类。

2. 合资合作投资项目类。

3. 内地投资项目类。

4. 境外投资项目类。

（四）全资投资项目档案包括的必要文件是指：

1. 新上项目预报表和可行性分析报告。

2. 给政府的请求报告和政府批文。

3. 企业章程和董事会决议。

4. 总公司的法人营业执照和工商局批复。

5. 资信证明或资金来源证明。

6. 产权变更有关文件、材料。

7. 项目实际投资金额证明材料。

8. 历年经营业绩。

（五）合资合作投资项目档案包括的文件有：

1. 新上项目预报表和合资企业可行性分析报告。

2. 外商投资企业名称使用证和各方股东的政府批文。

3. 给政府的申请报告和政府批文。

4. 合资企业合同书。

5. 合资企业章程和董事会决议。

6. 合资各方企业法人营业执照和各方法定代表人证明书。

7. 合资各方资信证明或资金来源证明。

8. 各方（中方）主管单位意见。

9. 合资各方委派的董事名单。

10. 进口设备、办公用品清单。

11. 工商行政管理局批文和工商行政管理局营业执照。

12. 产权、股权变更有关文件、材料。

13. 项目实际投资金额证明材料。

14. 历年经营业绩。

(六)内地投资项目包括的必要文件有:

1. 给政府经济协作办公室的申请报告。

2. 企业去内地兴办工商企业的章程。

3. 合资、合作的联营合同或合资意向书。

4. 企业成立或变更时的政府批文。

5. 企业法人营业执照副本的复印件。

6. 派出负责人的法人授权委托证明书。

7. 会计师事务所的验资报告。

8. 当年或上一年度的财务决算表复印件。

9. 银行开具的资信证明。

10. 企业已经在内地投资的经营效益情况。

11. 政府主管部门批文。

12. 工商局批文。

13. 外出兴办企业当地政府批文。

14. 外出兴办企业当地工商局批文。

15. 外出兴办企业营业执照复印件。

16. 项目实际投资金额证明材料。

17. 历年经营业绩。

(七)境外投资项目档案包括的必要文件有:

1. 给外汇管理局及经发局的申请报告。

2. 可行性研究报告。

3. 海外公司合同、章程。

4. 投资方的政府批文、营业执照及法定代表人证明书。

5. 投资方资信证明、创汇证明、资产负债表及历年经营业绩。

6. 外派管理局关于项目投资风险及外汇来源的书面审查材料。

7. 政府主管部门征询我驻外使领馆意见的函。

8. 政府主管部门同意成立海外公司的批文。

9. 海外公司在投资国的注册登记证明。

10. 项目实际投资金额证明材料。

(八)项目档案的收集和保管。

1. 投资发展部设建档员负责项目档案的收集整理,总公司各下属公司应认真配合其工作,主动、及时地将项目档案整理上交投资发展部,投资发展部建档后将档案原件移交总经理办公室,并保留两套完整复印件。

2. 各项目负责人将项目文件交给建档员时,建档员应及时登记文件交付日期、名称、原件或复件、交付人,并由文件交付人签字认可。

3. 文件登记后由投资发展部经理或执委会主任签字,按性质进行编号、归档。

4. 项目档案保管期(原件和复印件)一般为永久保存。

(九)项目档案的查阅。

1. 总公司人员因工作需要查阅或借用项目档案时,在投资发展部办理相应的查阅或借用手续。

2. 集团内各单位因公需要查阅项目档案时，必须出具本单位领导的批准证明。经执委会主任或投资发展部经理同意后，方能由建档员接待查阅。

3. 外单位人员因公需要查阅项目档案时，应持有单位介绍信，经执委会主任同意后，方能由建档员接待查阅，并由建档员详细登记查阅项目档案人的工作单位、查阅档案名称及查阅理由。

4. 项目档案一般不得带出档案室外，如有特殊情况，需要带出室外或复制时，必须经执委主任批准，由建档员详细登记，借用人签名后才可外借，并限期归还。

5. 查阅人违反借阅规定时，建档员有权对其提出批评以至停止其借阅。

（十）所有资料均应放入有锁的柜子里，钥匙由建档员专人保管，建档员因工作失职，使文件丢失或损毁的，应追究其责任。

（十一）由于建档员的变动或机构的改变等，项目档案需要移交时，必须办理交接手续，并由监交人、移交人、接收人签字或盖章。

六、投资价值分析报告模板

□ 公司概况

××公司自1992年创建以来，经过全体员工的不懈努力，目前已形成年生产12万吨的生产能力。公司的主营业务是××产品的生产和销售。

□ 近期业绩

1. 预测近期股价（见下表）。

××公司业绩与股价表现

近年业绩与股价表现	年份	主营业务收入（万元）	主营利润（万元）	净利润（万元）	每股收益（元）	净资产收益率（%）	股价（最高/最低）	市盈率（倍）
	2002	63278.11	11344.10	5205.84	0.23	21.04	–	–
	2003	55597.84	2287.16	278.36	0.01	0.38	9.1/5.21	910/521
	2004	100292.02	16320.38	6360.24	0.21	8.57	4.78/0.03	38/23

2. 业绩及股价预测的分析论证。2004年，××公司不仅主业收入较2003年增长了80.4%，而且主业利润也增长了613.6%，每股收益从2003年的0.01元（调整后）上升至0.21元，一举摆脱了经营微利的困境，步入了项目投资回报期。

××股份业绩增长基于3方面原因：一是产量增加了90%，新电解设备全部投入了生产，电解铜产量因此增加到84818吨，增幅达90%，产量位居同行业第8名；二是铜锭市场售价同比提高了5%；三是企业内部挖潜降低了生产成本，铜锭利润率达到了15.16%，铜加工产品利润率达到17.98%。年报还显示，该公司库存不多。据公司发言人介绍，目前公司库存已近乎为0，产销两旺。

□ 行业背景与产品竞争力

1. "××"品牌被××报评为改革开放20年最具影响力的品牌之一。

2. 在劳动生产率方面，××公司一直在全国同行中属拔尖企业，是国内先进水平的5.2倍。

3. 公司是××工业局指定的中国13家重点铜企业之一，在全国113家铜冶炼企业中，全年铜锭产量排名第8位。

□ 管理战略分析

1. 管理创新发展战略简介。

(1)用足西部开发中的优惠政策，争取年内完成公司“十五”规划，即年冶炼铜15万吨、碳素制品9万吨、项目总投资14.5亿元的项目的立项审批工作。

(2)已申报“高新技术企业”，同时争取年内通过ISO 9000标准认证。

2. 利润构成。××公司在发展铜电解的同时，还适度发展附加值高的铜加工业。目前加工比例占铜冶炼量的30%左右，形成了合理的利润构架。

□ 财务分析(见下表)

××公司财务分析表

项　目 年　份	主营利润比重(%)	存货周转率(%)	流动比率(%)	速动比率(%)	负债对资产比率(%)
2004	40.95	1.90	745.36	730.90	11.73
2003	73.01	0.73	179.52	152.61	31.36

□ 资产重组动向

专注于主业的规模扩张，对资本运营方面基本不予考虑。

□ 风险分析

1. 电解设备全面投入生产还存在资金方面的缺口，“十五”规划对资金的需求将更为庞大。

2. 电解铜所需要的主要原料(氧化铜)的价格直接影响生产成本。

3. 价格仍然是限制企业发展的主要因素，目前已经获得政府的扶持。

4. 我国加入世界贸易组织对公司来说既是挑战又是机遇，总的来看是利大于弊。一方面因国内铜工业用电成本较高，加入世界贸易组织后，公司在成本方面很难与国外铜工业竞争；另一方面公司的经营格局是原料与产品“两头在外，大进大出”的模式，加入世界贸易组织后，原料关税必将大幅度降低，成本自然就会下降，同时，公司可以采用灵活的经营方式运作(如来料加工等)。所以，我国加入世界贸易组织对公司影响不大。

□ 投资建议及主要理由

1. 投资建议：8～10元是合理定价区域，只适宜做波段行情。

2. 主要理由。

(1)今年铜价继续走好，但同时作为公司原料的氧化铜的价格上涨更快。产品售价的上涨难以抵消成本增加的压力，故效益有所下降，整体处于微利的状态。

(2)国家将铜锭的出口退税率由11%上调至15%，这进一步提升了出口量相对较大的××公司的出口竞争力。

(3)以全部募股资金投入的“××厂环境治理、节能技术改造工程”现已全面竣工，年内还将完成公司“十五”规划(年铜冶炼15万吨、碳素制品9万吨、项目总投资14.5亿元)的立项审批工作。

(4)产品的高技术含量不断提升。“高新技术企业”的申报工作已经完成，将享受所得税的优惠，但由于原来所得税返还取消，故刚好抵消此负面影响。

第三节　投资管理实用表单

一、投资专业分析表

投资专业分析表如表15－1所示。

表15－1　投资专业分析表

□产品开发□降低成本

□提高产量□财务投资

年　　月　　日

										负责部门		
专案名称及内容说明				根据计划或理由						风险性		
投资金额及支出预计				收益分析估计								
项目	说明	金额	年度说明	年	年	年	年	年	年	年	年	合计
			增加收益									
			投资金额									
			增加人工成本									
			增加折旧									
			增加材料支出									
			增加毛利									
			增加利息费用									
			增加净收益									
			增加周转金									
			累计净收益									
合计			累计设资支出									

二、投资专案管理卡

投资专案管理卡表15－2所示。

表15－2　投资专案管理卡

投资编号											投资名称
专案进度											
收益状况分析	年度	年	年	年	年	年	年	年	年	年	年	合计
	实际增加收益①											
	实际投资金额②											
	净收益③											
	预计净收益④											
	累计净收益⑤											
	预计净收益⑥											
	累计净收益⑦											
	预计投资额⑧											
	累计投资额⑨											
	差额④－⑤－⑦＋⑨											

三、重要投资绩效分析表

重要投资绩效分析表如表15－3所示。

表15－3　重要投资绩效分析表

年　　月　　日　　　　单位:元

投资名称及说明	投资类别				预计设资金额	已支付金额	完成程序		估计收益状况			
	产品	产量	财务	其他			已完	%	金额	收益期间	回收年限	收益率
合计												

四、重要投资方案绩效核计表

重要投资方案绩效核计表如表 15 - 4 所示。

表 15 - 4 重要投资方案绩效核计表

年 月 日 单位:元

年度投资编号	投资名称	收回期间	估计投资金额	实际投资金额	预计应回收金额	实际已回收金额	预计回收金额		预计收益率		原因
							预计	修正	预计	修正	
1											
2											
3											
4											
5											
6											
7											
8											
9											
10											
合计											

五、投资经济分析表

投资经济分析表如表 15－5 所示。

表 15－5　投资经济分析表

年　　月　　日　　　　　　　　　　　　单位:元

投资类别	□购置更换设备 □开发产品组件 □提高生产效率 □财务投资	投资方案说明		投资有效期限	
				预计开始日期	
				负责部门	
				计算利息	

投资收益分析	年月	投资收益说明	收益性质或资金来源(利率)	当期收益金额	累积收益总额(利息)	当期收益金额	累积收益总额(利息)	净利益
	合作							
	填表说明	填写投资款项及收益性质之说明	收益名称或资金来源及利息	填写预定收益金额	当期收益总额加本期利息及收益	填写预定投资金额	前期投资总额加本期投资、利息	收益总额减投资额

回收年限		总利益		投资价值		□良好　□尚可 □不佳,但符合公司政策

第四节　投资管理规范化细节执行标准

一、投资管理流程

第一步　投资机会搜索和资料收集。

第二步　投资粗略分析和多方案比较(需求、价格、税收、原材料、费用)。

第三步　初选出投资项目。

第四步　编制投资项目建议书。

第五步　编制投资项目可行性研究报告。

第六步　项目评估。

第七步　不可行时重新论证或放弃,可行时投资项目谈判。

第八步　筹资、招标、采购。

第九步　投资项目实施。

第十步　投资项目试运行。

第十一步　投资项目验收。

第十二步　投资项目正常运行管理。

第十三步　投资项目总结评价。

二、投资管理会计核算流程

投资管理会计核算流程如图 15 – 1 所示。

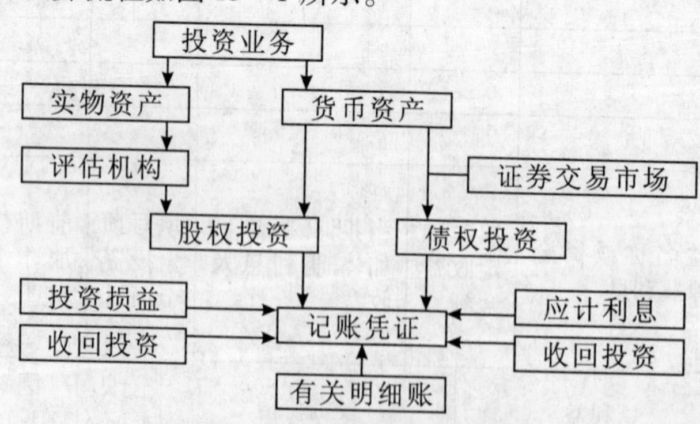

图 15 – 1　投资管理会计核算流程

三、所有者投入资本的计价标准

所有者投入资本的计价标准可以分三部分叙述。

1. 货币投资的计价标准。

由于货币投资是投资人以货币作为投资，包括人民币投资和外币投资。所以货币投资的计价一般以企业实际收到或者存入银行的日期和金额为记账依据。

如果根据合同规定允许以外币作为投资，在以人民币作为记账本位币时，可以按规定的汇率折合人民币入账。如果入账时的汇率和登记实收资本账户的汇率不一致时，投资汇率折算差异作为资本公积入账。

2. 实物投资的计价标准。

由于实物投资是投资人以房屋、机器、设备等固定资产或材料物资作为投资，所以该投资方式的计价一般应按评估确认的价值或合同协议约定的价格作为实收资本。

3. 无形资产投资的计价标准。

无形资产主要包括专利权、商标权和土地使用权等，应按企业验资评估确认的价值入账。

以无形资产（不包括土地使用权）投资的，其所占比例一般不得超过注册资本的20%。因特殊情况经注册会计师验资并经工商行政管理部门审查批准，可超过20%，但不得超过注册资金的30%。

四、投资资产取得的控制工作内容

企业财务人员在确定投资资产取得时必须严格遵守以下工作条例。

1. 本公司所有投资项目的投资计划必须以经过董事会审核批准的文件作为执行指令。

2. 本公司所有的证券投资项目应与证券经纪人签订明确的委托合同，明确双方的权利与义务。

3. 本公司所有的证券投资项目在经纪人为委托人购置证券时，必须取得投资企业有效的投资指令，而且经纪人不得从事任何超出授权范围的投资行为。

4. 经纪人应填写成交通知书。

5. 成交通知书应由财务经理或其授权的其他职员进行审核，以证实购入证券的数量和价格及投资报酬率是否符合投资指令。

6. 如果一项投资指令，经纪人需要分期执行或需要购置不同的证券，要求经纪人对指令已执行的结果分期填制成交通知书。

五、投资活动内部会计控制标准

1. 本公司所有的投资项目必须经过适当的审批程序才能进行。

2. 本公司所有的投资项目的交易手续、程序、各种文件记录及账面的反映和财务报表的揭示等均符合政府的投资法规。

3. 本公司财务人员必须不断地完善与创新内部控制制度，以堵塞一切投资证券可能被盗窃或挪用的漏洞。

4. 本公司财务人员必须对投资资产的计价和反映进行有效的控制。

5. 本公司财务人员应通过内部会计控制制度来为合理确定投资收益时间和投资收益计算方法，以及为划清投资收益和投资的界限提供基本保证，以取得审计人员和政府机构对其投资收益揭示的信赖。

六、投资资产处置的控制标准

1. 本公司的任何有价证券的出售必须以董事会的批准文件为指令。

2. 对本公司进行证券代售的批准权在董事会。

3. 财务人员必须将经纪人同投资者之间的各种通信文件予以记录保存。

4. 如果有不同证券之间的转移，则该业务应同时置于证券取得和处置的控制制度之下。

5. 如果资产处置结束后收回现金，必须结合现金收入的控制方法。

七、短期投资的处置工作内容

短期投资的处置是指短期投资转让、出售、到期收回债券投资的本息等业务。企业根据生产经营对资金的需要，或继续持有短期投资不能给企业带来经济利益，应将持有的短期债券、股票投资转让出售。

1. 转让、出售短期投资时，可能由于市价上涨而取得收益，也可能由于市价下跌而发生损失。通常按转让、出售短期投资所取得的收入与短期投资账面价值的差额确认为当期投资损益。处置短期投资时，短期投资跌价准备待期末时再予调整。

2. 短期债券投资，到期收回本息时，应根据取得本息收入与账面价值的差额，确认当期投资收益。已计提的跌价准备，应根据计提的方法，分别处理。

3. 企业出售股票、债券等短期投资时，其结转的短期投资成本，可以按加权平均法、先进先出法、后进先出法、个别计价法等方法计算确定出售部分的成本。部分出售某项短期投资时，应按该项投资的总平均成本确定其出售部分的成本。企业计算出售某项短期投资时，应按该项投资的总平均成本确定其出售部分的成本。企业计算出售短期投资成本的方法一经确定，不得随意变更。如需变更，应在会计报表附注中予以说明。

八、长期投资减值准备的核算标准

毫无疑问，企业每一笔长期投资可能增值，也可能减值，财务人员应当定期对长期投资进行逐项检查。如果由于市价持续下跌或被投资单位经营情况恶化导致其收回金额低于账面价值的，应计提长期投资减值准备。

（一）有市价的长期投资。

1. 市价持续 2 年低于账面价值应当计提减值准备。

2. 该项投资暂停交易 1 年或 1 年以上应当计提减值准备。

3. 被投资单位当年发生严重亏损应当计提减值准备。

4. 被投资单位持续 2 年亏损应当计提减值准备。

5. 被投资单位进行清理整顿，清算或出现其他不能持续经营迹象应当计提减值准备。

（二）无市价的长期投资。

1. 因政治、法律环境的变化，如税收、贸易规则的修订而可能出现巨额亏损的情况，应当计提减值准备。

2. 因商品或劳务供应等多种原因市场需求减少，导致财务状况可能恶化的情况，应当计提减值准备。

3. 因所在行业生产技术发生重大变化而失去竞争能力，导致财务状况严重恶化的情况，应当计提减值准备。

4. 有其他证据表明该项投资已不能给企业带来经济利益的情况，应当计提减值准备。

（三）期末，企业的长期投资预计可收回金额低于其账面价值的差额，借记“投资收益——计提的长期投资减值准备”科目，贷记本科目。如果已计提减值准备的长期投资价值又得以恢复，则必须转回，借记本科目，贷记“投资收益——计提的长期投资减值准备”科目。

（四）处理长期投资时，或涉及债务重组、非货币性交易时，应当同时结转已计提的长期投资减值准备。

九、债券投资的账务处理标准

1. 企业购入的长期债券，按实际支付的价款减去已到付息期但尚未领取的债券利息（如税金、手续费等相关费用直接计入当期损益的，还应当减去相关费用），作为债券投资初始投资成本；初始投资成本减去相关费用及尚未到期的债券利息，与债券面值之间的差额，作为债券溢价或折价；债券的溢价或折价在债券存续期间内于确认相关债券利息收入时摊销。摊销方法可以采用实际利率法，也可以采用直线法。

长期债权投资应当按期计提利息，计提的利息按债券面值以及适用的利率计算，并计入当期投资收益（假如不考虑溢价或折价）。持有的一次还本付息的债权投资，应计未收到利息于确认投资收益时增加投资的账面价值，借记“长期债权投资——债券投资（应计利息)”科目,贷记“投资收益”科目。

分期付息的债权投资,应计未收到利息于确认投资收益时作为应收利息单独核算,不增加投资的账面价值,借记“应收利息”科目,贷记“投资收益”科目。

实际收到的分期付息长期债权投资利息,冲减已计的应收利息,借记“银行存款”科目,贷记“应收利息”科目。实际收到的一次还本付息债权利息,冲减长期债权投资的账面价值,借记“银行存款”科目,贷记“长期债权投资——债券投资(应计利息)”科目。

2. 企业购入长期债券付款时,按债券票面价值,借记本科目(债券投资——面值),按支付的税金、手续费等各项附加费用,借记“财务费用”科目,或本科目(债券投资——债券费用),按实际支付的价款,贷记“银行存款”科目,按其差额,借记或贷记本科目(债券投资——溢折价)。如果实际支付的价款中包含已到付息期但尚未领取或尚未到期的债券利息,按债券票面价值,借记本科目(债券投资——面值),按支付的税金、手续费等各项附加费用,借记“财务费用”科目,或本科目(债券投资——债券费用),按已到付息期但尚未领取的利息,借记“应收利息”科目,按未到期的利息,借记本科目(债券投资——应计利息),按实际支付的价款,贷记“银行存款”科目,按其差额,借记或贷记本科目(债券投资——溢折价)。

3. 企业接受的债务人以非现金资产抵偿债务方式取得的长期债权投资,以及以非货币性交易换入的长期债权投资,比照“长期股权投资”科目的相关规定进行会计处理。

4. 企业购入溢价发行的债券,应于每期结账时,按应计的利息,借记本科目(债券投资——应计利息)或“应收利息”科目,按应分摊的溢价金额,贷记本科目(债券投资——溢折价),按其差额,贷记“投资收益”科目;企业购入折价发行的债券,应于每期结账时,按照应计利息,借记本科目(债券投资——应计利息)或“应收利息”科目,按应分摊的折价金额,借记本科目(债券投资——溢折价),按应计利息与分摊数的合计数,贷记“投资收益”科目。

另外,长期债券投资溢价应在债券购入后至到期前的期间内摊销,其摊销应与确认相关债券利息收入同时进行,并作为计提的应收利息的调整。当期按债券面值和适用利率计算的应收利息扣除当期摊销的溢价,确认为当期投资收益。做会计分录如下:

借:长期债权投资——债券投资(应计利息)(尚未到期债券的应计利息)

　　应收利息(已到期尚未领取的债券的应计利息)

　　财务费用(债券费用摊销额)

贷:长期债权投资——债券投资(溢折价)

　　　　　　　　——债券投资(债券费用)

5. 出售或到期收回债券本息,按实际收到的金额,借记“银行存款”等科目,按已计提的减值准备,借记“长期投资减值准备”科目,按债券本金和已计未收利息部分,贷记本科目(债券投资——面值、应计利息)或“应收利息”科目,按尚未摊销的溢价或折价,贷记或借记本科目(债券投资——溢折价),按其差额,贷记或借记“投资收益”科目。

6. 企业购入可转换公司债券,应在本科目中设置“可转换公司债券投资”明细科目。购入的可转换公司债券在转换为股份之前,按一般债券投资进行账务处理。可转换公司债券转换为股份时,按可转换为股份的债券价值,借记“长期股权投资——股票投资”科目,按收到偿还的现金部分,借记“现金”“银行存款”科目,按债券投资的账面余额,贷记或借记本科目(可转换公司债券投资——面值、溢折价、应计利息)。